基督教经典译丛

何光沪 主编
副主编 章雪富 孙 毅 游冠辉

Exposition of the Christian Faith
论基督教信仰

［古罗马］安波罗修 著
杨凌峰 译 罗宇芳 校

Simplified Chinese Copyright © 2010 by SDX Joint Publishing Company.
All Rights Reserved.
本作品中文简体版权由生活·读书·新知三联书店所有。
未经许可，不得翻印。

图书在版编目（CIP）数据

论基督教信仰／（古罗马）安波罗修著；杨凌峰译.
—北京：生活·读书·新知三联书店，2010.9（2020.8重印）
（基督教经典译丛）
ISBN 978-7-108-03484-7

Ⅰ.①论… Ⅱ.①安… ②杨… Ⅲ.①基督教-
信仰-研究 Ⅳ.① B978

中国版本图书馆 CIP 数据核字（2010）第 115938 号

丛书策划	橡树文字工作室
责任编辑	张艳华
特约编辑	刘　嵝
封扉设计	罗　洪
责任印制	肖洁茹
出版发行	生活·讀書·新知 三联书店
	（北京市东城区美术馆东街 22 号）
邮　　编	100010
经　　销	新华书店
印　　刷	北京隆昌伟业印刷有限公司
版　　次	2010 年 9 月北京第 1 版
	2020 年 8 月北京第 3 次印刷
开　　本	635 毫米 × 965 毫米　1/16　印张 32.75
字　　数	408 千字
印　　数	11,001－14,000 册
定　　价	48.00 元

基督教经典译丛

总　　序

何光沪

在当今的全球时代，"文明的冲突"会造成文明的毁灭，因为由之引起的无限战争，意味着人类、动物、植物和整个地球的浩劫。而"文明的交流"则带来文明的更新，因为由之导向的文明和谐，意味着各文明自身的新陈代谢、各文明之间的取长补短、全世界文明的和平共处以及全人类文化的繁荣新生。

"文明的交流"最为重要的手段之一，乃是对不同文明或文化的经典之翻译。就中西两大文明而言，从17世纪初以利玛窦（Matteo Ricci）为首的传教士开始把儒家经典译为西文，到19世纪末宗教学创始人、英籍德裔学术大师缪勒（F. M. Müller）编辑出版五十卷《东方圣书集》，包括儒教、道教和佛教等宗教经典在内的中华文明成果，被大量翻译介绍到了西方各国；从徐光启到严复等中国学者、从林乐知（Y. J. Allen）到傅兰雅（John Fryer）等西方学者开始把西方自然科学和社会科学著作译为中文，直到20世纪末叶，商务印书馆、生活·读书·新知三联书店和其他有历史眼光的中国出版社组织翻译西方的哲学、历史、文学和其他学科著作，西方的科学技术和人文社科书籍也被大量翻译介绍到了中国。这些翻译出版活动，不但促进了中学西传和西学东渐的双向"文明交流"，而且催化了中华文明的新陈代谢，以及中国社会的现代转型。

清末以来，先进的中国人向西方学习、"取长补短"的历程，经历了两大阶段。第一阶段的主导思想是"师夷长技以制夷"，表现为洋务运动之向往"船坚炮利"，追求"富国强兵"，最多只求学习西方的工业技术和物质文明，结果是以优势的海军败于日本，以军事的失败表现出制度的失败。第二阶段的主导思想是"民主加科学"，表现为五四新文化运动之尊崇"德赛二先生"，中国社会在几乎一个世纪中不断从革命走向革命之后，到现在仍然需要进行民主政治的建设和科学精神的培养。大体说来，这两大阶段显示出国人对西方文明的认识由十分肤浅到较为深入，有了第一次深化，从物质层面深入到制度层面。

正如观察一支球队，不能光看其体力、技术，还要研究其组织、战略，更要探究其精神、品格。同样地，观察西方文明，不能光看其工业、技术，还要研究其社会、政治，更要探究其精神、灵性。因为任何文明都包含物质、制度和精神三个不可分割的层面，舍其一则不能得其究竟。正由于自觉或不自觉地认识到了这一点，到了20世纪末叶，中国终于有了一些有历史眼光的学者、译者和出版者，开始翻译出版西方文明精神层面的核心——基督教方面的著作，从而开启了对西方文明的认识由较为深入到更加深入的第二次深化，从制度层面深入到精神层面。

与此相关，第一阶段的翻译是以自然科学和技术书籍为主，第二阶段的翻译是以社会科学和人文书籍为主，而第三阶段的翻译，虽然开始不久，但已深入到西方文明的核心，有了一些基督教方面的著作。

实际上，基督教对世界历史和人类社会的影响，绝不止于西方文明。无数历史学家、文化学家、社会学家、艺术史家、科学史家、伦理学家、政治学家和哲学家已经证明，基督教两千年来，从东方走向西方再走向南方，已经极大地影响，甚至改变了人类社会从上古时代沿袭下来的对生命的价值、两性和妇女、博爱和慈善、保健和教育、劳动和经济、科学和学术、自由和正义、法律和政治、文学和艺术等等几乎所有生活领域的观念，从而塑造了今日世界的面貌。这个诞生于亚洲或"东方"，传入了欧洲或"西方"，再传入亚、非、拉美或"南方"的世界第一大宗教，现在因为信众大部分在发展中国家，被称为"南方宗教"。但是，它本来就不属于任何一"方"——由于今日世界上已经没有一个国家没有其存在，所以它已经不仅仅在宗教意义上，而且是在现实意义上展现了它"普世宗教"的本质。

因此，对基督教经典的翻译，其意义早已不止于"西学"研究或对西方文明研究的需要，而早已在于对世界历史和人类文明了解的需要了。

这里所谓"基督教经典"，同结集为"大藏经"的佛教经典和结集为"道藏"的道教经典相类似，是指基督教历代的重要著作或大师名作，而不是指基督徒视为唯一神圣的上帝启示"圣经"。但是，由于基督教历代的重要著作或大师名作汗牛充栋、浩如烟海，绝不可能也没有必要像佛藏道藏那样结集为一套"大丛书"，所以，在此所谓"经典译丛"，最多只能奢望成为比佛藏道藏的部头小很多很多的一套丛书。

然而，说它的重要性不会"小很多很多"，却并非奢望。远的不说，只看看我们的近邻，被称为"翻译大国"的日本和韩国——这两个曾经拜中国文化为师的国家，由于体现为"即时而大量翻译西方著作"的谦虚好学精神，一先一后地在文化上加强新陈代谢、大力吐故纳新，从而迈进了亚洲甚至世界上最先进国家的行列。众所周知，日本在"脱亚入欧"的口号下，韩国在其人口中基督徒比例迅猛增长的情况下，反而比我国更多更好地保存了东方传统或儒家文化的精粹，而且不是仅仅保存在书本里，而是保存在生活中。这一事实，加上海内外华人基督徒保留优秀传统道德的大量事实，都表明基督教与儒家的优秀传统可以相辅相成，这实在值得我们深长思之！

基督教在唐朝贞观九年（公元635年）传入中国，唐太宗派宰相房玄龄率官廷卫队到京城西郊欢迎传教士阿罗本主教，接到皇帝的书房让其翻译圣经，又接到皇宫内室听其传讲教义，"深知正真，特令传授"。三年之后（公元638年），太宗又发布诏书说："详其教旨，玄妙无为；观其元宗，生成立要。……济物利人，宜行天下。"换言之，唐太宗经过研究，肯定基督教对社会具有有益的作用，对人生具有积极的意义，遂下令让其在全国传播（他甚至命令有关部门在京城建造教堂，设立神职，颁赐肖像给教堂以示支持）。这无疑显示出这位大政治家超常的见识、智慧和胸襟。一千多年之后，在这个问题上，一位对中国文化和社会贡献极大的翻译家严复，也显示了同样的见识、智慧和胸襟。他在主张发展科学教育、清除"宗教流毒"的同时，指出宗教随社会进步程度而有高低之别，认为基督教对中国民众教化大有好处："教者，随群演之浅深为高下，而常有以扶民性之偏。今假景教大行于此土，其能取吾人之缺点而补苴之，殆无疑义。且吾国小民之众，往往自有生以来，未受一言之德育。一旦有人焉，临以帝天之神，时为耳提而面命，使知人理之要，存于相爱而不欺，此于教化，岂曰小补！"（孟德斯鸠《法意》第十九章十八节译者按语。）另外两位新文化运动的领袖即胡适之和陈独秀，都不是基督徒，而且也批判宗教，但他们又都同时认为，耶稣的人格精神和道德改革对中国社会有益，宜于在中国推广（胡适：《基督教与中国》；陈独秀：《致〈新青年〉读者》）。

当然，我们编辑出版这套译丛，首先是想对我国的"西学"研究、人文学术和宗教学术研究提供资料。鉴于上述理由，我们也希望这项工作对于中西文明的交流有所贡献；还希望通过对西方文明精神认识的深化，对于中国文化的更新和中国社会的进步有所贡献，更希望本着中国传统中谦虚好学、从善如流、生生不已的精神，通过对世界历史和人类文明中基督教精神动力的了解，对于当今道德滑坡严重、精神文化堪忧的现状有所补益。

尽管近年来翻译界出版界已有不少有识之士，在这方面艰辛努力，完成了一些极有意义的工作，泽及后人，令人钦佩。但是，对我们这样一个拥有十几亿人口的千年古国和文化大国来说，已经完成的工作与这么巨大的历史性需要相比，真好比杯水车薪，还是远远不够的。例如，即使以最严格的"经典"标准缩小译介规模，这么一个文化大国，竟然连阿奎那（Thomas Aquinas）举世皆知的千年巨著《神学大全》和加尔文（John Calvin）影响历史的世界经典《基督教要义》，都尚未翻译出版，这无论如何是令人汗颜的。总之，在这方面，国人还有漫长的路要走。

本译丛的翻译出版，就是想以我们这微薄的努力，踏上这漫长的旅程，并与诸多同道一起，参与和推动中华文化更新的大业。

最后，我们应向读者交代一下这套译丛的几点设想。

第一，译丛的选书，兼顾学术性、文化性与可读性。即从神学、哲学、史学、伦理学、宗教学等多学科的学术角度出发，考虑有关经典在社会、历史和文化上的影响，顾及不同职业、不同专业、不同层次的读者需要，选择经典作家的经典作品。

第二，译丛的读者，包括全国从中央到地方的社会科学院和各级各类人文社科研究机构的研究人员，高等学校哲学、宗教、人文、社科院系的学者师生，中央到地方各级统战部门的官员和研究人员，各级党校相关教员和有关课程学员，各级政府宗教事务部门官员和研究人员，以及各宗教的教职人员、一般信众和普通读者。

第三，译丛的内容，涵盖公元1世纪基督教产生至今所有的历史时期。包含古代时期（1—6世纪），中古时期（6—16世纪）和现代时期（16—20世纪）三大部分。三个时期的起讫年代与通常按政治事件划分历史时期的起讫年代略有出入，这是由于思想史自身的某些特征，特别是基督教思想史的发展特征所致。例如，政治史的古代时期与中古时期以西罗马帝国灭亡为界，中古时期与现代时期（或近代时期）以17世纪英国革命为界；但是，基督教教父思想在西罗马帝国灭亡后仍持续了近百年，而英国革命的清教思想渊源则无疑应追溯到16世纪宗教改革。由此而有了本译丛三大部分的时期划分。这种时期划分，也可以从思想史和宗教史的角度，提醒我们注意宗教和思想因素对于世界进程和社会发展的重要作用。

中国人民大学宜园
2008年11月

目 录

中译本导言　　1

论圣灵　献给皇帝格拉提安　　1

论相信复活　　139

论基督教信仰　　185

论奥秘　　407

论悔改　　427

译后记　　491

中译本导言

[美] D. H. 威廉姆斯（D. H. Williams）

基督教会的卓越领袖们不可避免地出自古典世界知识分子与政治精英的大背景。罗马异教者苦恼于基督教在4世纪之前成长到这样的程度，就是他们中最好最聪明的人要使用他们的天分来服务基督教会。在认识这点上他们完全正确。奥勒里乌·安波罗修（Aurelius Ambrosius）就是这样一个例子，或许是早期基督教最著名的例子之一。一个曾经做过禁卫军长官（Praetorian Prefect）的律师与罗马省长的人突然成了主教并西方最具影响力的基督教领袖。他将最终成为意大利及周边地区其他主教选举背后的力量，他将成功阻挡异教省长、议员的计划，并且（成功地！）要求罗马皇帝（瓦伦提尼安二世 [Valentinian II] 与狄奥多西 [Theodosius]）在教会中扮演寻常恳求者的角色。尽管安波罗修在他有生之年被认为是极具权势且有影响力的人物，他在关注他的牧者职责以及为大都市会众正确解释圣经之挑战方面也毫不逊色。实际上，该主教笔下存留下来的文字证据揭示了这样一个人，他花大量的时间在教会与个人的事务上，并且致力于协调宗教与社会的关系，即两者如何互相影响对方的方式。对于安波罗修而言，神的国意味着置身世界而领导世界。而这个国度的国民（基督徒）要过坚决的禁欲生活——正如安波罗修自己身体力行的，他们的最高追求是以属天事物为导向。

安波罗修大约在公元338年或339年出生于特雷亚（Trier，今天法国的特雷韦斯［Trêves］）的罗马上流社会。他的父亲奥勒里乌曾服务于帝国法庭，尽管这并不一定意味着该家族有贵族血统。能表明的是因为他父亲的地位，安波罗修拥有一切古典教育与上流社会地位的优势。尽管家族具有基督教传统，而且大姐成了女禁欲修士，①安波罗修却从没想过要角逐主教职位。就像他的兄弟撒提路斯（Satyrus）一样，他受过法律训练，并且已经开始了服务帝国的职业。作为波多罗纽·普洛布斯（Petronius Probus）这位大有权势的执政官与禁卫军长官颇有前途的门生，安波罗修被委任为法律顾问，后来又是意大利北部省份阿米利亚—利古里亚（Aemilia-Liguria）的省长（consularis）。借着这一任命，安波罗修与罗马各处的省长一样同享权威，发号施令。然而，对于他在这段时期的活动我们所知无几。安波罗修很少提这段日子，没有在日后提供可用于传记的细节。

当米兰"阿里乌派"主教奥克森修（Auxentius）卒于 374 年，安波罗修立即去往城市礼拜堂，为要平息一场骚乱，否则该骚乱一旦恶化，就直接威胁到对继承者的挑选。在基督教历史的这一时期，关于对三位一体的理解中哪些构成正统教义仍旧有着尖锐的分歧。确切地说，有两种主要分歧存在于被历史学家称为"赞成尼西亚神学"（pro-Nicene theology）与"类质主义"（Homoianism）之间。顾名思义，赞成尼西亚神学的立场视《尼西亚信经》（公元 325 年）为定义其信仰的宣告，②它的基本重点在于视子与父在神性本质的同等性为当然。如果父是完全的神，子也就是完全

---

① 安波罗修的姐姐马塞林娜（Marcellina）于大约 365 年以纱遮面（将自己献身于禁欲苦修生活）。一位叫索特丽斯（Soteris）的女基督徒殉道者被算为该家族的先人［《关于处女》（Concerning Virgins）卷三 7. 39］。
② 325 年的《尼西亚信经》：
　　我们信独一上帝，全能的父，创造天地和有形无形之万物的主。
　　我们信独一的主耶稣基督，上帝之子，从父而生，是独生的，出于父的本性，出于上帝而为上帝，出于光而为光，出于真神而为真神，受生而非被造，与父一性；天地万物都藉着他受造；为救我们世人从天降临，成了肉身而为人，受害，第三天复活，升天，将来必审判活人、死人。
　　我们信圣灵。

的神，因为他直接出自（或"受生"于）父的本质。该教义的一个重要推论是人性真实地从神对罪的惩罚中得到拯救单单因为子是真神。

类质阿里乌主义③教义坚持子的本质脱离于父的本质，不像父的本质，致力于保持父子间的真实区别。该立场的标志性信经是阿里米尼（Ariminum）信条（发布于公元359年），只承认子在意志与目的上与父"类似"，应该严格避免任何"本质"④的提及。自从于355年就任取代了赞成尼西亚派的主教以来，奥克森修就一直是阿里米尼派对神理解的强力拥护者，而这并没有阻止米兰城许多人保持对尼西亚立场的忠诚。

奥克森修死后米兰情势紧张，一触即发。就在一年以前，罗马主教选举的冲突令该城122条生命丧失于动荡中。安波罗修不想眼看着米兰步其后尘，而他亲临现场成功平息了群众的骚乱使得教会想要选他为主教。正当他调解不同派系之时，人群里有声音响起："安波罗修做主教！"全体会众同心合意地拥立他为最完美的选择。他来自赞成尼西亚的背景，却遵从帝国的规则，没有查禁类质派的拥护者。从教会政治的角度，这堪称明智之举。然而这一任命大有问题。安波罗修来自于基督教家庭，但是作为典型握有军政大权的人，他未曾受洗。他自称他没有"从孩提时代就在教会的中心成长或受训"。⑤颇具讽刺意味的是，他在教会资历与神学训练上的欠缺恰恰是他如此受这群在教义问题细节上有着尖锐分歧的人欢迎的原因。然而，皇帝瓦伦提尼安一世与普洛布斯都鼓励安波罗修为了行政秩序的缘故接受这个职位。他极其勉强地照做了。⑥

---

③ "阿里乌主义"多种多样，其中的类质主义宣称子像父，且在描述子如何像父上不应加上任何其他限制性说明。
④ 但就"本质"这个词而言，它用于父的单一性（simplicity），但因为圣经里没有这个词而会引发丑闻的人对此一无所知，看起来在将来最好将其去除，完全不要提它，因为神圣的圣经根本没有提到父子的"本质"（ousia），类似地"位格"（hypostasis）这个词也不应该用于父、子与圣灵。
　　这条禁令所针对的是尼西亚所使用的 *homoousios*（本质相同）以及其他表达父子关系的方式，诸如 *homoiousios*（本质类似）或 *anhomoousios*（本质上不相像）。
⑤ 《论悔改》卷二，8.72。
⑥ 在后期圣徒传记中神所委任的人逃离呼召乃是司空见惯的，可能这个模式出自遵循圣经人物的样式，就好像摩西与保罗，他们俩都宣告他们配不上神拣选他们要完成的任务。

一周之内安波罗修就由米兰长老辛普里修那（Simplicianus）施洗，从低级职分一跃成了主教。每个人都好像预备好了对早期教会关于禁止按立新人的规条⑦睁一只眼，闭一只眼。

　　就任主教伊始，安波罗修继续遵循瓦伦提尼安表面上中立的宗教政策，维持了米兰城来之不易的和平。不幸的是我们对安波罗修主教任职的头三年知之甚少。在大约336年或337年，主教向他姐姐马塞林娜大胆提出：

　　尽管我自己的能力是如此不让人信任，但受感于神怜悯的例证，我还是大胆提出……哦，耶稣在我还卧在无花果树下的时候就看见我了，我们的无花果树三年后也要结果子。⑧

　　安波罗修敏锐地知悉他自身在执掌米兰教务之位上的缺陷，自称"indoctus"（不学无术）以及"宗教事务的初学者"。⑨在他受圣职后的数年中，他在担当主教之职的百忙之中还在神学方面进行深造。如果安波罗修在这段时期忙碌于关于尼西亚教义的争论，那他也没有告诉我们这些事情。在他最初的四年里，这位新主教通过投入学习圣经与罗马、希腊的神学来履行自己的教牧责任。

　　安波罗修也写了三篇短论文为处女作为活的殉道者是神的呼召来辩护。马利亚的童贞被安波罗修称为年轻女子要效法的卓越典范。⑩安波罗修宣称，婚姻与生儿育女毫无疑问是神的恩赐，然而完全献给神之生命的圣洁则结出更大的果子。但是在米兰不是每个人都喜欢主教鼓励年轻女孩或寡妇过禁欲生活。很明显，一些米兰的精英家族对于失去传宗接

---

⑦ 如《尼西亚教规》（Nicene canon）第二部分所宣称的。
⑧ 《关于处女》卷一，1.2—3。
⑨ 《论教士的职分》(On the Duties of Clergy) 卷一，1.4，《论悔改》卷二，8.73。
⑩ 安波罗修相信马利亚终身是处女。

代的保障深感不快。但是主教毫不畏惧，鼓励年轻妇女"以纱遮面"，以此将她们的生命奉献来热爱基督与服侍教会。

安波罗修其他的最早期著作关乎《创世记》的主要人物与线索，⑪也写于378年之前或期间，显示了这位新主教早期致力于释经。这些文件提供了他自己倾向于尼西亚正统的教义取向。⑫《论他兄弟之死》这篇道讲于377年或378年的冬天，安波罗修告诉他的听众他为了避免离题就不长篇详述关于基督的教义了，但是他也在这里提请注意说他以后会继续的："处理这个专题需要更多的论证，以此我们能够证明父的权威、子的特性与整个三一神的合一。"⑬

这些早期著作中所缺乏的争论或针对类质主义争端的任何具体参考资料并不支持主教荣耀的传记，⑭其中描绘了米兰新主教是一个激进无情的反"阿里乌派"。安波罗修在米兰的早期岁月没有采取敌对类质主义的行动，质疑这一结论是没有理由的。至少从事务管理的角度，安波罗修继续小心翼翼地维持了不同宗教理念的平衡，我们还记得，这正是他出人意料地在374年当选的基本原因。然而他将不再能长久保持这个姿态。

宗教分裂临到米兰

378年8月9日，罗马在哈德里安堡（Hadrianople，或称阿德里安堡，Adrianople）输掉了一场对抗哥特（Gothic）族的主要战役，结局极其惨烈。战胜之后，蛮族人彻底踩躏了特雷斯（Thrace）且兵临君士坦

---

⑪ 现代编年表的一般共识是下列著作能被定期于或早于378年：《关于处女》、《关于寡妇》(Concerning Widows)、《关于童贞》(Concerning Virginity)、《关于乐园》(About Paradise)、《论该隐与亚伯》(On Cain and Abel)、《论挪亚》(On Noah) 与《论他兄弟之死》(On the Death of his Brother)。[译注：中译本所倚靠的英译本将《论他兄弟之死》翻译为《论他兄弟撒提路斯之死》(On the Decease of His Brother Satyrus)，本书所收录的"论相信复活"是此著作的第二卷。]
⑫ G. Corti, "Lo Sfondo Ambrosiano del Concilio di Aquileia", 收录于 Atti del Colloquio Internazionale sul Concilio di Aquileia del 381 (Antichità Altoadriatiche XVI), (Udine, 1981), 55—56。
⑬ 《论他兄弟之死》卷一, 14。
⑭ 学者中对于保利努斯（Paulinus）在主教身后的记载到底有多可信还有争论。鉴于其明显的理想化特征，在引证保利努斯来取得在其他地方所不能确认的历史细节时，看起来有提醒要谨慎的必要。

丁堡城下。格拉提安（Gratian）留在色米安（Sirmium）过冬，他意识到他无法独立控制整个帝国；在哥特暴动之外，他还被迫与阿勒曼尼人（Alemanni）沿莱茵河的入侵作斗争。为了应付特雷斯的情况，他召回了狄奥多西［瓦伦提尼安一世的骑士统领（*magister equitum*）之子］，后者已经提前退回了他在西班牙的领地。379 年 1 月 19 日，狄奥多西被宣告成为色米安城的奥古斯都（Augustus）。

恐慌席卷了帕诺尼亚（Pannonia），许多人越过阿尔卑斯山向西逃亡。难民中有瓦伦提尼安二世（他还是个孩子）的朝臣与他的母亲查士丁娜（Justina），他们极有可能在 378 年的初秋抵达米兰。很可能格拉提安自己下达了命令，让他们从色米安转移到米兰的皇家居所直到危机解除。当难民从被掳掠的各省涌进来后，米兰城里的类质主义者数量急剧增加，产生了要适应类质主义团体的宗教新需求。这些需求很快诉诸格拉提安，要求使用城里的礼拜堂。格拉提安的回应是命令一个教会从礼拜堂撤出。这个我们不知道是否咨询过安波罗修的决定符合政府在政治上的宽容政策。因此由霍姆斯·杜登（Homes Dudden）所代表的旧学派在他宣告类质主义者"胆大妄为地占领了大公教会礼拜堂"时，看起来在这点上搞错了。⑮实际上好像是格拉提安自愿将建筑交给类质主义者，可能是应查士丁娜的个人请求。毫无疑问，她的恩惠为米兰类质主义者热情接受——不要忘记，他们遭赶逐只能在自己家里聚会。

整场戏对米兰主教而言一定是公然的侮辱。现在住在城里的朝野上下公开反对安波罗修，因为他坦承坚守赞成尼西亚派的教导。在礼拜堂问题的同时又兴起了一场敌对安波罗修的运动，主教被指控毁坏并出售教会的圣器（*vasa mystica*）为要从蛮族人那里赎回俘房。安波罗修的动机遭到了他敌人的猛烈抨击，可能这一慈善行动被方便地当作消除米兰"阿里乌"历史的微妙方式。熔毁教会的圣盘损坏了那些基督教家

---

⑮ *The Life and Times of Saint Ambrose.*

族（安波罗修的"阿里乌"前任的支持者们）的回忆，他们的名字被镌刻在圣餐盘边上与圣餐杯杯口。无论类质主义强烈反对的确切理由为何，它都成功地造成了对主教的进一步压力。

非常明显，自他成了主教之后米兰的形势发生了变化。正如奥克森修任期内城里曾有过赞成尼西亚的力量，目前在米兰城内的则是反对尼西亚的。而现在还至少有一位类质派领袖（朱利安·华伦斯，Julian Valens）与那些忠于、怀念奥克森修的人，后者最近受到了涌进来的伊利里亚（Illyrian）难民的支持。格拉提安最近将城市礼拜堂交给类质主义者崇拜的事情更鼓励了那些人持续发动反对安波罗修的运动。

在敌对势力日益增长的时候，皇帝格拉提安写信给安波罗修，要求他用文字来解释他的信心："圣陛下你……要听我对信仰的告白。"⑯在378年底之前，安波罗修以两卷书的篇幅进行了回应，这是他最早的教义专著，标志着他加入了尼西亚派与类质派之间的论战。

写成《论基督教信仰》（卷一至卷二）

人们已经正确地观察到直到写成《论基督教信仰》（以下简称《论信仰》）的卷一、卷二为止，安波罗修都不曾对"阿里乌派"说过什么。⑰如果我们先前对于安波罗修治理教会策略的分析是正确的，《论信仰》的出版就代表了他对米兰类质主义者的政策发生了突然的戏剧性转折。该文献可能写于378年晚秋，开足火力攻击西方的"阿里乌主义"，责骂它为最恶劣的异端以及真理的敌人。这样的变化显示安波罗修原来谨慎保持平衡的管理天平发生了倾斜。然而，事实上安波罗修的这一论战宣告并不令人吃惊。如我们将在下面看到的，在米兰发生了很多事情，使得瓦伦提尼安对安波罗修的许诺——他主教任期将有"和平的未来"——

---

⑯ 《论基督教信仰》卷一，前言第一章。
⑰ D. H Williams. *Ambrose of Milan and the End of the Nicene-Arian Conflicts* (Oxford，1995)，第五章。

落空了。《论信仰》的成书本身就是对这些事件的回应，必须在产生它的政治与宗教环境背景下加以考察。

为什么格拉提安在那个时候让安波罗修写《论信仰》呢？这个问题的答案一般基于假定皇帝与主教间已有的关系。例如霍姆斯·杜登就宣称格拉提安从安波罗修那里寻求专著是因为后者"已经获得了正统教义的辩护者与恢复者的名声"。帕雷蒂（Paredi）认为，格拉提安联系安波罗修是因为色米安每个人都记得安波罗修于376年在尼西亚主教选举一事上坚决果敢的干预。两个假说都很快能被推翻。如我们先前分析显示的，假定格拉提安愿意从色米安五百英里外寻求一个相对无名的主教是没有任何理由的。安波罗修从没写过教义著作来显出他自己是尼西亚派的辩护者，他也尚未成为后来的知名博士。如果格拉提安想要关于信仰的教导，他完全可以找特雷亚离他更近的神职人员来完成这个要求。否则，如果格拉提安想要从一位尼西亚正统的重要人物那里获取解释，为什么他不找罗马的达马苏（Damasus at Rome）——其观点在378年之前就为他所深知了？

我们不能说格拉提安对于米兰主教一无所知。如我们先前所确认的，安波罗修已经与皇帝有个人联系了，可能在《论信仰》的卷一、卷二写成之前。但是两人之间实际相会的唯一参考资料出现在《论信仰》卷三的第一章第一节。

> 正因为最仁慈的陛下你下令让我为你自己写一些关乎信仰的论述，又亲自召我到你面前鼓励我不要胆怯，所以我在战斗前夕只写了两卷书来指出我们信心前进的一些方法与道路。[18]

关于会面发生在何时何地，学者并无统一意见。如果将《论信仰》卷

---

[18] *Corpus Scriptorum Ecclesiasticoram Latinae* LXXVIII. 108. 1—5.

一、卷二合理地定期在 378 年秋，那么上述段落显明安波罗修亲眼见到皇帝本人是在其著作出版之前的某个时间。然而这基本上没有给为什么格拉提安要求安波罗修对其信仰进行解释这一问题提供答案。

根据皮埃尔·那沃丁（Pierre Nautin）的理论，安波罗修被要求陈述信仰是因为他被邻省伊利里库姆（Illyricum）的类质主义者攻击。其首都与皇家居所色米安是格拉提安在武装行动中经常停留的地方。格拉提安愿意关注调查这样的指控因为米兰的主教一职是一个大都会的位子，对于意大利北部及其他地区都有广泛的影响力。但更重要的，格拉提安可能行调解员之职，试图调和存在于类质派与尼西亚派之间教会方面的分歧。罗马诸皇帝主要关心的是控制或消除行政冲突。当这位皇帝要求安波罗修的信仰告白时，他既严肃对待异端的问题，更盼望确保宗教和平。

安波罗修在他最初写《论信仰》的时候就清楚知道他的（未名）批评者，并且他完全了解他写的东西将被他们看到。然而《论信仰》并没有照着辩护的风格来写，好像作者在抵挡明确的攻击。它明显是写给皇帝格拉提安的，为要通过揭示那些指控他的人的观点何等阴险狡诈来洗清自己。

结果就是激起皇帝要求安波罗修澄清他的观点。即使格拉提安个人倾向于尼西亚信仰形式，如安波罗修在不少场合暗示的，受到"可憎异端"的指控还是不能被忽视。这些控诉中最常出现的乃是指控同质主义为三神论，因为他们坚持父、子与圣灵都是神，看起来好像暗示有三个等同且永恒的神性本体。对类质主义而言，这是可憎的多神论，等同于当时的异教。

安波罗修以两卷专著来回应格拉提安的要求，照作者所言，这不是为了皇帝受教导所写，而是为了他的首肯。在总结他信仰的简述中，安波罗修强调了神性本质的合一性，将他的三一论与当时通行的错误区分开来。他知道三神论的指控，试图推翻这个推论，比如在某一处，他指责"阿里乌派"为三神论，因为他们将三位一体的同一神性本质分割为三个不相似的本质。

安波罗修自己关于神性不可分割的立场建立于西方神学中早已用旧了的论证，就是神的本质为父、子与圣灵共有。三位一体中固有的多样性在名称与能力（potestas）上被宣告为一。基督命令门徒去为万民施洗，是奉父、子、圣灵的一个名（马太福音28：19），不是几个名。除了马里乌·维克多利努（Marius Victorinus）是个例外，拉丁反"阿里乌"争论中比较不常见的是强调三位一体中的同一 potestas："我们承认父、子、圣灵的结论为神性的完全与能力的合一存在于完美的三一神中。"Potestas 类似于 perfectus（完美性），在这里用来指三位一体关系的整体，但它更直接地应用于子身上，他在《哥林多前书》1：24 中被称为"神的能力与智慧"。因此安波罗修所写乃是要为基督的神性共享父所有的属性而辩护。

> 他被称为道、子、神的权能、神的儿子、神的智慧。他是毫无瑕疵的道，被称为权能是因为他是完全的，被称为子是因为他是父所生的，被称为智慧是因为他与父原为一，在永恒中合一，在神性中合一。[19]

父子的 unum（合一性）被强调到极致，其中没有多重性，因为他们互相之间并无"不同"。名词 persona（位格）在卷一、卷二中也从来没作为区分父子的方式被使用过。《论信仰》的唯一任务就是辩护证实父子间本质上绝对的合一性，从而不给由不等同而引起的分裂留任何可乘之机。在这个基本目标之下，安波罗修基本没提三位一体关系间的内在工作，甚至都不多提圣灵。安波罗修会在格拉提安要求的时候处理三位一体中的第三位成员。

---

[19] 《论基督教信仰》卷一，2.16。

在定义了他的信仰内容之后,安波罗修就转向考虑"阿里乌派"的争论。《论信仰》的卷一、卷二余下的部分处理据传他的"阿里乌派"对手教导的六个命题:

1. 神的儿子不像父 (6.43—8.57)。
2. 神的儿子在时间上有一个起点 (9.58—13.85)。
3. 他是受造的 (14.86—19.131)。
4. 他们否认他是良善的 (卷二,1.15—3.33)。
5. 他们否认他真是神的儿子;他们否认他的全能 (4.34—6.51)。
6. 他们否认他在神性上与父为一 (7.52—12.107)。

安波罗修承认"阿里乌派"有不同派别,它们之间存在分歧。即便如此,主教还是暴露了对不同派别——甚至与安波罗修同时代的类质主义——的神学缺乏了解。部分原因是主教可能使用了一份较老的阿里乌书信档案和320年代的相关文件,将它们翻译成了拉丁文。[20]阿里乌致亚历山大(亚历山大主教)与一位支持者(安提阿的)保利努斯的信件是这个集子的一部分,被赞成尼西亚的作者用来在实质上帮助攻击类质主义者。[21]当然正如他们自己所指出的那样,这些合在一起都不是类质主义较新立场的准确资料。

作为一个受过良好训练的修辞家,安波罗修深谙攻击他对手的反阿里乌策略,那就是将他们的意见和人员与以前受谴责的立场归类对应。这种方式在4世纪广为人知,例子有阿塔那修(Athanasius)与尼撒的格

---

[20] G. Bardy, "L'occident et les documents de la controverse arienne," *Revue des sciences religieuses* 20 (1940), 2863. 巴蒂 (Bardy) 相信这个集子由阿里乌所辑,后来流入西方,其全部或部分被译成拉丁文。

[21] 马里乌·维克多利努斯引用了阿里乌致尼哥米迪亚的优西比乌 (Eusebius of Nicomedia) 与优西比乌致保利努斯的信件 (*Candidi Epistola* 卷二,1)。普瓦蒂埃的希拉利的 *De trinitate* 卷四,12—13 中阿里乌致亚历山大的信被引用两次。

列高利（Gregory of Nyssa）的作品。《论信仰》毫不令人吃惊地将"阿里乌主义"的各宗派推断为一个神学总体："阿里乌派"就是"阿里乌派"，不管他们的历史背景如何多样化。他们有许多名字，然而他们都有共同的不信以及一起从事分裂与攻击教会的工作："我要用一个共同的名字来称我必须回应的这些人——异端。"他们的异端就像传说中的海德拉（Hydra），头被砍下后总会生出一个新的来；或者像恶魔锡拉（Scylla），异端将自己分成许多不信的形状，却假装是基督教的一个派别。

安波罗修用这样的步骤判定阿里乌（因此所有的"阿里乌派"人士）要对教导基督不像（dissimilis）父负责。

> 使徒称基督是父的像，而阿里乌派却说他不像父。如果他不像，为什么他被称为像呢？人不会有跟他们不像的画像，阿里乌派争辩说父不像子，就是说父生了一个跟他不像的，好像他不能生一个跟他像的。㉒

可以预见，类质主义者被这样的指控激怒。一位赞成阿里乌主义的主教拉提亚里亚的帕拉迪（Palladius of Ratiaria）于 379 年写了一篇回应《论信仰》卷一、卷二的文章，现在只留下两块大的残篇。379 年，帕拉迪作为西方类质主义的发言人与安波罗修的主要对手突然出现，我们对这位伊利里亚主教之前的情况几乎一无所知。帕拉迪在发表了尖刻的抨击《论信仰》卷一、卷二的言论后走入了神学舞台的中心。这一回应现存的只有两块残篇，存留在安波罗修《论信仰》中世纪抄本的页边空白。㉓

在这些《反对论信仰》(Contra On the Faith) 残篇中，帕拉迪指责安波罗修并不了解他的对手。最值得反对的是安波罗修将"不像"这个词

㉒ 《论基督教信仰》卷一，7.48。
㉓ C. P. Hammond Bammel, "From the School of Maximinus: The Arian Material in Paris MS. Lat. 8907", *Journal of Theological Studies* 31 (1980), 394—395.

用到了类质主义者身上。帕拉迪声称他们并没有教导子不像父的教义，尽管他们不承认子与永恒的父同永恒。换句话说，帕拉迪预备同意子的神性，但那不是与父相同的神性。当然这正是安波罗修的要点，将父作为神性最高的存在区别于子的低等神性就是在教导两者不相像。

帕拉迪指控安波罗修用了陈腐过时的材料来反对类质主义者，这不无道理。然而，安波罗修有至少两个理由来支持指控"不像"（这个词越过了将竞争对手的信仰合并为一个异端整体之辩论策略的界限）。首先，他极力反对他们认为 *generatio* 这个概念能遵照人出生的模式来理解的想法，这种想法意味着生产的那位在时间上先于被生的那位。将这个类比加到子的受生上乃是将神的生出置于时间与物质身体的限制之下。任何被生的事物——包括子——都必须有一个开始，从不存在到存在。安波罗修争论说子的"受生"（genitus）超乎人的理解力，从父无痛而生；两个概念都可以为类质主义者同样认同。安波罗修异于他对手的地方在于，他认为属神过程的不可理解性确保了子的受生截然不同于人的生产。只有"真神所出的真神"才合乎那发生于所有理解之前的独一未受玷污的过程。所以，子从父的受生完全超越了自然的范围。这些是拉丁作者反"阿里乌派"军火库的标准论证。

第二，也有如下可能：安波罗修将他的对手刻画成教导子不像的人，是在将他们与欧诺米（Eunomian）神学的支持者联系到一起，后者事实上的确教导子在本质上不像父。古历史学家苏格拉底（Socrates）与索宗曼（Sozomen）表明，当格拉提安在色米安的时候，他378年的《宽容法令》并未赐予欧诺米派自由集会的特权。

尽管《论信仰》卷一、卷二基本没有神学创新性，还是要承认它们极其有力地将所有反对尼西亚的人描绘成了教会与国家的敌人。"阿里乌派"被称为"敌基督"（卷二，15.135），跟不信的犹太人（卷二，15.130）与异教徒（卷一，13.85；卷一，16.103）相比，要为现在折磨罗马帝国的困难受责备。哥特的入侵正在渐渐地毁灭帝国，这是神对教义上的不忠与逼迫尼西亚的护卫者而发的直接审判：

> 足够了，太多了，全能神啊，我们现在已经用我们自己的血、我们自己的放逐为信徒的死、神职人员的被逐与极端邪恶的罪过代赎——太明显了，那些信仰破碎的人不能平安。主啊，请再次回心转意，建立你信实的旗帜。

在安波罗修这一结尾的祷告中，神受到祈求要赐格拉提安军事胜利，因为皇帝也相信子是"神的真正权能与智慧，不是属时间的或被造的"。因为只有借着建立真实的信仰，帝国才能从蛮族人那里得到拯救。

不管在早前的主教任期中安波罗修对米兰多元化的宗教团体显示出怎样的稳健与政治怀柔，通过378年的诸多事件，这些现在已经永久一笔勾销了。《论信仰》卷一、卷二的写成是安波罗修职业生涯的一个转换点。在《论信仰》卷一、卷二发行之后，安波罗修现在向他的会众讲道中反"阿里乌主义"乃是家常便饭，这些讲道的许多部分形成了《论信仰》的后三卷书，他后来编辑成卷一、卷二的续篇。尽管格拉提安最初要求通过具体针对圣灵的角色来进一步阐述卷一、卷二，安波罗修选择继续他的辩护，且再度强调他在《论信仰》卷一、卷二中已经给出的相同论证。直到《论信仰》末卷的结尾，安波罗修才告知收到格拉提安的要求，许诺在将来要写的东西里有"关于圣灵的完整讨论"（卷五，前言7）。

为什么安波罗修要推迟完成皇帝所要求关于圣灵的专著呢？难道出版《论信仰》还不代表对安波罗修敌人的重大胜利吗？答案是：不代表！我们需要考虑在《论信仰》卷一、卷二唤醒人们之后的环境，因为安波罗修的著作激发了类质主义者的强烈反应。正如我们已经看到的，出版的后续事件揭示了更强的反对，要求安波罗修必须在另外三卷书中重申他的状况。米兰城已经见证了类质主义团体惊涛骇浪般的涌现，数量上是因为哥特人的入侵，政治上是因为瓦伦提尼安二世王朝的来临。类质主义者由最近事件壮了胆,向皇帝索要米兰城里基督徒所用的礼拜堂也得到了。这一行动在安波罗修眼中肯定象征着对教会控制的丧失。格拉提安已经显明他在神学观点上是接受安波罗修的,但这对在政治上支持尼西亚基督徒则完全没有实际意义,因为他继续维持瓦伦提尼安在个人信仰与政治政策上的二分。

《论信仰》卷三至卷五

380年末,安波罗修已经用另外三卷书扩展了他在《论信仰》卷一、卷二里的论证,并负责任地发给了皇帝。如前面所提,这几卷书本身是对《论信仰》卷一、卷二所激发的来自拉提亚里亚的帕拉迪笔下严厉批评的回应。在《论信仰》卷三的前言中安波罗修解释了他进一步花力气的必要性,借此绕过了格拉提安对致力于圣灵的专门作品的要求,继续他在卷一、卷二里的论证。

> 既然有人心存恶意,不懈散播争论,尚未耗尽他们攻击的力量,与此同时,仁慈的陛下您的敬虔急切呼召我做更多的工,正如您渴望对那些您已经在少量事情上证明过的人尝试更多的事情,我也愿意在我已经简略处理过的问题上再说得更具体一些,免得人们以为我不是在安静与自信中提出这些看法,反倒以为我现在论证它们乃是怀疑且放弃为它们的辩护。㉔

尽管这"心存恶意"者没被指明,但几乎可以肯定指的是拉提亚里亚的帕拉迪,包括他的立场在内的诸多事情(*inter alia*),安波罗修已经在《论信仰》中的卷一、卷二里攻击过。皇帝格拉提安业已正面接受了安波罗修对信仰的论述,但他的立场显然还没有足够稳固到忽略这些新的挑战。

㉔ 《论基督教信仰》卷三,1.2。

《论信仰》卷三至卷五经常有向皇帝的诉求，其复仇的语调一如前两卷书。安波罗修反击对手之论证的要诀也与卷一、卷二保持相同："这点超乎其他问题"，阿里乌派说"基督与独一真神不同"。安波罗修坚持每个方面都像父的子是"真神"（verus deus），这为其将要在阿奎莱会议（council of Aquileia）上用来对抗帕拉迪的辩论思路做好了准备。与此同时，卷三至卷五证明了安波罗修已经研究过他对手的著作，更严肃地对待他们武器库里大量为父子间许多不同之处而辩护的解经证明。有意思的是我们不再听见提到欧诺米，也没有"阿里乌派"教导父子间不像的教义，除了说这是他们神学所暗示的。

《论信仰》卷三至卷五中另一个值得注意的要素是作者在显明皇室对此书的接纳上毫无保留，唯独只在其超乎预期的长度上做了辩解。格拉提安并没有寻求对卷一、卷二中论证的进一步阐述，然而安波罗修觉得合理，因为父与子之不可分割的神性值得如此详细地处理，为要回应"异端的不敬虔"。而因为在这次努力中必须省略对圣灵教义的处理，他也意识到他尚未完成皇帝原来的要求。

《论圣灵》

381 年的复活节（3 月 28 日）为安波罗修带来了特别的消息。在特雷亚（特雷韦斯）过冬之后，皇帝格拉提安迁居北部意大利，原因并不为人所知，要不就是因为他希望离安波罗修更近些。我们确知的是复活节期间皇帝在米兰，此时安波罗修以三卷书的篇幅发表了题为《论圣灵》的著作，作为他早期作品的续篇。[25]其完成（或编辑）[26]时间不晚于

---

[25] 《论圣灵》卷一前言第十七节提供了几条有价值的信息，可以精确地定准此书的日期："一旦当她拒绝了那些信心的异族，她就有了乞怜者，乃是她的仇敌本人，列王的审判者，她素来惯于畏惧的。在他死时她埋葬了他……"这"仇敌本人"所指的毫无疑问就是令人畏惧的哥特国王阿塔纳里克（Athanaric），他与狄奥多西达成了和平，于 1 月 11 日进入君士坦丁堡，正好两周后死去（Zosimus Historia Ⅳ. 34. 4；Socrates, HE Ⅴ. 10）。

[26] 就像《论基督教信仰》的卷三至卷五，《论圣灵》也是将安波罗修在这个主题上的讲道与发言结集而成。

381年2月，㉗以献给格拉提安的形式写成。总体来说，这部著作告诉我们大量关于皇帝给予安波罗修政治上新恩惠的事情，《论信仰》特有的犹疑却不失精练的语气在这部关于圣灵的专著中几乎完全没有。这是因为安波罗修与皇帝间的关系已经发生了变化。

安波罗修通报了一则近闻，格拉提安受圣灵的引导将三年前没收给了类质主义者的米兰城市礼拜堂还给了安波罗修，此事非同小可。据传格拉提安完成此事完全跟主教方面的任何力劝无关："无人力劝你的情况下命令将罗马公所型礼拜堂归还教会。"（卷一，1.19）看起来归还礼拜堂就在写《论圣灵》之前，并且可能促使安波罗修写了此书。人们绝对不会注意不到安波罗修在他著作中胜利凯旋的语气，不仅因为米兰城的变化，更因为尼西亚信仰之命运在全国范围的根本变化。

> 这是你慈爱独有的卓越，凭着它你逐个救赎世人。以利亚被差往一个寡妇那里，以利沙洁净了一个人。哦，主耶稣，你在今日洁净了千人，罗马城里有多少，亚历山大城里有多少，安提阿城里有多少，君士坦丁堡城里又有多少？因为甚至君士坦丁堡都收到了神的话，收到了你审判的明证。因为只要她心中深爱阿里乌之毒，为邻邦战争所扰，她就以仇视的膀臂回应四邻。㉘

安波罗修话语中暗示的是格拉提安在政治上做出了利于尼西亚教会的转变，以及狄奥多西一世抵达君士坦丁堡，将"阿里乌派"从那座城市的领导层中逐出。381年，格拉提安同意在阿奎莱举行由安波罗修主

㉗ 奥托·弗勒（Otto Faller）表明这篇在复活节所讲的前言是最后写成的，专著的其他部分完成于哥特首领阿塔纳里克死亡并埋葬在君士坦丁堡（381年2月）之后的一段时间。

㉘ 《论圣灵》卷一前言第十七节（译注：序言作者根据他的拉丁文版本直译，尤其是最后一句，与本书正文相应部分所根据的英文版本之措辞略有不同）。

持裁判的主教大会，会上还留在西部的少数几位类质主义"阿里乌派"被罢免。㉙

总体而言，对安波罗修来说这是完成格拉提安最初更多关于圣灵资料之要求的最佳时刻。两位希腊作者盲人狄迪莫斯（Didymus the Blind）与凯撒利亚的巴西尔（Basil of Caesarea）都写过关于圣灵的著作，倚赖他们的作品，安波罗修试图为圣灵等同于父、子的完全神性而辩护。他运用了圣灵神性的四大特征：圣灵无罪、圣灵赦罪的能力、圣灵创造而非被造以及圣灵接受敬拜（卷三，18.132）。㉚

因此安波罗修借着宣告父、子与圣灵共有同一实质与本质，在《论圣灵》中重申并扩展了他的三位一体观。读者绝不会注意不到他的论证在这部著作中更加复杂精细，尤其表现在安波罗修与以前相比大量增加了使用同一权能来描述三位一体神性合一的语言。通过用"同一权能"来描述神，安波罗修找到了既联合神圣本质又不令父、子与圣灵相同的有用词汇。自 350 年代以来，西方主教们认识到确认三位一体的"相同实质"能够也的确引向一位论（unitarian）的神观，就是父、子、圣灵间唯一的差别就是名字，而三位实际上是单一的存在。色米安的富提纳斯（Photinus of Sirmium）因为宣称神的儿子直到他从马利亚生于肉身才开始存在而令这一立场臭名昭著。㉛为这个缘故，安波罗修在《论圣灵》中提到了富提纳斯，为要将自己的立场与过度的同质神学（homoousian theology）区分开来。㉜

确认三位一体权能为一，意味着圣灵与父子一起平等地参与了创造、默示、救赎——"三"在工作上的"一"的体现。那些否认神合一性的人声称父、子、圣灵本质不相似（卷二，3.26），他们没有看到三个位

㉙ 关于这次大会的详情，参见 D. H. Williams, *Ambrose of Milan and the End of the Nicene-Arian Conflicts* (Oxford, 1995)，第六章。

㉚ B. Ramsey, *Ambrose* (Routledge Press, 1997)，62.

㉛ 参见 D. H. Williams, "Monarchianism and Photinus of Sirmium as the Persistent Heretical Face of the Fourth Century", *Harvard Theological Review*, 99 (2006)。

㉜ 《论圣灵》卷三，16.117。

格共有的本质体现在他们在行做万事的合一性上。这个论证对奥古斯丁关于三位一体内相互关系之后续理论的显著影响没有得到充分陈述。三十五年后奥古斯丁在他的巨著《论三位一体》(*On the Trinity*) 中将用同样的逻辑来表达三位一体内既绝对合一又真实有别。

在他的神学论战著作之外，安波罗修最为后世所知的还有他许多关于旧约人物〔如《论约瑟》(*On Joseph*)、《论列祖》(*On the Patriarchs*)〕与书卷〔如《先知以赛亚注释》、《创世六日》(*The Hexaemeron*)〕的解经著作。奇怪的是他只写了一部新约经文注释书（《路加福音》）。主教的教牧负担由此可窥一斑。

在文学诠释方面，安波罗修自然而然就把圣经经文当做拥有超过一层的含义来解释，强调的重点在寓意与象征的意思。他关于《创世记》与《雅歌》主要线索与人物的著作显示了他受斐洛 (Philo) 的影响并且熟悉奥利金 (Origen) 与凯撒利亚的巴西尔。类比于三一神的三重性质，圣经诠释也能产生"三重智慧"：自然的（字面的）、道德的与理性的（寓意的）〔《〈路加福音〉注释》(*Commentary on Luke*)，前言，2〕。当把旧约与福音的事件和真理联系起来理解时（例如《论奥秘》7.35—8.44），使用寓意与类比对基督徒运用旧约是卓有成效的。就是从安波罗修的讲道中，年轻的奥古斯丁发现寓意化旧约如何能够引导他脱离摩尼教 (Manichaeanism) 用来锁住他的字面主义限制。

《论奥秘》

这部简短的著作被归在安波罗修教牧作品中。《论奥秘》面向新受洗的人，它与安波罗修的较长著作《论圣礼》(*On the Sacraments*) ㉝有一些相同的特点。类似于后者，《论奥秘》的对象是等候洗礼之人，《论圣礼》

㉝ 尽管大多数人接受安波罗修为作者，学者对《论圣礼》的可靠性仍有疑问。参见 *Ambroise de Milan: Des Sacraments des Mystères.*, B. Botte 翻译并加注 (Les Éditions du Cerf, 1949), 12—24。

在洗礼前对他们讲,《论奥秘》紧接着洗礼。两书都论述了洗礼与圣餐礼对基督徒的价值和必要性。但两者的差别更多。《论圣礼》看来像由几次讲道编辑在一起成了一个整体,而《论奥秘》好像是安波罗修一次完成的讲话所产生的。㉞更重要的在于《论奥秘》的内容我们可以称为后教理问答,令新信徒能够更深理解他们在洗礼中所认信的含义。换句话说,在《论奥秘》中,圣礼仪式的形式与这些仪式背后的重要性相比无足轻重。奥秘的一部分就是如何正确解释圣经。新信徒应该认识到圣经的信息比其表面的文字深得多。换句话说,受洗进入三位一体奥秘的人应该开始看到旧约经文所见证关于基督与他救赎的真理。

从整体上来考察这部书,安波罗修有两个目标。首先,他要表明自然与物质实体(比如水)与看不见摸不着的实际事物相交的方式。其结果是简单的物质事物能够传达超自然或属灵的真理。既然神创造了可见的世界,也创造了不可见的世界,我们就应该期望看到一样如何揭示另一样。新信徒正要以这种方式来看待施洗之水的功用。

> "自从造天地以来神的永能和神性是明明可知的,虽是眼不能见,但藉着所造之物就可以晓得。"(罗马书1:20)……这样你就要相信神性的存在。你相信工作,不相信存在吗?除非存在行在前面,否则工作将从何而出呢?㉟

其次,安波罗修讲道中很重要的就是他显明了旧约如何证明了历史中洗礼的各个方面。尤其是《雅歌》——早期教会中卓越的旧约奥秘之书——寓意性地表达了信徒同基督与教会间的亲密关系。㊱在《论奥

㉞ 8.45的开头以安波罗修提及"刚刚读过的《创世记》"为开始。既然紧接着这些话之前没有提到《创世记》的地方,这可能暗示第二个发言的一部分曾附加在这里。
㉟ 《论奥秘》3.8。
㊱ 安波罗修援用的几个例子:以色列穿过红海的"洗礼"(出埃及记15:10、哥林多前书10:1—2)、苦水变甜(出埃及记15:23—25)、瘫子在水中得了医治(约翰福音5:7)。

秘》的上下文中，安波罗修把经文用于看待水洗礼上，不仅视其为仪式或圣礼，[37]也视其为奥秘的事件。不可见的与属神的，尽管不在水中，却把水当做成就神与信徒之间超自然交流的方式。贯穿全书，安波罗修提供了神使用水或其他方式来显示他同在的各种例证。

作为教导用的教理问答，我们会认为安波罗修参照教会信经或信仰告白的宣告，以之为洗礼过程的重要组成部分。事实上，洗礼的行为如果不是奉真神之名而进行，那就完全无益。安波罗修在两处提醒他的听众：

> 你认了父；记住你所行的——你认了子，你认了圣灵。好好标识这信心中事物的次序。

> 你下来，然后（进入水中），记得你如何回答问题，就是你信父，信子，信圣灵。这声明不是：我信一个更大、更小或最低的人，而是你为你自己声音同样的保证所限，要以你信父同样的方式信子，以你信子同样的方式信圣灵。[38]

这些言论间接提到米兰教会所有将要受洗之人必须持守的信经。安波罗修的洗礼前讲道收集起来称为《信经之解释》(Explanation of the Creed)，通过这些我们可以重建米兰信经 (the creed of Milan)：

> 我信上帝、全能的父；我信我主耶稣基督、上帝的独生子，因圣灵感孕，为童贞女马利亚所生，在本丢彼拉多手下受难，钉在十字架上，受死，埋葬，第三天复活，升天，坐在父的右边，必从那里降临，审判活人死人；我信圣灵，我信圣而公的教会，我信罪得赦免，我信身体复活。

---

[37] 教会对"圣礼"的一个主要解释就是"奥秘"。
[38] 《论奥秘》4.21，5.28。

到了 4 世纪后期，教会洗礼前的教导更加精细，且一般都是如此行的。尽管历史学家几乎没有证据来证实 4 世纪前基督徒的教理问答实践，在安波罗修时代之前一种更标准化的预备形式已经出现却是很明显的。当地教会的信仰告白被教给或"递给"（*tradere*）将要受洗的人，在学习（可能记住）了之后，他们再在洗礼庆典中背诵或"递还"（*reddere*）信经。我们看到这样的模式为别处施行的洗礼教导所证实。㊴

本书很难精确定准日期。教理问答（catechetical）㊵通常就在复活节之前讲给那些即将受洗之人听。有一段时期被称为四旬斋首周日（*Quadragesima*），㊶这是新基督徒在基督徒信心与生命上受教的最初机会。就其本身而论，该教导乃是入门性的，通常有洗礼后更深的教导来补充。《论奥秘》满足了后一个目的，因安波罗修自己在 1.2 中说："现在是论述奥秘，阐明圣礼要旨的时节。"大多数学者将讲道与这本书的最后编辑时间定在 390 年代复活节的一周之后，具有讽刺意味的是，安波罗修死于 397 年的复活节星期天。

牧者安波罗修

借着他九十一封存留下来的信件、三次葬礼演讲与少量的圣诗，我们发现了一些关乎安波罗修个人品性的信息。尽管他写的东西并不如奥古斯丁清晰，我们还是能够了解到安波罗修非常认真地履行他的教牧职责。他花大量的时间阅读写作。像大多数古代基督徒思想家一样，安波

㊴ 参见耶路撒冷的西里尔（Cyril of Jerusalem）："因为既然不是每个人都能读圣经，有些人因为他们缺少学习，另一些人因为这样或那样的原因没有机会来了解圣经，我们就可以通过一些条款来获取基督教信仰的全部教义，从而防止有灵魂因为不了解信仰而失落。目前要聆听（信经）话语的准确形式，记住这个信仰，留待合适的时间来让其所含的每一条款可以从圣经得着建造。因为我们信仰的这些条款不是凭人意形成的，而是从整本圣经收集而出的要点完成了信仰的单一教义表述。正如芥菜种在它小小的子粒中包含有将来大树的许多枝条，同样这个信仰（或信经）包括了旧约与新约联合起来所含有的一切宗教知识。"[《教理致词》（*Catechetical Addresses*）5.12]

㊵ 出自希腊文词汇，"catechesis"是一段想要受洗之人受教导的时期。教会的洗礼信条会得到详细解释。

㊶ 字面意思是四十天的"四十"，期间早期教会开始为洗礼前的教导留出时间。

罗修勤奋地置身于圣经学习研究中。他作品的每一页都充满了对圣经直接或间接的引用。他的大量信件都是关于他读了什么，希望从他所学的东西里传给他人什么。

讲道事工可能是安波罗修日常活动中最为重要的了，也可能是他的最强项。这是奥古斯丁对他所尊敬的导师记忆最深刻的地方。如我们上面已经提到的，几乎他所有的文字著作最初都是作为讲道传递的，后来才由安波罗修自己编辑落成文字。安波罗修提到他每天举行圣餐或主餐礼（《书信集》，Letter, 20.15），同样鼓励信徒每天接受。我们并不精确知道他如何执行崇拜仪式，但是他确信圣餐是基督的身体与血，而非仅为献祭的象征符号。㊷他的证明是福音书里基督的话常规性地具备转化他所遇事物本质的效果：水变酒、医治疾病、平静风浪等等。为什么这个效果不应该也和他关于饼和杯的话语（"这是我的身体，这是我的血"）相关呢？

米兰是西部重镇，作为米兰的牧者，安波罗修乃是北部意大利的都市主教。安波罗修在米兰与该省行使可观的权力，如在他参与教会选举、解决教会间冲突并保留教会道德与教义的完善健全上所体现的。但与他教会政治职责一样重要的是主教内心的属灵情况，他展示了深刻的敬虔，伴以让男女禁欲苦修的强烈使命。安波罗修没有写一样东西，而过另一种生活。他发自内心地遵从他的实践教导，活出他所解释的福音原则。

结　论

经常有人讲，与其说安波罗修是一个原创性的思想家，不如说他是一个热情的辩护者与卓越的组织者。无论是对抗反尼西亚派，对付盛气凌人的贵族，还是让具威胁性的君王们不逾矩，毫无疑问安波罗修在为他的利益而调度社会、政治资源上是一位大师。他先前在服务帝国上所

㊷ Ramsey, *Ambrose*, 51.

受的训练与经历在他成了基督教主教后大有用处。我们有充分理由相信安波罗修在他所能触动的所有圈子里都举足轻重。我们也可以很有把握地推想,到他死为止,安波罗修拥有超过以前任何一位罗马主教的权威与影响力。

与此同时,我们必须说安波罗修是一位极其敬虔的人,如他的书信与讲道所展示的。与众多好的教牧领袖一样,安波罗修寻求教导他的会众真实的教义、如何解释圣经与敬虔度日。作为一名主教,他寻求帮助穷人,并且安波罗修不止一次地为那些被哥特侵袭所掳去之人的自由谈判。当他卖掉教会华丽的器皿为要获得足够的钱解救囚犯时,[43]他遭到了教会成员猛烈的批评,而他却静默不言。

在他生命的最后二十年,安波罗修在米兰积极参与建立程序,推动尊崇基督教殉道者。毋庸置疑,这些宗教空间的确立奠定了赞成尼西亚正统与后世对他的缅怀无可辩驳的支配地位。

(作者为美国贝勒大学历史神学教授)

安波罗修的著作

安波罗修著作的完整书目及相应摘要,可见《早期教父》(*Early Church Fathers*, Routledge Press, 1997) 系列中 Boniface Ramsey 所著的《安波罗修》(*Ambrose*) 第 55—68 页。

二手资料精选

Corbellini, C. "Sesto Petronio Probo e l'elezione episcopale di Ambrogio," *Rendiconti*: *Istituto Lombardo di Scienze e Lettere* 109 (1975), 181–189.

Corti, G. "Lo Sfondo Ambrosiano del Concilio di Aquileia." *Atti del Colloquio Internazionale sul Concilio di Aquileia del 381. Antichità Altoadriatiche* XVI Udine, 1981.

---

[43] 《论职分》(*On the Offices*), 卷二, 28.136。

论圣灵
献给皇帝格拉提安

卷 一

前 言

基甸的选择比喻我们主的道成肉身,献羊羔为祭比喻靠基督的身体赎罪。他所取的牛、所废除的亵渎仪式和他的三百壮士是将来借着十字架救赎的预表。基甸寻求各种神迹印证也是一个奥秘,因为羊毛的干与湿象征犹太人的失落与外邦人的蒙召,满盆的水象征清洗使徒的脚。圣安波罗修(St. Ambrose)祷告他自己的罪污得以洗净,并赞美基督的慈爱。同样的水由神的儿子所差,带来了不可思议的变化。然而它不能为任何其他人所差,因为这是圣灵的浇灌,圣灵不顺从任何外来的权势。

1. 我们读到当耶路巴力在橡树下打麦子①的时候,他收到了从神而来的信息,要他带领神的百姓脱离外族的权势得享自由。他因恩典被拣选不足为奇,他当时借着已经预定的奥秘——就是将来的道成肉身——受命于圣洁的十字架与可敬畏的智慧,从隐藏粮食的地方带来丰收谷物

---

① 《士师记》6:11。

的可见子粒,并且(神秘地)把蒙拣选的圣徒从被拒绝的空糠秕中分离出来。这些蒙拣选的,即使为真理之杖所训与老者的行为一起被搁置一边,终将聚集在教会如同聚集在酒榨。教会是那永恒泉源的酒榨,因为属天的葡萄汁从中涌流不断。

2. 基甸为此信息感动。虽有成千的人失败,可当他听到神将借一人之手将神自己的子民从他们的仇敌中拯救出来,②就献上一只羊羔,照那使者的话将肉与无酵饼放在磐石之上并倒上汤。当那使者用杖头刚接触他带来的东西,火便从磐石中出来,他所献的祭物就如此烧尽了。③从中清晰可见那磐石就是基督身体的影像,因为经上记着:"(他们)所喝的,是出于随着他们的灵磐石,那磐石就是基督。"④这当然不是指着他的神性说的,而是指着他的肉身说的。他用他宝血永不断绝的泉源滋润饥渴人们的心灵。

3. 甚至在那时这个信息就在奥秘中被宣告,即,主耶稣在其肉身钉十字架时将洗净整个世界的罪,不仅肉身的行为,还有灵魂的欲望。羔羊的肉对应行为的罪,汤对应欲望的诱惑,如经上所记:"他们……大起贪欲的心,……说:'谁给我们肉吃呢?'"⑤那使者伸出他的杖,碰了磐石,火从中窜出来,⑥表明主的身体为圣灵充满将烧尽一切人软弱的罪,因此主说:"我来要把火丢在地上。"⑦

4. 基甸受了指教,预先知道了将来的事,就看见了属天的奥秘,并因此根据警示杀了他父亲决定要献给偶像的牛,自己又献给神另一头七岁的牛。⑧他如此行最清楚地表明了在主来之后所有外邦人的献祭都应该废除,唯一应当献上的是主为救赎人们的受难祭。那头牛是基督的表

---

② 《士师记》6:14。
③ 《士师记》6:19—21。
④ 《哥林多前书》10:4。
⑤ 《民数记》11:4。
⑥ 《士师记》6:21。
⑦ 《路加福音》12:49。
⑧ 《士师记》6:26。

征,如以赛亚所说,基督里满有圣灵的七种恩赐居住。⑨这头牛亚伯拉罕在他看见主的日子并欢喜的时候也献过。⑩基督有时以羊羔为表征被献,有时以绵羊为表征被献,有时以牛为表征被献。以羊羔为表征因为他是赎罪祭,以绵羊为表征因为他是不抗拒的受害者,以牛为表征因为他是无可指摘的受害者。

5. 圣基甸预先看到了奥秘,接着他选出三百人来战斗,以此表明世界应该从更强敌人的侵扰中释放出来,不是倚靠数量,而是倚靠十字架的奥秘。然而即便他又忠又勇,还是向主求将来得胜更完全的证据。他对神说:"你若果照着所说的话,藉我手拯救以色列人,我就把一团羊毛放在禾场上。若单是羊毛上有露水,别的地方都是干的,我就知道你必照着所说的话,藉我手拯救以色列人。"⑪此后他又要求露水要降在别的地方,但羊毛是干的。

6. 有人或许会问他的信心看起来是否有所欠缺,看到了那么多神迹之后还要更多。他是在奥秘中说话的人,怎么能好像疑惑或缺乏信心地祈求?他不是疑惑,而是在我们不应该疑惑的事上仔细。否则怎么可能他疑惑,祷告却有效果?除非他理解神的信息,否则他怎么可能无所畏惧地开始战斗。露水降在羊毛上,象征犹太人中的信心,因为神的话如露水降临。

7. 所以当整个世界为外邦迷信灼烧干透之时,天上的甘露降在羊毛之上。但当以色列家的迷羊⑫(我认为这是犹太人的羊毛所影射的比喻),这些羊——照我说——"离弃了活水泉源"⑬后,滋润信心的露水就在犹太人心中干涸了,神的泉源转而流向外邦人的心田。从此整个世界受到信心之露的滋润,但犹太人失去了他们的先知与谋士。

---

⑨ 《以赛亚书》11:2。
⑩ 《约翰福音》8:56。
⑪ 《士师记》6:36。
⑫ 《马太福音》15:24。
⑬ 《耶利米书》2:13。

8. 他们受不信的干旱之苦就不奇怪了。主夺走了使他们丰饶的先知甘霖，说："我也必命云不降雨在其上。"⑭因有赐人健康大有益处的恩典之雨，大卫也这样说："他如雨降在羊毛之上，如水滴滴在地面上。"⑮神圣的经文应许我们这雨要落在全地，与救主来时神的灵之甘露一起浇灌世界。如此主已经来了，雨已经来了。主带来了天上的雨水，因此我们虽然以前干渴，现在却有喝的，带着内心的干旱而陶醉于神的灵。

9. 圣基甸预先看到这点：外邦各国也要通过接受信心来喝，所以他更殷勤地求问，因为圣徒的谨慎是必需的。同样地，嫩的儿子约书亚在看到天军元帅时问："你是帮助我们呢？是帮助我们敌人呢？"⑯否则他可能被敌人的阴谋所蒙蔽。

10. 基甸不是把羊毛放在田里或草场而是放在禾场上，这是有道理的。禾场是收割麦子的："要收的庄稼多，作工的人少。"⑰因为借着对主的信心会有丰盛的收成。

11. 他挤干犹太人羊毛的水，把露水放在盆里使之充满，但自己没有在露水中洗脚，这也是有原因的。如此大奥秘的特权将归于另一人。他在等候那独一能洗净所有污秽的人。基甸还没有大到足以声称自己拥有这个奥秘，但是"人子来，不是要受人的服侍，乃是要服侍人。"⑱就让我们来认识那要来成就这些奥秘的那一位吧。不是圣基甸，因为这些奥秘才刚刚开始。所以外邦人被超过，因为干旱还在外邦人中；所以以色列胜过外邦，因为露水还在羊毛上。

12. 让我们现在来看神的《约翰福音》。我看见主脱下他的衣服，

---

⑭ 《以赛亚书》5：6。
⑮ 《诗篇》72：6，根据七十士译本71：6 直译。——译者注
⑯ 《约书亚记》5：13。
⑰ 《路加福音》10：2。
⑱ 《马太福音》20：28。

拿一条手巾束腰,倒水在盆里要洗门徒的脚。[19]那天上的露水就是这水,也就是说,主耶稣基督要洗他门徒的脚在那天上的露水里已经预表了。现在让我们展开思想,主耶稣也愿意洗我们的脚,因为他不仅对彼得一人,而是对每一个忠心的人说:"我若不洗你,你就与我无份了。"[20]

13. 主耶稣,请过来,脱下你的衣服,这是你为我的缘故穿上的,你将赤身露体为要以你的怜悯覆盖我们。请为我们的缘故束上手巾,这样可以用你的恩赐——永不朽坏——来为我们束腰。倒水在盆里,不仅洗我们的脚,还要洗头;不仅洗身体,还要洗心灵的足印。我盼望脱下我们软弱的所有污秽,使我也可以说:"我脱了衣裳,怎能再穿上呢?我洗了脚,怎能再玷污呢?"[21]

14. 这是何等令人赞叹啊!如仆人一般,你洗了你门徒的脚;作为神,你从天上降下甘露。你不仅洗了我们的脚,还邀请我们与你坐席,并用你尊贵的榜样教导我们说:"你们称呼我夫子,称呼我主,你们说的不错,我本来是。我是你们的主,你们的夫子,尚且洗你们的脚,你们也当彼此洗脚。"[22]

15. 所以我盼望自己也洗我弟兄们的脚,我盼望完成我主的命令,我不会因他自己先做过的事而自惭形秽。谦卑的奥秘是良善的,因为在清洗别人的污秽时我也洗净了自己的污秽,但所有的人都不能穷尽这个奥秘。亚伯拉罕的确愿意洗脚,[23]只是出于好客的感觉。基甸也愿意给显现在他面前的主的使者洗脚,但他的愿意只限于一样:他只愿意作为一个要服侍的人,而不是一个赐下和他团契的人。这是无人知晓的大奥秘。

---

[19] 《约翰福音》13:4。
[20] 《约翰福音》13:8。
[21] 《雅歌》5:3。
[22] 《约翰福音》13:13、14。
[23] 《创世记》18:4。

最后，主对彼得说："我所作的，你如今不知道，后来必明白。"㉔照我说，这是神的奥秘，甚至那些洗的人都想了解。它不是简单的属天奥秘的水，借着它我们配得与基督有分。

16. 我们也把某种水放进我们灵魂的盆里，它来自羊毛，来自《士师记》，也来自《诗篇》。这水是来自天上的信息。哦，主耶稣，就让这水进入我的灵魂，进入我的肉身。借着这雨的滋润，我们思想的山谷与我们心灵的田地能变绿。愿水滴从你那儿降到我这里，释放恩典与不朽。清洗我思想的步伐，使我不再犯罪。清洗我心灵的足印，使我能涂抹咒诅，感觉不到蛇咬㉕我灵魂的脚跟，而如你自己嘱咐追随你的人，可以用不受伤的脚践踏蛇与蝎子㉖。你已经救赎了世人，救赎了一单个罪人的灵魂。

17. 这是你慈爱独有的卓越，凭着它你逐个救赎世人。以利亚被差往一个寡妇那里，㉗以利沙洁净了一个人㉘。哦，主耶稣，你在今日洁净了千人，罗马（Rome）城里有多少，亚历山大（Alexandria）城里有多少，安提阿（Antioch）城里有多少，君士坦丁堡（Constantinople）城里又有多少？因为甚至君士坦丁堡都收到了神的话，收到了你审判的明证。因为只要她心中深爱阿里乌（Arian）之毒，为邻邦战争所扰，她就以仇视的膀臂回应四邻。但是一旦当她拒绝了那些信心的异族，她就接待了她的仇敌，犹如接待一名乞怜者，列王的审判者，她素来惯于畏惧的。在他死时她埋葬了他，并将其封于墓中。如此你在君士坦丁堡洁净了多少人？最后，你今天在整个世界洁净了多少人？

18. 达马苏（Damasus）没有洁净别人，彼得没有洁净别人，安波罗修没有洁净别人，格列高利（Gregory）没有洁净别人，因为属我们

㉔ 《约翰福音》13：7。
㉕ 《创世记》3：15。
㉖ 《路加福音》10：19。
㉗ 《列王纪上》17：9。
㉘ 《列王纪下》5：14。

的是服侍，属你的是圣礼，因人无力授予属神的。但是主啊，这是你的恩赐与父的恩赐，如你借先知所言："我要将我的灵浇灌凡有血气的，他们的儿女要说预言。"[29]这是从天而来的预表甘露，这是那恩典之雨，正如我们读到："恩典之雨，分其产业。"[30]因为圣灵不顺从任何外来权势与法律，却完全掌握自己的自由，如我们所读，他随己意分配万物给各人。[31]

第一章

圣安波罗修借恭维皇帝开始他的论证，因为皇帝的信心，也因为他将罗马公所型礼拜堂（Basilica）归还教会。然后他力劝他的对手说，如果他们确认圣灵不是仆人，就无法否认他超乎万有；安波罗修还补充说，这同一位圣灵，既然说"万物都服侍你"，就清楚地表明了他与受造物的界限。安波罗修也用其他证据证明这点。

19. 因此圣灵不是万物中的一个，而是超乎万有之上。既然你——最有怜悯心的皇上——所受关于神儿子的教导如此完备，以至于自己都能教导别人，我便不再耽误你的工夫，因你渴望并宣告要更确切地知道关于他的事，特别近来你尤其显示出对这一特质论证的兴趣，因在无人力劝你的情况下命令将罗马公所型礼拜堂归还教会。

20. 因此我们已经收到了你信心的恩典和我们自己的赏赐，因为反之我们便不能说任何关于圣灵恩典的事。在无人知晓的时候，你突然恢复了公所型礼拜堂，照我说这是恩赐，这是圣灵的工作，他的确在那时由我们宣讲，却在你里面动工。

---

[29]《约珥书》2：28。
[30]《诗篇》68：9，根据七十士译本67：9直译。——译者注
[31]《哥林多前书》12：11。

21. 我不为以前的损失惋惜，因为暂时扣押的礼拜堂已经连本带利地收回了。因你扣押礼拜堂为要显示你信心的证据，如此你的敬虔就实现了该目的，就是暂时扣押为要显明证据，便借恢复给出证据。我没有丢失果子，我有了你的判断，它已向所有人清楚地表明你的行为虽然纷繁复杂，你的意念却不纷繁复杂。按我说，这已向众人显明，扣押并不是出于你，恢复才是出于你。

22. 现在让我们用证据来证明我们所说的。讨论的第一点在于万物都服侍。很清楚，万物都服侍，因经上记着："万物服侍你。"㉜这是圣灵借着先知所说的。他没有说，我们服侍，却说"服侍你"，你便可相信他自己希望受服侍。所以既然万物都服侍，而圣灵不服侍，圣灵当然不包括在万物之中。

23. 因为如果我们说圣灵包括在万物之中，当我们读到圣灵参透神深奥事的时候，㉝我们就必定否认父神超乎万有。因为既然圣灵属神，又是他口中的气，我们看到神——圣灵是属他的——超乎万有，全然拥有完美与能力，如何能说圣灵包含在万物之中呢？

25. 但除非反对者们认为使徒错了，就让他们从使徒所跟从并以之为信仰权威的人那里学习吧。主在《约翰福音》里说："我要从父那里差保惠师来，就是从父出来真理的圣灵，他来了，就要为我作见证。"㉞所以圣灵同时出于父又为子作见证。这个又忠心又真实的见证人为父作见证，他的见证在对神主权尊贵的完整表述上无出其右，在神权能的合一性上最为清晰，因为圣灵与子有相同的知识，而子是父奥秘的见证人和不可分离的共有者。

26. 于是子从关于神的知识中排除了受造物的份额与数量，却没有排除圣灵，显示其不属受造之列。所以《约翰福音》里有这样的章节：

㉜ 《诗篇》119：91，根据七十士译本118：91 直译。——译者注
㉝ 《哥林多前书》2：10。
㉞ 《约翰福音》15：26。

"从来没有人看见神，只有在父怀里的独生子将他表明出来。"㉟这也与圣灵的与众不同有关。因为能参透神的深奥事的怎么会没见过神呢？知道属神事情的怎么会没见过神呢？属神的怎么会没见过神呢？所以，既然那时没有人见过神，而圣灵见过，很清楚圣灵是个例外。因此这个被排除在万有之外的超乎万有之上。

第二章

"万物是藉着他造的"这句话不是圣灵包含于万物中的一个证明，因他不是被造的。否则其他经文可以证明子，甚至父自己都必须被列在万物中间，这是类似的不敬。

27. 恩慈的皇上，这点看起来与我们正确的感觉完全相符，但对不敬虔的人却不然。注意他们在搞什么花样。异端习惯说圣灵应被算为万物中的一个，因为经上关于神的儿子记着："万物是藉着他造的。"㊱

28. 这样不合真理颠倒黑白的论调多么混淆视听啊！因为如果他们能证明圣灵是被造的，才对圣灵属于万物中的一个这一论断有价值。圣经的确说被造的万物都是借着子造的，但既然我们没被教导圣灵是被造的，他既不同于万物那样受造，又不被创造，当然不能被证明属乎万物。对我来说这个见证是用来建立下面各点的：第一，他被证明超乎万有因为他不是被造的；第二，因为他超乎万有，他不被视为被造，也不列在那些被造的事物中。

29. 但如果有人因为《约翰福音》说万物都借着道而成，于是圣灵也不例外（尽管神的灵借着约翰说"万物是藉着他造的"，却没说我们就是被造的万物，反过来主自己表明神的灵在对观福音书的作

㉟ 《约翰福音》1：18。
㊱ 《约翰福音》1：3。

者中说话,他说:"因为不是你们自己说的,乃是你们父的灵在你们里头说的。"㊲),而有人照我所说不在这里排除圣灵,却将其列在万物中,他就因此也没有排除神的儿子,因为使徒保罗说:"然而我们只有一位神,就是父,万物都本于他,我们也归于他。"㊳让可能知道子不列在万物之中的人好好读下去,因为保罗又说:"并有一位主,就是耶稣基督,万物都是藉着他有的。"㊴他清楚地把神的儿子与万物区分开来,也把父与万物区分开来。

30. 但是损害父,或子,或圣灵的尊贵是同等不敬的,因为不信子的就不信父,不信圣灵的也不信神的儿子,信心也不能脱离真理的尺度立稳。因为若有人开始否认父、子和圣灵权能的同一性,他就绝对无法在没有分裂之处证明分裂的信心。所以既然完全的敬虔所信为真,那么完全的不敬虔所信则假。

31. 因此那些因为读到万物都是借着子造的就认为圣灵应算为万物中的一个的人,一定也认为子也应算为万物中的一个,因为他们读到:"一切都是出于神。"㊵但是相应地,既然万物都本于父,而万物也借着子,所以不把子与所有受造物区分开来的人也不把父与万物区分开来。使徒出于他在圣灵里的先见特意使用了这一表述,免得他在那些听到子说"我父交给我的比万有都大"㊶的不敬虔者面前看起来好像将子包含在万有之中。

第三章

使徒那句万物都是本于父借着子的话不是要把圣灵从他们的共存中分离出来,因为指着一个位格所说的也归给其他两个位格。所

㊲ 《马太福音》10:20。
㊳ 《哥林多前书》8:6。
㊴ 《哥林多前书》8:6。
㊵ 《哥林多后书》5:18。
㊶ 《约翰福音》10:29,根据英译本引文直译。——译者注

以如果相信三个位格，那么奉基督的名受洗的就是奉父与圣灵的名受洗的，否则洗礼就落空了。这对奉圣灵的名受洗的也有效。如果因为就靠一段经文圣灵就从父与子那里被分开，那靠另外的经文父也必须低于子。子受天使敬拜，不受圣灵敬拜，因后者是他的见证，不是仆人。当提到子在万有之先的时候，万有应理解为受造物。圣灵的尊贵由干犯圣灵的罪总不得赦免证明。这样的罪怎么就不能被赦免呢？圣灵到底是怎样一位呢？

32. 但可能有人会说作者有一个理由说万物本于父又借着子[42]却没提到圣灵，并以此作为一个论证的基础。但他若坚持这种乖张的解释，他将在多少经文里发现论到圣灵的权能啊？在那些经文里圣经既没提父又没提子，而是让人靠理解来揣摩。

40. 那么在论到圣灵恩典的地方就否认了父神的恩典或独生子的恩典了？断乎没有！因为父在子里，子在父里，所以同样地，"所赐给我们的圣灵将神的爱浇灌在我们心里。"[43]就像在基督里受祝福的人乃是因父、子和圣灵的名受祝福，因为名是一个，权能也是一个，所以同样地，神的任何作为——无论父的、子的还是圣灵的，被认为不单是圣灵的，也是父与子的，不单是父的，也是子与圣灵的。

41. 同样埃提阿伯女王干大基手下的太监在受洗归入基督时得到了圣礼的全部。那些尽管说受了约翰洗礼却根本不知道圣灵的人后来又洗了一次，因为约翰是以要来的耶稣之名，而不是以他自己的名施除罪的洗，所以他们不知道圣灵，因为在约翰施洗的形式中他们没有接受奉基督之名的洗礼。就约翰而言，尽管他没有倚靠圣灵施洗，他却也传讲基督与圣灵。而且当他被问到他自己是否就是基督时，他回

---

[42] 《哥林多前书》8：6。
[43] 《罗马书》5：5。

答:"我是用水给你们施洗……但那在我以后来的,能力比我更大,我就是给他提鞋也不配,他要用圣灵与火给你们施洗。"㊹所以他们因为既没有奉基督的名也没有靠对圣灵的信心受洗,就没能接受洗礼这一圣礼。

42. 因此他们奉耶稣基督的名受洗,洗礼对于他们没有重复,做法不同,因为只有一个洗礼。若不是完全的圣洗礼,就称不上一个开端或任何洗礼,但是承认了父、子与圣灵,洗礼就完全了。如果你否认一个,你就丢掉了全部。就好像你在言语中只提到一个,无论是父、子或圣灵,在你的信仰中你却没有否认父、子或圣灵中的任何一位,信仰的奥秘就是完整的。同样,即使你口称父、子与圣灵却削弱父、子或圣灵任何一位的权能,整个奥秘就落了空。最后,那些说"我们未曾听见有圣灵"的后来奉主耶稣基督的名受了洗,㊺这是额外丰盛的恩典,因为现在借着保罗的讲道他们知道了圣灵。

43. 这与下面这点也不矛盾:尽管接下来没有提到圣灵,他却仍旧是信仰的对象,未用言语表述的在信仰中得以表达。因为当论到"奉我主耶稣基督之名"的时候,该奥秘借着这个名的同一性得以完全,圣灵没有与基督的洗礼分开,因为约翰传悔改之洗,基督传圣灵之洗。

44. 现在让我们来想想,若我们说圣洗礼是奉基督之名已经成就,你们只提圣灵就表示这奥秘仍未成就吗?让我们顺着这个思路走:若有人提到一位他便提到了三位。如果你提到了基督,你同时也提到了膏子的父神、被膏的子自己和用于膏子的圣灵,因为经上记着:"神怎样以圣灵……膏拿撒勒人耶稣。"㊻如果你提到了父就同样也知道他的儿子与他口中的气,如果这是你心中所理解的。如果你口称圣灵,你也呼叫了父

㊹《马太福音》3:11。
㊺《使徒行传》19:5。
㊻《使徒行传》10:38。

神（圣灵从他受差遣）与子（圣灵也是子的灵）。

45. 因此那权柄也可在论证范围之内。当主说："但……你们要受圣灵的洗，"[47]圣经的意思是说我们也能奉灵的名正确受洗。在另一处，使徒保罗说："我们……都从一位圣灵受洗，成了一个身体。"[48]工是一件，因奥秘是一个；洗礼是一个，因替世人的死是一次；这样，工有其同一性，就是一次的献上，这是不能分割的。

46. 但如果在这里圣灵从父与子的作为中被分割，因为说万物都是本于神，万物都是借着子有的，[49]那么同样当保罗论到基督"是在万有之上，永远可称颂的神"[50]时，他不仅将基督置于所有受造物之上，也——不敬虔地说——置于父之上。但神禁止这样，因为父不在万物之中，不是他自己创造物类群中的一员。整个被造界在下面，其上是父、子与圣灵之神格。前者服侍，后者支配；前者服从，后者统治；前者是所做的工，后者是所做工的作者；前者无一例外地敬拜，后者受万物无一例外的敬拜。

47. 最后，关于子，经上记着："神的使者都要拜他。"[51]你看，这里没有说让圣灵来拜。而且说："所有的天使，神从来对哪一个说，'你坐在我的右边，等我使你仇敌作你的脚凳'？"又说："天使岂不都是服役的灵，奉差遣……效力吗？"[52]当他说"都"，也包括圣灵吗？当然不是，因为是天使和其他的权势都注定要服役，顺从神的儿子。

48. 但真理是圣灵不是子的差役，而是子的见证，正如子自己论到圣灵时说："他……要为我作见证。"[53]这样圣灵是子的见证。作见证的洞悉万事，如父神是个见证。你在后面的经文里如此读到，我们的救恩由神

---

[47] 《使徒行传》1：5。
[48] 《哥林多前书》12：13。
[49] 《哥林多前书》8：6。
[50] 《罗马书》9：5。
[51] 《希伯来书》1：6。
[52] 《希伯来书》1：13—14。
[53] 《约翰福音》15：26。

借着神迹奇事、百般的异能和圣灵的恩赐作见证向我们证实。㊺按其所愿作区分的当然超乎万物,而不是万物中的一个,因为区分是做工者的恩赐,而非工作本身的内在组成部分。

49. 如果子超乎万物,借着他我们的救恩有了开端并且可被传扬,那么父神——这位借着神迹奇事见证肯定我们救恩的——当然也不属万物。类似地圣灵借其各样恩赐为我们的救恩作见证,也不算在被造物的种类内,而与父、子同列。圣灵在分配的时候不是靠把自己割裂来分配,因他是不可分的,当他赐给万物时他没有失去任何东西。就像子在父接收国度㊽的时候毫无所失,父将属其自己的给子时也没有损失。这样,我们就借着子的见证知道在属灵恩典的分配中没有损失,因为那照其所愿赐予气息的㊾在各处都毫无所失。关于我们所说的是哪种能力,下文将有更完备的论说。

50. 与此同时,既然我们的目的是要合理证明圣灵不算在万有之中,就让我们以使徒保罗的话为此立场的权威——不过他们对使徒的话也心存疑惑。论到"万有"所指为何,是可见的还是不可见的,保罗自己宣告:"因为万有都是靠他造的,无论是天上的、地上的。"㊿你看到"万有"提到天上和地上的事物,因为在天上的也是被造的不可见物。

51. 但为了避免有人不知道这点,他补充说明了他所论到的都是谁:"或是有位的、主治的、执政的、掌权的,一概都是借着他造的,又是为他造的。他在万有之先,万有也靠他而立。"㉘他在这里把圣灵包括在受造物中吗?还是当他论到神的儿子在万有以先时,他所假定的是说子在父之先?断乎不是!因为就像这里他说万物都是借着子造的,而且

㊺ 《希伯来书》2:3、4。
㊽ 《哥林多前书》15:24。
㊾ 《约翰福音》3:8。
㊿ 《歌罗西书》1:16。
㉘ 《歌罗西书》1:16、17。

天上的万物也靠他而立。同样地，毫无疑问，天上的万物也靠圣灵而成，因为我们读到："诸天藉耶和华的命而造，万象藉他口中的气而成。"(59)这样他超过万有，天地的万物由他而成。他超过万有，当然不服侍；服侍的不自由，自由的有自主特权。

52. 如果我一开始就说这个，它肯定会被否认。但是就像他们那样否认了小的，大的就不能被相信，所以让我们先陈明小事，或者他们可以显出在小事上的背信，或者如果他们承认小事，我们就可以以小见大来推论。

53. 最有怜悯心的皇上，我认为敢于把圣灵算为万物之一的人是最彻底被驳倒的，但他们或许知道他们不但受到使徒们见证的压力，而且也有来自我们主的，因为主自己说："凡说话干犯人子的，还可得赦免，惟独说话干犯圣灵的，今世、来世总不得赦免。"(60)这样谁胆敢将圣灵算为万物之一呢？还是谁蒙蔽自己甚至认为损害了哪个受造物而永不得赦呢？因为如果犹太人因他们敬拜天军而被夺走神的保护，而敬拜承认圣灵的为神所接纳，不认他的被指控为不可赦免的亵渎，那么由此可以得出，圣灵不能被列在万物之中。但既然他超乎万有，干犯他的要受到永刑的惩罚。

54. 但请仔细考察主为何说"凡说话干犯人子的，还可得赦免，惟独说话干犯圣灵的，今世、来世总不得赦免"(61)。干犯人子不同于干犯圣灵吗？就像他们的尊贵是一致的，两者共享，所以干犯他们也是一样的。但如果任何人因可见的人的肉身误入歧途，对正确认识基督的肉身有些失之偏颇（我们本不应视这肉身为无价值，因为看到它是圣洁的殿堂，童女的果子），他便会招致罪疚，但是他没有被关在宽恕的门外，他仍可凭着信心获得宽恕。但是如果任何人否认圣灵的尊贵、荣耀和永恒的权

---

(59) 《诗篇》33：6。
(60) 《马太福音》12：32。
(61) 《马太福音》12：32。

能，反而认为鬼被赶走不是靠神的灵，而是靠别西卜，如此彻底的亵渎则断无宽恕可得了，因为既然神的灵与基督的灵相同，否认圣灵也就同时否认了父与子。

第四章

先知与使徒所靠着说话的是同一位圣灵，同是神的灵与基督的灵，而且圣经称其为保惠师、生命与真理的灵。

55. 但无人怀疑圣灵为一，尽管好多人怀疑神是否为一。许多异端说旧约的神是一个，新约的神是另一个。但正如我们所读的，就像借着众先知晓谕列祖与在这末世借着他儿子晓谕我们的父是同一位，又像子是同一位——根据旧约的要旨他为亚当所冒犯，为亚伯拉罕所见，为雅各所拜——同样地，圣灵也是一位。他感动众先知，让使徒们传信息，还在圣洗礼中与父、子联合，因为大卫论到他时说："不要从我收回你的圣灵。"㊷在另一处他又说："我往哪里去，躲避你的灵？"㊸

56. 你或许知道神的灵就是圣灵，如我们也在使徒的书信里读到："被神的灵感动的，没有说耶稣是可咒诅的；若不是被圣灵感动的，也没有能说耶稣是主的。"㊹保罗称其为神的灵，也叫他基督的灵，如你所读："如果神的灵住在你们心里，你们就不属肉体，乃属圣灵了。"㊺他又继续说到："然而叫耶稣从死里复活者的灵，若住在你们心里。"㊻这样，神的灵与基督的灵乃是一样。

57. 他同样也是生命之灵，如使徒所说："因为赐生命圣灵的律在基

㊷ 《诗篇》51：11。
㊸ 《诗篇》139：7。
㊹ 《哥林多前书》12：3。
㊺ 《罗马书》8：9。
㊻ 《罗马书》8：11。

督耶稣里释放了我,使我脱离罪和死的律了。"⑥⑦

58. 而那被使徒称为生命之灵的在《约翰福音》中被主称为保惠师和真理的灵,如你所读:"我要求父,父就另外赐给你们一位保惠师,叫他永远与你们同在,就是真理的圣灵,乃世人不能接受的。因为不见他,也不认识他。"⑥⑧这样你有了圣灵保惠师,也被称为真理的灵与看不见的灵。那么,怎么在世人不能看见圣灵的时候会有人认为子在他的神性里是可见的呢?

59. 现在请接受主所说的,圣灵就是真理的灵,因你在这同一卷书的末了读到:"你们受圣灵。"⑥⑨彼得教导圣灵与主的灵相同,他说:"亚拿尼亚,为什么……欺哄圣灵……呢?"⑦⓪紧接着他又对亚拿尼亚的妻子说:"你们为什么……试探主的灵呢?"⑦①当他讲"你们"的时候,表明他这里所说的与对亚拿尼亚所说的是同一个灵:圣灵就是主的灵。

60. 主自己阐明父的灵与圣灵相同,根据《马太福音》,他说我们不要思虑在受逼迫时该说什么,"因为不是你们自己说的,乃是你们父的灵在你们里头说的。"⑦②根据《路加福音》,他又说:"不要思虑怎么分诉,说什么话;因为正在那时候,圣灵要指教你们当说的话。"⑦③所以,尽管有许多被称为灵的,好像有说法:"为他的天使们造灵,"然而,神的灵却只有一个。

61. 使徒与先知都接受了那一个灵。作为蒙拣选的器皿,外邦人的医生说:"我们……都……饮于一位圣灵。"⑦④这个灵就其本性不能被分割,却浇灌灵魂,流进感官,从而得以解除这个世界的饥渴。

---

⑥⑦ 《罗马书》8:2。
⑥⑧ 《约翰福音》14:16、17。
⑥⑨ 《约翰福音》20:22。
⑦⓪ 《使徒行传》5:3。
⑦① 《使徒行传》5:9。
⑦② 《马太福音》10:20。
⑦③ 《路加福音》12:11、12。
⑦④ 《哥林多前书》12:13。

第五章

圣灵既然使众受造物成圣，则既非受造物又不改变。他总是好的，因他由父与子所赐，他又不被列在会失败的事物中。他必须被认为是万善之源，是神口中的气，错谬的修正者，他本为善。最后就像圣经说他良善并与父、子在洗礼中联合，其良善无可否认。然而他却不应称为在过程中变好，而是在好中成为至善，这是他与所有受造物的区别。

62. 这样，圣灵不具备有形物质的实体，因他将无形的恩典浇灌于有形的事物。他也不具备不可见受造物的实体，因它们接受他的洁净，并通过他高过宇宙的其他事物。无论你提到天使、执政的、掌权的，每个受造物都在等候圣灵的恩典。就像我们借着圣灵成为儿女，因为"神就差他儿子的灵进入我们的心，呼叫'阿爸，父！'可见，从此以后，你不是奴仆，乃是儿子了"[75]。类似地，每个受造物都在等候神儿子的启示，圣灵的恩典在真理里将其变为神的众子。所以每个受造物自己也将被圣灵恩典的启示改变，"脱离败坏的辖制，得享神儿女自由的荣耀。"[76]

63. 所以说，每个受造物都会改变，不仅为某些罪或外因条件改变，而且也受制于肉体之躯的败坏，尽管严格的管教可使其暂时隐而未现，正如我们在先前的论述中表明，天使的本性就显然能被改变。一种受造物的本性如此，借之推断其他受造物的本性也如此，这是合宜的。其他受造物的本性也能变化，但管教更胜一筹。

64. 因此每一种受造物都会改变，但圣灵是好的且不会改变，也不会

---

[75] 《加拉太书》4：6、7。
[76] 《罗马书》8：21。

被任何错谬更改——他更正万物的错谬并宽恕他们的罪。他使别的事物成圣进入恩典，但自己却没有变化。既是这样，他怎能改变呢？

65. 永远好的怎能变化呢？因为圣灵绝非邪恶，透过他好的事物被用来服务我们。因此两位福音书的作者在同一处用不同的语言表达了同样的思想。你若读《马太福音》，你会看到："你们虽然不好，尚且知道拿好东西给儿女，何况你们在天上的父，岂不更把好东西给求他的人吗？"⑦而根据《路加福音》，你会发现经上这样写："何况天父，岂不更将圣灵给求他的人吗？"⑧借着福音书作者的见证，我们看到圣灵在主的判断中是好的，因为一个用好东西代替圣灵，另一个命名好东西为圣灵。如此，圣灵既是那为好的，他又怎能不好呢？

66. 某些抄本类似的说法也难逃我们的注意，它们中的《路加福音》记着："何况你们的天父，岂不更将好的恩赐给求他的人吗？"这好的恩赐就是圣灵的恩典，由主耶稣在被钉十字架荣耀地夺走了死亡败坏的权柄回到天上之后从天上赐下的，正如你发现经上所记的："他升上高天的时候掳掠了仇敌，将各样的恩赐赏给人。"⑨他说"恩赐"说得真好，因为正如经上论到所赐的子："有一婴孩为我们而生，有一子赐给我们。"⑩同样地圣灵的恩赐也被赐下。我为什么要犹豫不说圣灵也是赐给我们的，既然经上记着："所赐给我们的圣灵将神的爱浇灌在我们心里。"⑪既然仇敌的心肯定不能接受他，主耶稣先掳掠了仇敌，以至于我们的性情得释，他可以将神的恩典所赐浇灌下来。

67. 他说得好："掳掠了仇敌。"因为基督的得胜是自由的得胜，为万有赢得恩典而绝不枉断任何一个，所以在万有得自由的情况下无人被掳。而且因为在主受难之时唯有错谬是无分的，所以掳掠转而叫自己被

---

⑦ 《马太福音》7：11。
⑧ 《路加福音》11：13。
⑨ 《诗篇》68：18，根据七十士译本67：18直译。——译者注
⑩ 《以赛亚书》9：6。
⑪ 《罗马书》5：5。

掳掠，现在不是连于比列（Belial），而是连于基督来服侍基督——基督乃是自由。“因为作奴仆蒙召于主的，就是主所释放的人。”(82)

68. 回到要点上，他说：“他们都偏离正路，一同变为污秽；并没有行善的，连一个也没有。”(83)如果他们把圣灵区分开来，那么甚至连他们自己也承认他不属于万有；如果他们不把他区分开来，那么他们就认为他也同万物一样偏离了正路。

69. 但既然他是良善的源头与原则，让我们思考他是否自身为良善。因为就像父与子一样，圣灵也有良善。使徒保罗也这样教导，他说：“圣灵所结的果子，就是和平、仁爱、喜乐、忍耐、良善。”(84)他结好果子，谁会对他是好的产生怀疑，因为“好树都结好果子”(85)。

70. 所以，如果神是良善的，那他作为神口中的气——甚至参透神深奥的事——怎么会不良善？邪恶的侵扰能进入神的深奥事吗？由此可见，那些否认神儿子为良善的人何等愚昧，他们不能否认基督的灵为善。神的儿子论及他时说：“所以我说，他要将受于我的告诉你们。”(86)

71. 圣灵从最恶的人中造就善人，驱走罪，毁灭邪恶，禁绝罪行，浇灌好的恩赐，从逼迫教会的人中造就使徒，从罪人中造就祭司，难道还不良善吗？经上记着：“从前你们是暗昧的，但如今在主里面是光明的。”(87)

72. 但我们为何要阻拦他们？既然他们不否认事实，那如果他们要个说法，就让他们了解圣灵是良善的，因为大卫说：“你的灵本为善，求你引我到平坦之地。”(88)除了满有良善之外圣灵还能是什么？谁尽管因其本性不能被拥有却因其良善能被我们获得？谁的大能充满万有却只有公义者能分享，本质单一却能力丰富，存于万有并将所有的分配给每一

(82) 《哥林多前书》7：22。
(83) 《诗篇》14：3。
(84) 《加拉太书》5：22。
(85) 《马太福音》7：17。
(86) 《约翰福音》16：15。
(87) 《以弗所书》5：8。
(88) 《诗篇》143：10。

个,却又处处保持自己的完整性?

73. 神的儿子有充分理由说:"去,奉父子圣灵的名给万民施洗,"[89]并不鄙视与圣灵的联系。那为什么有人讨厌在我们对父和子的敬拜中应当加上主在圣洗礼中并不鄙视的那一位呢?

74. 圣灵是良善的,而且这良善不是好像得到的却是给予的。因为圣灵不从受造物获得却为受造物接受,就像他不被洁净却使别人成为圣洁,因为受造物被洁净,但圣灵使之成圣。在这点上,尽管用字相同,本质却迥异。因为接受的人与赐予圣洁的神都被称为圣洁,就像我们读到:"你们要圣洁,因为我……是圣洁的。"[90]成圣与败坏不能共有相同的属性,所以圣灵的恩典与受造物不可能有同一本质。

75. 既然整个不可见的造物界(有人正确地相信其实质可以推测但没有实体)——除开三位一体的神不算——不施与却接受圣灵的恩典,不共享却接受这恩典,整个创造界的共性就不应与圣灵联系起来。就让他们相信圣灵不是受造物,否则如果他们认为他是受造物,那他们为何把他与父联系在一起?如果他们认为他是受造物,为何他们把他与神的儿子相提并论?但如果他们不认为他应与父、子分离,他们就不认为他是受造物,因为哪里的圣洁为一,本质也为一。

第六章

尽管我们受水和圣灵的洗,但后者远远高过前者,因此不能与父、子分割开来。

76. 然而,有许多人因为我们受水和圣灵的洗就认为水与圣灵没有分别,因此两者本质上没有不同。他们却没有看到我们在水中被埋葬而

---

[89] 《马太福音》28:19。
[90] 《利未记》19:2。

借着圣灵的更新复活。因为死亡的代表在水中，生命的凭据在灵里；罪身借着水而死，水如同坟墓包裹尸体，而倚靠圣灵的大能可以从罪的死亡中得以更新，在神里重生。

77. 所以这三样见证乃是一件，如约翰所说："就是圣灵、水与血。"⑨他们是奥秘中的一，而非本质上的一。水是埋葬的见证，而灵是生命的见证。如果水中有任何恩典的话，它并非来自水的本质，而是来自圣灵的同在。

78. 我们活在水里还是灵里呢？我们在水中还是在灵里受了印记呢？因在他里面我们活着，他自己是我们得基业的凭据，如使徒保罗在给以弗所教会的信中说："既然信他，就受了所应许的圣灵为印记。这圣灵是我们得基业的凭据。"⑫所以我们凭着圣灵受印记，不是凭着本性，乃是凭着神，因经上记着："并且膏我们的就是神，他又用印印了我们，并赐圣灵在我们心里作凭据。"

79. 这样我们就受了神借着圣灵的印记，因为如同我们在基督里死乃是为了重生，同样我们受圣灵的印记乃是为了我们可以拥有他的清洁、形象和恩典，这毫无疑问是我们属灵的印记。因为尽管外表上我们在肉身受了印记，实际上却是我们在心里受了印记，这样圣灵可以在我们里面描绘属天形象的样式。

80. 既然借着他我们获得神的形象和样式，而且如使徒彼得所言，借着他我们与神的性情有分，那谁还敢说圣灵与父、子相分离呢？这当然不是继承属世的产业，而是联系于属灵的儿子名分的恩典。为了我们可以知道这印记在我们心里而不是在身上，先知说："耶和华啊，求你仰起脸来，光照我们，你使我心里快乐。"⑬

---

⑨ 《约翰一书》5：8。
⑫ 《以弗所书》1：13、14。
⑬ 《诗篇》4：6、7。

第七章

圣灵不是受造物，他是无限的，他浇灌分散于列邦的使徒，又使天使成圣，让我们与他们平等。马利亚同样被圣灵充满，主基督也是，还有天上地下的万物。所有的祝福源于他的工作，就如毕士大池水之流动所表示的。

81. 这样既然每样受造物都受其本性的局限——包括那些不可见的事物，都不能逾越空间与界限，为其自身的实体性质所辖制，而圣灵有不受局限没有边界的能力，那怎能有人敢把圣灵称为受造物呢？因为他总是随处存于万有，这是神性与主权的当然属性，因为"地和其中所充满的，都属耶和华"。⑭

81. 所以主设立他的仆人与使徒时——使得我们可以认识到受造物是一回事，圣灵的恩典是另一回事——他派他们到不同的地方去，因为他们没有人能同时在所有地方。但他赐所有人圣灵，来光照使徒，尽管不可分割的恩典有着可以区分的各样恩赐。这样人虽不同，但所成就的工却是一样的，因为圣灵是一位，他说："但圣灵降临在你们身上，你们就必得着能力；并要在耶路撒冷、犹太全地和撒马利亚，直到地极，作我的见证。"⑮

82. 如此圣灵不受限制，乃是无限的。门徒们虽然遍布距离遥远的各地，甚至远到地极，圣灵却将他自己注入他们的意识里。没有人能够逃脱或欺骗他，因此圣大卫说："我往哪里去，躲避你的灵？我往哪里逃，躲避你的面？"⑯对于哪个天使、哪个执政的、哪个掌权的，圣经有如此评价？我们发现哪个天使能将权能分给许多人？因为天使们

---

⑭ 《诗篇》24：1。
⑮ 《使徒行传》1：8。
⑯ 《诗篇》139：7。

是差给少数人的，但圣灵是浇灌在所有人身上的。这样谁能怀疑具神性的既浇灌许多人又不为人所见；而属肉体的是可见的、为个人所拥有的？

83. 但与圣灵令使徒成圣却没有分享人性相仿，他令天使、执政的与掌权的圣洁却不属受造界。但是如果有人认为天使的圣洁不是属灵的，而是其他种类的恩典，属于他们自己本性的性质，他们实在是把天使看得比人低了。因为既然他们自己也承认他们不敢将天使与圣灵相比，而且他们不能否认圣灵浇灌在人身上，而圣灵的成圣工作是神的恩赐与恩典，那么拥有更好的圣洁的人自然被认为比天使高过一筹了。但既然天使降到人间来帮助他们，天使的本性因接受更多的圣灵恩典肯定被认为更高，而给我们与给他们的恩典来自同一源头。

84. 但这让本性在较低位置的人与天使所得的恩赐同等的恩典该有多大呀？因主自己说："你们要像天上的使者一样。"对那位在灵里创造那些天使的来说，用同样的恩典来造与天使同等的人并不困难。

85. 但哪个受造物能说它充满万有，如同经上论到圣灵："我要将我的灵浇灌凡有血气的。"⑨⁷这绝不能用于天使。最后，加百列被差往马利亚那里时自己说："蒙大恩的女子，我问你安。"⑨⁸这清楚地表明了在她里面的圣灵的恩典，因为圣灵已经临到她，她的腹中将有属天话语的丰满恩典。

86. 因为属主的充满万有，他说："我充满天地。"⑨⁹这样，如果主充满天地，谁能说圣灵在神的权柄与能力中无分，既然他充满整个世界，充满超越整个世界以外的，又充满全世界的救主耶稣呢？因为经上记着："但耶稣被圣灵充满，从约旦河回来。"⑩⁰基督充满天地，这样除了那

---

⑨⁷ 《约珥书》2：28。
⑨⁸ 《路加福音》1：28。
⑨⁹ 《耶利米书》23：24。
⑩⁰ 《路加福音》4：1。

位拥有同样完全的之外谁还能充满他呢？

87. 但是要考察他们对这点的反对：这是对肉身说的，尽管从基督的肉身所出的能力医治万有，唯独他大过万有。然而正如主充满万有，关于灵我们也才读到："因为主的灵充满整个世界。"[101]你看到论及所有与使徒们相伴的人说："他们就都被圣灵充满，放胆讲论神的道。"[102]你看到圣灵同时赐下丰富与胆识，关于他的工天使长向马利亚宣告："圣灵要临到你身上。"[103]

88. 你也在《约翰福音》中看到天使在指定的时候降临水池并搅动水，最先下池的就得完全。[104]这是一个预表，表明圣灵在我们的日子降临，并会经祭司祷告后就洁净那水。除了这个预表外，天使所宣告的还能是什么呢？这样，那天使就是圣灵的先锋，借着圣灵的恩典来医治我们灵魂与意识的软弱，而圣灵就有了像父神与基督一样可供差遣的。他充满万有，拥有万有，作用于万有，并在万事上与父神和子同样做工。

89. 既然神自己见证圣灵统辖他的祝福，他说："我要将我的灵浇灌你的后裔，将我的福浇灌你的子孙，"[105]那还有什么比圣灵的工作更具神性的呢？因为除了借圣灵启示之外没有祝福能够完全，所以使徒保罗在为我们的祝福上再也找不到比这更好的话了。他自己说："我们……为你们不住地祷告祈求，愿你们在一切属灵的智慧悟性上，满心知道神的旨意，好叫你们行事为人对得起主。"[106]他教导这是神的旨意，就是我们不凭好的行为、言语和性情行事为人，而是应该为神的旨意所充满，神将其圣灵置于我们心中。所以，如果人有圣灵就是被神的旨意充满，那么当然父与子之间就没有旨意的不同了。

---

[101] 《所罗门智训》1章7节。
[102] 《使徒行传》4：31。
[103] 《路加福音》1：35。
[104] 《约翰福音》5：4。
[105] 《以赛亚书》44：3。
[106] 《歌罗西书》1：9。

第八章

圣灵单单由神赐予，但却不是完整地为每个人接受，因为除了基督以外无人能完整地接受他。恩赐由圣灵浇灌，圣灵由神秘的膏油预表，显明与受造物完全不同，因其发自神的口中，不能归于与受造物同列，因其永恒性也不与可分割的事物同列。

90. 与此同时要看到神赐予圣灵。因为这不是人的工，也不是人的奴仆，而为祭司祈愿所得，其中有神的恩赐与祭司的作为。因为如果使徒保罗断定他凭着自己的权柄不能给别人圣灵，而且认为自己太不配这一职位而希望我们借着灵被神充满，那谁够格敢妄称自己能给予这项恩赐？所以保罗在祷告中述说这个愿望时，没有宣称他自己有权获得这恩赐；他渴望获得，却不敢擅自发号施令。彼得也说他不能勉强或遏制圣灵，因他如此说道："神既然给他们恩赐，像……给了我们一样，我是谁，能拦阻神呢？"[107]

91. 但恐怕他们不为使徒们的例证所动，就让我们用神的话语吧，因为经上记着："雅各是我的仆人，我要坚固他；以色列是我所拣选的，我的气扶持他，我把我的灵置于他上。"[108]主也借着以赛亚说："主耶和华的灵在我身上，因为耶和华用膏膏我。"[109]

92. 圣灵光照我们的内心，我们才得以看到神真理的美和被造物与神之间的距离，才区分工作及其作者，如此谁敢说圣灵的本质是被造的？此外对哪个受造物神如此说"我要将我的灵浇灌"[110]？他不是说灵，乃是说"我的灵"，因为我们不能接受圣灵的全部，但我们尽可能多地接受我

---

[107] 《使徒行传》11：17。
[108] 《以赛亚书》42：1，根据英译本引文直译。——译者注
[109] 《以赛亚书》61：1。
[110] 《约珥书》2：28。

们主照他所愿把他自己的分给我们的。因为就像神的儿子不以为他与神同等是强夺的,反倒虚己,我们也能够在我们的意识里接受他。但他虚己不是倒空他自己的丰盛,而是他可以按照我的承受能力把他自己注入到我里面来,而他的全部不是我能承受的。与此类似,父也说他要把他的灵浇灌凡有血气的,因为父没有完全浇灌他,而是根据所有人的限量而行。

93. 所以有一种对我们的圣灵浇灌,但对主耶稣基督,当他成了人的样式的时候,如经上所记,圣灵居住在那一位身上,即"你看见圣灵降下来,住在谁的身上,谁就是用圣灵施洗的"。[111]围绕我们的是施与者因其丰富而供应的慷慨,在他里面永远住着的是圣灵的丰富。这样,他浇灌他认为是我们够用的,而他所浇灌的既非四分五裂,也非毫无关联。他有着完全的合一性,靠着这合一性他可以根据我们力量所能担当的照亮我们的心眼。最后,我们所收到的乃是照我们意识的提高而能获得的,因为圣灵恩赐的完整性不能分割,而是根据我们自己本性的能力为我们共享。

94. 这样神浇灌圣灵,神的爱也借着圣灵浇灌下来,在这点上我们应该认识到工作与恩典的合一性。因为就像神浇灌圣灵,同样"圣灵将神的爱浇灌在我们心里",[112]使我们可以知道圣灵不是一种工作,而是神之爱的分配者与丰富泉源。

95. 你相信所浇灌的不是受造物与神共有的,而是单就神性而言的,与此类似,子的名也被浇灌下来,就像你读到:"你的名如同倒出来的香膏。"[113]这种说法的力度是无法逾越的。因为香膏存在瓶子里,尽管它不能达到众人,但只要它还封存在那个瓶子的狭窄空间里就保留其香气。但当香膏从封存它的瓶子里倒出来的时候,它就散发得既远且广。像这

---

[111] 《约翰福音》1:33。
[112] 《罗马书》5:5。
[113] 《雅歌》1:3。

样,基督的名在他来到以色列人中之前,就像封存在某个瓶子里一样封存在犹太人的意识里。因为"在犹大,神为人所认识,在以色列,他的名为大"[114]。换言之,犹太人的瓶子所存之名被限制在他们的狭窄范围内。

96. 即使这个名字的确伟大,当它存留于软弱与少数人的狭窄范围中的时候也还没有把它的伟大浇遍外邦乃至地极之人的心。但当他借着他的到来照亮全地之后,他将他具神性的名传遍整个受造界,不是通过任何添加来充满(因为完全不能再有增加),而是充满空的地方,使他的名在整个世界被称为奇妙。这样,他名的浇灌代表了一种恩典的满溢与属天美好的丰盛,因为无论所浇灌的是什么,都是从丰盛中涌流出来的。

97. 就像从神的口中所出的智慧、从他心中说出的话语和在永恒君王丰盛中的权能不是被造的一样,从神口中出来的圣灵也不能被认为是被造的,因为神自己已经显明前三者的合一性与他所提到的圣灵浇灌并无二致。借此我们理解父神的恩典等同于圣灵的,这恩典既没分割又无损失地被分配到每个人的心中。这样圣灵所浇灌的既没被切断,又不为任何物质部分所掌控,也没有被分割。

98. 因为圣灵以分配的方式被分割如何能让人置信?约翰在论及神的时候说:"我们所以知道神住在我们里面,是因他所赐给我们的圣灵。"[115]但持久居住的一定不变化,因此,如果不变化,那就是永恒的。所以圣灵是永恒的,但受造物是有缺点的,所以会变。但因为会变的不是永恒的,所以圣灵与受造物没有共通之处,因为圣灵是永恒的,而每个受造物都是暂时的。

99. 而使徒也表明圣灵是永恒的,因为"若山羊和公牛的血,并母牛犊的灰,洒在不洁的人身上,尚且叫人成圣,身体洁净,何况基督藉着永远的灵将自己无瑕无疵献给神,他的血岂不更能洗净你们的心?"[116]因

---

[114] 《诗篇》76:1。

[115] 《约翰一书》3:24。

[116] 《希伯来书》9:13、14。

此圣灵是永恒的。

第九章

圣灵被正确地称为基督的膏油和喜乐油。为什么基督自己不是膏油呢？因为他被圣灵所膏抹。既然父、子也被称为灵，圣灵被称为膏油就没什么奇怪的。他们之间没有混淆，因为单单基督受死，这是他的救恩十字架所表明的。

100. 现在许多人认为圣灵是基督的膏油。膏油这个提法好，因为他被称为喜乐油，与许多恩典一起散发出馨香之气。而全能父神用他膏了大祭司，不像其他祭司在律法之下用预表之物来膏，而是既按着律法膏了身体，又照着真理在律法之上满了从父而来的圣灵的能力。

101. 这就是先知所说的"神，就是你的神，用喜乐油膏你，胜过膏你的同伴"。[117]最后彼得说耶稣被圣灵所膏，如你所读到的："这话在约翰宣传洗礼以后，从加利利起，传遍了犹太。神怎样以圣灵和能力膏拿撒勒人耶稣，这都是你们知道的。"[118]如此圣灵就是喜乐油。

102. 他说喜乐油说得好，免得你认为圣灵是受造物，因为这种油的特性就是绝对不可能与另一种液体相混合。喜乐油也不膏抹身体，却点亮内心的最深处，如先知所说："你使我心里快乐。"[119]所以当有人希望将油与其他液体混合来消痛时，因为油的特性就是比其他的轻，所以当其他的沉下去之后，它就浮起与它们分离。既然真有实体的事物不能与无实体的相混合，被造的事物也不能与非被造的相混合，那些恶毒的造谣生事者怎么会想象喜乐油能借他们的伎俩与其他受造物相混合呢？

---

[117] 《诗篇》45：7。
[118] 《使徒行传》10：37、38。
[119] 《诗篇》4：7。

102. 基督受膏所用的油被称为喜乐油，这个提法也很好，因为用于基督的油既不常见又不普通，寻常的油只可疗伤或镇痛。因为对世人的拯救不在乎减轻他的伤痛，他疲倦身体的永恒大能也不要求休养生息。

103. 他使将死的欢乐，脱去世界的悲伤，毁灭悲惨死亡的气息，若他拥有喜乐油，这岂不绝妙？所以保罗说："因为我们在神面前……有基督馨香之气。"[120]这清楚地表明他所说的是属灵的事情。但当神的儿子自己说"主的灵在我身上，因为他用膏膏我"[121]，他指出圣灵为膏油，所以圣灵为基督的膏油。

104. 既然耶稣的名如膏油被浇灌，如果他们想要理解基督自己，而不是在膏油的名之下所表达的基督之灵，那么当然在使徒彼得说主耶稣受圣灵膏抹的时候，有一点毫无疑问，清晰可见，就是圣灵也被称为膏油。

105. 但这有什么奇怪的呢？因为父、子都被称为灵，这点我们在开始讲到名字的合一性时还会更完整地论述。然而既然这里是最合适的地方，以致我们没个结论看来绕不过去，就让他们知道父被称为灵，如主在《约翰福音》里说："因为神是个灵。"[122]而且基督也被称为灵，因为耶利米说："灵在我们面前，就是主基督。"[123]

106. 所以父与子都是灵，因为不是受造之体就是灵，但圣灵不与父、子相混淆，而是不同于父与子。因为圣灵未死，他不能死是因为在他没有取肉身，永恒的神不能死，但基督按着肉身死了。

107. 因为照着真理他按着从童女而得的，而不是按着从父而得的死了，因为基督死是照他被钉十字架而言。但圣灵无肉无骨，不能被钉十字架，而神的儿子取了骨肉之身，被钉了，好叫我们肉身的试探在十字

---

[120]《哥林多后书》2：15。
[121]《路加福音》4：18。
[122]《约翰福音》4：24。
[123]《耶利米哀歌》4：20，根据英译本引文直译。——译者注

架上灭亡。因为他取了原本不属他的为要隐藏实际属他的,他隐藏他实际所是的为要受试探,使得那不属他的可以得赎,从而他可以借着他本不是的召我们进入他原本所是的。

108. 哦,那十字架上的神圣奥秘啊!在它上面,软弱悬挂,力量释放,邪恶被钉,凯旋的战利品被高高举起。因此某位圣徒说:"因对你的敬畏用钉子刺穿我的肉体。"[124]他不是说用铁钉,而是用敬畏与信心之钉,因为能力的捆索强于惩罚的。彼得的信心最终绑住了他;在他跟从主直到大祭司的院子里时,没人捆绑他;信心绑住了他,而惩罚却没放开他。当他再次被犹太人捆绑时,祷告释放了他,惩罚没有抓住他,因为他没有背离基督。

109. 所以你们是否也把罪钉十字架使你们可以向罪死了?向罪死就是向神活。你们是否住在那位没有怜惜他自己儿子的里面,以便借着他的身体他可以钉死我们的情欲?因为基督为我们而死使我们可以住在他复活的身体里。所以不是我们的生命而是我们的罪在他里面死了,经上记着:"他被挂在木头上,亲身担当了我们的罪,使我们既然在罪上死,就得以在义上活。因他受的鞭伤,我们便得了医治。"[125]

110. 这样,十字架的木头就像一种我们救恩的船,是我们的通道而不是惩罚,因为除了通向永恒救恩的通道,没有其他救恩。当等待死亡的时候我感觉不到它,当很少想惩罚的时候我并不受苦,当不介意恐惧的时候我不知道它。

111. 那么除了主基督外谁是那位我们因他的鞭伤得医治的呢?谁是那位这同一位以赛亚预言他的鞭伤是我们的医治的呢?谁是使徒保罗在他信中写到的那位"无罪的却替我们成为罪"[126]的呢?这真是神性在他里面,使他肉身没有犯罪,身体的受造本性也没有使他犯罪。因为如果单

---

[124] 《诗篇》119:120,根据七十士译本118:120直译。——译者注
[125] 《彼得前书》2:24。
[126] 《哥林多后书》5:21。

单神不犯罪,因神性中没有向罪的诱因,这有什么奇怪的呢?但如果单单神完全无罪,当然每个受造物因其自身本性,如我们所说,可能会有犯罪倾向。

第十章

圣灵赦罪是他与父、子共享而不是与天使共享的。

112. 这样你们中无论谁否认圣灵神性的告诉我,如果圣灵不可能犯罪,反过来却赦罪,那天使赦罪吗?天使长赦罪吗?当然不,只有父赦罪,只有子赦罪,也只有圣灵赦罪。好了,现在没人能避开他有赦罪权柄的事实了。

113. 但可能有人会说撒拉弗对以赛亚说:"看哪,这炭沾了你的嘴,你的罪孽便除掉,你的罪恶就赦免了。"[127]他说会除掉,会赦免,不是我除掉,而是从神的祭坛上取下的火——就是圣灵的恩典——来除掉。因为除了圣灵的恩典还有什么是我们会敬虔地理解为在神的祭坛上的呢?当然不是林子里的木头,也不是煤灰和木炭。或者有什么照着敬虔能根据这从以赛亚口中启示出来的奥秘来理解呢?就是所有人都应该借基督受难得以洁净,他像一块炭,按着肉身为我们的罪烧尽,如你在《撒迦利亚书》中所读到的:"这不是从火中抽出来的一根柴吗?约书亚穿着污秽的衣服。"[128]

114. 最后,我们知道这个共有的救赎奥秘是由先知们最清楚地启示出来的,如你在这里看到:"看哪,它已拿走了你的罪。"[129]不是没犯罪的基督放下他的罪,而是在基督的身体里整个人类能从他们的罪中得着释放。

---

[127] 《以赛亚书》6:7。
[128] 《撒迦利亚书》3:2、3。
[129] 《撒迦利亚书》3:4,根据英译本引文直译。——译者注

115. 但即便是撒拉弗除掉了罪，他也不过是神为这个奥秘所差派的一个仆役，因为以赛亚如此说："有一撒拉弗被差到我这里。"⑬

第十一章

圣灵被差给所有人，并不从一处换到另一处，因为他既不受时间也不受空间限制。他从子那里来，就像子从父那里来，永远住在他里面，也在我们接受的时候到达我们。他也按着父自己的方式来到，他与父无法分离。

116. 圣灵也的确被称为受差遣，但撒拉弗被差往一个人，而圣灵被差往所有人。撒拉弗被差给神仆，而圣灵成就奥秘。撒拉弗完成所吩咐他的，而圣灵照他所愿的进行分配。撒拉弗从一个地方换到另一个地方，因他没有充满万有，而他自己却被圣灵充满。撒拉弗照着他的本性借着某种通行方式降下，但对圣灵我们无法如此想象，神的儿子提到他时说："我要从父那里差保惠师来，就是从父出来真理的圣灵。"⑬

117. 因为若圣灵从一处换到另一处，父自己就会在某一处被发现，子亦然。如果圣灵受父或子的差遣来自一个地方，向前行进，当然看起来是——根据那些不敬虔的解释——好像物质的形体一般离开父子。

118. 我这是针对那些说圣灵是借着行动下来的人讲的，但是不仅父高过万有，高过有形体的自然界，也高过不可见的创造物，不为任何空间所限制；而且子——所有创造的成就者——也高过一切受造物，不被他自己所造的空间或时间封锁；还有真理的灵作为神的灵，

---

⑬ 《以赛亚书》6：6，根据英译本引文直译。——译者注
⑬ 《约翰福音》15：26。

既然他没有形体,借着他神性难以言表的丰盛高过整个理性创造界,在万有之上有权能照其所愿随意运行、按其所想任意启示,不受任何有形的限制。

119. 这样圣灵不是好像从某处被差遣,从子那里来的时候也不是来自某处,就像子自己。子说"我从父出来,到了世界"[132],这摧毁了所有有关他从一个地方换到另一个地方的幻想。同样,当我们读到神在其中或不在其中时,我们当然也不是把神包含在任何人体内,而是借着深奥又难以言表的估计来想象这些事,从而理解神性的隐秘性。

120. 最后当智慧说它来自至高者的口,不是说它在父的外部,而是与父同在,因为"道与神同在"[133]。不仅与神同在,而且在神里面,因为他说:"我在父里面,父在我里面。"[134]但当他从父那里来的时候他没有离开某处,也不像一个形体从另一个形体上分离,当他在父里面的时候也不是一个形体包含在另一个形体里面。当圣灵从父子那里出来的时候,也不是与父子脱离。因为圣灵是父口中的气,他怎么能与父脱离呢?这点当然既是他永恒性的证明,又表达了神的合一性。

121. 他是父口中的气,他存在并永远居留,但当我们接受他的时候他看起来像降下,从而他可以住在我们里面,我们不会与他的恩典分离。对我们而言他看来像是降下,实际却不是他降下,而是我们的意识上升到他那里。关于这点如果我们不记得早先的论述,就要更完整地讲一下,在那里父说:"我们下去……变乱他们的口音,"[135]子说:"人若爱我,就必遵守我的道,我父也必爱他,并且我们要到他那里去,与他同住。"[136]

122. 圣灵就像父那样来了,因为父所在的地方就有子,子所在的地

---

[132] 《约翰福音》16:28。
[133] 《约翰福音》1:1。
[134] 《约翰福音》14:10。
[135] 《创世记》11:7。
[136] 《约翰福音》14:23。

方就有圣灵。所以圣灵不是被假定独自而来，亦非从一处到另一处，而是从布置秩序到做救赎的凭据，从赐生命的恩典到成圣的恩典，使我们由地到天，从悲惨可怜进到荣耀，从为奴的境地进到神的国度。

123. 如此圣灵像父那样到来，因为子说："我和父要来，并要与他同住。"[137]难道父是有形体地来吗？因此圣灵在父里面来到，当他来的时候，就是父子完全的临到。

124. 但既然我们口称父子时甚至不能不提到圣灵，谁能将圣灵与父子分离呢？"若不是被圣灵感动的，也没有能说耶稣是主的。"[138]所以，如果我们不受圣灵感动就不能呼叫耶稣为主，离开圣灵我们当然不能宣扬他。但如果天使们也宣扬耶稣是主，而离开圣灵没有一个能宣扬，所以说在他们里面也有圣灵的工作。

125. 如此我们就证明了父子圣灵的临在和恩典乃为一，这点是如此地属天和神圣，以至于子因此感谢父说："父啊，天地的主，我感谢你！因为你将这些事向聪明通达的人就藏起来，向婴孩就显出来。"[139]

第十二章

父、子、圣灵的平安与恩惠为一，他们的恩慈也为一，后者在对人的救赎上得以基本体现。他们与人的相交也为一。

126. 所以既然呼召为一，恩惠也为一。最后，经上记着说："愿恩惠、平安从我们的父神并主耶稣基督，归于你们。"[140]这样你看到我们被教导说父与子的恩惠为一，父与子的平安为一。但这恩惠和平安是圣灵的果子，如使徒保罗自己教导我们说："圣灵所结的果子就是仁爱、喜

---

[137] 《约翰福音》14：23。
[138] 《哥林多前书》12：3。
[139] 《马太福音》11：25。
[140] 《罗马书》1：7。

乐、和平、忍耐。"⑭¹平安是好的、必需的，有了它就没有人被令人疑惑的争端困扰，也不被肉体情欲的风暴动摇，反而他的情感因着敬拜神通过信心的纯一与意识的宁静可以保持平静。

127. 就平安而言，我们已经证明了这点，但就恩典而言，先知撒迦利亚说神应许在耶路撒冷之上浇灌恩典与怜悯的灵，使徒彼得说："你们各人要悔改，奉耶稣基督的名受洗，叫你们的罪得赦，就必领受所赐的圣灵。"⑭²所以恩赐以圣灵的名义到来就像以父与子的名义一样。因为既然所有神的恩典都在圣灵里，怎么可能有脱离圣灵的恩典呢？

128. 信实的皇上啊，我们也不仅读到父、子与圣灵的平安与恩惠，还有爱与交流。因为就爱而言经上说："主耶稣基督的恩惠、神的慈爱。"⑭³我们已经听说了父的爱，与父的爱相同的也就是子的，因为他自己说："爱我的必蒙我父爱他，我也要爱他。"⑭⁴什么是子的爱呢？就是他为我们舍了自己，用他自己的血买赎了我们。但这同样的爱在父里，因为经上记着："神爱世人，甚至将他的独生子赐给他们。"⑭⁵

129. 就这样父舍了子，子舍了自己。爱得以保存，该有的爱心未被勉强，因为放弃时没有挣扎，爱心就没有被勉强。他赐下一位愿意的，他赐下一位献上自己的，父赐下子不是为了惩罚而是为了恩典。如果你想探询这一行为的功绩何在，就探寻爱心的表述吧。受拣选的器皿显明了这种神的爱的合一性，因为既是父舍了子，也是子舍了自己。父赐予，他"不爱惜自己的儿子为我们众人舍了"⑭⁶。而论到子保罗也说："为我舍己。"⑭⁷他说"舍己"。如果这是恩典，我能找什么岔子？如果他受苦受错了，我所欠的更多。

---

⑭¹《加拉太书》5：22。
⑭²《使徒行传》2：38。
⑭³《哥林多后书》13：14。
⑭⁴《约翰福音》14：21。
⑭⁵《约翰福音》3：16。
⑭⁶《罗马书》8：32。
⑭⁷《加拉太书》2：20。

130. 但要知道就像父舍了子，子舍了自己，圣灵也舍了他。因为经上记着："当时，耶稣被圣灵引到旷野，受魔鬼的试探。"[148]所以有爱心的圣灵也赐下神的儿子。因为就像父与子的爱为一，我们也证明了神的这种爱为圣灵所浇灌，也是圣灵的果子，因为"圣灵所结的果子就是仁爱、喜乐、和平、忍耐"[149]。

131. 父与子之间的相交显而易见，因为经上记着："我们乃是与父并他儿子耶稣基督相交的。"[150]另一处写道："圣灵的交通常与你们众人同在。"[151]这样如果父、子与圣灵的平安为一，恩典为一，慈爱为一，相交为一，那么工作当然为一；工作要是为一，当然能力不能分割，实质（substance）也无法分离。因为若是可分的，相同工作的恩惠怎么能一致呢？

第十三章

圣安波罗修从圣经证明了三个神的位格之名为一。先看子的名与圣灵的名的合一性，因为两者都被称为保惠师与真理。

132. 这样当人看见工作的一致性时，谁还敢否认名字的一致性呢？但当神的声音清楚见证父、子、圣灵的名为一时，为什么我还要花工夫来论证这名字的合一性呢？因为经上记着："去使万民作我的门徒，奉父、子、圣灵的名给他们施洗。"[152]他说的"名"是单数，不是复数。所以不是父的名是一个，子的名是另一个，圣灵的名是再一个，因为神是一位。名字不能超过一个，因为没有两个或三个神。

132. 他启示了神是一位，掌权者是一位，因为父、子、圣灵的名是一个，而且不是子奉一个名来，圣灵奉另一个来。主自己说："我奉我父的名

---

[148] 《马太福音》4：1。
[149] 《加拉太书》5：22。
[150] 《约翰一书》1：3。
[151] 《哥林多后书》13：14，根据英译本引文直译，和合本中"交通"为"感动"。——译者注
[152] 《马太福音》28：19。

来,你们并不接待我;若有别人奉自己的名来,你们倒要接待他。"[153]

133. 圣经清楚表明父的名同样也是子的名,因为主在《出埃及记》中说:"我要在你面前经过,宣告我的名。"[154]所以主说他会用耶和华来称其名,这样耶和华就是父与子的名。

134. 但既然父子的名为一,就要知道圣灵的名也是同样,因为圣灵奉子的名前来,如经上所记:"但保惠师,就是父因我的名所要差来的圣灵,他要将一切的事指教你们。"[155]但奉子名前来的当然也奉父的名前来,因为父子的名是一个,因此父子的名就是圣灵的名,因为天下再没有赐下别的名我们可以靠着得救的。

155. 与此同时,神的名的一致性而不是不同性必须被教导,因为基督是照着名的一致性来的,但敌基督是奉他自己的名来的,如经上所记:"我奉我父的名来,你们并不接待我;若有别人奉自己的名来,你们倒要接待他。"[156]

156. 这样我们从这些经文知道父、子、圣灵的名没有什么不同,父的名也是子的名。类似地,当子称圣灵为保惠师的时候,子的名也就是圣灵的名。所以主耶稣在《约翰福音》里说:"我要求父,父就另外赐给你们一位保惠师,叫他永远与你们同在,就是真理的圣灵。"[157]他强调了"另外一位",让你们别认为子就是圣灵,因为名虽为一,子与圣灵却没有撒伯里乌派的(Sabellian)混淆。

157. 所以子是一位保惠师,圣灵是另一位保惠师,因为约翰称子为保惠师,如你所读:"若有人犯罪,在父那里我们有一位中保,就是……耶稣基督。"[158]类似于名的一致性,权能也有一致性,因为圣灵保惠师所

---

[153] 《约翰福音》5:43。
[154] 《出埃及记》33:19。
[155] 《约翰福音》14:26。
[156] 《约翰福音》5:43。(此节开始及以下,序号与前文不衔接,英文版原书如此。)
[157] 《约翰福音》14:16。
[158] 《约翰一书》2:1。

在之处也就有子。

158. 因为就像子在这里说圣灵将永远与信徒同在,他也在别处表明他自己将永远与使徒们同在,他说:"我就常与你们同在,直到世界的末了。"⑮⁹所以子与圣灵为一,三一神的名为一,那与我们同在的为一且不可分。

159. 就像我们证明了子被称为保惠师,我们也要证明圣灵被称为真理。基督是真理,圣灵是真理,如你在约翰的书信中发现:"因为圣灵就是真理。"⑯⁰这样圣灵不仅被称为真理的灵,而且被称为真理,就像子也被称为真理,他说:"我就是道路、真理、生命。"⑯¹

第十四章

圣经里三位一体的每个位格都被称为光。圣灵被以赛亚书中命名为火,火的形象出现在摩西所见的荆棘丛中,出现在如火的舌头中,也出现在基甸的瓶中。既然他的工作与父、子相同,他也被称为耶和华脸上的光和火,那么这同一个灵的神性不能否认。

160. 但为何我要论证子是光,圣灵是光,就像父是光呢?这当然属于神的权能。因为神是光,如约翰所说:"神就是光,在他毫无黑暗。"⑯²

161. 但子也是光,因为"这生命就是人的光"⑯³。约翰为了证明他是在说神的儿子,他在论到施洗约翰时说:"他不是那光,乃是要为光作见证。那光是真光,照亮一切生在世上的人。"⑯⁴既然神是光,神的儿子是真光,那毫无疑问神的儿子是真神。

---

⑮⁹ 《马太福音》28:20。
⑯⁰ 《约翰一书》5:7。
⑯¹ 《约翰福音》14:6。
⑯² 《约翰一书》1:5。
⑯³ 《约翰福音》1:4。
⑯⁴ 《约翰福音》1:8、9。

162. 你看到在别处神的儿子是光:"那在黑暗中行走的百姓,看见了大光;住在死荫之地的人有光照耀他们。"⑯但更加清楚的是这一句:"因为在你那里有生命的源头,在你的光中,我们必得见光。"⑯这段经文的意思是大能的父神是生命的源头,在你那里我们在你的儿子——他就是光——中必看见圣灵之光,就像主自己表明的,他说:"你们受圣灵"⑰;在另一处说:"有能力从他身上发出来。"⑱

163. 但当我们读到他的儿子是永恒之光的亮光时,谁又能怀疑父是光呢?因为除了出于父之外子的亮光又能出于谁呢?子永远与父同在,又永远发光,不是不像父,而是以同样的光辉来发光。

164. 以赛亚显明圣灵不仅是光而且是火,他说:"以色列的光必如火。"⑲所以先知们称其为烈火,因为在下述三点里我们更强烈地看见神性的尊贵:成圣是出于神的工作,点亮别人是火与光的性质,而神又通常以火的形式被提到或看见,如摩西所说:"你的神乃是烈火。"⑳

165. 因为他自己在荆棘丛中看见火,并听到有声音从火焰中临到他说:"我是亚伯拉罕的神,以撒的神,雅各的神。"㉑声音从火而来,声音在荆棘丛中,火却不使其毁坏,因为荆棘被烧着却没有被烧毁;这是因为在此奥秘中主表明他要来点燃我们身体的荆棘,不是要毁灭那些在悲惨境地的,而是要缓解他们的悲惨;那位用圣灵与火施洗的可以赐下恩典,毁灭罪恶。所以神将他的目的寓于火的记号中。

166. 在《使徒行传》中当圣灵降在信徒身上时,他也以火的形式出现,因为你所读的是这样:"忽然,从天上有响声下来,好像一阵大风吹过,充满了他们所坐的屋子;又有舌头如火焰显现出来,分开落在他们

---

⑯ 《以赛亚书》9:2。
⑯ 《诗篇》36:9。
⑰ 《约翰福音》20:22。
⑱ 《路加福音》6:19。
⑲ 《以赛亚书》10:17。
⑳ 《申命记》4:24。
㉑ 《出埃及记》3:6。

各人头上。"⑫

167. 因为同样的原因，当基甸将要征服米甸人时，他命令那三百个人带上瓶子，在里面放上点亮的火把，右手拿着号角。我们的前辈保留了从使徒传下来的解释：瓶子是我们的身体，用土所做，若被圣灵恩典的炽热焚烧并不惧怕，而且用大声的告白来见证主耶稣的受难。

168. 既然圣灵的恩典在哪里，神性的彰显就在那里，那么谁能怀疑圣灵的神性呢？借此证据我们推论神性并非多样而是一体的，因为若在万有中工作的效果一致，能力如何会有断层呢？

169. 那么火是什么呢？当然不是人用寻常树枝或是点燃的木条而生的，而是对好行为像金子般增强、对罪像糠秕一样烧毁的火。这毋庸置疑就是圣灵，他被称为神脸上的火与光。光就是我们前面说过的："耶和华啊，求你仰起脸来，光照我们。"⑬除了圣灵为印记之外，还能有什么是这光照的印记。因着对他的信心，保罗说："你们……就受了所应许的圣灵为印记。"⑭

170. 就像神的脸上有光，同样火也从神的面上射出，因经上所记："有烈火在他面前吞灭。"⑮因为审判之日的恩典预先点燃，为了接下来的赦免可以嘉奖圣徒的服侍。何等完备的圣经啊，无人能用人的天分来测透它！对神合一性的证明何等伟大，因为有多少东西被这两节经文指出！

第十五章

圣灵是与父、子等同的生命，照着真理无论父——与他同在的就是生命的泉源——或子被提到，那泉源只能是圣灵。

---

⑫ 《使徒行传》2：2、3。
⑬ 《诗篇》4：6。
⑭ 《以弗所书》1：13。
⑮ 《诗篇》50：3。

171. 我们已经说过父是光，子是光，圣灵是光。让我们也来了解父是生命，子是生命，圣灵是生命。因为约翰说："论到从起初原有的生命之道，就是我们所听见，所看见，亲眼看过，亲手摸过的。这生命已经显现出来，我们也看见过，现在又作见证，将原与父同在，且显现与我们那永远的生命传给你们。"[176]他同时提到了生命之道与生命，用来表示父、子同为生命，因为除了神的道之外还有什么是生命之道？借着这个词句神与神的道都被证明为生命。说到生命之道，同样也可以说生命之灵。所以就像生命之道是生命，同样生命之灵也是生命。

172. 现在要知道就像父是生命的泉源，同样很多人说子也被比做生命的泉源。以至于他（诗人大卫）说，与你全能神一样，你的儿子是生命的泉源。那就是圣灵的泉源，因为圣灵就是生命，如主所说："我对你们所说的话就是灵，就是生命。"[177]因为圣灵在哪里，生命也在那里；生命在哪里，圣灵也在那里。

173. 然而，许多人认为这节经文只将父比做泉源，那就让他们注意到圣经所作的联系："与你同在的就是生命的泉源。"意思是子与父同在，因为道与神同在，道从太初就有，且与神同在。

174. 但无论这里把泉源理解为父还是子，我们当然不会把那水的泉源理解为受造的，而是神恩典的泉源，就是圣灵的泉源，因为他是活水。因此主说："你若知道神的恩赐，和对你说'给我水喝'的是谁，你必早求他，他也必早给了你活水。"[178]

175. 这是大卫的灵魂所渴慕的水。鹿渴求这水的泉源，不渴慕蛇的毒。因为圣灵的恩典之水是活的，它可以洁净思想的深处，清除灵魂的一切罪污，洁净隐而未现的罪之过犯。

---

[176] 《约翰一书》1：1、2。
[177] 《约翰福音》6：63。
[178] 《约翰福音》4：10。

第十六章

圣灵是那滋润奥秘中耶路撒冷的大河。如圣经所示,它与它的源头等同,就是父与子。圣安波罗修自己渴慕那水,并告诫我们既然我们的瓦器是软弱的,若要把水保存在我们里面我们必须躲避魔鬼、私欲和异端,破损的贮水池必须被丢弃;照着撒马利亚妇人与先祖的例子,我们可以找到主的水。

176. 但恐怕有人反对,好像这是圣灵微小的地方,并试图借此证明他在重要性上的不同。他们声称尽管从受造物中拿来的例子无法适合地运用在神身上,但水看起来也实在是泉源的一小部分罢了。为了防止他们从这个取自受造界的比较不公正地判断任何事,要让他们知道圣灵不仅被称为水,也被称为江河,如我们所读:"从他腹中要流出活水的江河来。耶稣这话是指着信他之人要受圣灵说的。"[179]

177. 所以圣灵是江河,而且如我们从以赛亚之口得到的预言所言,是一条涨溢的河,根据《希伯来书》,它从耶稣那里流至遍地。这是一条永远涌流从不干涸的大河。它不仅是一条河,而且还是一条水流丰沛、伟大卓越满溢的河。大卫也说:"这河的分汊,使神的城欢喜。"[180]

178. 因为那天上的耶路撒冷城,也不由任何地上的河流灌溉。而发自生命泉源的圣灵,即我们在其中浅尝辄止就已经得满足的圣灵,却好像更加丰富地从那天上的宝座、执政的和掌权的、天使与天使长们的中间流出,带着七灵的能力奔流不息。因为当超过所有受造物的圣灵触摸到我们卧在低处的思想时,他以其更大的成圣的丰饶使受造物的属天本性欢喜快乐;若说一条河涨过它的堤岸就溢了出来,那么圣灵带来的

---

[179] 《约翰福音》7:38、39。

[180] 《诗篇》46:4。

这快乐将是多么加倍！

179. 请不要为一会儿这里说"河"[181]一会儿那里说"七灵"[182]所困扰，因为如以赛亚所说，借着圣灵这七个恩赐的成圣工作，所有能力的完备都得以体现。这七个恩赐是智慧与理解之灵、训慰与力量之灵、知识与敬虔之灵，以及敬畏神之灵。河虽为一条，圣灵流通出去的管道却有千万，这条河便这样从生命的泉源流出去。

180. 这里你还是不能把你的想法转向地上的事物，因为源头与江河之间看起来好像是有些差别，然而圣经提供了保障，不让人类脆弱的理解受到卑微语言的损伤。在你面前设想任何一条河，它从源头流出，却是同一种本性、同一种光亮和美丽。你有否正确论断圣灵与神的儿子和父神本质相同、光亮相同、荣耀相同？我把一切归结为品质（qualities）上的一致性，并不惧怕任何有关"重要性上有不同"的问题。因为在这点上圣经也提供了答案，神的儿子说："人若喝我所赐的水……要在他里头成为泉源，直涌到永生。"[183]这泉源明显就是圣灵的恩典，从活泉流出的泉水，这样圣灵也就是永生的泉源。

181. 如此你从他的话中看到神性之伟大的合一性被指出，甚至异端都不能否认基督是泉源，因为圣灵也被称为泉源。就像圣灵被称为河，同样地父说："我要下到你的地上，好像平安的江河，如同涨溢着列邦荣耀的溪流。"[184]谁能怀疑神的儿子是生命之河，永生的泉源自他流出？

182. 这水是好的，圣灵的恩典也是好的。谁又将这泉源放入我的心中？让它在我里面涌出，让那泉水浇在我们之上而不流走，因为智慧说："你要喝自己池中的水，饮自己井里的活水。你的泉源岂可涨溢在外？你的河水岂可流在街上？"[185]我怎样才能留住这水不让它外流呢？我

---

[181] 《约翰福音》7：38。
[182] 《启示录》5：6。
[183] 《约翰福音》4：14。
[184] 《以赛亚书》66：12，根据英译本引文直译。——译者注
[185] 《箴言》5：15、16。

怎样才能保守我的池子，以免任何罪的侵袭穿透它使得永生的水流出去呢？主耶稣啊，教导我，就像你教导你的使徒说："不要为自己积攒财宝在地上，地上有虫子咬，能锈坏，也有贼挖窟窿来偷。"[186]

182. 因为他暗示贼是不洁净的灵，贼无法对那些在善工之光中行走的人下手，但如果他抓住了沉溺于地上情欲和属世快乐享受中的什么人，他就糟踏他们一切永恒美德的花朵。所以主说："只要积攒财宝在天上，天上没有虫子咬，不能锈坏，也没有贼挖窟窿来偷。因为你的财宝在哪里，你的心也在那里。"[187]

183. 我们的锈就是淫荡，我们的锈就是私欲，我们的锈就是奢侈，它们以邪恶的污秽迷惑了意识的敏锐洞察力。我们的虫子是阿里乌（Arius），我们的虫子是富提纳斯（Photinus），他们用不敬虔剥去了教会的圣衣，力图分裂神权能本不可分割的合一性，用亵渎的牙齿咬噬信心珍贵的面纱。若阿里乌张嘴咬，水就分开；若富提纳斯在任何人的池子里种下刺，水就流走。我们只是凡土，我们很快地感到丑恶。但没有人对窑匠说："你为什么这样造我呢？"[188]因为即使我们的器皿不过是平常的，仍旧这个是贵重的，那个是卑贱的。不要打开你的池子，用丑陋与罪恶挖坑，免得有人说："他掘了坑，又挖深了，竟掉在自己所挖的阱里。"[189]

184. 如果你寻求耶稣，就舍弃破损的贮水池，因为基督不习惯坐在池子里，而是坐在井旁。撒马利亚妇人在那里找到了他，她信了，她愿取水。尽管你应该一大早就来，可如果你来晚了，甚至在午正才到达，你将发现耶稣在他的旅程中身心疲惫。他疲惫，却是因为你，因为他已经寻找你很久，你的不信长久以来使他疲惫。然而只要你来了他就不觉被冒犯；他向人要水喝，而他却是给水喝的那位。但他不喝边上流过的

---

[186] 《马太福音》6：19。
[187] 《马太福音》6：20、21。
[188] 《罗马书》9：20。
[189] 《诗篇》7：15。

溪水，而是你的救赎。他喝你的向善性情，他喝那杯，就是为你的罪被石头打死，使你喝了他圣洁的血后可以熄灭对这世界的渴慕。

185. 所以亚伯拉罕在他挖井之后得到了神；以撒也是如此，当他在井边行走时，遇到了他的妻子，就是那向他走来、预表教会的那位妻子。在井边的信实，在池边的不忠。最后我们读到利百加在井边找到了寻她之人，而妓女用耶洗别池子里的血洗了她们自己。

卷 二

　　神的三个位格古时的士师或摩西并非不知，因为子与父同等以及三个位格间的平等在别处和摩西的书中被记载下来。参孙也受到了圣灵的帮助，他的历史被提及并被证明在某些方面对教会及其奥秘具有代表意义。当圣灵离开参孙后，他陷入了各样的灾难，圣安波罗修解释了他头发被剪的属灵意义。

1. 即便阅读古史最早的书卷，也都有两点非常清楚。一是圣灵的七重恩典在犹太人的士师中间闪耀，二是属天圣礼的奥秘被圣灵揭开，摩西对其永恒性并非无知。这样在世界的起初，甚至先于起初，圣灵将自己与神相连，他在世界的起初之前就知道了神的永恒，因为任何人只要留心就会认识到在起初有父、子与圣灵。关于父，经上记着："起初神创造天地。"① 关于圣灵，圣经说："神的灵运行在水面上。"② 在创造伊始借以洁净被造界的洗礼之预表就已经安排好了。关于子我们读到他将光与暗分开，因为是一位父神说话，又一位子神行动。

2. 但你还是不要认为那位吩咐人的高等，或者实施所吩咐的低等。父在

---

① 《创世记》1：1。
② 《创世记》1：4。

施行工作中承认子与他同等，他说："我们要照着我们的形像，按着我们的样式造人。"③因为这共有的形象、工作和样式只能表示同等尊贵的一致性。

3. 但我们可以这样来更完整地认识父子的同等：父说子做，同样父做子说。父工作，如经上所记："我父工作直到如今。"④你看到论到子说："只要你说一句话，我的仆人就必好了。"⑤子又对父说："我在哪里，愿你所赐给我的人也同我在那里。"⑥父照子所说的做了。

4. 亚伯拉罕也没有对圣灵无知。他看见了三个人，就敬拜一个，因为只有一神，一主，一灵。因为权能的一致性，荣耀也有一致性。

5. 为什么我要一个接一个地列出全部呢？参孙照神的应许而生，他有圣灵随着他，因我们读到："耶和华赐福与他。在玛哈尼但……耶和华的灵才感动他。"⑦这预示将来的奥秘，他要一个异族的人做妻子，照圣经所说，他的父母并不知道这事是出于耶和华。他理所当然地受到尊敬，因他比别人更强壮。因为耶和华的灵引导他，在其引导下他自己就与异族的人争战。又有一次他面对难以接近的狮子的吼叫，凭借其不可战胜的力量将狮子撕成碎片。只要他仔细保留他的恩典，就足以强到战胜猛兽。

6. 可能这不仅是勇士的天分，而且还是智慧的奥秘，是一种预言的告白。因为下述事情发生不是没有目的的。在娶亲的路上一头吼叫的狮子遇到了他，他用手将其撕碎。当他就要享受婚姻生活的时候，在狮子体内找到了一窝蜜蜂。他从它口中取了蜂蜜，给了他父母吃。相信的外邦人吃了蜜，以前的化外人现在成了基督里的人。

7. 他给同伴们出的那个谜语也不是不带有奥秘的："吃的从吃者出

---

③ 《创世记》1：26。
④ 《约翰福音》5：17。
⑤ 《马太福音》8：8。
⑥ 《约翰福音》17：24。
⑦ 《士师记》13：25。

来，甜的从强者出来。"⑧里面有一个奥秘，花三天时间来寻求答案是徒劳的。除非借着教会的信心，在第七天律法完全的时候，就是主受难之后，否则这奥秘是解不开的。为此，你发现使徒们不明白是"因为耶稣还没有得荣耀"⑨。

8. 他们回答："有什么比蜜还甜呢？有什么比狮子还强呢？"对此他回应道："你们若非用我的母牛犊耕地，就猜不出我谜语的意思来。"⑩哦，神的奥秘！哦，显明的神圣！我们已经逃脱了刽子手，我们已经征服了那强者。现在有了生命之粮，之前只有悲惨死亡的饥饿。危险变成了安稳，苦涩变成了甜蜜。恩典从过犯而出，能力从软弱而出，生命从死亡而出。

9. 然而，另一方面有人认为除非犹大支派的狮子被杀，该婚姻无法建立。所以在他的身体里，就是教会，找到了储藏智慧之蜜的蜜蜂，因为在主受难后使徒们更完全地相信了。如此这狮子参孙是照着犹太人身份杀的，但在其中他找到了蜜。这是将要被赎产业的预表，就是余民会因着恩典的拣选得拯救。

10. 经上说："耶和华的灵大大感动参孙，他就下到亚实基伦击杀了三十个人。"⑪因为看出奥秘的人一定获得胜利，所以他们解开了谜语，就借着衣裳得到了智慧的奖赏，这是意见交换的记号。

11. 这里又有其他奥秘出现，就是他的妻子归了别人，为此狐狸放火烧了异族的禾稼。因为他们自己的计谋经常欺骗与神奥秘争竞反对的人。为此圣经在《雅歌》里又一次说道："要给我们擒拿狐狸，就是毁坏葡萄园的小狐狸，因为我们的葡萄正在开花。"⑫他说"小"因为大的不能毁坏葡萄园，尽管对于强壮的来说甚至魔鬼都是软弱的。

---

⑧ 《士师记》14：14。
⑨ 《约翰福音》7：39。
⑩ 《士师记》14：18。
⑪ 《士师记》14：19。
⑫ 《雅歌》2：15。

12. 简单总结一下这个故事，全篇的探讨有待其他的时候。只要参孙保留圣灵的恩典，就是不可战胜的，就像神借着主所选的民，律法下的拿细耳人。所以说，参孙不可战胜，他无敌到一个地步，能用一块驴腮骨击杀一千人。属天的恩典如此丰富，以至于在饥渴时他甚至在驴腮骨里找到了水，不管你把这看成是一个神迹还是当成一个奥秘。因为在外邦人的降卑中有根据如下经文所记的安息与得胜："有人打你的右脸，连左边的脸也转过来由他打。"⑬这样忍受伤害是圣洗礼所教导的，借此我们胜过钩刺，使我们可以借着穿越死亡获得复活的安息。

13. 那么这是挣断拧起来的绳索，视新绳如细麻线的参孙吗？这是只要他还有圣灵的恩典就对绑住他头发的橛子毫无感觉的参孙吗？照我说，当神的灵离开他后，那个归还掳掠异族衣服的参孙就发生了巨变。他从非凡卓越跌倒在妇人的膝上，受到爱抚，却蒙欺骗——他的头发被剃去了。

14. 那他的头发是否如此重要，以至于只要头发还在，他的力量就还是不可战胜；而当他的头发被剃，他这个人就突然失去了所有的力量呢？非也，我们也不应该认为他的头发有这样的能力。有信仰与信心的头发，就是属于在律法中完全的拿细耳人的头发，借着节俭与节制奉献给神。她（教会的预表）把香膏浇在主的脚上，用这样的头发擦天上之道的脚，因为那时她也凭肉身认识主。关于那头发，经上说："你的头发如同山羊群。"⑭关于生长头发的头，经上说："基督是各人的头，"⑮另一处又说："他的头像至精的金子，他的头发厚密累垂，黑如乌鸦。"⑯

15. 所以主在福音书中也指出，有些头发为神所见所知，他说："就

---

⑬《马太福音》5：39。
⑭《雅歌》4：1。
⑮《哥林多前书》11：3。
⑯《雅歌》5：11。

是你们的头发也都被数过了。"⑰这实在指的是属灵的美德，因为神不照看我们的头发。尽管照字面解释来相信的确倒也不荒唐，因为我们知道根据神性的权能没有东西能在他面前隐藏。

16. 但是若神自己知道我所有的头发于我有什么益处呢？察看善工的见证人以永生的恩赐来奖赏我，那真是大有益处。最后，参孙自己宣告这些头发并不神秘，他说："若剃了我的头发，我的力气就离开我。"⑱关于奥秘就谈到这里，现在让我们来思考这段经文的顺序。

第一章
圣灵是主和能力，在这点上他不次于父与子。

17. 在上面你读到："耶和华赐福与他。……耶和华的灵才感动他。"⑲有关父，经上说："耶和华的灵大大感动他。"⑳又说："若剃了我的头发，我的力气就离开我。"㉑在他的头发被剃了以后，看圣经说什么："耶和华已经离开他了。"㉒

18. 这样你就看见感动他的那一位自己离开了他。那一位就是主，即主的灵，也就是说，他称神的灵为主，正如使徒保罗说的："主就是那灵；主的灵在哪里，那里就得以自由。"㉓这样你就看见圣灵被称为主，因为圣灵与子不是同一个位格（unus），却是同一个本质（unum）。

19. 在这里他使用了"能力"这个字，意思指圣灵，因为就像父是能力，同样子是能力，圣灵是能力。关于子你读到基督是"神的能力、神

---

⑰ 《马太福音》10：30。
⑱ 《士师记》16：17。
⑲ 《士师记》13：25。
⑳ 《士师记》14：6。
㉑ 《士师记》16：17。
㉒ 《士师记》16：20。
㉓ 《哥林多后书》3：17。

的智慧"㉔。我们也看到父是能力，如经上所记："你们要看见人子坐在那权能者的右边。"㉕他当然称父为权能，人子坐在他的右边，如你所读："耶和华对我主说，你坐在我的右边。"㉖主自己称圣灵为能力，他说："但圣灵降在你们身上，你们就必得着能力。"㉗

第二章

父、子与圣灵旨意相同。

20. 因为圣灵自己是能力，如你所读："谋略和能力的灵。"㉘就像子是伟大旨意的使者，同样圣灵也是有旨意的灵；你便可知父、子与圣灵的旨意为一。旨意不是关乎任何可疑惑的事情，而关乎那些预知和预定的事。

21. 但你可能还知道这个：圣灵是神旨意的决定者。因为当我们在上面证明圣灵是洗礼之主的时候，我们看到洗礼是神的旨意，如你所读："但法利赛人……没有受……洗，竟……废弃了神的旨意。"㉙非常清楚，就像没有圣灵就没有洗礼一样，没有圣灵也没有神的旨意。

22. 为了可以更完全地知道圣灵是能力，我们应该知道当主说："我要将我的灵浇灌凡有血气的，"㉚圣灵就是那被应许的。这样，所应许给我们的其本身就是能力，如在福音书中神的儿子宣告说："我要将我父所应许的降在你们身上，你们要在城里等候，直到你们领受从上头来的能力。"㉛

㉔《哥林多前书》1：24。
㉕《马太福音》26：64。
㉖《诗篇》110：1。
㉗《使徒行传》1：8。
㉘《以赛亚书》11：2。
㉙《路加福音》7：30。
㉚《约珥书》2：28。
㉛《路加福音》24：49。

23. 福音书作者已经证明了圣灵是能力，而圣路加又将他的降下与大能联系起来，他说："忽然，从天上有响声下来，好像灵藉着大能吹过。"㉜

24. 但你还是不应该假设这是指着有形的与能被感知的事物说的，而要知道圣灵降下就像基督降下，如你所读："他们要看见人子有能力，有大荣耀，驾着天上的云降临。"㉝

25. 当工作为一，审判为一，圣殿为一，生命的赐予为一，成圣为一，父、子、圣灵的国度为一，能力和权能如何能不为一呢？

第三章

> 如同认识到父、子是生命，也要认识到圣灵是生命，所以在神性中他不与父相分离。

26. 既然他们认为神的工作中有不相似的地方，就让他们明说吧。既然认识父、子就是生命，如主自己说："认识你独一的真神，并且认识你所差来的耶稣基督，这就是永生。"㉞同样，要认识到圣灵也是生命。因为主说："你们若爱我，就必遵守我的命令。我要求父，父就另外赐给你们一位保惠师，叫他永远与你们同在，就是真理的圣灵，乃世人不能接受的。因为不见他，也不认识他；你们却认识他，因他常与你们同在，也要在你们里面。"㉟

27. 所以世人没有永生，因为没有接受圣灵；圣灵在哪里，那里就有永生，因圣灵自己是带来永生的那一位。为此我弄不懂为什么阿里乌派的人挑起关于独一真神的问题，因为正如认识独一的真神就是永生，认

㉜《使徒行传》2：2，后半句根据英译本引文直译，不同于和合本。——译者注
㉝《马太福音》24：30。
㉞《约翰福音》17：3。
㉟《约翰福音》14：15—17。

识耶稣基督是永生,最后认识圣灵也同样是永生。圣灵与父相同,世人看不见;圣灵与子相同,世人不认识。但不属这世界的有永生,圣灵与他永远同在,圣灵就是那永生之光。

28. 如果关于独一真神的知识与关于子和圣灵的知识带来同样的益处,为什么你不割裂益处,而将子与圣灵从真神的荣耀那里割裂开来呢?因为结果必然是,你或者必须相信这是独一真神的最大恩赐,同时也是子与圣灵的,或者如果你说同样能赐永生的不是真神;那你就贬损了父,不认为他的工作是独一真神的主要工作,而是可与受造物的工作相提并论的。

第四章

圣灵赐予生命,他的方式与父、子没有不同,他所做的工也没有不同。

29. 圣灵像父、子一样救活别人,他关于生命的工是何等奇妙啊!谁能否认这救活的工属于永恒的尊贵者呢?因为经上记着说:"救活你的仆人。"㊱被救活的是仆人,从前没有生命,但接受了拥有生命的特权。

30. 让我们再来看看圣灵是被救活的还是自己救活别人的。经上说"那字句是叫人死,圣灵是叫人活"㊲,所以是圣灵救活别人。

31. 为了你能理解父、子与圣灵的救活工作是分不开的,看一看救活如何也具一致性,因为神自己通过圣灵来救活,如保罗所说:"那叫基督从死里复活的,也必藉着住在你们心里的圣灵,使你们必死的身体又活过来。"㊳

㊱ 《诗篇》119:17,根据七十士译本118:17直译。——译者注
㊲ 《哥林多后书》3:6。
㊳ 《罗马书》8:11。

第五章

圣灵以及父、子在圣经中被指明是创造者，同样的真理甚至为外邦作者影射，却由道成肉身的奥秘最明显地表现出来。提到这点之后，本书作者从圣灵得到唯独创造者配受的敬拜这一事实进行论证。

32. 既然圣灵与父子同为万有的创造者，谁能否认他赐生命给万有？可以想象全能的父离开圣灵不会去做任何事，更何况创造伊始圣灵就运行在水面上。

33. 因此，当圣灵运行在水面上之时，被造物中没有恩典；但是在这个世界被造之后，它经过圣灵的工作，就获得了那恩典的所有美善。借着那恩典，世界被点亮。没有圣灵，宇宙间的恩典无法常存，先知宣告："你收回它们的气，它们就死亡，归于尘土。你发出你的灵，它们便受造，你使地面更换为新。"[39]他不仅教导受造物离开圣灵无法立足，而且还教导圣灵是整个受造界的创造者。

34. 谁能否认地上的受造物是圣灵的工作，并且借着他的工作得以更新？既然他们无法否认圣灵的更新之工，那他们若力图否认圣灵的创造之工，这些努力要分离三个位格的人就必须坚持圣灵的工作超越父、子的工作——因为毫无疑问得蒙恢复的世界好过被造的那个——这与真理相去十万八千里。或者一开始父、子在没有圣灵工作的情况下创造世界，而圣灵的工作是后来再加入的，这就使得他后来加入的帮助成为必需。但相信神的工作含有创造者的改变，这是摩尼教（Manicheus）带来的错误；任何人都应该离这个想法远远的。

35. 难道我们假设地的本体或天的铺张在没有圣灵工作的情况下存在或进行吗？因为经上记着："诸天藉耶和华的命而造，万象藉他口中的

---

[39] 《诗篇》104：29、30。

气而成。"㊵注意这里说什么：诸天的万象是指着圣灵说的。在地被造之前运行的那位怎么会在地被造之时停止了呢？

36. 外邦作者因其不能接受关于圣灵的真理，就透过影像跟随我们的结论，在他们的文字中指出里面的灵滋养天地，使星月等天体灿烂发光。他们不否认受造物的力量在乎灵，我们读圣经的反倒否认吗？难道你认为他们所指的灵为空气所生吗？如果他们宣告空气所生的灵是万有的作者，我们倒怀疑神的灵是万物的创造者吗？

37. 我何故为题外事耽搁？就让他们接受一个显而易见的证明吧：没有一样事物能说不是圣灵造的，无论天使、天使长、执政的或掌权的，所有的都靠着他的工作存活，因为主自己——天使服侍的那一位——也由圣灵感孕童女而生。根据《马太福音》，天使对约瑟说："大卫的子孙约瑟，不要怕，只管娶过你的妻子马利亚来，因她所怀的孕是从圣灵来的。"㊶又根据《路加福音》，他对马利亚说："圣灵要临到你身上。"㊷

38. 这样童女生子是圣灵的工作，腹中的胎儿是圣灵的工作，圣经对此如此说道："你在妇女中是有福的，你所怀的胎也是有福的。"㊸花由根生，这是圣灵的工作。照我说此花早已为先知预言："从耶西的本必发一条，从他的根必然开花。"㊹先祖耶西的根就是犹大家，马利亚是枝条，基督是马利亚所开的花，含苞于童女的腹中，将要在全地散发信心的馨香之气，如他自己所说："我是沙仑的玫瑰花，是谷中的百合花。"㊺

39. 花被摘下还保留香气，被捣碎后香气愈发浓郁，即使撕碎也不会丧失。同样主耶稣在十字架刑台上，受折磨而未被打败，受蹂躏而没有

㊵ 《诗篇》33：6。
㊶ 《马太福音》1：20。
㊷ 《路加福音》1：35。
㊸ 《路加福音》1：42。
㊹ 《以赛亚书》11：1，后半句根据英译本引文直译，不同于和合本。——译者注
㊺ 《雅歌》2：1。

丧胆。当他被枪刺透的时候，借着向外涌流的血显得更加美丽。照其本性，他再度变得美丽，在他里面是不会死的，反倒给必死的人吹来永远生命的恩赐。圣灵在这朵王族的花上安息。

40. 如一些人所认为的，好的枝条便是主的肉身，自其地上的根升到天上，在整个世界结出信仰的香甜果实，就是神独生子的奥秘，将恩典浇灌在天上的祭坛上。

41. 所以我们不能怀疑圣灵是创造者，我们知道他是主道成肉身的作者。当你在福音书的开头读到耶稣基督的诞生乃是以这样的方式："马利亚已经许配了约瑟，还没有迎娶，马利亚就从圣灵怀了孕，"㊻谁还能怀疑呢？

42. 因为尽管大多数权威人士都写"de Spiritu"，但这拉丁文所翻译的希腊原文是"出于圣灵"（ἐκ πνεύματος ἁγίου），就是"ex Spiritu Sancto"，而"出于"（ex）某人的要么就与其同本质，要么就在他的能力之下。就本质而言，关于子经上说："我出于至高者的口，"㊼关于圣灵："从父出来。"㊽而关于圣灵属乎子的，子说："他要荣耀我，因为他要将受于我的……"㊾而关乎能力，经文里说："一位神，就是父，万物都本于他。"㊿

43. 那么马利亚是怎样怀圣灵的孩子的？如果是与她同质，圣灵就变成血肉了吗？当然不。但如果童女因他的工作与能力怀孕，谁能否认圣灵是创造主呢？

44. 约伯为何也显然把圣灵视为他的创造者？他说："神的灵造我。"㊑在短短的一节经文中，他显示圣灵既是神又是创造者。那如果圣

㊻ 《马太福音》1：18。
㊼ 《便西拉智训》24章3节。
㊽ 《约翰福音》15：26。
㊾ 《约翰福音》16：14。
㊿ 《哥林多前书》8：6。
㊑ 《约伯记》33：4。

灵是创造者，他就肯定不是受造物，因为使徒保罗已经区分了创造者与受造物，他说他们"去敬拜侍奉受造之物，不敬奉那造物的主㊲"。

45. 他借着责备敬拜受造物来教导造物主当得敬拜，而我们理应敬拜创造者。既然他知道圣灵是创造者，就教导我们应该敬拜他。保罗说："应当防备犬类，防备作恶的，防备妄自行割的。因为真受割礼的，乃是我们这以神的灵敬拜……的。"㊳

46. 但若有人因为拉丁抄本间的差异——异端伪造了其中一些——要驳斥这点，就让他来看一下希腊文抄本吧。他会看到那里写道："$οἱ\ πνεύματι\ θεῷ\ λατρεύοντες$，"翻译出来就是："敬拜神的灵的人。"

47. 所以他主张我们绝不能敬拜受造物，而要敬拜造物主，而同一位使徒又说我们要敬拜圣灵，毫无疑问他显明圣灵是创造主，要照着永生神当得的尊荣受敬拜，因为经上记着说："当拜主你的神，单要侍奉他。"㊴

第六章

有些反对者根据阿摩司的话，说圣灵是受造的，对他们的回答是，在那里这个词应被理解为风，是经常被造的，而不能说是圣灵，因为他是永恒的，不会在死中消亡，或像异端所说被吸入父的里面。但如果他们顽固不化，非要争辩说这段经文写的是圣灵，圣安波罗修指出这里必须借助属灵解释，因为基督的到来雷声大作，这是神发声音的力量，借着圣灵代表基督所取的人的灵魂与肉体。既然这是由三一神的所有位格所创造的，那就证明了圣灵（在前面已经证实了是万有的创造者）是主道成肉身的作者。

㊲《罗马书》1：25。
㊳《腓立比书》3：2、3。
㊴《马太福音》4：10。

48. 我也没有忽视有些异端惯于反对圣灵，说他是受造物，因为他们许多人不敬虔地使用了《阿摩司书》的经文来论证，在那里阿摩司所说的是吹的风。先知的话讲得很清楚，因你如此读到："看哪！我就是那创雷，造风（灵），向人宣告他的基督，使晨光变为幽暗，脚踏在地之高处的，他的名是耶和华万军之神。"㊺

49. 如果他们如此证明，就是他所说的"灵"是被造的——以斯拉（Esdra）就告诉我们灵是受造的，在他第四本书中说："第二天你造了天空中的灵。"㊻然而，我们仍可以保留我们的观点，阿摩司在上下文里表明的是先知在讲创造世界，这难道不明显吗？

50. 他如此开头："我是创雷，造风（灵）的耶和华。"词句的顺序本身就说明了一切。因为如果他想要说圣灵，他肯定不会把雷放在最开始，因为雷没有比圣灵更古老——尽管他们不敬虔，他们还不敢那么说。这样当我们看到下文讲了光与幽暗，所指的理解为创造世界还不显而易见吗？因为我们通过每天的经历就知道当我们在地上有暴风雨的时候，先打雷，后刮风，天变黑变暗，闪电再次划破黑暗。因为刮风也用"灵"这个字，如经上所记："烈火、硫磺、热风。"㊼

51. 你可能知道他称其为"灵"，他说："创雷，造风（灵）。"因为当它们出现时，它们经常被造。但圣灵是永恒的，即使有人胆敢称他为受造物，也不能说他像风的气流一样天天被造。智慧自己就取了形体这一奥秘再次说道："主造了我。"㊽尽管在预言将来要发生的事，但因为主的到来是预定的，就不说"造"而说"造了我"，这样人们可以相信耶稣的身体是由童女马利亚所生，不是经常的，而是只有一次。

52. 所以先知所宣告的是神诸如创雷造风之类的日常工作，认为任

㊺《阿摩司书》4：13，根据英译本引文直译。——译者注

㊻《以斯拉续篇下卷》6章41节。

㊼《诗篇》11：6；原文"风"与"灵"同字，下同。——译者注

㊽《箴言》8：22，根据英译本引文直译。——译者注

何这样的事情就是圣灵乃是亵渎，就连不敬虔的人自己也不能否认他在世界之先已经存在了。所以我们庄严宣誓，见证他一直存在且存到永远。因为在世界被造以先就运行在水面上的，不会在世界被造之后才成为看得见的，而假设存在许多圣灵，每天都有新造出来的，也是不可能的。每个人都应远远地躲避说圣灵经常或一度被造这种亵渎的话，以免玷污自己。我不能理解为什么他应该经常被造，除非他们相信他经常死亡，所以才要经常被造。但生命之灵怎么会死呢？如果他不死，则他经常被造是毫无理由的。

53. 想法与此不同的人，就是不把圣灵区分开来的人，堕入了亵渎冒犯之中。他们认为受差遣的道回到父那里，受差遣的灵被重新吸收入父的里面，这样就有了一种重新吸收，一种自我改变成为多种样式的变化。与此正相反，父、子和圣灵间的区分永远长存且不可改变，保持其能力的合一性。

54. 但如果有人认为先知的话是指着圣灵来说的；因为先知说："向人宣告他的基督，"实际上他将其解释为主的道成肉身会更容易。如果他指的是圣灵这一事令你感到不安，认为这不能很好地解释取了人性这一奥秘，那你要继续看圣经，就会发现所有这些都与基督完美相合。关于基督，认为他随着雷声到来是完全合适的，这是属天圣经的力量与声音。他们好像雷，使我们的意识恐惧战兢，这样我们学会畏惧，注意聆听天上来的神谕。

55. 最后，在福音书中主的弟兄被称为雷子，当父发出这样的声音说："我已经荣耀了我的名，还要再荣耀。"[59]犹太人说打雷了，是对着耶稣打的，尽管他们没有接受真理的恩典，他们还是不情愿地承认、照着他们的无知讲出了奥秘，从而成就了父为子作的伟大见证。《约伯记》中

---

[59] 《约翰福音》12：28。

也说:"他大能的雷声谁能明透呢?"[60]如果这些话是针对天打雷而言的,那么他会说它们的力量已经成就,而不是将要成就。

56. 所以他用雷声来指主的话语,这话语的声音传到地极。并且我们在这里把"灵"这个字理解为灵魂,就是主所取的、被赋予理性与完美的灵魂。因为圣经经常用"灵"这个字来代表人的灵魂,如你所读到的:"造人里面之灵的。"[61]同样,主也用"灵"这个字来代表他的灵魂,他说:"我将我的灵魂交在你手里。"[62]

57. 为了让你知道他是在说耶稣的到来,他补充说神向世人宣告他的基督,因为在基督受洗时他宣告了他,说:"这是我的爱子,我所喜悦的。"[63]他在高山上宣告基督:"这是我的爱子,你们要听他。"[64]在基督受难的时候,当日头变黑,海与地震动,他借着百夫长宣告基督说:"这人真是神的儿子!"[65]

58. 如此我们应该把这整段经文要么简单地理解为我们生活和呼吸之情形,要么是关乎主身体的奥秘。因为如果这里所说的是圣灵被造,毫无疑问圣经在其他地方也会同样宣告,就像我们经常读到神的儿子按其肉身说是被造的。

59. 但我们就其为我们取了肉身这一事实来思考他的尊贵是合适的,我们可以看到在他所取得肉身中神的大能。如我们读到父创造了主道成肉身的奥秘,同样圣灵创造了他,我们也读到基督自己也造了他自己的身体。父造他,如经上所记:"主造了我。"[66]在另一处:"神就差遣他的儿子,为女人所生,且生在律法以下。"[67]根据我们所读的:"马利亚

---

[60] 《约伯记》26:14。
[61] 《撒迦利亚书》12:1。
[62] 《路加福音》23:46。
[63] 《马太福音》3:17。
[64] 《马可福音》9:7。
[65] 《马可福音》15:39。
[66] 《箴言》8:22。
[67] 《加拉太书》4:4。

就从圣灵怀了孕，"⑱我们知道圣灵创造了这整个奥秘。

60. 这样你就看到父造了，圣灵造了，同样要知道神的儿子也造了——所罗门说："智慧建造房屋。"⑲那么创造主道成肉身这个奥秘的圣灵怎么可能自己是受造物，而主的道成肉身高于所有受造物呢？

61. 我们既在上面总体证明了，按着我们外在的肉身，圣灵是我们的创造者；现在就让我们来证明他照着恩典的奥秘也是我们的创造者。就像父创造，同样子创造，圣灵也创造，如我们读到保罗的话："这是神所赐的，不是出于行为，免得有人自夸。我们原是他的工作，在基督耶稣成造的。"⑳

第七章

圣灵作为属灵创造或重生的创造者也不亚于父与子。这样的创造好在哪里，里面包含了什么？当圣经描述神身体或肢体的时候，我们应该怎么来理解？

62. 所以父因着善工创造，子亦然，因为经上记着："凡接待他的，就是信他名的人，他就赐他们权柄，作神的儿女。这等人不是从血气生的，不是从情欲生的，也不是从人意生的，乃是从神生的。"㉑

63. 与此类似，主自己也见证我们照着恩典从圣灵重生，他说："从肉身生的，就是肉身；从灵生的，就是灵。我说，'你们必须重生'，你不要以为希奇。风随着意思吹，听见风的响声，却不晓得从哪里来，往哪里去；凡从圣灵生的，也是如此。"㉒

64. 既然我们是依照着神被造的，好叫我们可以成为神的儿女，那圣

---

⑱ 《马太福音》1：18。
⑲ 《箴言》9：1。
⑳ 《以弗所书》2：8 以下。
㉑ 《约翰福音》1：12、13。
㉒ 《约翰福音》3：6—8。

灵也是属灵恩典的创造者就很清楚了。所以当他通过叫我们有圣洁的重生、给我们儿子的名分、带我们进入他的国度时，我们难道要否认本就属乎他的吗？他造我们使我们成为从上面得新生的后裔，我们取了产业却拒绝产业的创造者吗？然而，当其创造者被关在门外，其益处也保留不了。创造者离不了恩赐，恩赐也离不了创造者。如果你收取了恩典，就要信这能力；如果你拒绝这能力，就不要求恩典。拒绝圣灵的同时也就拒绝了恩赐，因为如果创造者算不得什么，他的恩赐又怎么会珍贵？为什么我们嫉恨我们自己所收的恩赐，消灭我们的盼望，拒绝我们的诚信，否认我们的安慰者呢？

65. 我们不能否认他。绝对要让否认如此伟大的一位离我们远远的，因使徒保罗说："弟兄们，我们是凭着应许作儿女，如同以撒一样。当时，那按着血气生的，逼迫了那按着圣灵生的。"⑬当然再一次如前所述，这是指按着圣灵而生。按着圣灵而生的就是按着神生的。当我们内在性情更新，脱下旧人或外在的人后，我们就得以重生。所以这位使徒又说："又要将你们的心志改换一新，并且穿上新人，这新人是照着神的形像造的，有真理的仁义和圣洁。"⑭让他们好好听一下圣经是如何来表示神工作的合一性的：将心志改换一新的人就是穿上了新人，而这新人是照着神的形象造的。

66. 更完美的重生是圣灵的工作，这灵是照着神的形像所造新人的创造者，没有人会怀疑这新人好过我们外在的人，因使徒保罗指出这个是属天的，那个是属地的，他说："属天的怎样，凡属天的也就怎样。"⑮

67. 这样既然圣灵的恩典将造于地的变成属天的，即或我们拿不出具体例证，也要借着理性好好遵守。因在某处圣约伯说："神夺去我的

---

⑬ 《加拉太书》4：28、29。
⑭ 《以弗所书》4：23、24。
⑮ 《哥林多前书》15：48。

理，全能者使我心中愁苦。我指着永生的神起誓：（我的生命尚在我里面，神所赐呼吸之气仍在我的鼻孔内。）"⑯这里他当然不是用神所赐的呼吸之气来表示生命呼吸和身体呼吸的通道，而是表示人内心深处之人的气息。这里有两层意思：他既聚集永恒生命的芬芳，又汲取属天膏油的恩典。

68. 因为我们读到有属灵的气息，与道相伴，关于这点经上说："你鼻子的气味。"⑰另一处又说道："耶和华闻那馨香之气。"⑱这样好像就有人的内在肢体，手被认为在行动，耳在听，脚在行善的路上。所以从刚才所讲的来看，我们大量使用了肢体的比喻，而我们却不应该把内在人的一切全都想象成肉身的样式。

69. 有些人在读到神的手或手指时，设想神也是照着肉体的形式造就的，然而他们没有观察到这些并不是因为任何肉体的样子而写的，因为在神性中既不分肢体也没有部分，而是神性一致性的表达，使我们得以相信子或圣灵不可能从父神那里分离出来。完全的神性好像肢体般存在于三一神的实质中，为这个缘故，子也被称为父的右手，如我们读到："耶和华的右手高举，耶和华的右手施展大能。"⑲

第八章

有异端说因为神被论到在圣灵里得荣耀，而不是与圣灵同得荣耀，故此圣灵亚于父。圣安波罗修分析并驳斥了这一论调。他证明"在……里"这个词也能用在子甚至父身上。另一方面，使用描述受造物的词丝毫不会损伤神性的特权。实际上这些介词简单地表明神的三个位格间的联系。

---

⑯ 《约伯记》27：2、3。
⑰ 《雅歌》7：8。
⑱ 《创世记》8：21。
⑲ 《诗篇》118：16。

70. 但当愚昧人甚至对每个音节都斤斤计较时，他们对词语的责难又有什么奇怪的？因为有些人认为应该做一个区分：神应该是在圣灵**里**受赞美，而不是**与**圣灵**同**受赞美，认为神的伟大要通过一个音节或某种传统来评价，争辩说如果他们认为神应该在圣灵**里**得荣耀，他们所指就是圣灵的某个职分，如果他们说神**与**圣灵**同**得荣耀与能力，就看来是在指父、子、圣灵间的联系与相通了。

71. 但谁能分离不可分的呢？谁能切断基督表明不可分离的呢？他说："去，奉父、子、圣灵的名为万民施洗。"⑧他在这里改动了关于父、子或圣灵的任何一个词或字吗？显然没有，但他说奉父、子、圣灵的名。用在圣灵上的表达，与用在父和他自己身上的表达，都是相同的。当我们说"在圣灵里"，从这里得出的可不是圣灵的职分，而是尊荣与工作的分享。

72. 同时又考虑到你们的这个想法有损害父、子的倾向，因为子没有说："用父、子、圣灵的名"（with the Name of...），而是奉他们的名（in the Name of...），这不是关于任何职分的问题，而是三一神的能力在这个词里得以表达。

73. 最后，为了让你知道没有一个字引起对信仰的偏见，反倒是信仰使字句有了意义，保罗也说借着基督。基督并没有因为保罗说"藉着基督"就变得小一些，如你所读："我们乃是在基督里当神的面说话。"⑧如同这位使徒所说，我们在基督里说话，同样我们也在圣灵里说话，正如保罗自己所说："若不是被圣灵感动的，也没有能说耶稣是主的。"⑧所以在此处没有任何让圣灵降格的意思，而是表明了恩典的联系。

74. 为要你知道差别不取决于一个字。他在另一处也说："你们中间

---

⑧ 《马太福音》28：19。
⑧ 参见《哥林多后书》2：17，"在基督里当神的面说话"和合本译为"在神面前凭着基督讲道"。——译者注
⑧ 《哥林多前书》12：3。

也有人从前是这样,但如今你们奉主耶稣基督的名,并藉着我们神的灵,已经洗净、成圣、称义了。"㉘我能拿出多少这样的例子啊!因经上记着:"你们在基督耶稣里都成为一了;"㉙另一处记着:"在基督耶稣里成圣;"㉚还有说:"好叫我们在他里面成为神的义;"㉛还有一个地方:"失去那向基督所存纯一清洁的心。"㉜

75. 但我在做什么呢?当我说类似这些所记的事情既有关于子的,又有关于圣灵的,我想要表达的意思是,并非因为对子这样写,所以如此写就对圣灵很尊重了,而是因为同样的话描述了圣灵,所以有人坚持认为子的荣耀因为圣灵的缘故被削弱了,因为他们问道:"对父也是这样写的吗?"

76. 那就让他们知道关于父经上也是这样写的:"我倚靠神,我要赞美他的话;"㉝另外有"我们倚靠神,才得施展大能"㉞,"我的记念将永在你里面"㉟和"他们因你的名终日欢乐"㊱。在另一处:"要显明他所行的是靠神而行。"㊲保罗说:"在创造万物之神里,"㊳又说:"保罗、西拉、提摩太写信给帖撒罗尼迦在神我们的父和主耶稣基督里的教会。"㊴《约翰福音》说:"我在父里面,父在我里面"和"住在我里面的父"㊵。经上也记着:"夸口的,当指着主夸口。"㊶另一处写着:"你们的生命与基督

㉘ 《哥林多前书》6:11。
㉙ 《加拉太书》3:28。
㉚ 《哥林多前书》1:2。
㉛ 《哥林多后书》5:21。
㉜ 《哥林多后书》11:3。
㉝ 《诗篇》56:4。
㉞ 《诗篇》60:12。
㉟ 《诗篇》71:6,根据英译本引文直译。——译者注
㊱ 《诗篇》89:16。
㊲ 《约翰福音》3:21。
㊳ 《以弗所书》3:9。
㊴ 《帖撒罗尼迦后书》1:1。
㊵ 《约翰福音》14:10。
㊶ 《哥林多后书》10:17。

一同藏在神里面。”(97)他这里说到我们与基督一同在神里面是偏重子多一些还是偏重父多一些呢？还是我们的状态比圣灵的恩典更加有利，以至于我们能与基督同在而圣灵不能呢？基督愿意与我们同在，他自己说：“父啊，我在哪里，愿你所赐给我的人也同我在那里。”(98)难道他会鄙视与圣灵同在吗？因经上记着：“就是你们聚会的时候，我的心也同在，并用我们主耶稣的权能。”(99)我们靠主的权能聚会，我们敢说耶稣不鄙视与我们的同在，却不情愿与圣灵同在吗？

77. 所以保罗认为用哪个小品词都无关痛痒，因为这里每个都是起连接作用的词，而连词不引起分裂，因为如果分裂就称不上是连词。

78. 那么什么使得你说父神或他的基督在圣灵里有荣耀、伟大或全能，而拒绝把圣灵列在其中呢？你是害怕看起来把圣灵与父、子相连吗？但听圣经是怎么说圣灵的：“因为赐生命圣灵的律在基督耶稣里释放了我。”(100)在另一处父神说：“他们要拜你，在你里面他们祈求。”(101)父神说我们应该在基督里祷告，你认为如果论到基督的荣耀在圣灵里面，这对于圣灵有丝毫的损伤吗？

79. 听一下关于你所害怕承认的圣灵的事吧，保罗不害怕为自己宣告，他说：“离世与基督同在，这是好得无比的。”(102)借着圣灵保罗配得与基督同在，你要否认圣灵与基督同在吗？

80. 你偏好说神或基督在圣灵里得荣耀而不是与圣灵同得荣耀是什么缘故呢？是因为如果你说在圣灵里，圣灵就被宣告亚于基督吗？尽管你高抬或压低主，这有待驳斥，但既然我们读到：“神使那无罪的，替我

(97) 《歌罗西书》3：3。
(98) 《约翰福音》17：24。
(99) 《哥林多前书》5：4。
(100) 《罗马书》8：2。
(101) 《以赛亚书》45：14（七十士译本）。
(102) 《腓立比书》1：23。

们成为罪,好叫我们在他里面成为神的义,"[103]他就是最大的,我们是最小的。同样在别处你读到:"万有也靠他而立,"[104]这是指他的权能。靠他而立的事物无法与他相提并论,因为它们从他的权能接受它们得以立定的根基。

81. 你认为神在圣灵里统管一切,就是圣灵的权能作为一种根基性的来源把管辖的源头授予神吗?这乃是亵渎。所以我们的先辈,当他们谈到基督的荣耀与圣灵同在时,说到父、子、圣灵权能的合一性,以便宣告这些权能不可分割。

82. 既然"圣灵与我们的心同证我们是神的儿女;既是儿女,便是后嗣,就是神的后嗣,和基督同作后嗣"[105],圣灵怎么能与子分离呢?借着圣灵我们与基督同为后嗣,圣灵甚至把原来分开的都连了起来,谁又愚昧到希望把圣灵与基督间永恒的连接分开来呢?

83. 保罗继续说:"如果我们和他一同受苦,也必和他一同得荣耀。"[106]如果我们都能借着圣灵与基督同得荣耀,我们怎么拒绝承认圣灵自己与基督同得荣耀呢?当圣灵说我们要与神的儿子同住的时候,我们还要把基督的生命与圣灵的生命断开吗?保罗说:"我们若是与基督同死,也必与他同活。"他又说:"我们若能忍耐,也必和他一同作王。"[107]

84. 所以说那些小品词都是连接词,它们不表示任何分裂。最后,我们经常在圣经里发现用的是这一个小品词,却作另一个小品词的解释。如经上记着:"我要用燔祭进入你的殿"[108],这里的意思是说"带着燔祭"[109]。另一处说:"他领他们带银子金子出来。"[110]这是说带着金银。在

---

[103] 《哥林多后书》5:21。
[104] 《歌罗西书》1:17。
[105] 《罗马书》8:16、17。
[106] 《罗马书》8:17。
[107] 《提摩太后书》2:11、12。
[108] 《诗篇》66:13。所用的英文小品词是"in"。——译者注
[109] 所用的英文小品词是"with"。——译者注
[110] 《诗篇》105:37。

别的地方诗人说:"你不在我们的军兵中与我们同去吗?"⑪这里的真实意思是"和我们的军兵"。所以在用这些表达方式的时候不会削弱荣耀,没有任何东西可以减少神的尊荣。人必须从内心相信仁义,口中的承认要出于心中的信心才能得救,而心里不信的人则用他们的口来散播减损之事。

第九章

圣保罗的一段经文被异端滥用于证明神位格间的不同,这点得到了澄清,而且整段经文被证明可以正确地论述每一位格,尽管特别所指的是子。然后证明了这段经文的各部分可运用于每个位格,就好像"万有本于他"可运用于父,"万有也藉着他,并在他里面"也可运用于他。

85. 他们说另一段类似的经文也表明不同,那里写道:"然而我们只有一位神,就是父,万物都本于他,我们也归于他;并有一位主,就是耶稣基督,万物都是藉着他有的,我们也是藉着他有的。"⑫他们假装认为当讲到"本于他"的时候表明的是万物的本质,"藉着他"的时候表明工作的器皿或职分,而"在他里面"表明被造的万物被看见的场所或时间。

86. 如此他们力图证明本质间有差异,费大气力要表明好像器皿与其工人或作者,以及时间或空间与器皿间有不同。但这样,子是在他本性上与父相分离,因为器皿与工人或作者相分离呢,还是子与圣灵相分离,抑或时间或空间与器皿不同类?

87. 现在来比较我们的论断。他们会说物质本于神,就像本于神的本

---

⑪ 《诗篇》44:9,根据英译本引文直译。——译者注
⑫ 《哥林多前书》8:6。

性，好比你说一个柜子是用木头做的或一尊雕像是用石头做的。按这种方式出于物质神，而这同一物质为子所造，好像借着某种器皿造出，他们宣称与其说子是工匠，不如说他是用于做工的器皿。万物又在圣灵里被造，好像在某处或某时。他们把每个部分分开归给每个位格，否认其中一切的共性。

88. 但我们证明万物都属乎父神，父神没有任何损失，因为万物或者借着他，或者在他里面，虽然万物在本质上与他不同。同样地，万物借着主神子，使得万物属乎子的特性丝毫没从子那里失去。万物在圣灵里面，所以我们教导万物借着圣灵，万物也从圣灵而来。

89. 因为这些小品词，就是我们前面所说，彼此都可意指对方，因保罗说万物本乎神，万物借着子，不是为了来表明父与子的本质可以被分割，而是为了通过区分而不是混淆，教导说父是一位，子是另一位。这些小品词并非好像互相对立，而是互相联系彼此一致的，甚至合适于描述同一个位格，因经上记着："因为万有都是本于他，倚靠他，在他里面。"[113]

90. 但是如果真要考究所引的这段经文，你毫无疑问会发现它是论述子的。因为保罗根据先知以赛亚说："谁知道主的心，谁作过他的谋士呢？"[114]他又加上："因为万有都是本于他，倚靠他。"[115]以赛亚所说的是造万有的工匠，如你所读："谁曾用手心量诸水，用虎口量苍天，用升斗盛大地的尘土，用秤称山岭，用天平平冈陵呢？谁曾测度耶和华的心，或作他的谋士指教他呢？"[116]

91. 保罗加上："因为万有都是本于他，倚靠他，在他里面。"什么是"本于他"呢？就是每样事物的本性出乎他的旨意，他是万有形成的创造者。"倚靠他"是什么意思呢？这表明万物的建立与持续都是因为

---

[113] 参见《罗马书》11：36，"在他里面"和合本译为"归于他"。——译者注
[114] 《罗马书》11：34，参见《以赛亚书》40：13。
[115] 《罗马书》11：36。
[116] 《以赛亚书》40：12、13。

他。什么是"在他里面"呢？就是万物通过一种奇妙的渴慕与不可名状的爱仰视他们生命的作者，它们恩典与功能的赐予者，根据经上所记："万民都举目仰望你"；还有："你张手，使有生气的都随愿饱足。"⑰

92. 关于父你也可以正确地说"本于他"，因为做工的智慧本乎他，根据自己的与父的旨意来造就原本没有的万物。说"藉着他"，因为万有借着他的智慧所造。"在他里面"，因为他是实际生命的泉源，在他里面我们生活、行动，拥有我们的存在。

93. 关于圣灵亦然，我们为他所造，靠他得力，在他里面得建造，接受永生的恩赐。

94. 既然这些表述看来对父子圣灵都适用，当然谈不上对他们有什么损伤，因为我们既说许多事物本于子，也说许多事物借着父，如你发现论到子说："我们……凡事长进，连于元首基督。全身都靠他联络得合式，百节各按各职，照着各体的功用彼此相助，便叫身体渐渐增长，在爱中建立自己。"⑱还有在写给歌罗西那些没有关于神儿子知识的人时，他说："这等人……不持定元首。全身既然靠着他，筋节得以相助联络，就因神大得长进。"⑲我们在上面说了基督是教会的元首。在另一处你读到："从他丰满的恩典里，我们都领受了。"⑳主自己说："他要将受于我的告诉你们。"㉑之前，他说："我觉得有能力从我身上出去。"㉒

95. 同样，为了你认识合一性，论到圣灵经上也说："顺着圣灵撒种的，必从圣灵收永生。"㉓约翰说："神将他的灵赐给我们，从此就知道他

---

⑰ 《诗篇》145：15、16。
⑱ 《以弗所书》4：15、16。
⑲ 《歌罗西书》2：19。
⑳ 《约翰福音》1：16。
㉑ 《约翰福音》16：14。
㉒ 《路加福音》8：46。
㉓ 《加拉太书》6：8。

住在我们里面。"⑫那天使说："她所怀的孕是从圣灵来的。"⑫主说："从灵生的，就是灵。"⑬

96. 所以如我们读到万有本于父，同样万有也可说本于子，万有借着他。我们也通过证明被告知万有本于圣灵，存在于他里面。

97. 现在让我们来思考我们是否能教导任何事都借着父。经上记着："奉神旨意，蒙召作耶稣基督使徒的保罗。"⑫另一处写着："从此以后，你不是奴仆，乃是儿子了。既是儿子，就靠着神为后嗣。"⑬还有："像基督藉着父的荣耀从死里复活一样。"⑬在别处父神对子说："看哪，外邦人将要因我归向你。"⑬

98. 如果你寻找借着父成就的事，你会发现很多其他经文。那么因为我们读到许多事物在子里面又本于子，而且在神圣的圣经里面发现许多借着父成就或赐予的事，父就因此变得小些吗？

99. 按类似的方法我们也读到许多借着圣灵成就的事，如你看到："神藉着圣灵向我们显明了。"⑬在另一处说："藉着圣灵保守所托付你的。"⑬向着以弗所教会："藉着他的灵，叫你们心里的力量刚强起来。"⑬向着哥林多教会："那人也蒙这位圣灵赐他知识的言语。"⑭在另一个地方说："若靠着圣灵治死身体的恶行，必要活着。"⑬在它前面："那叫基督耶稣从死里复活的，也必藉着住在你们心里的圣灵，使你们必

---

⑫ 《约翰一书》4：13。
⑫ 《马太福音》1：20。
⑬ 《约翰福音》3：6。
⑫ 《哥林多前书》1：1。
⑬ 《加拉太书》4：7。
⑬ 《罗马书》6：4。
⑬ 《以赛亚书》54：15（七十士译本）。
⑬ 《哥林多前书》2：10。
⑬ 《提摩太前书》6：20，和合本此处无"藉着圣灵"。——译者注
⑬ 《以弗所书》3：16。
⑭ 《哥林多前书》12：8。
⑬ 《罗马书》8：13。

死的身体又活过来。"⑬

100. 但可能有人会说:"显给我看我们能够明确读到万物本于子,或者万物本于圣灵。"我回答:"让他们也表明经上记着万有都藉着父。"但既然我们已经证明这些表述适合父、子、圣灵全部,神的权能不可能从这类小词中显得不同。毫无疑问万有所倚靠的他,就是万有本于的那个他,万有所本于的他,也是万有所倚靠的那个他。我们必须明白万有借着他或本于他,在他里面万有存在。因每个受造物既本于三一神的旨意,又倚靠他的工作,还在他的权能之下存在,如经上所记:"我们要照着我们的形像,按着我们的样式造人。"⑬另一处又写着:"诸天藉耶和华的命而造,万象藉他口中的气而成。"⑬

第十章

准备证明三一神的旨意、呼召和诫命为一。圣安波罗修显示圣灵呼召教会与父、子呼召完全一样,通过拣选保罗和巴拿巴尤其是圣彼得去哥尼流家的宣道证明了这点。通过这样的方法,他指出在使徒的异象中呼召外邦人是如何得到预表的。外邦人以前曾是野兽,而现在在圣灵的工作之下丢掉了野性。然后他通过引用其他经文证明这点,表明耶利米被犹太人丢入地牢中而被以伯米勒救出的事情,是圣灵被犹太人看轻而受外邦人尊重的预表。

101. 不仅父、子、圣灵的工作随处相同,而且旨意、呼召与命令也都一样,人们可以从对教会的伟大救恩奥秘中看出。父呼召外邦人去教会,说:"素不蒙怜悯的,我必怜悯;本非我民的,我必对他说:'你是我

---

⑬ 《罗马书》8:11。
⑬ 《创世记》1:26。
⑬ 《诗篇》33:6。

的民。'"⁽¹³⁹⁾而在另一处又说:"我的殿必称为万民祷告的殿。"⁽¹⁴⁰⁾就像父一样,主耶稣说保罗被他拣选去呼召聚集教会,如你在主对亚拿尼亚说的话里看到:"你只管去。他是我所拣选的器皿,要在外邦人和君王并以色列人面前宣扬我的名。"⁽¹⁴¹⁾

102. 如同父神呼召教会,基督也同样呼召,圣灵亦然,他说:"要为我分派巴拿巴和扫罗,去作我召他们所作的工。"又加上:"于是禁食祷告,按手在他们头上,就打发他们去了。他们既被圣灵差遣,就下到西流基。"⁽¹⁴²⁾所以保罗不仅是从基督的旨意,而且也是从圣灵的旨意接受了使徒职分,受催促去召集外邦人。

103. 我们在《使徒行传》中不仅看到保罗,也看到彼得。当他在祷告中看见天开了,有一物系着四角,好像一块大布,其上有各样的四足走兽和昆虫并天上的飞鸟。"又有声音向他说:'彼得,起来,宰了吃!'彼得却说:'主啊,这是不可的!凡俗物和不洁净的物,我从来没有吃过。'第二次有声音向他说:'神所洁净的,你不可当作俗物。'这样一连三次,那物随即收回天上去了。"⁽¹⁴³⁾正当彼得自己思想这件事的时候,哥尼流的仆人受天使委派来见他,圣灵对他说:"有三个人来找你,起来,下去,跟他们同往,不要疑惑,因为是我差遣了你。"⁽¹⁴⁴⁾

104. 圣灵表达他自己的权能是何等清晰啊!首先他默示祷告的人,向祈求的人显现。然后当彼得被呼召回答"主"时,他被认为配受第二个信息,因为他承认主。但圣经宣告主是谁,因为他回答时所对着回答的那一位向他说话了。接下来的话表明圣灵的清楚启示——造就这个奥秘的显明这个奥秘。

⁽¹³⁹⁾ 《何西阿书》2:23。
⁽¹⁴⁰⁾ 《以赛亚书》56:7。
⁽¹⁴¹⁾ 《使徒行传》9:15。
⁽¹⁴²⁾ 《使徒行传》13:2以下。
⁽¹⁴³⁾ 《使徒行传》10:11以下。
⁽¹⁴⁴⁾ 《使徒行传》10:19、20。

105. 另请注意该奥秘重复出现三次，表明了三一神的作为。在这个奥秘里设置了三重问题，作出了三重回答，除非经过三重的忏悔无人能被洁净。为这个缘故彼得在《约翰福音》中三次回答了是否爱主，通过这三重回答，因着他否认主而捆绑他的罪疚之索得以解开。

106. 然后因为天使被差往哥尼流家，圣灵再次对彼得说："我眼要看国中的诚实人。"[145]当他前面说"神所洁净的，你不可当作俗物"[146]也并非没有目的，圣灵来到外邦人中洁净他们，彰显了圣灵的工作乃是神的工作。而当彼得为圣灵所差的时候，没有等待父神的命令，而是承认了来自圣灵自己的信息和圣灵自己的恩典，他说："神既然给他们恩赐，像……给了我们一样，我是谁，能拦阻神呢？"[147]

107. 是圣灵救我们出了外邦的不洁。因为在那些四足的走兽、昆虫和飞鸟中有一个关于人状况的比喻，为野兽兽性的残忍包裹，除圣灵的成圣之工外无法变得柔和。化野兽的暴怒为圣灵的纯一，该恩典无与伦比："我们从前也是无知、悖逆、受迷惑，服侍各样私欲和宴乐……但……藉着圣灵的更新，我们开始成为基督的后嗣，与众天使同得产业。"[148]

108. 所以圣先知大卫借着圣灵看到我们应该从野兽变成天上的居民，就说："叱喝芦苇中的野兽。"[149]这明确表明不是林子受野兽奔跑的侵扰，为动物的吼叫动摇，而是关于林子经上写道："我们在林中的地上（基列耶琳）就寻见了。"[150]在这里如先知所说："义人要发旺如棕树，生长如黎巴嫩的香柏树。"[151]那枝条在先知所说的树顶上摇摆，浇灌天上之道的养料。保罗进林子的时候是残暴的狼，但出来的时候成了牧人，

---

[145] 《诗篇》101：6。
[146] 《使徒行传》10：15。
[147] 《使徒行传》11：17。
[148] 《提多书》3：3—7。
[149] 《诗篇》68：30。
[150] 《诗篇》132：6。
[151] 《诗篇》92：12。

因为"它的量带通遍天下"㉜。

109. 我们那时是野兽,所以主说:"你们要防备假先知……外面披着羊皮,里面却是残暴的狼。"㉝但现在借着圣灵,狮子的凶暴、豹子的斑点、狐狸的狡诈、狼的贪婪都从我们的感觉中消失了。将地变为天的恩典是巨大的,从前像林中的野兽一样游荡的我们,却可以在天上对话了。

110. 不仅在这里,而且在同一本书的其他地方,使徒彼得宣告教会为圣灵建立。你读到他说:"知道人心的神也为他们作了见证,赐圣灵给他们,正如给我们一样。又藉着信洁净了他们的心,并不分他们、我们。"㉞这里要考虑的是就像基督是房角石,把两种人连成一种,同样圣灵也不在人心之间加以区分,而是联合他们。

111. 不要像犹太人藐视神子,他是先知预言的,要不你也就藐视了圣灵,藐视了以赛亚,藐视了耶利米。主所拣选的耶利米被用破布与绳索从犹太人关押他的地牢里拉了上来。因为犹太人藐视先知的话,就把他下在地牢里。圣经见证除了一个古实人以伯米勒之外,没有任何一个犹太人去救先知出来。

112. 这个记述是非常美丽的比喻,就是说我们外邦罪人,以前因我们的过犯是污秽的,曾经没有果子,从先知深刻的话语中被提拔,而犹太人则把这话推下他们思想和肉欲的泥潭。所以经上记着:"古实人要急忙举手祷告。"㉟这里所表明的圣教会,在《雅歌》中说:"耶路撒冷的众女子啊,我虽然黑,却是秀美。"㊱黑在于罪,秀美在于恩典;黑是自然状态,秀美通过救赎;当然黑是她劳碌的尘埃,所以当争战之时她黑,而当她带上得胜的装饰时便为秀美。

㉜ 《诗篇》19:4。
㉝ 《马太福音》7:15。
㉞ 《使徒行传》15:8,9。
㉟ 《诗篇》68:31。
㊱ 《雅歌》1:5。

113. 先知被用绳子拉上来非常合适，因为忠心的作者写道："用绳量给我的地界，坐落在佳美之处。"⁽¹⁵⁷⁾破布也很合适，因为主自己在那些第一次被邀请参加婚筵的人找理由推托时，就打发人到大街小巷去找尽可能多的人，无论好歹，都请来参加婚筵。这样通过这些破布，他将先知的话提出了泥潭。

第十一章

我们要效法以伯米勒，如果我们信子与圣灵知晓万事。这知识在圣经里归属圣灵，也归属圣子。子为圣灵所荣耀，圣灵也为子所荣耀。就像我们读到父、子、圣灵讲说与启示同样的事，我们也必须承认在他们里面本性与知识是一致的。最后圣灵察看神深奥的事，这却不是一个无知的记号，因为父、子也类似地被论到察看。保罗尽管为基督所拣选，却为圣灵所教导。

114. 如果你在外邦人深深的无知中高举神的话，如果你信神的儿子不受欺骗，没有事情能逃脱他的知识，他对将要成的事无所不知，你也就是以伯米勒，即为主所拣选的。圣灵也不受欺瞒，关于他主说："直等真理的圣灵来了，他要引导你们进入一切的真理。"⁽¹⁵⁸⁾讲说一切的永不过时，既不受日子或时间的限制，也不受过去或将来事情的限制。

115. 你要知道他既知道万事，又预知将成的事，他的知识与父、子的便相同。听神的真理如何说他："因为他不是凭自己说的，乃是把他所听见的都说出来，并要把将来的事告诉你们。"⁽¹⁵⁹⁾

116. 所以你可以看到他知晓万事。当子说："但那日子、那时辰，没

⁽¹⁵⁷⁾ 《诗篇》16：6。
⁽¹⁵⁸⁾ 《约翰福音》16：13。
⁽¹⁵⁹⁾ 《约翰福音》16：13。

有人知道，连天上的使者也不知道"⑯，他将圣灵排除在外。但如果圣灵被排除在外，神的儿子如何没有被排除呢？

117. 你说他把神的儿子和天上的使者列在一起，他的确列出了子，但是没有列出圣灵。那要么承认圣灵大过神的儿子，以致你不仅是阿里乌派的，还甚至是富提纳斯派的；要么接受你应该参考的，就是他说子不知道，因为作为人他可以（在他的人性中）与被造的同列。

118. 但如果你愿意了解神的儿子乃知道万事，对一切都预知，就看看那些圣灵从子得到而你认为子不知道的事情吧。然而圣灵得到它们是通过本质的合一性，就像子从父那里获得。他说："他要荣耀我，因为他要将受于我的告诉你们。凡父所有的，都是我的，所以我说，他要将受于我的告诉你们。"⑯有什么比这个合一性更清楚的呢？父所有的，属于子；子所有的，圣灵也收到了。

119. 那就来了解子知道审判之日吧！我们在《撒迦利亚书》里看到："耶和华我的神必降临，有一切圣者同来。那日，必没有光，三光必退缩。那日，必是耶和华所知道的。"⑯如此这一天为主所知，他将与他的众圣徒同来，借着他的第二次降临照亮我们。

120. 但还是让我们继续我们已经开始的关于圣灵的话题吧。在我们列出来的经文里，你发现子论到圣灵："他要荣耀我。"所以圣灵荣耀子，就像父也荣耀他，但神的儿子也荣耀圣灵，如我们在上面所讲的。这样，这位引起在永恒之光合一性内荣耀互动的并不软弱；他的确为圣灵所荣耀，可他不亚于圣灵。

122. 如果你相信圣灵说了父、子所说的，你也就是蒙拣选的。所以简而言之，保罗乃是蒙拣选的，因为他如此相信也如此教导，如经上所记，神"为爱他的人所预备的，是眼睛未曾看见，耳朵未曾听见，人心

---

⑯ 《马可福音》13：32。
⑯ 《约翰福音》16：14、15。
⑯ 《撒迦利亚书》14：5—7。

也未曾想到的。只有神藉着圣灵向我们显明了[163]"。所以他被称为启示的圣灵，如你所读："神将那赐人智慧和启示的圣灵赏给那些如此预备自己的人，使他可以被知道。"[164]

123. 那么既然父赐下启示的灵，又启示，子也启示，如经上所记："除了父，没有人知道子；除了子和子所愿意指示的，没有人知道父。"[165] 关于子说得更多，不是因为他比父更大，而是恐怕他被认为太小。父如此被子所启示没什么不妥当的，因为子知道父正如同父知道子。

124. 圣灵也知道父神，如经上所记："除了在人里头的灵，谁知道人的事？像这样，除了神的灵，也没有人知道神的事。"[166] 他说："除了神的灵没有人知道，"那神的儿子被排除了吗？当然没有，因为在说到"除了子没有人知道父"时圣灵也没有被排除。

125. 所以父、子、圣灵同一本质，拥有同一知识。圣灵知道父，（照经上所记）除了子之外又有谁知道父呢？那既然圣灵也知道，他就不与子所造的万物同列。这又怎么样呢？当论到受造物全体的时候，自然圣灵就没有包括进来了。

126. 现在我应该让他们来回答在人里头什么知道人的事。合理的答案当然是要超越灵魂的其他能力，人能够靠着它来了解人最高层次的本质。圣灵知道神深奥的事，借着他全能神被启示，这样的话圣灵又是什么呢？他在这点上被证明与父同一本质，难道会比全备的神性低等吗？他知道神的旨意，从太初他的奥秘就被隐藏，他难道有任何事不知道吗？知道关乎神万事的有什么不知道呢？因为"圣灵参透……神深奥的事"[167]。

127. 为防止你会认为他在察看不知道的事，好像他如此察看是要学

---

[163]《哥林多前书》2：9、10。
[164]《以赛亚书》64：4，根据英译本引文直译。——译者注
[165]《马太福音》11：27。
[166]《哥林多前书》2：11。
[167]《哥林多前书》2：10。

习未知的事情，所以一开始就讲了神借着他的灵向我们启示。同时，为了你可以了解圣灵知道借着他自己向我们启示的事情，接下来又讲："除了在人里头的灵，谁知道人的事？像这样，除了神的灵，也没有人知道神的事。"这样如果人的灵知道人的事情，而且在他察看之前就知道了，难道有任何事情神的灵不知道吗？对此保罗有针对地提到："除了神的灵，没有人知道神的事。"他不是借着察看知道，而是凭着本性知道。关于神的事情对他而言不是偶然知识，而是他自然就有的知识。

128. 但如果他说"察看"还是让你不安，你要知道关于神也这样讲，因为他是肺腑心肠的察看者。他自己说："我耶和华是鉴察人心、试验人肺腑的。"[168]你也发现《希伯来书》讲到神的儿子也是如此："连心中的思念和主意都能辨明。"[169]所以不是较低等的察看较高等的内在事物，因为知道神的隐秘事单单属乎神的能力。这样圣灵像父那样是个察看者，子也是类似的察看者。这种表达方式的合理含义很明显就是圣灵无所不知，没有能逃脱他的。

129. 最后，保罗为基督所拣选，为圣灵所教导。如他自己见证，当他靠着圣灵获得了神奥秘的知识，既证明了圣灵知道神，又证明了圣灵启示给我们属于神的事情，像子启示它们一样。他又加上："我们所领受的，并不是世上的灵，乃是从神来的灵，叫我们能知道神开恩赐给我们的事，并且我们讲说这些事，不是用人智慧所指教的言语，乃是用圣灵所指教的言语。"[170]

第十二章

证明了圣灵与父、子同等是启示的赐予者之后，解释了这同一个灵不是为自己说话。又表明圣灵不能被认为有任何有形的器官，

---

[168] 《耶利米书》17:10。
[169] 《希伯来书》2:12。
[170] 《哥林多前书》2:12、13。

还有，我们看到他听，这不能假设为他比较次等，因为同样的话也指着子甚至父说，因为父听子的。圣灵听子的，荣耀子，意思是说他把子启示给先知与使徒，借此所指的是三个位格工作的合一性。既然圣灵与父所做的工相同，每个位格的本质也宣告为相同。

130. 以上已经证明了神把属于他的事情启示给我们，同样地，子与圣灵也启示神的事情。我们的知识从一位灵而来，借着一位子通向一位父；美善、圣洁与永恒大能的权柄从一位父借着一位子向一位灵传递。这样，哪里有圣灵的彰显，哪里就有神的能力；工作一致的地方不会有分别。所以子说的父也说，父说的子也说，父、子说的圣灵也说。

131. 神的儿子也论到关于圣灵，"他不是凭自己说的"[171]，乃是表明不是没有父与子自己的参与，因为圣灵没有被分开割裂，而是说他所听见的。他凭着本质的合一性与知识的特点听见，是为了要说。他所听见的不是凭着任何肉身上的孔，神的声音不靠任何肉体管道传扬，他也不是听见他不知道的，尽管在人中间听通常产生知识，而甚至人们自己都不总是用口说话或用耳聆听，因为经上记着："那说方言的，原不是对人说，乃是对神说，因为没有人听出来，然而他在心灵里，却是讲说各样的奥秘。"[172]

132. 所以如果在人中间听见都不总是肉体方面的，那么在论到神听见是为了我们相信他知道时，你还要求神必须有人软弱的声音、肉身听见的某种器官吗？因我们知道我们听见的，我们先听见使得我们能够知道，但在神那里，他洞悉万事，知识在听见之先。所以为了阐述子并非不知道父的旨意是什么，我们说他听见了，但在神里面没有诸如通常表示意愿的声音或字句，旨意的一致性在神里面以隐藏的方式来理解，而在我们中间则用信号来表示。

---

[171] 《约翰福音》16：13。
[172] 《哥林多前书》14：2。

133. 那么"他不是凭自己说的"是什么意思呢？这表明他不是把子排除在外说的，因为他讲说真理，他呼出智慧。他说的时候也没有把父排除在外，因为他是神的灵，他不是从他自己听到的，因为万有本乎神。

134. 子从父接受万有，因为他自己说："一切所有的，都是我父交付我的。"[173]一切父的，子也都有，因为他又说："凡父所有的，都是我的。"[174]那些他借着本质的合一性而收到的东西，圣灵也借着同样的本质合一性从他那里收到，如主耶稣在论到他的灵的时候自己宣告："所以我说，他要将受于我的告诉你们。"[175]所以圣灵说的乃是子的，子所给予的乃是父的。因此无论子或圣灵都没有凭着自己说什么，因为三一神所说全都是其内部知晓之事。

135. 但如果你争辩说这是表明圣灵软弱的论证，证明他与卑微的身体有类似之处，那你也在作一个损伤子的论证，因为子论到他自己说，"我怎么听见，就怎么审判，"[176]还有"惟有看见父所作的，子才能所作"。[177]如果子说"凡父所有的，都是我的"[178]是真的，如果子根据神性——而不是根据撒伯里乌的错谬——与父为一，他们本来就是一个本质，那么在本质上属性为一的当然分不开，所以子除非从父那里听到，否则他不能做什么，因为神的话存到永远；父也不能从子的工作中被分开，子知道所做的工是父的旨意，父旨意所定的也是子知道要去做的。

136. 最后，不能认为父子间的工作有任何差异，无论是在时间上还是次序上，而要相信同样工作的一致性。子说："我父作事直到如今，我也作事。"[179]而且，还不能认为这工作里有任何差异，而要断定父子的旨

---

[173] 《马太福音》11：27。
[174] 《约翰福音》16：15。
[175] 《约翰福音》16：15。
[176] 《约翰福音》5：30。
[177] 《约翰福音》5：19。
[178] 《约翰福音》16：15。
[179] 《约翰福音》5：17。

意、工作和能力是同样的。智慧论到父说："父所作的事，子也照样作。"[180]两个位格的行动没有哪一个在先哪一个在后之分，而是一个工作的同样结果。为这个缘故，子说他凭自己什么都做不了，因为他的工作不能与父的工作分开。类似地，圣灵的工作也分不开，他所说的也是一样的来源，就是从父那里听见的。

137. 如果我证明父也听子就像子听父的，这又如何？你在《约翰福音》里看见子说："父啊，我感谢你，因为你已经听我。"[181]既然在前面关于拉撒路的经文里子没有对父说话，那父是怎么听子的呢？我们不能以为子就被父听了一次，因为他加上一句："我也知道你常听我。"[182]所以听不表明隶属服从，而是源于永恒的合一性。

138. 与此类同，圣灵被称为从父听见，荣耀子。圣灵荣耀子，因为他教导我们子是不可见神的形象，神荣耀所发的光辉，神本体的真像。圣灵也借着列祖与众先知说话，最后使徒们在接受了圣灵之后变得更加完美。所以在神的能力与恩典中没有分裂，因为尽管"恩赐原有分别，圣灵却是一位；职事也有分别，主却是一位；功用也有分别，神却是一位，在众人里面运行一切的事"[183]。职分虽然有分别，三位一体里却没有分裂。

139. 最后，同一位神在众人里面运行一切的事，你要知道父神与圣灵的工作并无二致，因为圣灵所做的事，"在众人里面运行一切事"的父神也做。因为尽管父神在众人里面运行一切的事，却是"这人蒙圣灵赐他智慧的言语，那人也蒙这位圣灵赐他知识的言语，又有一人蒙这位圣灵赐他信心，还有一人蒙这位圣灵赐他医病的恩赐，又叫一人能行异能，又叫一人能作先知，又叫一人能辨别诸灵，又叫一人能说方言，又叫一人能翻方言。这一切都是这位圣灵所运行，随己意分给各人的"[184]。

---

[180] 《约翰福音》5：19。
[181] 《约翰福音》11：41。
[182] 《约翰福音》11：42。
[183] 《哥林多前书》12：4—6。
[184] 《哥林多前书》12：8 以下。

140. 如此父所做的那些毫无疑问圣灵也做。他不是好像按肉身的方式听见,受了命令才做工的,而是自觉自愿,并非另一个权柄的仆役,因为他不是顺从所吩咐的,而是他自己所掌控的恩赐的给予者。

141. 与此同时,考虑你能否说圣灵成就了父所成就的万事,因为你无法否认父成就了圣灵所成就的那些事,否则,如果父没有成就圣灵所成就的那些事,他就没有成就万事。但如果父也成就了圣灵所成就的那些事,那既然圣灵随己意分配他的工作,你必须说,要么圣灵根据他的旨意而违背父的旨意来分配,要么父的旨意与圣灵的旨意相同。按着必要性你非得承认神旨意与工作的一致性,哪怕你不情愿,哪怕你心里不这么想,但至少口头必须承认。

142. 但既然创造者借他的创造为人所知,那如果圣灵与父神旨意相同,工作相同,他也就与父神拥有同一本质。所以说是同一圣灵,同一位主,同一位神。如果你说圣灵,他就是那同一位;如果你说主,他就是那同一位;如果你说神,他就是那同一位。说是同一位,不是因为他又是父自己,又是子自己,又是圣灵自己(同一个位格),而是因为父与子权能相同,圣灵也就在本质和能力上与他们相同。在神性里既没有撒伯里乌混淆的三个位格,也没有阿里乌割裂的本质,另外也没有属地或肉身形体的变化。

第十三章

预言不仅出自父、子,而且也出自圣灵,后者在使徒身上所显示的权柄和工作与父、子的相同,所以我们将其理解为权柄、统辖、恩惠三点上的合一。毫无必要害怕这样的配合,因为这样的事在人的友谊中也不惧怕。最后证明了这是使徒信心的产业,因使徒顺服圣灵而继承。

143. 神圣的皇上啊,关于这个问题再来看一段重要的经文,你也深知这段经文:"神既在古时藉着众先知多次多方地晓谕列祖。"[185]神用智慧曾说:"我要差遣先知和使徒。"[186]经上又记着:"这人蒙圣灵赐他智慧的言语,那人也蒙这位圣灵赐他知识的言语,又有一人蒙这位圣灵赐他信心,还有一位蒙这位圣灵赐他医病的恩赐,又叫一人能行异能,又叫一人能作先知。"[187]所以根据使徒保罗,做先知说预言不仅出于父、子,而且也出于圣灵,因而职分相同,恩典相同。所以你看到圣灵也是预言的作者。

144. 使徒们也说:"圣灵和我们看来是好的。"[188]当他们说"看来是好的"时,所指出的不仅是做成恩典的做工者,而且也是施行所命定之事的始创者,因我们读到关于神:"神看着为好。"同样当经上写道:"在圣灵看来是好的",所描绘的是一位支配他自己能力的主。

145. 那位讲说他旨意又像父、子那样把自己旨意吩咐下去的怎么会不是主呢?正如保罗听到对他说话的声音:"我就是你所逼迫的耶稣,"[189]同样圣灵禁止保罗和西拉前往庇推尼。正如父借着众先知说话,同样亚迦布受圣灵感动说:"圣灵说:犹太人在耶路撒冷,要如此捆绑这腰带的主人。"[190]就像耶稣差派使徒们说:"你们往普天下去,传福音给万民听,"[191]同样圣灵说:"要为我分派巴拿巴和扫罗,去作我召他们所作的工。"[192]如圣经进一步指出,他们如此受圣灵差派出去,与其他使徒并没有分别,尽管他们为神所差是一种方法,为圣灵所差是另一种方法。

146. 最后作为圣灵所差遣的保罗,从基督的角度讲是蒙拣选的器皿,而又是受神在他自己里面的感动,他说:"那感动彼得,叫他为受割

---

[185] 《希伯来书》1:1。
[186] 《路加福音》11:49。
[187] 《哥林多前书》12:8—10。
[188] 《使徒行传》15:28,根据英译本引文直译。——译者注
[189] 《使徒行传》9:5。
[190] 《使徒行传》21:11。
[191] 《马可福音》16:15。
[192] 《使徒行传》13:2。

礼之人作使徒的，也感动我，叫我为外邦人作使徒。"⑬这样既然感动保罗的那一位也感动了彼得，很明显既然圣灵感动了保罗，当然也感动了彼得。但彼得自己见证父神感动了他，在《使徒行传》里彼得站起来对众人说："诸位弟兄，你们知道神早已在你们中间拣选了我，叫外邦人从我口中得听福音之道。"⑭然后在彼得里神给了他讲道的恩典。而既然当主说"你喂养我的羊"⑮时可以确定他为基督所拣选，谁又敢否认基督在他身上的工作呢？

147. 这样父、子、圣灵的工作是一样的，除非你或许否认在使徒身上相同工作的一致性，并这样想：父和圣灵感动彼得，而子在他里面感动似乎显得子的工作不足以让他获得恩典。所以父、子、圣灵的力量——打个比方——就好像聚合在一起，工作是多层次的，恐怕基督自己的工作对建立彼得来说太弱了。

148. 父、子、圣灵一致的工作不仅体现在彼得身上，神工作的合一性也体现在所有使徒身上。神的工作借着命令之能力的方式运作，而不是职分的操作。因为神工作的时候根本不按劳力或技巧的方式，而是"他说有，就有。"⑯"神说：'要有光'，就有了光。"⑰工作成就在神的命令里。

149. 我们早先发现，如果我们思考，这种尊贵的能力照圣经的见证要归功于圣灵。很明显所有的使徒不仅是基督的门徒，而且还是父、子、圣灵的仆人。外邦人的老师也这样告诉我们，他说："神在教会所设立的：第一是使徒，第二是先知，第三是教师，其次是行异能的，再次是得恩赐医病的、帮助人的、治理事的、说方言的。"⑱

---

⑬ 《加拉太书》2：8。
⑭ 根据英译本引文直译，出处不详。——译者注
⑮ 《约翰福音》21：17。
⑯ 《诗篇》33：9。
⑰ 《创世记》1：3。
⑱ 《哥林多前书》12：28。

150. 神设立使徒，设立先知与教师，赐下医病和说方言的恩赐，而这些你在前面发现是圣灵赐的。但你们不都是使徒，不都是先知，不都是教师。他说你们不都有医病的恩赐，他又说你们不都说方言。因为神恩赐的全部不能在每个人身上都存在，每个人根据他的能力接受他所渴慕或配得的。但三一神的能力，充充满满地有恩典，没有这样的软弱。

151. 最后神设立使徒。那些神所设立在教会的，基督拣选并按立他们为使徒，差派他们往普天下去，说："你们往普天下去，传福音给万民听。信而受洗的必然得救，不信的必被定罪。信的人必有神迹随着他们，就是：奉我的名赶鬼，说新方言，手能拿蛇；若喝了什么毒物，也必不受害；手按病人，病人就必好了。"[199]你看见父与基督也在教会设立教师；就像父赐下医病的恩赐，子也同样赐下；就像父赐下说方言的恩赐，子也同样赐下。

152. 类似地，我们在前面也听到关于圣灵，他也赐下相同种类的恩典，因为经上记着说："一人蒙这位圣灵赐他医病的恩赐……又叫一人能行异能，又叫一人能作先知。"[200]所以圣灵与父、子所赐的是同样的恩赐。让我们现在来更清楚地学习我们在上面已经涉及的东西，就是圣灵设立与父、子所设同样的职分，委任同样的人，因保罗说道："圣灵立你们作全群的监督，你们就当为自己谨慎，也为全群谨慎，牧养神的教会。"[201]

153. 这样权柄合一，职分合一，恩赐合一。如果你分离职分与能力，那还有什么原因认为基督所立的使徒也是父神与圣灵所立的使徒呢，除非他们好像共享某样财产或权力，并如普通人害怕法律上的偏见一般，所以工作被分裂，权柄被分散？

154. 这些事情狭窄而为人所不齿，甚至是在这样的人之间：他们虽

---

[199] 《马可福音》16：15 以下。
[200] 《哥林多前书》12：9、10。
[201] 《使徒行传》20：28。

然大多数情况下在行动上不赞同,在意愿里却赞同。所以当一个人被问到朋友是什么,答曰:"第二个自己。"如果人都用第二个自己——借着爱与美意的一致性——来定义朋友,那我们应该如何来认识父、子、圣灵中尊贵的一致性呢?他们借着相同的工作和神的大能,或被称为合一性,或更强烈地用希腊文表达以 $\tau\alpha\upsilon\tau\acute{o}\tau\eta\varsigma$ 作为 $\tau\alpha\acute{\upsilon}\tau o$ 的形式来代表"相同"。所以父、子、圣灵有相同的工作与能力,从而拥有相同的意愿与相同的能力不是出于意愿上的情感,而是出于三位一体的本质。

155. 这是使徒信心与委身的产业,也可以从《使徒行传》里看到。所以保罗与巴拿巴顺服圣灵的吩咐。所有的使徒都顺服了,毫不犹豫地按立了圣灵命定要分派的人——圣灵说:"要为我分派巴拿巴和扫罗。"[202]你看见下命令那位的权柄了吗?再来看顺服者的美德。

156. 保罗信了。因为他信了才丢弃了逼迫者的热心而获得了仁义的冠冕。他从前努力破坏教会的信,而借着信仰的改变,他又倚靠圣灵传讲圣灵所吩咐的事情。圣灵膏了为他争战的勇士,接着抖落不信的尘埃,将保罗展现为一位对不信者战无不胜的征服者,将他放在各类不敬虔的会众之前,用许多苦难来训练他要得在基督耶稣里所受最高呼召的奖赏。

157. 巴拿巴也信了,并信而顺服,所以他为圣灵所拣选,圣灵丰富地降在他身上。作为他美德的特别标记,如此大的同在对他并不过分,因为同一种恩典闪耀在同一位圣灵所选的人身上。

158. 保罗也不亚于彼得,尽管后者是教会的根基,而前者是聪明的工头,知道怎样在根基上建造所信列国的牢固阶梯。照我说,保罗并非不配与使徒同列,而是很容易与最大的相称,他不比任何人小;因为只有不知道自己较低的人,才把自己升为平等。

---

[202] 《使徒行传》13:2。

卷 三

第一章

不但先知与使徒为圣灵所差遣,就连神的儿子也是。这点由《以赛亚书》与福音书所证,而且解释了为什么圣路加写到同一位圣灵如鸽子般降在基督身上并住在他里面。接下来,在阐明基督的使命之后,作者推论子由父与圣灵所差,就像圣灵由父与子所差。

1. 在前一卷中我们已经用圣经的明证表明使徒与先知为圣灵所立,正如为父与子所立,先知被立来说预言,使徒被立来传福音。现在我们再加上所有人都会适当发出惊叹却又不能怀疑的一件事,就是圣灵在基督身上,正如他差遣圣灵,圣灵也差遣神的儿子。因神的儿子说:"主耶和华的灵在我身上,因为他用膏膏我,叫我传福音给贫穷的人;差遣我……报告被掳的得释放,瞎眼的得看见。"① 在读了这段《以赛亚书》之后。他就在福音书中说:"今天这经应验在你们耳中了。"② 从而可以指

---

① 《以赛亚书》61:1。
② 《路加福音》4:21。

明这话说的是他。

2. 既然基督说"主的灵在我身上",我们会对圣灵既差遣了先知又差遣了使徒诧异吗?他说"在我身上"说得完全正确,因为他是以人子的身份说的。作为人子,他受膏抹并被差派传讲福音。

3. 但是如果他们不信子,就让他们来听父也说主的灵在基督身上,因他对约翰说:"你看见圣灵降下来,住在谁的身上,谁就是用圣灵施洗的。"③父神对约翰说这话,约翰听了就信了。他从神听说,看见了主,相信从天上下来的乃是圣灵,因为不是鸽子降下,而是圣灵如鸽子,因经上如此记道:"我曾看见圣灵仿佛鸽子从天降下。"④

4. 与约翰说他看见的相同,《马可福音》也是这么记的,而《路加福音》更加上了圣灵以鸽子的形状降下。你不要以为这是成了肉身,而只是一种外观形式。他在人面前以这种外观形式显出,借着这种外观,没有见过圣灵的人可以相信,通过这种外观他彰显了他与父和子共同享有权柄里的同一荣耀、奥秘中的同一工作和洗礼中的同一恩赐,免得我们认为这位主人凭着受洗的,让仆人凭着受洗却太弱了。

5. "住在他身上"这句话说得得体,因为圣灵尽其所愿默示先知话语或在他们身上做工,但他也住在基督里面。

6. 不要让他所说"在他身上"使你感到不安,因为这是在讲论人子——基督是按人子的身份受洗的。因为根据神性圣灵不在基督身上,而在基督里面。就像父在子里面,子在父里面,同样神的灵与基督的灵同时在父里面与子里面,因为他是神口中的气。属于神的住在神里面,如经上所记:"我们所领受的,并不是世上的灵,乃是从神来的灵。"⑤他从基督那里获得,住在基督里面,因经上又记载道:"他要将受于我

---

③ 《约翰福音》1:33。
④ 《约翰福音》1:32。
⑤ 《哥林多前书》2:12。

的……"⑥另一处说:"赐生命圣灵的律在基督耶稣里释放了我,使我脱离罪和死的律了。"⑦若说基督的神性,圣灵没有超越基督,因为三位一体的神性不超越自己,却超过万有——不是超越自己,而是在自己里面。

7. 既然神的儿子说:"主的灵在我身上",谁又能怀疑圣灵差遣了先知与使徒呢?另一处写道:"我是首先的,也是末后的。我手立了地的根基,我右手铺张诸天。我一招呼便都立住,都当聚集而听。谁向他们说过这些事?因为我爱你我必向巴比伦行你所喜悦的事,迦勒底人的后裔也要被挪走。惟有我曾说过,我又选召他,领他来,他的道路就必亨通。你们要就近我来听这话,我从起头并未曾在隐秘处说话,自从有这事,我就在那里。现在主耶和华差遣我和他的灵来。"⑧除了出于父要救罪人的那位还有谁能说"主耶和华的灵差遣我和他的灵来"呢?如你所听到的,圣灵差遣了他来,恐怕当你听说子差遣圣灵时,就相信圣灵属于较次等的能力。

8. 所以父与圣灵都差遣了子。父差遣圣灵,因经上记着:"但保惠师,就是父因我的名所要差来的圣灵。"⑨子差遣圣灵,因他说:"但我要从父那里差保惠师来,就是从父出来真理的圣灵。"⑩这样若子与圣灵像父差遣他们那样互相差遣,则他们之间不分高低,而只有能力的交流。

第二章

子与圣灵被赐下的方式相似:那里没有从属关系,而是借着工作显出同一种神性。

---

⑥ 《约翰福音》16:14。
⑦ 《罗马书》8:2。
⑧ 《以赛亚书》42:12 以下(七十士译本)。
⑨ 《约翰福音》14:26。
⑩ 《约翰福音》15:26。

9. 父不仅差派了子，而且还舍弃了他，如同子舍了自己，因我们读到："愿恩惠……从父神与我们的主耶稣基督归于你们，基督……为我们的罪舍己。"⑪如果他们认为他是从属的因为是被差派的，他们却不能否认他被赐下乃是本乎恩典。但他是被父舍下的，如以赛亚说："有一婴孩为我们而生，有一子赐给我们。"⑫但他既为圣灵所差，我敢说，也是为圣灵所舍的。既然先知没有规定子是由谁所舍，他就表明子是由三一神的恩典而舍。既然子舍了自己，他就不可能根据他的神性从属于自己。所以，他之被舍不可能是神性上的从属记号。

10. 但圣灵也是被赐的，因经上记着："我要求父，父就另外赐给你们一位保惠师。"⑬使徒保罗说："所以，那弃绝的，不是弃绝人，乃是弃绝那赐圣灵给你们的神。"⑭以赛亚也表明圣灵和子都是赐下的，他说："创造诸天，铺张穹苍，将地和地所出的一并铺开，赐气息给地上的众人，又赐灵性给在其上之人的神耶和华，他如此说。"⑮关于子他说："我耶和华凭公义召你，必搀扶你的手，保守你，使你作众民的约，作外邦人的光，开瞎子的眼，领被囚的出牢狱。"⑯这样既然子既被差派又被赐予，圣灵也既被差派又被赐予；他们有行为的一致性，当然就有神性的一致性。

第三章

同样的合一性也可由圣灵被称为手指，而子被称为右手看出来。这是用人的语言来帮助理解神的事情。律法的石版是用这个手指写的，它们后来被摔碎，这有其原因。最后，基督用同样的

---

⑪ 《加拉太书》1：3、4。
⑫ 《以赛亚书》9：6。
⑬ 《约翰福音》14：16。
⑭ 《帖撒罗尼迦前书》4：8。
⑮ 《以赛亚书》42：5。
⑯ 《以赛亚书》42：6、7。

手指写。然而我们不会从这种形体的比较中得出任何关于圣灵次等的结论。

11. 同样圣灵也被称为神的手指，因为在父、子、圣灵之间有不可分割、无法分离的交流。如圣经称神的儿子为神的右手说："耶和华啊，你的右手施展能力，显出荣耀。耶和华啊，你的右手摔碎仇敌。"[17]同样圣灵也被称为神的手指，如主自己所说："我若靠着神的手指赶鬼。"[18]在另一本福音书的同一个地方，主称其为神的灵，如你所读："我若靠着神的灵赶鬼。"[19]

12. 如果任何人要分离本质的合一性，搞出多个神的权能来，而同一神性的永恒性却是唯一的，那么根据父、子或圣灵的合一性，我们理解永恒神性的完全看起来会被分离得比我们的肢体还要厉害得多，那还有什么比此种理解更能明确表示神性或神工作的合一性呢？

13. 通常借我们自己的词汇来估量高于我们的事物极其方便，因为我们不能看见那些事物，我们就从我们能看见的那些来推断。使徒说："自从造天地以来，神的事情是明明可知的，虽是眼不能见，但藉着所造之物就可以晓得，"[20]他又加上："神的永能和神性。"子常被称为一件事物，圣灵被称为另一件。相同的情况在这里，子被称为父的永能，圣灵因其神的特质就应该被理解为父永恒的神性。因为子也因其永远活着就是永生，那神的这个手指也既永恒又具神性。属于神的什么事物是不永恒又没有神性呢？

14. 如我们所读，神用这个手指在摩西所受的石版上写字，因为神没有用肉身的指头写我们所读到字句的形式与内容，而是用他的灵赐下律

---

[17] 《出埃及记》15：6。
[18] 《路加福音》11：20，根据英译本引文直译，和合本中"手指"为"能力"。——译者注
[19] 《马太福音》12：28。
[20] 《罗马书》1：20。

法。所以使徒如是说:"律法是属乎灵的,它的确不是用墨写的,乃是用永生神的灵写的。不是写在石版上,乃是写在心版上。"㉑如果使徒的字句是倚靠灵写的,那么是什么阻碍我们相信神的律法——它当然没有染色功能,而是照亮我们心思意念的隐秘处——不是用墨写的,而是用神的灵写的呢?

15. ㉒现在是写在石版上,因为这是用预表的方式写,而石版第一次是被摩西扔出去摔碎了,因为犹太人从这位先知的工作中失落了。石版摔碎,字迹却没有磨灭,这是很合适的比喻。你是否努力叫你的石版不碎,叫你的心思与灵魂不分开呢?基督是分开的吗?他不是分开的,而是与父为一,别让任何人将你与他分离。如果你的信心失败了,你的心版就碎了。如果你不信神性在三位一体里的合一,你灵魂的紧密整合性就削弱了。你的信心是写出来的,你的罪是写出来的,如耶利米所说:"犹大的罪,是用铁笔、用金刚钻记录的,铭刻在他们的心版上。"㉓所以罪与恩典在一个地方,但罪是用笔写的,而恩典是用圣灵表示的。

16. 当行淫的妇人被犹太人带来的时候,主耶稣低着头,也用这个手指在地上神秘地写字,所代表的意思是当我们在判断别人罪的时候,应该要想到自己的。

17. 我们会再一次因为神用他的灵书写而相信关于圣灵的事工好像是次等的,或者从我们自己的肢体来想象圣灵是神的一个小部分。使徒生怕我们如此,就在别处说他不是用人智慧的言语说话,而是用圣灵所教导的言语,拿属灵的事与属的事相比较。但属血气的不领会神圣灵的事,"反倒以为愚拙",㉔因为保罗知道拿属神的事与属血气的事相比较

㉑ 《哥林多后书》3:3,前半句与和合本略有差异,根据英译本引文直译。——译者注
㉒ 原文序号为14,以下顺延;我们把序号调整为15,以下顺延。——译者注
㉓ 《耶利米书》17:1。
㉔ 《哥林多前书》2:13、14。

的人属乎血气，而不算为属灵的人。因为他知道这些问题会在属血气的人中提出来，所以他预先看到将来的景况就说："谁曾知道主的心去教导他呢？但我们是有基督的心了。"㉕

第四章

有人争辩说，因为圣灵被称为手指，他就亚于父。对此圣安波罗修回应说，这种论调也会削弱子，因他被称为右手。这些名字只是针对合一性而言的，为这个缘故摩西宣告在过红海时整个三位一体都有工作。在这个为洗礼做预表的地方，发现圣灵的工作实在毫不为奇，因为圣经教导说三个位格在圣洗礼中使人成圣的工作相等，平等同工。

18. 但如果还有人绕在肉身的疑惑中，因形体的比喻而怀疑，就让那能正确对待子却错误对待圣灵的来思考一下。如果有人因为圣灵被称为神的手指而认为圣灵是神的某一小部分，他们就必须也主张神的儿子亦不过是一小部分，因为他被称为神的右手。

19. 但子既被称为神的右手又被称为神的大能。如果我们考虑我们所用的词，没有能力就绝没有完美，那让他们自己处理他们所认为的吧——说那话都是大不敬——就是父自己的本质只是半完美，父从子那里才得到完美；也让他们停止否认子是与父永远共存的。难道有什么时候神的能力不存在了？但如果他们认为神的能力在某时不存在，他们就是说在某时父神里面没有完美的存在，对他们而言，神的能力有时候是有欠缺的。

20. 但如我所说，圣经记这些事情是为了让我们用来表示神性的合一，让我们相信使徒所说的，神性的丰盛有形有体地居住在基督里面，也

㉕ 《哥林多前书》2：16。

居住在父与圣灵里面。如此就像神性里有合一性,工作中也有合一性。

21. 这点也可从摩西的歌中得出,因他在带领犹太人过海之后承认了父子与圣灵的作为,他说:"耶和华啊,你的右手施展能力,显出荣耀。耶和华啊,你的右手摔碎仇敌。"[26]这里你看到了他对子与父的承认,子就是父的右手。然后为了不绕过圣灵,他加上:"你发出你的灵,海就把他们淹没,水因你发怒的灵而分开。"[27]借着这些话所表明的是神性的合一,而非三位一体间的不平等。

22. 这样你就看到圣灵与父子同工,从而海中的波浪如何凝结,水如墙一般竖立让犹太人通过,也同样借着圣灵倒回来,淹没了埃及人。很多人认为犹太人前面白天的云柱和晚上的火柱也是从同一源头来的,圣灵的恩典保护他的百姓。

23. 整个世界非常合宜地惊叹神的作为,而神的作为若没有圣灵的工作则不会发生,使徒当他论到属灵奥秘真理时也宣告了其中的预示,因我们读到如下经文:"我们的祖宗从前都在云下,都从海中经过,都在云里、海里受洗归了摩西,并且都吃了一样的灵食,也都喝了一样的灵水。"[28]

24. 要是没有圣灵的工作,怎么可能有全部真理在圣灵里的洗礼预表?使徒也这样说:"但如今你们奉主耶稣基督的名,并藉着我们神的灵,已经洗净、成圣、称义了。"[29]

25. 这样你看到父在子中工作,子在圣灵中工作。所以根据圣经的安排,不要怀疑真理借着比喻宣告他自己为真理,因为谁能否认他在洗礼盆中的作为,在其中我们感受到他的工作与恩典?

26. 就像父使人成圣,同样子与圣灵也使人成圣。经上如此记父使人成圣:"愿赐平安的神亲自使你们全然成圣。又愿你们的灵与魂与身子得

---

[26]《出埃及记》15:6。
[27]《出埃及记》15:10,根据英译本引文直译。——译者注
[28]《哥林多前书》10:1—4。
[29]《哥林多前书》6:11。

蒙保守,在我们主耶稣基督降临的时候,完全无可指摘。"㉚在另一处,子说道:"求你用真理使他们成圣。"㉛

27. 而论到子同一位使徒说:"神又使他成为我们的智慧、公义、圣洁、救赎。"㉜你看到他成为圣洁了吗?但他是为我们而成的,不是要改变他原来的本性,乃是可以使我们在肉身成圣。

28. 使徒也教导圣灵使人成圣,因他如此说:"主所爱的弟兄们哪,我们本该常为你们感谢神,因为他从起初拣选了你们,叫你们因信真道,又被圣灵感动,成为圣洁,能以得救。"㉝

29. 所以父使人成圣,子使人成圣,圣灵使人成圣,但使人成圣乃是一件工作,因为洗礼为一,圣礼的恩典为一。

第五章

作者总结了他所开始的论证,借着下述三点肯定了合一性由手指与右手来表示:神的工作与手的工作相同,手的工作与手指的工作相同,最后"手"这个称呼等同地运用于子与圣灵,"手指"等同地运用于圣灵与子。

30. 既然如我所说,我们已受教导,他的尊贵如此浩大,圣灵看来与父神不可分割,如同手指不能从身上分离,那么那位自己无需成圣、反倒是充满圣洁的,使每个人成圣,又有什么奇怪的呢?

31. 但若有人认为这不是指着全能的一致性说的,反倒是削弱了它,这人就落入了疯狂境地,好像要把父、子和圣灵弄成有形体的形式,为他自己描绘一幅肢体间四分五裂的画面。

㉚ 《帖撒罗尼迦前书》5:23。
㉛ 《约翰福音》17:17。
㉜ 《哥林多前书》1:30。
㉝ 《帖撒罗尼迦后书》2:13。

32. 但正如我多次说过的，就让他们学习借着这个见证所表明的不是权能的不等同，而是权能的合一性；正像神的工作也是手所做的工，我们读到它同样也是手指的工，因经上记着："诸天述说神的荣耀，穹苍传扬他的手段。"㉞另一处写道："你起初立了地的根基，天也是你手所造的。"㉟所以手的工作与父的工作相同。因此在根据有形之体而做的工当中不存在分别，而是权能的一致性。

33. 但手所做的工也就是手指所做的工，因经上同样记着："我观看你指头所造的天，并你所陈设的月亮星宿。"㊱既然如经上所记："因你耶和华藉着你的作为叫我高兴，我要因你手的工作欢呼，"㊲指头与手所造的相同，那么指头所造的比手所造的缺少些什么呢？

34. 既然我们读到子是手（因经上记着："这一切都是我手所造的。"㊳又有一处写到："我必将你放在磐石穴中，用我的手遮掩你，等我过去。"㊴这是指道成肉身的奥秘，因为神在其永恒的大能之上覆盖了形体），可以肯定的是圣经用"手"这个称呼同时来指子和圣灵。

35. 既然读到圣灵是神的手指，我们再一次想到手指（复数形式）被论及以表示子和圣灵。最后，在谈到他接受了同时来源于子并圣灵的成圣之工时，某位圣徒说："你的手制造我，建立我。"㊵

第六章

圣灵如同父、子一般责备。审判官离了圣灵真是无法审判，如所罗门与但以理的审断所表明的——这点顺便用一句话解释一下；除了圣灵以外再没有感动但以理的了。

㉞ 《诗篇》19：1。
㉟ 《诗篇》102：25。
㊱ 《诗篇》8：3。
㊲ 《诗篇》92：4。
㊳ 《以赛亚书》66：2。
㊴ 《出埃及记》34：22。
㊵ 《诗篇》119：73。

36. 既然权能的一致性延展到圣灵责备——如父、子责备——的范围，那为什么在我们论断权能一致性的时候拒绝同样的用语呢？因经上记着："耶和华啊，求你不要在怒中责备我，也不要在烈怒中惩罚我。"㊶ 然后在《诗篇》50 篇中主如此说："我要责备你，将这些事摆在你眼前。"㊷ 类似地，子论到圣灵说："我若去，就差保惠师来。他既来了，就要叫世人为罪、为义、为审判，自己责备自己。"㊸

37. 但是不信之人的癫狂要将我们引向何方呢？以至于好像我们在试图证明圣灵责备人——好像这是一件可怀疑的事情似的，尽管审判官若非借着圣灵则不能审判。最后，让我们来看所罗门著名的审判。当争竞的人发生难题的时候，即一个人压死了她所生的孩子，想要抢夺另一个人的孩子，而另一个人要保护她自己的孩子，所罗门同时发现了深藏于思虑中的欺骗与母亲心中的爱。这件事如此令人钦佩，因它单单倚靠圣灵的恩赐。因为除了圣灵之剑外，没有其他宝剑能穿透这些妇人深藏的感受，对此主说："我来并不是叫地上太平，乃是叫地上动刀兵。"㊹ 因为内心思想不能为钢铁穿透，但能为圣灵所透过，"因为理解的灵圣洁、独一、丰富、细微、活泼"，再加上"监管万事"。㊺

38. 你要思考先知所说的：他监管万事。所以所罗门也监管，他就命令带上这把剑，因为当他假装要劈开婴孩时，他深知真母亲关心她的孩子过于她的舒心，会置恩慈先于真相，而不是真相先于恩慈。但那伪装母亲感受的被获取自己利益的欲望所蒙蔽，对孩子毫无温柔怜慈可言，根本不考虑对他的伤害。这样属灵人可以看透万事（因为属灵的看透万事），在感受中寻求封于语言中的自然倾向，探究温柔之心以便陈述真理。所以为爱心所胜的母亲乃是圣灵的果子。

㊶ 《诗篇》6：1。
㊷ 《诗篇》50：21。
㊸ 《约翰福音》16：7、8。
㊹ 《马太福音》10：34。
㊺ 《所罗门智训》7 章 22、23 节。

39. 他以先知的身份判断，因智慧的言语由圣灵所赐。这样，圣灵既在判断上拿走疑惑，赐下成功，人们怎么能否认他在审判的事上责备世人呢？

40. 但以理亦然，除非他获得了神的灵，也必不能揭露淫乱的欲念和欺瞒的谎言。当苏珊娜（Susanna）受长老的阴谋攻击，看到人们的想法为长老的计划所左右，断了所有的帮助，人中只有她自己知道她的贞节，便祷告神来审判。书上记载："当她被带去处死的时候，主听了她的声音。主兴起了一位年轻人的圣灵，他的名字叫但以理。"㊻根据他所受圣灵的恩典，他发现了恶者不一致的证据，因为除了神大能的工作，再没有其他能使他的声音把他们藏匿于内心的感受公之于众了。

41. 你要理解圣灵圣洁而属天的奇迹。苏珊娜看重自己的贞节，而非众人的想法；她选择失去自己的清白（名声），而不放弃自己的端庄。被指控的时候，她沉默无声，被定罪的时候，她保持平静，满足于她自己内心意念的判断，即或冒死也保守她的端庄，使不能强夺她贞节的人也无法逼迫她急躁。当她呼求主的时候，她得到了圣灵，圣灵将长老隐藏的意念公诸于众。

42. 保守贞节的不要惧怕中伤。因看重贞节过于生命的没有失去生命，而且保守了节操的荣耀。同样亚伯拉罕曾经被吩咐去异国的时候，既没有因为他妻子的端庄受到危险，也没有为他面前的死亡所困扰，同时保全了他自己的生命和他妻子的贞节。所以没有人会为信靠神而后悔，对撒拉而言，节操使敬虔增长，敬虔亦使节操增长。

43. 如圣经所说："神兴起了一位年轻人的圣灵。"㊼恐怕有人可能会认为在他里面的灵是人的灵而非圣灵，那么就让这样的人继续读下去，他会发现但以理所受的是圣灵，所以他说预言。最后国王也因为他有圣

㊻《苏珊娜传》44、45 节。
㊼ 根据英译本引文直译，出处不详。——译者注

灵的恩典高升了他，因为王这样说："我听说你里头有神的灵。"㊽后来又说："因这但以理有美好的灵性，所以显然超乎其余的总长和总督，王又想立他治理通国。"㊾摩西的灵也被分配给那些后来成为士师的人。

第七章

离开圣灵子自己既不审判也不惩罚，因而同一个灵被称为真道之剑（the Sword of the Word）。但就像真道相应地被称为圣灵的宝剑，权能最高的合一性就在两者中都得到承认。

44. 但关于其他方面我们应该说什么呢？我们已经听到主耶稣不仅倚靠圣灵审判，而且也倚靠他惩罚。因为除非主先审断过敌基督应得的报应，不会惩罚他，关于敌基督我们读到："主耶稣要用口中的灵灭绝他。"㊿但这并非是获得的恩典，而是合一性不受分割，因为基督也不能没有圣灵，圣灵也不能没有基督，神性里的合一是不能分裂的。

45. 既然有这样的例子在我们面前，就是主耶稣要用他口中的灵来毁灭，圣灵就被理解为好像是真道之剑。最后在福音书里主耶稣自己说："我来并不是叫地上太平，乃是叫地上动刀兵。"(51)因为他来可以赐予圣灵，所以在他口中是一把两刃的剑，这剑靠的是圣灵的恩典，因此圣灵是真道之剑。

46. 为了叫你知道没有不平等只有本质的合一性，真道也是圣灵的宝剑，因经上记着："拿着信德当作藤牌，可以灭尽那恶者一切的火箭。并戴上救恩的头盔，拿着圣灵的宝剑，就是神的道。"(52)

㊽《但以理书》5：14。

㊾《但以理书》6：3。

㊿《帖撒罗尼迦后书》2：8，原文中"气"与"灵"同字。——译者注

(51)《马太福音》10：34。

(52)《以弗所书》6：16、17。

47. 这样既然真道之剑是圣灵,圣灵的宝剑是神的道,他们中间当然有一致的权能。

第八章

前述的合一性在这里得到证明:父被论到忧伤与受试探,子也是。子也在旷野中受试探,那里有借铜蛇设立的十字架预表。而使徒说圣灵也受试探。圣安波罗修从这里推断以色列人被同一圣灵引向应许之地,他的旨意和能力与父、子相同。

48. 我们在圣经其他经文中也可以看到这个合一性。与以西结向犹太人所说的"你在这一切的事上让我担忧"[53]相对应,保罗向他书信中的新人说:"不要叫神的圣灵担忧,你们原是受了他的印记。"[54]还有,与以赛亚论到犹太人自己所说的"他们竟悖逆,使主的圣灵担忧"[55]相对应,大卫论到神说:"他们在干燥之地使至高者担忧,他们心中试探神。"[56]

49. 同样要理解与圣经在其他地方所说圣灵受试探、神受试探相对应,也有论及基督受试探,因你有使徒对哥林多人说:"也不要试探基督,像他们有人试探的,就被蛇所灭。"[57]这惩罚正是仇敌应该感受到的毒物,他们不敬拜造物主。

50. 主命定那些被咬伤的借着举起的铜蛇得治愈,因为那铜蛇乃是十字架的预像。尽管基督在他的肉身被举起,但是在他里面使徒向世界钉死,世界向他钉死,因他说:"就我而论,世界已经钉在十字架上;就世界而论,我已经钉在十字架上。"[58]因此世界因其诱惑而被钉死,所以

---

[53] 《以西结书》16:43,和合本"让我担忧"为"向我发烈怒"。——译者注
[54] 《以弗所书》5:30。
[55] 《以赛亚书》63:10。
[56] 《诗篇》78:17、18,和合本"使至高者担忧"为"悖逆至高者"。——译者注
[57] 《哥林多前书》10:9。
[58] 《加拉太书》6:14。

挂起一条铜蛇而非真蛇。因为主的确在他的肉身上披戴上罪人的样式，却并非真的有罪，借着人软弱虚假的外表来模仿蛇，在放下肉身的躯壳后可以毁灭真蛇的诡计。所以靠着主的十字架，即在抵挡试探上给人帮助的十字架，我既已接受三一神的良药，就认清了恶者对三位一体真神的冒犯。

51. 所以当你们在摩西的书中发现主因受试探就把蛇放入犹太人中的时候，要么你必须承认父、子、圣灵在尊贵神性中的合一，要么就是当使徒的书信说圣灵受试探时是在用主的名来指明圣灵。而使徒在《希伯来书》中说圣灵受试探，你发现这样的经文："圣灵有话说：'你们今日若听他的话，就不可硬着心，像在旷野惹他发怒，试探他的时候一样。在那里，你们的祖宗试我探我，并且观看我的作为有四十年之久。所以我厌烦那世代的人，说：他们心里常常迷糊，竟不晓得我的作为！我就在怒中起誓说：他们断不可进入我的安息。'"[59]

52. 因此根据使徒所言，圣灵受到了试探。如果他受试探，那他当然也带领犹太人进入应许之地，如经上所记："他的圣灵……带领他们经过深处，如马行走旷野……耶和华的灵使他们得安息，仿佛牲畜下到山谷。照样，你也引导你的百姓。"[60]当然他赐给他们天粮的瑞雨，降下使每日收成丰饶的雨水，是地产不出的，农夫种不了的。

53. 现在让我们一点一点地来看这些。神已经应许犹太人安息，圣灵把这安息称为他的。父说到他被不信的人试探，圣灵说他受相同人的试探，因为不信之人的试探对应三位一体的同一神性，因为试探是同一个。神责备犹太人，所以他们不能得到流奶与蜜之地，就是复活的安息。圣灵用同样的话责备他们："他们断不可进入我的安息。"同一旨意的命令就是同一权能的完美体现。

---

[59] 《希伯来书》3：7—11。
[60] 《以赛亚书》63：13，14。

第九章

圣灵发怒为圣彼得的话所证明,又借着其他经文和这同一位使徒对亚拿尼亚和撒非喇的话显明神的灵与主的灵是同一个,由此论证圣灵与父、子的联合并他自己的神性。

54. 然而即使可能有人说这段经文不能特别运用到圣灵,难道同一位使徒彼得没有在别的地方教导我们圣灵被我们的罪试探吗?因你发现他对亚拿尼亚的妻子是这样说的:"你们为什么同心试探主的灵呢?"[61]因为主的灵就是神的灵。只有一个圣灵,如使徒保罗也教导说:"如果神的灵住在你们心里,你们就不属肉体,乃属圣灵了。人若没有基督的灵,就不是属基督的。"[62]他先提到了神的灵,又立刻加上同一个灵是基督的灵。论到圣灵,为了让我们理解圣灵在哪里,基督就在哪里,他加上一句:"基督若在你们心里。"[63]

55. 正如我们在这里所理解的说,圣灵在哪里基督就在哪里,同样地在别处保罗显明基督在哪里,圣灵就在哪里,因他说:"你们既然寻求基督在我里面说话的凭据。"[64]在另一处他又说:"我也想自己是被神的灵感动了。"[65]所以说合一性不可分割,因为借着圣经的见证,无论哪里提到父、子或圣灵,总是满有三位一体的丰盛。

56. 我们已经列举了彼得自己先提到圣灵的例子,他又称其为主的灵,因你读到如下经文:"亚拿尼亚,为什么撒旦充满了你的心,叫你欺哄圣灵,把田地的价银私自留下几份呢?田地还没有卖,不是你自己的吗?既卖了,价银不是你做主吗?你怎么心里起这意念呢?你不是欺哄

---

[61] 《使徒行传》5:9。
[62] 《罗马书》8:9。
[63] 《罗马书》8:10。
[64] 《哥林多后书》13:3。
[65] 《哥林多前书》7:40。

人，是欺哄神了。”(66)下面又对那位妻子说：“你们为什么同心试探主的灵呢?”

57. 首先我们要理解他称圣灵为主的灵。然后，既然他先提到圣灵，再加上“你不是欺哄人，而是欺哄神了”，你或者必须理解圣灵中神性的一致性，试探圣灵就是欺哄神，或者如果试图排除神性的一致，你自己根据圣经的话当然就相信他为神。

58. 我们若知道这些表述同时用于圣灵与父，我们当然看到在父与圣灵中真理与知识的合一性，因为错谬同被圣灵与父神发现。但我们若已经接受了关乎圣灵的每个真理，小信的人，为什么你还试图否认你所读的呢? 这样你要么承认父子与圣灵神性的一致性，要么承认圣灵为神。无论你说什么，你都在神里说到了每个位格，因为既是合一性保证神性，又是神性保证合一性。

第十章

圣灵的神性有圣约翰的一段经文支持。这段经文的确被异端删去，但这是徒劳无益的，因为他们的不信由此更容易被定罪。考虑了上下文的次序，表明这段经文可能是针对圣灵而言的。由圣灵所生的为同一圣灵重生，基督自己就被认为既是圣灵所生，又是圣灵重生。圣灵的神性再度从圣约翰的两段经文中得出。最后解释了圣灵、水与血是以怎样的方式被称为见证。

59. 圣经也不只在这个地方见证 *θεότης*，即圣灵的神性，主自己也在福音书中说：“圣灵是神。”(67)你们阿里乌派如此清楚地见证这段经文是论证圣灵的，就从你们的抄本中把它拿掉了，只愿这事仅出于你们的人

---

(66) 《使徒行传》5：3、4。
(67) 《约翰福音》3：6，根据英译本引文直译，不同于和合本。——译者注

而不同时也出于教会的人！因为在奥克森修（Auxentius）用亵渎不信的武装力量掌控米兰教会的时候，色米安教会（Church of Sirmium）被华伦斯（Valens）与乌撒丢（Ursatius）所攻击，他们的神父（即主教）就在信仰上失落。你们的错谬与亵渎在教会记录中就存在，可能在过去你们就是这么做的。

60. 你们的确已经抹去了这些字句，但不能去掉信仰。这涂抹更大地暴露了你们，这涂抹更强地责备了你们，你们不能擦去真理，而那涂抹将你们的名字从生命册上抹去。如果它无关圣灵，为什么去掉“神是个灵”这句经文？如果你们认为它是用于表达父神的，那你们——认为它应该被删掉的人——就相应地否认父神了。任凭你们选择。无论在哪一个选择中，你们自己不敬虔的网罗都将捆绑你们，假如你们或因否认父或因否认圣灵为神而变成异教徒的话。所以你们惧怕原稿，保留了你们涂抹神话语的信仰告白。

61. 你们真正抹去的是你们的心思意念，而神的话是涂抹不掉的，圣灵是涂抹不掉的，反而转离不敬虔的心意，不是恩典而是过犯被涂抹，因经上记着：“惟有我为我自己的缘故涂抹你的过犯。”(68)最后摩西为百姓祈求说：“倘或你肯赦免他们的罪，不然，求你从你所写的册上涂抹我的名。”(69)但他没有被涂抹，因为他没有过犯，反而恩典流出。

62. 这样你们就因自己承认用诡计而非智慧做了不能说的事情而被定罪，因为通过诡计，你们知道你们被这句经文的证据定罪，你们的争辩不能反驳这个见证。既然整段经文的要旨都在讲圣灵，再从别的什么地方能获得此处的意义呢？

63. 尼哥底母询问关于重生的事，主回答说：“我实实在在地告诉你：人若不是从水和圣灵重生的，就不能进神的国。”(70)主显示一个是从

---

(68) 《以赛亚书》43：25。
(69) 《出埃及记》32：32。
(70) 《约翰福音》3：5。

肉身生的，另一个是从圣灵生的，他加上：“从肉身生的，就是肉身；从灵生的，就是灵，因为圣灵是神。”(71)根据整篇的叙述你们会发现神用他完整的论述把你们的亵渎关在门外——主说：“我说‘你们必须重生’，你不要以为希奇。灵随着意思吹，你听见他的响声，却不晓得从哪里来，往哪里去。凡从圣灵生的，也是如此。”(72)

64. 在他的头脑里，从圣灵而生成为灵，又为圣灵所更新的是谁呢？当然是从水和圣灵重生的，而我们借着重生的施与者和圣灵的更新，接受了永生的盼望。在别处使徒彼得说：“你们要受圣灵的洗。”(73)谁受了圣灵的洗又从水和圣灵重生了呢？所以主论到圣灵说：“我实实在在地告诉你：人若不是从水和圣灵生的，就不能进神的国。”(74)因此他宣告我们是从后者生的，又说我们借着他从前者而生。这是主的话，我倚靠写在经上的话，不借助论证。

65. 然而我问，既然主耶稣自己从圣灵而生，又从圣灵重生，那如果我们从圣灵重生没人怀疑，为什么对于我们从圣灵而生有人怀疑呢？如果你们承认他从圣灵而生，因为你们无法否认，但否认他重生，那么承认神所特有的而否认人所共有的乃是大错。所以对犹太人所说的话对你们说正合适：“我对你们说地上的事，你们尚且不信；若说天上的事，如何能信呢？”(75)

66. 而我们在每段希腊文经文里都发现他没说“藉着灵”，而是“本于灵”，像这样：*ἀμήν, ἀμήν, λέγω σοι, ἐὰν μή τις γεννηθῇ ἐξ ὕδατος και πνεύματος*，就是本于水和灵。所以既然人不应该怀疑“生于灵的”是对圣灵而言的，那么根据经上所记的“圣灵是神”，也不应该怀疑圣灵是神。

67. 但同一位福音书作者，为了清楚地表明他所写乃是关于圣灵，他

---

(71) 《约翰福音》3：6，和合本译文无“因为圣灵是神”。——译者注

(72) 《约翰福音》3：7—8，原文“风”与“灵”同字。——译者注

(73) 《使徒行传》11：16。

(74) 《约翰福音》3：5。

(75) 《约翰福音》3：12。

在别处写道："这藉着水和血而来的，就是耶稣基督；不是单用水，乃是用水又用血，并且有圣灵作见证，因为圣灵就是真理。作见证的原来有三：就是圣灵、水和血，这三样也都归于一。"(76)

68. 要听好他们是怎么作见证的：圣灵更新心意，水可为这位施与者服务，血指的是代价。圣灵让我们借着得儿子的名分成为儿女，洗礼盘的水洗净我们，主的血救赎我们。所以我们在属灵的圣礼中获得了一个看不见的和一个看得见的见证，因为"圣灵与我们的心同证"(77)。尽管圣礼的完满在每个作见证的中间，但职分上还是有不同；如此看来，职分上有不同，见证就一定没有等同性。

第十一章

有反对说圣约翰的话"圣灵是神"所指为父神，因为基督接下来宣称要用灵和真理来拜神。对此，答案首先是，"灵"这个字有时的意思是属灵恩典；其次，如果他们坚持圣灵的位格以词语"用灵"来代表，而由此否认他当受敬拜，则表明该论证同样反对子。既然不计其数的经文证明他当受敬拜，我们从这点理解认为同样的规则适用于圣灵。为什么我们被命令拜倒在他脚凳前呢？因为借此表明了主的身体，而圣灵作为成就者也当受敬拜，但马利亚却不相应受敬拜。所以当论到应当用灵来拜父，不是说敬拜圣灵就不要敬拜父，而是表达了他与父的联合，这点也为类似的表述所支持。

69. 但可能有人会参照同书的下文，在那里主再次说神是个灵，而所指的是父神，因在福音书中有如下经文："时候将到，如今就是了，那真

---

(76) 《约翰一书》5：6—8。
(77) 《罗马书》8：16。

正拜父的,要用心灵和诚实拜他,因为父要这样的人拜他。神是个灵,所以拜他的,必须用心灵和诚实拜他。"[78]你不但要借助这段经文否认圣灵的神性,还要从神要在灵里受敬拜来推论圣灵的屈从地位。

70. 关于这点我将简要回答,"灵"经常指代圣灵的恩典,如使徒也说:"只是圣灵亲自用说不出来的叹息替我们祷告,"[79]所指就是圣灵的恩典,除非你能听见圣灵的叹息。所以这里所说也是指,神受敬拜不是在人心的邪恶中,而是在圣灵的恩典中。"智慧不入邪恶的灵魂"[80],因为"若不是被圣灵感动的,也没有能说耶稣是主的"[81],马上他又加上"恩赐原有分别"[82]。

71. 这既不关乎丰盛,也不分割圣灵,因为人的心思不能掌控圣灵的丰盛,圣灵也不分成他自己的若干份,而是将属灵恩典的恩赐浇灌入灵魂,借此神受敬拜,他也靠真理受敬拜,因为除了以敬虔的心同饮他神性真理的人之外,没有人敬拜他。就神的位格而言,这人当然没有从位格上来说掌控基督,也没有从位格上来说掌控圣灵。

72. 如果你以为这里好像谈到的是基督或圣灵的整个位格,那么就要照着用灵敬拜神的方式来用真理敬拜神。其结果或者是神禁止你相信的一种从属关系,子不受敬拜,或者照着真相,相信这里有合一的恩典,而圣灵当受敬拜。

73. 让我们在这里作个结论,结束阿里乌派不敬虔的质疑。如果他们说圣灵因此不受敬拜,因为神要用灵来敬拜,就让他们说真理不受敬拜,因为神要用真理来敬拜。尽管这点非常正确,因为经上记着:"真理在世人中消退"[83],而他们又得到了神的真理,就是基督,他说:"我就

---

[78]《约翰福音》4:23、24。
[79]《罗马书》8:26。
[80]《所罗门智训》1章4节。
[81]《哥林多前书》12:3。
[82]《哥林多前书》12:4。
[83]《诗篇》12:1,根据七十士译本11:2直译。——译者注

是道路、真理、生命。”(84)所以他们若照着惯例来理解这段经文里的真理，就让他们也理解圣灵的恩典，就不会有任何绊跌。或者若他们接受基督为真理，就让他们否认基督当受敬拜。

74. 但他们为敬虔的行为和圣经的教训所驳斥。因为马利亚敬拜基督，所以被指派向使徒们做复活的信使，削弱了对女性世代沿袭的捆索和极大的冒犯。对此主的工作充满奥秘：“只是罪在哪里显多，恩典就更显多了。”(85)妇女被任命为给男子传信的信使非常适当，而第一个将罪的信息带给男子的也应该是第一个传主恩典信息的人。

75. 使徒们敬拜了，所以他们这些为信仰作见证的人得到了信仰上的权柄。天使们敬拜了，经上记着：“神的使者都要拜他。”(86)

76. 但他们不仅敬拜他的神性，而且还拜在他的脚凳前，如经上所记：“在他脚凳前下拜。他本为圣。”(87)如果他们否认靠着基督值得敬拜的还有他神秘的道成肉身，从中我们看到他神性清晰的踪迹和属天之道的道路，就让他们读一读，甚至使徒们都在他荣耀身体复活的时候敬拜他。

77. 所以，如果敬拜神乃是靠着基督，这没有减损基督的话——因为基督也受敬拜——当然靠着圣灵敬拜神也没有减损圣灵，因为圣灵也受敬拜，如使徒所说：“我们敬拜神的灵”(88)，因侍奉的也敬拜，如早先的经文所说：“当拜主你的神，单要侍奉他。”(89)

78. 但恐怕有人要逃避我们所引证的例子，就让我们来思考先知是如何说的吧。“在他脚凳前下拜”看来像是指神道成肉身的奥秘，因为我们绝不会按人的惯例来思量脚凳，因为神既没有形体，又不可估量。我

---

(84) 《约翰福音》14：6。
(85) 《罗马书》5：20。
(86) 《希伯来书》1：6。
(87) 《诗篇》99：5。
(88) 《腓立比书》3：3，和合本此处译为“我们以神的灵敬拜”。——译者注
(89) 《申命记》6：13。

们读到除了神之外再没有可敬拜的，因经上记着："当拜主你的神，单要侍奉他。"那么先知们，在律法下长大并受律法的教导，怎么给出与律法相对的教训呢？既然这问题并非不重要，就让我们更殷勤地思考脚凳是什么。我们在别处读到："天是我的座位，地是我的脚凳。"[90]但地不受我们敬拜，因地是神的创造物。

79. 然而，让我们来看是否先知并没有说主耶稣取肉身而披戴之地应当受敬拜。脚凳理解为地，地理解为基督的肉身，是我们今天也在奥秘中敬拜的，也如我们上面讲到的，是使徒们在主耶稣里敬拜的。基督不是分开而是合一的，当他作为神的儿子受敬拜时，他也没被否认是童女所生的。这样既然神秘的道成肉身当受敬拜，并且道成肉身是圣灵的工作，如经上所记："圣灵要临到你身上，至高者的能力要荫庇你，因此所要生的圣者，必称为神的儿子。"[91]那么，毫无疑问圣灵也当受敬拜，因为按着肉身为圣灵所生的受到敬拜。

80. 但不要转向童女马利亚，马利亚是神的殿，不是殿中的神。所以只有单单在殿中做工的神才受敬拜。

81. 所以说用灵敬拜神对我们的论证丝毫没有影响，因为圣灵也受敬拜。尽管是在我们只考虑词句本身的情况下，在父、子与圣灵之中，除了同样能力的合一性之外，我们不能有什么其他的理解，否则的话，"用心灵和诚实"敬拜是什么意思呢？但是若你不认为这是指圣灵的恩典，也不是指意识里的真正信心，而是照我们前面所说的就整个位格而言（如果位格这个字的确适合表述神的尊贵），那你就必须把它当做本乎基督与圣灵的。

82. 这样除了父在基督里，父借着基督说话，父住在基督中之外，靠着基督敬拜父还能有什么意思呢？这当然不是形体中的形体，因为神没

---

[90] 《以赛亚书》66：1。
[91] 《路加福音》1：35。

有形体，也不是混淆了的混合物（*confusus in confuso*），而是真理中的真理，神中之神，光中之光，就像永恒的父在同享永恒的子里一样。不是肉身相接的意思，而是能力的合一。所以借着能力的合一，当父神在基督里受敬拜时，基督也同时在父里受敬拜。类似地，当神在圣灵里受敬拜时，圣灵也借着同样权能的合一同时在神里受敬拜。

83. 让我们更努力地来研究一下词句表达的力度，从别的经文推导其合适的意义。经上说："你所造的何其多，都是你用智慧造成的。"(92)难道我们要在此理解智慧在所造的万物中没有分吗？可是，"万物是藉着他造的。"(93)大卫说："诸天藉耶和华的命而造。"(94)所以他自己称神的儿子甚至为天上万象的创造者，也明确地说万物都借着子而造，从而在神更新的工作中，绝没有将子与父分离，而是将他连于父。

84. 保罗也说："因为万有都是靠他造的，无论是天上的、地上的、能看见的、不能看见的。"(95)那么当说到"靠他"的时候，保罗否认了万物是借着他而造的吗？当然没有否认，而是肯定。而且他在另一处说："并有一位主，就是耶稣基督，万物都是藉着他有的。"(96)那在说到"藉着他"万物存在的时候，保罗否认了万物靠他而造吗？这些词语，"靠着他"也好，"通过他"也好，强调的力度在这里：这些词语在所有方面都被理解为同一个相同的，而不是相抵触的东西。他又进一步澄清这点说："万物都是藉着他造的，又是靠他造的。"(97)如我们在上面所讲，圣经见证这三种表达——"通过他"、"藉着他"和"靠着他"——对基督而言是等同的，因为你读到万物借着他又靠着他而造。

85. 同样要知道当万物被造之时，父与他同在，他与父同在。智慧

(92) 《诗篇》104：24。
(93) 《约翰福音》1：3。
(94) 《诗篇》33：6。
(95) 《歌罗西书》1：16。
(96) 《哥林多前书》8：6。
(97) 《歌罗西书》1：16，根据英译本引文直译。——译者注

说:"他立高天,我在那里;他在渊面的周围划出圆圈。"⁹⁸在旧约中父说"我们造"表明子作为万有的创造者应与父自己同受敬拜。这样万物被称为靠着子而造,子要作为创造者被接待,同样地当神被论到用真理敬拜,所用字句本身的合适意思通常照着其应被理解的同样方式来表达,就是子也受到敬拜。所以类似地,圣灵也受敬拜,因为神在灵里受敬拜,因此父与子和圣灵同受敬拜,因为三位一体的神受敬拜。

第十二章

圣保罗表明三位使徒在基督里所敬拜的神性真光是在三位一体的神中,由此非常清楚的是圣灵也受敬拜。词句本身表明使徒所要表达的就是圣灵。同一圣灵的神性从下述事实得以证明:他以神而不是祭司的身份居于圣殿中;他与父、子同受敬拜。由此他们里面被认为有本性的一致性。

86. 有人否认永恒三一的神性当受敬拜吗?圣经也表达了神三位一体难于言表的尊贵,如使徒在别处所说:"那吩咐光从黑暗里照出来的神,已经照在我们心里,叫我们得知神荣耀的光显在耶稣基督的面上。"⁹⁹

87. 当主耶稣在山上发出他神性之光时,使徒们真是见到了这荣耀。经上说:"使徒们看见,就俯伏在地。"⁰⁰当他们肉眼不能忍受神性光辉的耀眼,永恒之光的荣耀使肉身视力的敏锐变得迟钝时,你难道不认为他们俯伏下来是在敬拜吗?还是除了"来啊,我们要屈身敬拜,在造我们的耶和华面前跪下"⁰¹之外,这些当时目睹他荣耀的人在期盼些别的什么呢?因为"神已经照在我们心里,叫我们得知神荣耀的光显在耶稣基督

---

⁹⁸《箴言》8:27。
⁹⁹《哥林多后书》4:6。
⁰⁰《马太福音》17:6,根据英译本引文直译。——译者注
⁰¹《诗篇》95:6。

的面上"⁽¹⁰²⁾。

88. 那么发光使我们在耶稣基督的面上得知神的那位是谁呢？因他说"神发光"，使神的荣耀在耶稣基督的面上可以得知。除了显出来的圣灵之外我们还以为是谁呢？除了圣灵还有谁能代表神性的权能呢？谁要排除圣灵，就必须带进另一个配与父、子同受神性荣耀的。

89. 让我们回到同样的词句："是神照在我们心里，叫我们得知神荣耀的光显在耶稣基督的面上。"你看到基督被明确提了出来。除了圣灵的荣耀之外又有谁的荣耀被论到说给予光明呢？所以既然他说到神的荣耀，就提出了神自己。如果是在讲父，"那吩咐光从黑暗里照出来的神，已经照在我们心里"这句话依然应当被理解为指圣灵，因为我们不能尊奉另外哪一位为等同于父、子。这样，如果你理解为圣灵，你就知道使徒保罗也称他为神；你们这些现在否认他的人就必须也承认圣灵的神性。

90. 但你们现在多么无耻地否认这点，而你们读到圣灵有一个殿！经上记着："你们是神的殿，神的灵住在你们里头。"⁽¹⁰³⁾神有一个殿，受造物没有真的殿。但住在我们里面的圣灵有殿，因经上记着："你们的身子就是圣灵的殿。"⁽¹⁰⁴⁾

91. 但他既不是以祭司也不是以仆人的身份住在殿里的，而是以神的身份，因主耶稣自己说："我要在他们中间居住，在他们中间来往，我要作他们的神，他们要作我的子民。"⁽¹⁰⁵⁾大卫说："耶和华在他的圣殿里。"⁽¹⁰⁶⁾所以圣灵像父与子那样住在他的圣殿里，子说："我与父要到他那里去，与他同住。"⁽¹⁰⁷⁾

92. 但父借着他所赐给我们的圣灵住在我们中间。不同的本性怎能

⁽¹⁰²⁾《哥林多后书》4：6。
⁽¹⁰³⁾《哥林多前书》3：16。
⁽¹⁰⁴⁾《哥林多前书》6：19。
⁽¹⁰⁵⁾《利未记》26：12，根据英译本引文直译。——译者注
⁽¹⁰⁶⁾《诗篇》11：4。
⁽¹⁰⁷⁾《约翰福音》14：23。

住在一起呢?当然不可能。但圣灵与父、子同住,所以使徒也由此把圣灵的感动交流与耶稣基督的恩典和神的爱放在一起,他说:"愿主耶稣基督的恩惠、神的慈爱、圣灵的感动,常与你们众人同在。"⑩

93. 这样我们看到父子圣灵借着相同本质的一致性住在同一个主体中。所以住在殿里的有神的权能,就像我们是父与子的殿,同样也是圣灵的殿。不是许多殿,而是一个殿——这是同一个权能的殿。

第十三章

对那些反对正统,认为把神性归于圣灵就引入了三个神的,有如下回答。除非他们否认把神性归给子,否则用同样的论证他们自己带进了两个神。正统教义在这之后建立。

92. 但你怕什么呢?你吹毛求疵惯了吗?你怕弄出三个神来吗?当然不是这样,因为凡神性被理解为一,所提到的就是一位神。当我们称子为神时,我们没有说两位神。如果你认为若承认圣灵的神性就讲了三个神,那么,同样当你论到子的神性时——因为你无法否认——你带入了两位神。如果你认为神是一个位格的名字,而不是同一本质的名字,那么根据你的想法,你或者说有两位神,或者否认子是神。

93. 尽管我们认为你们的错误没有理由,还是让我们来把你们从无知的指控中释放出来。根据我们的观点,因为只有一位神,所以我们认为只有一种神性、一个权能。当我们说有一位神,我们既承认父又不否认子在神的真正的名下,同样我们也不把圣灵从神性的合一中排除。我们不主张反倒否认有三位神,因为搞成复数不是权能的合一而是分裂。神性的合一怎么能变成复数呢?因为复数是好多个,但神的

---

⑩ 《哥林多后书》13:14。

本性绝没有好多个。

第十四章

在上述引用的证据之外，别的经文也能用于证明三个位格统管万有。两段经文来自致帖撒罗尼迦教会的信中，对照圣经的其他见证，在三个位格中圣灵与另两个位格同样拥有主权。然后借着引用《哥林多后书》一段更清楚的经文，可以推论圣灵是主；主在哪里，圣灵就在哪里。

94. 这样，神既只有一位，又不与尊贵永恒的三一性相抵触，就像上述情况为我们显明的。我们不仅在那里看到三位一体表达于神的名字中，而且像我们在上面也提到的，在很多地方，特别是在使徒致帖撒罗尼迦教会的信中，他尤其清楚地表明了父、子与圣灵的神性以及对万有的统管。如你读到下面的经文："又愿主叫你们彼此相爱的心，并爱众人的心，都能增长充足，如同我们爱你们一样，好使你们当我们主耶稣同他众圣徒来的时候，在我们父神面前心里坚固，成为圣洁，无可责备。"[109]

95. 那谁是这位叫我们在主耶稣来的时候在我们的父神面前增长充足的主呢？他提到了父与子，那除了圣灵之外谁又与父、子同列呢？谁是让我们心里圣洁的主呢？因为圣洁是圣灵的恩典，如在信的下文中说："因信真道，又被圣灵感动，成为圣洁。"[110]

96. 你们认为这里除了圣灵之外被称为主的还有谁呢？难道父神没能教过你吗？他说："你看见圣灵降下来，住在谁的身上，谁就是用圣灵施洗的。"[111]因为圣灵降下，形状仿佛鸽子，使他既能为他的智慧作见

---

[109] 《帖撒罗尼迦前书》3：12、13。
[110] 《帖撒罗尼迦后书》2：13。
[111] 《约翰福音》1：33。

证，又完全了赐灵者的圣礼，还表明他的工作与父、子的为一。

97. 为使你不至于假设使徒保罗会忽视任何事情，为使你认为他故意而有计划地且受圣灵默示地称圣灵为主，感到圣灵是神，所以他在《帖撒罗尼迦后书》中重复说道："愿主引导你们的心，叫你们爱神，并学基督的忍耐。"⑫如果爱是神的，忍耐是基督的，若我们否认引导是圣灵的，那就应该表明这引导的主究竟是谁。

98. 既然主论到他自己说："我还有好些事要告诉你们，但你们现在担当不了。直等真理的圣灵来了，他要引导你们明白一切的真理。"⑬大卫论到他说："你的灵本为善，求你引我到平坦之地。"⑭

99. 看到主的声音如何表述圣灵了吗？神的儿子来了，因为他还没有把圣灵浇灌下来，他宣告，没有圣灵，我们就像小孩子一样活着。他说随着属灵年岁的增长，将这些小孩子变为成人的圣灵要来。他说这些不是为了可以首先设定圣灵的权能，而是为了表明对三一神的认识所具有的丰盛力量。

100. 所以你必须要么在圣灵之外提到你所意识到的第四个位格，要么除了被指出的圣灵之外确定不再另外认一个主。

101. 你若要寻求圣经里明确称圣灵为主的句子，下面这句话一定逃不过你的眼睛："主就是那灵。"⑮整段经文肯定地表明所讲的是圣灵。让我们来思考使徒的话："每逢诵读摩西书的时候，帕子还在他们心上。但他们的心几时归向主，帕子就几时除去了。主就是那灵；主的灵在哪里，那里就得以自由。"⑯

102. 他不仅称圣灵为主，还加上："主的灵在哪里，那里就得以自由。我们众人既敞着脸得以看见主的荣光，好像从镜子里返照，就变成

---

⑫ 《帖撒罗尼迦后书》3：5。
⑬ 《约翰福音》16：12、13。
⑭ 《诗篇》143：10。
⑮ 《哥林多后书》3：17。
⑯ 《哥林多后书》3：15—17。

主的形状，荣上加荣，如同从主的灵变成的。"⑰这就是说，我们先前归向主的人，曾借着灵里的认识看到主的荣光，好像从经文的镜子里看一样；而现在我们从那叫我们归向主的荣光，转变为属天的荣光。所以，既然主是我们所归向的，而主又是我们这些归向主的人靠着得以更新的灵，那这里明确指出的就是圣灵，因为施行更新的那位接受那些归向主的人，他怎么能重造那些他还没有接受的人呢？

103. 既然我们看见合一性的表述，为什么我们还应该寻求话语的表达呢？因为尽管你可以区分主与灵，你还不能否认主在哪里，灵也就在哪里，归向主也就是归向灵。如果你在文字上吹毛求疵，你还是不能损伤这合一性。如果你想要分裂合一性，你就实际承认圣灵自己是有权能的主。

第十五章

尽管圣灵被称为主，却并不意味着有三位主，就像子在许多经文中与父一样被称为主，也不意味着有两位主。因为主的身份存在于神性中，神性存在于主的身份中，这两点在不分裂的三个位格之前提下互相重合。

104. 但可能你还会说："如果我称圣灵为主，我就搞出了三位主。"那当你称子为主的时候，你是否认了子呢，还是承认了两位主呢？神禁止这样的话，因为子自己说："一个人不能侍奉两个主。"⑱但他当然既没有否认他自己为主，也没有否认父为主。他称父为主，如你读到："父啊，天地的主，我感谢你。"⑲主论到他自己，如我们在《约翰福音》中

---

⑰《哥林多后书》3：17、18。
⑱《马太福音》6：24。
⑲《马太福音》11：25。

所读到的:"你们称呼我夫子,称呼我主,你们说的不错,我本来是。"[120]但他没有说两个主,实际上当他警告他们"一个人不能侍奉两个主"时,他表明他没有说两个主。因为只有一个主权,所以就没有两个主;父在子中,子在父中,所以只有一位主。

105. 这也是律法的教训:"以色列啊,你要听!耶和华你的神是独一的主。"[121]他是不变的,权能永远合一,永远相同,不为任何添加或减少所变化。所以摩西称他为一,称降下火的主为主。使徒也说:"愿主使他在那日得主的怜悯。"[122]主从主那里降下火,主从主那里施与怜悯。当他从主那里降火的时候主未曾分开,当他从主那里施与怜悯的时候主也没有分开,而是在每一处主的主权一致性都得到了表达。

106. 在《诗篇》中你也发现:"主对我主说。"[123]他不因论到子是他的主就否认父是主。称子为主是为要让你不认为子是他的子孙,而是先知的主,如主自己在福音书中表明的,他说:"大卫被圣灵感动……称他为主,他怎么又是大卫的子孙呢?"[124]大卫——不是圣灵——被圣灵感动称他为主。如果他们错误地从这里推断圣灵称他为主,他们就必借着同样的亵渎之罪而宣称神的儿子也是圣灵之子。

107. 所以就像当我们如此称呼父与子的时候没说有两位主,同样地,我们在承认圣灵为主的时候也没说有三位主。如同说三位主或三位神乃是亵渎,同样地,说两位主或两位神也是极端亵渎,因为只有一位神、一位主、一位圣灵;神是主,主是神;神性在主的身份中,主的身份在神性中。

108. 最后你读到父既是主又是神:"耶和华我的神啊,我曾呼求你,我医治了我。"[125]你发现子既是主又是神,如在《约翰福音》中当多马触

---

[120] 《约翰福音》13:13。
[121] 《申命记》6:4。
[122] 《提摩太后书》1:18。
[123] 《诗篇》110:1。
[124] 《马太福音》22:43、45。
[125] 《诗篇》30:2。

摸基督的时候，他说："我的主，我的神。"[129]类似地，父为神而子为主，子也是神而父是主。神圣的称呼从一个变到另一个，神性却不变，尊贵也保持不变。他们不是好像出自丰足有余而作的奉献，而是源于本性之爱的自由意志的恩赐。合一性有其各自不同的属性，同时各自不同的属性又都归在合一性中。

第十六章

父是圣洁，子与圣灵也类似，所以他们在同样的三重神圣中被荣耀；我们再也找不到比圣洁更配称呼神的了，由此很清楚我们一定不能减损圣灵的尊严。在他里面有一切属神的，因为在洗礼中他与父、子同列，父又赐他大过万有，也无人能从他手里夺去这些。异端用圣约翰的一段经文反对他的神性，而这同一段经文却证明了三位一体的平等性和神性的合一。最后，在解释了子如何受于父之后，圣安波罗修表明如何用所引的经文驳斥各样的异端。

109. 所以父是圣洁，子是圣洁，灵是圣洁，但他们不是三个圣体，因为只有一位圣神，一位主。真正的圣乃是一，就像真的神性为一，属于神本性的真正的圣乃为一。

110. 所以我们尊为圣的任何事物都宣称这独一的神圣。基路伯和撒拉弗用昼夜不住的声音赞美他："圣哉！圣哉！圣哉！万军之耶和华。"[127]他们不是只说一次，恐怕你相信仅有一重神圣；他们不是说两次，恐怕你会漏了圣灵；他们不是说复数形式的圣，恐怕你想象那里有好多个圣者。他们重复了三次，说同样的词，使你甚至在赞美诗中都能理解三位一体中位格间的不同与神性中的一致。当他们这么说的时候，他们宣告

---

[129]《约翰福音》20：28。
[127]《以赛亚书》6：3。

了神。

111. 在我们宣告神的时候，我们再也找不到比称呼其为圣更配的方式了。每样事物对神、对主而言都太低。所以这个事实值得我们考虑人是否应该对圣灵有丝毫减损，圣灵的名是对神的赞美，因为父与子被赞美是照着圣灵被命名与赞美的方式进行的。撒拉弗口中颂赞，相随的整个赞美队伍口中颂赞，他们称呼神为圣，子为圣，灵为圣。

112. 他在洗礼中与父、子同时被神职人员提到名字，在圣礼中被呼求，与父、子一起被撒拉弗在天上宣告，与父、子一同住在圣徒的里面，浇灌在公义者的身上，作为默示的源头被赐给众先知——为这个缘故，圣经的全部都是神默示了圣灵所说的——那他怎么会不拥有一切属于神的呢？

113. 如果他们不愿让圣灵拥有一切属于神的，能行万事，就让他们说他没有什么，不会做什么。因为就像子拥有万物，父照其本性没有吝惜一样不给子的，赐给他大过万有的，如圣经见证说："我父给我的比万有都大。"⑱同样，圣灵有基督所有、比万有都大的，因为义不知何为吝惜。

114. 所以我们若殷勤学习，我们在这里也理解到神权能的一致性。他说："我父给我的比万有都大，谁也不能从我父手里把他们夺去，我与父原为一。"如果我们在上面正确地显明了圣灵是父的手，同样肯定的是父的手即子的手，因为父的灵与子的灵相同。所以无论我们中的哪一个靠三一神的名接受了永生，他就不会与父分离，也不会与子分离，同样也不会与圣灵分离。

115. 父被论到赐给子，圣灵从子接收，如经上所记："他要荣耀我，因为他要将受于我的告诉你们。"⑲（这里他看起来是在说职分的分配，而

---

⑱ 《约翰福音》10：29。
⑲ 《约翰福音》16：14。

非神能力的特权,因为子所救赎的人圣灵才接受他们,使他们成圣。)从这事实中,从这些话中,我用那些人建立他们诡辩的方法说,这里论到的是神性的合一,而非恩赐的需要。

116. 父给予乃是借着生而不是借着收养。他所给的好像存于神的固有特性之中,而不是有所缺乏需要取得报偿。所以,因为子像父一样为自己得人,也像父一样赐下生命,他就靠着能力的合一性表达了他与父的平等性:"我与父原为一。"⑬当他说"我与父"的时候,平等性得以揭示;当他说"原为一"的时候,合一性得以宣告。平等性排除了混淆,合一性排除了分裂。平等性区分了父与子,合一性没有分裂父与子。

117. 所以当他说"我与父"的时候,他拒绝了撒伯里乌派,因为他说他是一位,父是另一位;他又拒绝了富提纳斯派,因为他将自己与父连在一起。用前一段话他拒绝了这些人,因他说"我与父";用后一段话他拒绝了阿里乌派,因他说"原为一"。然而在前在后他都驳斥了撒伯里乌派异端的攻击,因他说"我们为一(本质)"而不是"我们为一(位格)"。他驳斥了阿里乌派异端,因他说"我与父"而非"父与我"。这当然不是粗鲁的标记,而是顺从与预知的标志,使我们不会错误地从词序来思考问题。因为合一不知何为顺序,平等不知何为等级。也不能说神的儿子自己教导顺从,却用粗鲁来对抗顺从。

第十七章

圣安波罗修举例表明,说那些话的地方帮助我们理解主的话,他表明基督在所罗门的廊下说的、被圣约翰记录的经文,代表了智慧人的思想,因为他说到基督不会在愚昧人或好争辩的人心中说话。他继续说到那些不信这些话的人要用石头打基督。正如天国的钥匙给了承认这些事的彼得,加略人犹大因为不信同样的事而邪恶

---

⑬ 《约翰福音》10:30。

地灭亡了。他借这个机会痛斥买神的儿子并卖约瑟的犹太人。他解释了各自的价钱深藏的奥秘。类似地，用背叛者对抹大拉膏油的嘀咕，他补充说明基督一方面被异端另一方面被大公教会所买，并且那些将圣灵从父分离的人给自己戴上基督徒之名是徒劳无益的。

118. 主在哪里进行这番讨论值得注意，因为了解他表述所在的场所通常有助于理解他的话。在要禁食之际，（我们读到）他被引入旷野，为使魔鬼的诱惑落空。尽管在丰裕中有节制地生活值得称赞，但试探的诱惑在富裕与快乐中更为常见。那诱惑者为了试探他就许诺富足，主为了得胜便看重饥饿。我不否认节制可在富裕中存在，但尽管航海的经常逃脱海难，比起从不下海的，他却要面对更多的危险。

119. 让我们考虑其他一些问题。当要应许天国之时，耶稣上了一座高山。在另一个时刻，当要在门徒的心意中收割属天教训的庄稼时，他带领他的门徒经过麦地，以便灵魂的丰富收获能得以成熟。当他即将成就其所取肉身的工作时，他看到了他用自己的话语为根基所建立的门徒的圆满成熟，就进入园子，为在主的家里种植年幼的橄榄树，用他血的源泉浇灌公义者，就是那些如发旺的棕榈树和硕果累累的葡萄树的公义者。

120. 如我们也在这段经文中所读到的，他于修殿节在所罗门的廊下行走；这乃是基督行走在要把自己良善的爱献给他的智慧人与谦虚人的心中。这廊乃是先知所教导的："我要存完全的心行在我家中。"⑬¹所以我们在我们自己的里面有神的家，我们有殿堂，我们也有廊，我们有泉源，如经上所记："你的泉源岂可涨溢在外。"⑬²将你心中的这条廊向神的话敞开吧，神对你说："你要大大张口，我就给你充满。"⑬³

121. 所以就让我们听神的话语行走在有智慧与平安的人心中时所说

---

⑬¹ 《诗篇》101：2。
⑬² 《箴言》5：16。
⑬³ 《诗篇》81：10。

的话:"我与父原为一。"[134]他没有在"心意不定与愚昧人的心中"说这句话,因为"属血气的人不领会神圣灵的事,反倒以为愚拙"[135]。罪人狭窄的心胸不接受信心的广大。最后,犹太人听到"'我与父原为一',又拿起石头来要打他"[136]。

122. 听不得这话的是犹太人,听不得这话的要用他悖逆的石头打基督,这石头比任何磐石都硬。如果你信我,他打伤了基督。尽管基督现在不感觉伤痛,因为"我们从今以后不凭着外貌认基督了"[137];但在教会的爱中欢乐的他,为阿里乌派不敬虔的石头所打。

123. "耶和华啊,你口中的律法于我有益,我要守你的诫命"[138]。主自己说主与父原为一。因为彼得信这个,他接受了天国的钥匙,毫无私心挂念地赦免人的罪。犹大因为不信这个,就把自己勒死在他自身邪恶的绳索中。不信这话的顽石啊!背叛者让人羞愧的绳索与犹太人更可怕的交易银钱啊!令人憎恨的钱财啊!有了它或者义者被买向死亡,或者被卖!约瑟被卖,耶稣基督被买,一个做了奴隶,另一个死了。令人憎恶的产业,置人于死地的交易啊!或者卖了兄弟让他受苦,或者为主——万民救恩的买赎者——定价要杀死他。

124. 犹太人在两件事上行恶最大:信心与职责,在每一件上都冒犯了基督这位信心与职责的作者。先祖时代的约瑟是基督的预表,基督自己又以他真理之身来到,因为我们的堕落,他"不以自己与神同等为强夺的,反倒虚己,取了奴仆的形像"[139],就是说为自己取了奴仆的样子,不在受苦的面前退却。

125. 第一处的交易额为二十块,另一个为三十块。他的价值不能限

---

[134] 《约翰福音》10:30。
[135] 《哥林多前书》2:14。
[136] 《约翰福音》10:31。
[137] 《哥林多后书》5:16。
[138] 《诗篇》119:73、74,后半句根据英译本引文直译,不同于和合本。——译者注
[139] 《腓立比书》2:6、7。

定,他的真正价格又怎能被领悟呢?价格是错误的,因为问价就是一个错。旧约的交易值二十块,新约为三十块,因为真的总比预表更贵重,恩典总比试验更慷慨,同在者总比律法更好,因律法应许了那要来的,来了就成全了律法。

126. 以实玛利人以二十块的价钱做成了他们的买卖,犹太人花了三十块。这不是肤浅的数字,不信者为过犯比有信心的为救恩更大手大脚花钱。然而思考两个合约的质量却是合宜的。二十块是他卖作奴隶的价钱,三十块是那位被解往十字架的价钱。尽管道成肉身与受难的奥秘非常相似,但信心的成全是在受难的奥秘中的。我不是认为由圣洁童女所生廉价一些,但我从被献的身体之奥秘中得到了更大的恩典。还有什么比他饶恕了我冒犯他的过错更完全的恩慈呢?但更完全的是他给了我们如此大的恩赐,即他因为是神而不会死,却为我们的死而死,使我们得以靠着他的灵而活。

127. 最后,加略人犹大对膏油估价三百块不是没有含义的,看起来当然是为主十字架而设的价钱。因此主也说:"她将这香膏浇在我身上,是为我安葬作的。"[140]那为何犹大的估价如此之高呢?因为赦罪对罪人价值更大,饶恕看来更加宝贵。最后你发现经上写着:"许多的罪都赦免了,因为她的爱多。"[141]所以罪人自己也承认他们所丢失的、主受难的恩典,逼迫基督的为基督作见证。

128. 或是因为"智慧不入邪恶的灵魂"[142],所以背叛者心中的恶意发出了这话。他把主身体的受难定价更高,为了他能用重价叫众人远离信心。所以主无价地献上自己,使得贫穷的危急不成为任何人背离基督的原因。先祖以低价卖了他,使得万人都能买。《以赛亚书》说:"没有银钱的也可以来,买了吃,不用银钱……也来买酒和奶[143]。"让没钱的也

---

[140] 《马太福音》26:12。
[141] 《路加福音》7:47。
[142] 《所罗门智训》1:4。
[143] 《以赛亚书》55:1。

能得到他。叛徒犹大啊！你估价他受难的膏油为三百块，以三十块卖了他去受难。算钱大方，卖起来吝啬。

129. 所以不是所有人都以同样的价钱买基督的。富提纳斯，买他为了置他于死地，付的是一个价钱；阿里乌，买他为了不公正地对待他，付的是另一个价钱；大公教会，买他是为了荣耀他，付的又是一个价钱。但他没有用钱来买，正如经上所记："不用银钱，不用价值，也来买……"⁽¹⁴⁴⁾

130. 基督说："凡称呼我'主啊，主啊'的人，不能都进天国。"⁽¹⁴⁵⁾尽管许多人自称为基督徒，利用这个名字，然而不是每个人都得到奖赏。该隐献祭，犹大亲嘴，但对他所说的乃是："犹大，你用亲嘴的暗号卖人子吗？"⁽¹⁴⁶⁾这是说你用爱心的誓言充满你的恶心，用平安的工具撒播仇恨，用显示爱的记号施加死亡的刑罚。

131. 莫让阿里乌派因为自称为基督徒就以使用这个名字而沾沾自喜。主将答复他们："你们把我的名字放在前面，却否认我的本质，但没有我永恒神性的地方我不认我的名字。与父分离，与圣灵割裂的不是我的名字。我若认不出我的教义，我不认我的名字。我若不认我的灵，我也不认我的名字。"因为这样的人不知道他在将父的灵与父所造的众仆相比较，关于这点我们已经讲得很多了。

第十八章

为了要用已经讨论过的要点来建立圣灵的神性，圣安波罗修又触及了其中的一些。比如圣灵不犯罪却赦罪；他不是受造物却是造物主；最后，他不敬拜别人却接受敬拜。

⁽¹⁴⁴⁾《以赛亚书》55：1。
⁽¹⁴⁵⁾《马太福音》7：21。
⁽¹⁴⁶⁾《路加福音》22：48。

132. 现在作一个总结，以便在最后更明确地集中已经在各处用过的论证。神性明显的荣耀由其他各种的证明而知，尤其突出的有四点。由这些特征可知神：他无罪，赦罪，不是受造物而是造物主，他不敬拜但接受敬拜。

133. 所以单单只有神，此外无人不犯罪，因为除了神之外没有人不犯罪。而且单单除了神之外没有人赦罪，因经上记着："除了神以外，谁能赦罪呢？"[147]除了不是受造物的没有人能是创造者，而不是受造物的毫无疑问就是神，因经上记着："他们去敬拜侍奉受造之物，不敬奉那造物的主。主乃是可称颂的，直到永远。"[148]神也不敬拜，只受敬拜，因经上记着："当拜主你的神，单要侍奉他。"[149]

134. 所以让我们开始思考圣灵是否具有任何这些见证他神性的特征。首先让我们来看单单在神以外没有人能不犯罪这条，并要求他们证明圣灵犯罪。

135. 但他们不能为我们证明这点，而是向我们要求典据，认为我们应该从圣经里来表明圣灵没有犯罪，如说到子没有犯罪。那就让他们知道我们凭着圣经的权威而教导，因经上记着："因圣灵在智慧里，理解、圣洁、独一、丰富、细微、易被感动、善于言辞、未受玷污。"[150]圣经说他未受玷污，难道圣经在子的事上说了谎，使你相信关于圣灵它也说了谎吗？因为先知在同一处关于智慧也说没有污秽之物进入她，她自己未受玷污，她的灵也没受玷污。所以，如果圣灵没有罪，他乃是神。

136. 赦罪的怎能有罪呢？所以他没有犯罪，而他如果没有犯罪就不是受造物，因为每个受造物都有能力犯罪，唯有永生神完全无罪，不受玷污。

137. 现在让我们来看圣灵是否赦罪。在这点上毫无疑问，因主自己

---

[147] 《路加福音》5：21。
[148] 《罗马书》1：25。
[149] 《申命记》6：13。
[150] 《所罗门智训》7章22节。

说："你们受圣灵。你们赦免谁的罪，谁的罪就赦免了。"[151]看到罪借着圣灵得赦了没有？但人用他们的事工来赦罪，他们没有任何权柄来施行他们自己的权利，因为他们不是靠他们自己的名赦罪，而是靠父、子、圣灵的名。他们求，神赐下，服侍在于人，恩赐在于天上的权能。

138. 不是怀疑罪借着洗礼的方式得赦，而是在洗礼中的工作在乎父、子与圣灵。所以如果圣灵赦罪，因经上记着："除了神以外，谁能赦罪呢？"[152]那位不能从属于本性的名中被分割的当然也不能从神的权能中被分离了。如果他不能从神的权能中被分割，那又怎能从神的名中被分离呢？

139. 让我们现在来看他是受造物还是造物主。既然我们在上文已经清楚地证明他是造物主，如经上所记"神的灵造我"[153]，并宣告地面由圣灵更新，万物没有圣灵而呻吟，那圣灵是造物主就很清楚了。有谁能怀疑这一点呢，既然如我们上面所表明的，甚至比所有受造物更完美的、主从童女而出的繁衍，都离不了圣灵的工作？

140. 所以圣灵不是受造物，而是造物主，是造物主的当然不是受造物。因为他不是受造物，毫无疑问他是与父、子一起创造万物的造物主。但如果他是造物主，那使徒保罗就既借着责备外邦人说"敬拜侍奉受造之物，不敬奉那造物的主。主乃是可称颂的，直到永远"[154]，又借着警告众人圣灵是要受侍奉的，正如我在上文所说，来表明圣灵是造物主，也表明因他是造物主所以他应该被称为神，这一点他同样在《希伯来书》中作了总结，说："建造万物的就是神。"[155]所以他们或者要说明什么是离开父、子、圣灵而造的，或者他们就要承认圣灵与父、子一起也是属于同一神性的。

141. 作者也教导圣灵当受敬拜，他称其为主和神。因为他是宇宙的

---

[151]《约翰福音》20：22、23。
[152]《路加福音》5：21。
[153]《约伯记》33：4。
[154]《罗马书》1：25。
[155]《希伯来书》3：4。

神和主，当然要受万人的敬拜，如经上如此记着："当拜主你的神，单要侍奉他。"[156]

142. 请他们陈明一下他们在哪里读到圣灵敬拜的。论到神的儿子，经上说："神的使者都要拜他。"[157]我们没有看到让圣灵拜他，因为不在仆人与差役之列的怎能敬拜呢？但他与父、子一起，在他之下有公义者服侍他，因经上记着："我们服侍神的灵。"[158]所以他要被我们敬拜，使徒教导我们必须要服侍他，我们服侍他也崇敬他，根据经上所记的再重复一次："当拜主你的神，单要侍奉他。"

143. 使徒保罗没有省略这一点，没有省略教导我们圣灵要受敬拜，因为既然我们已经证明圣灵在先知里面，没有人能怀疑预言是由圣灵赐下的，当那位在先知里的受到敬拜时，同样的灵受到了敬拜。因此你发现经上如此记着："所以，全教会聚在一处的时候，若都说方言，偶然有不通方言的，或是不信的人进来，岂不说你们癫狂了吗？若都作先知讲道，偶然有不信的，或是不通方言的人进来，就被众人劝醒，被众人审明，他心里的隐情显露出来，就必将脸伏地，敬拜神，说：'神真是在你们中间了。'"[159]所以说是神受敬拜，住在先知里面，并说话。圣灵如此住在里面并说话，所以也受到了敬拜。

第十九章

在以上证明了圣灵住在先知里面讲话之后，圣安波罗修推论圣灵知道神的一切，所以与父、子为一。凭借圣灵拥有一切神所有的：神性、内心的知识、真理、超乎万名之上的名、让死人复活的能力（从《以西结书》得证，在这点上他与子同等），他再次证明了这同样一点。

---

[156] 《申命记》6：13。
[157] 《希伯来书》1：6。
[158] 《腓立比书》3：3，和合本此处译为"我们……以神的灵敬拜"。——译者注
[159] 《哥林多前书》14：23—25。

144. 因为子拥有父的一切，所以父、子为一。与此相同，因为圣灵知道神的一切，所以他也与父、子为一。他没有凭蛮力获取，好像有人受损失，受伤害。他没有抢夺，好像看起来掳掠了某人而造成损失。他既没有因需求而强夺，也没有借着更大能力强势来获得，而是凭借能力的合一性而拥有。所以如果他做了万事——因为同一个灵行做万事——他拥有神所拥有的万事怎会不是神呢？

145. 让我们来思考什么可能是神所有而圣灵所无的。父神有神性；子也同样有神性，在他里面满有神性居住；圣灵也有，因经上记着："神的灵在我的鼻孔内。"[160]

146. 神又察验心肠肺腑，因经上记着："神察验人的心肠肺腑。"[161]子也有这能力，他说："你们为什么心里怀着恶念呢？"[162]因为耶稣知道他们的想法。圣灵有同样的能力，他也向众先知显明他人内心的奥秘，如我们在上面讲到的："他心里的隐情显露出来。"[163]甚至连神深奥事都测透的那一位，能测透人的隐秘事，我们对此有什么好惊奇的呢？

147. 神的一个属性乃为真实，如经上所记："神是真实的，人都是虚谎的。"[164]圣灵是真理的灵，他说谎吗？我们已经证明过谁被称为真理呢？约翰这么称呼他，子亦然。大卫在诗中说："求你发出你的亮光和真实，好引导我，带我到你的圣山，到你的居所。"[165]如果在这段经文中你认为子是光，那圣灵就是真理，或者你认为子是真理，那圣灵就是光。

148. 神有超乎万名之上的名，把这个名赐给了子，如我们读到因耶稣的名万膝跪拜。让我们思考圣灵是否也有此名。经上记着："去，奉

---

[160] 《约伯记》27：3，和合本此处译为"神所赐呼吸之气仍在我的鼻孔内"。——译者注
[161] 《诗篇》7：9。
[162] 《马太福音》9：4。
[163] 《哥林多前书》14：25。
[164] 《罗马书》3：4。
[165] 《诗篇》43：3。

父、子、圣灵的名为万民施洗。"⑯这样他就有超乎万名的名。所以父、子有，圣灵借着他本性之名的一致性也有。

149. 神有叫死人复活的特权。"父怎样叫死人起来，使他们活着，子也照样随自己的意思使人活着。"⑯而圣灵也使人复活，神乃是借着他叫人复活的，因经上所记："也必藉着住在你们心里的圣灵，使你们必死的身体又活过来。"⑱为了叫你不以为这是一个不值一提的恩典，你当知道圣灵也叫人复活，因为先知以西结说："灵啊，要从四方而来，吹在这些被杀的人身上，使他们活了。于是我遵命说预言，生命的灵就进入骸骨，骸骨便活了，并且站起来，成为极大的军队。"⑲神还继续说："我的民哪，我开你们的坟墓，使你们从坟墓中出来，你们就知道我是耶和华。我必将我的灵放在你们里面，你们就要活了。"⑳

150. 当他说到他的灵的时候，除了圣灵之外他还提过别的任何什么吗？他既不会说他的灵由吹风产生，这灵也不能来自地的四极，因为我们所经历的这些吹出来的风是部分的，而不是普遍的；我们生活所赖的这灵也是个人的，而不是普遍的。但圣灵的特性就是超乎万有之上，贯乎万有之中。所以从先知的话里我们可以看见当圣灵使他们复苏的时候，（早已四分五裂散架的）骸骨如何可以再连起来成为活的身体；骨灰可以连回属于它们的肢体，因为它们有要连在一起的倾向，然后被更新成为活体。

151. 我们难道还没从所成就的事的相似中认出神权能的一致性吗？圣灵用主在他自己受难之后复活的相同方式叫人复活：在眨眼的刹那间，死人的坟墓被打开，复活的身体从墓中起来，死亡的气息被去除，生命的馨香被恢复，死人的灰烬重获了生命的形象。

---

⑯ 《马太福音》28：19。
⑰ 《约翰福音》5：21。
⑱ 《罗马书》8：11。
⑲ 《以西结书》37：9、10，和合本中"灵"译为"气息"。——译者注
⑳ 《以西结书》37：13、14。

152. 所以圣灵有基督所有的，因此也有神所有的，因为父所有的万物子都有，所以他说："凡父所有的，都是我的。"[171]

第二十章

从神宝座流出的河是圣灵的预表，大卫所说的水意指天国的权能。神的国是圣灵的工作，既然圣保罗应许说我们也要与子同做王，圣灵在国中与子同做王是不足为奇的。

153. 我们所读到的从神宝座流出的河也不是个区区小事。你读到福音书作者约翰关于这点所说的话："天使又指示我在城内街道当中一道生命水的河，明亮如水晶，从神和羔羊的宝座流出来。在河这边与那边有生命树，结十二样果子，每月都结果子，树上的叶子乃为医治万民。"[172]

154. 这当然是从神宝座流出的河，就是圣灵，信基督的人所饮的，如他自己所说："人若渴了，可以到我这里来喝。信我的人就如经上所说：'从他腹中要流出活水的江河来。'"[173]但这是指着要受圣灵之人说的，所以河是圣灵。

155. 这是在神的宝座之内，因为这水不清洗神的宝座。这样无论你把这水理解成什么，大卫说他不是在神宝座之上，而是在诸天之上，因为经上记着："天上的天和天上的水，你们都要赞美他。"[174]他说让它们赞美，不是让它赞美。如果他试图要我们理解水的元素，他当然会说："让它赞美。"但既用了复数形式，他的目的是要指多个权能。

156. 既然神国本身是圣灵的工作，如经上所记："因为神的国不在乎

---

[171] 《约翰福音》16：15。
[172] 《启示录》22：1、2。
[173] 《约翰福音》7：37、38。
[174] 《诗篇》148：4。

吃喝，只在乎公义、和平并圣灵中的喜乐，"[175]那圣灵在神的宝座中有什么奇怪的呢？当救主自己说"凡一国自相纷争，就成为荒场"[176]，后又加上"我若靠着神的灵赶鬼，这就是神的国临到你们了"[177]，他表明神国的建立与他自己和圣灵是不可分割的。

157. 使徒保罗说甚至我们都要在基督的国度里与基督同做王："我们若与基督同死，也必与他同活；我们若能忍耐，也必和他一同作王。"[178]那还有比否认圣灵与基督一同做王的人更愚昧的吗？但我们是借着得儿子的名分，他是借着权能；我们借着恩典，他借着本性。

158. 所以圣灵与父、子同享国度，他与他们有同一个本质、同一个主权，也有同一个权能。

第二十一章

以赛亚为圣灵所差遣，相对应地，同样的灵为他所见。旋转的轮子与彩色的翅膀意味着什么呢？既然圣灵被撒拉弗宣告为万军之耶和华，当然除了不敬虔者之外无人能否认他有这个称号。

159. 那么，既然他与父、子同享国度，什么阻止我们认为圣灵是差遣以赛亚的那位呢？保罗的权威我们无法怀疑，《路加福音》的作者在《使徒行传》中充分肯定了保罗的判断，所记录的如下："圣灵藉先知以赛亚向你们祖宗所说的话是不错的。他说：'你去告诉这百姓说，你们听是要听见，却不明白；看是要看见，却不晓得。'"[179]

160. 这样差遣以赛亚的就是圣灵。如果圣灵差了他，当然在乌西雅王崩了以后，以赛亚所看见的就是圣灵，他说："我看见万军之耶和华坐

---

[175] 《罗马书》14：17。
[176] 《马太福音》12：25。
[177] 《马太福音》12：28。
[178] 《提摩太后书》2：11、12。
[179] 《使徒行传》28：25、26。

在高高的宝座上，他的衣裳垂下，遮满圣殿。其上有撒拉弗侍立，各有六个翅膀，用两个翅膀遮脸，两个翅膀遮脚，两个翅膀飞翔，彼此呼喊说：'圣哉！圣哉！圣哉！万军之耶和华，他的荣光充满全地！'"[180]

161. 如果撒拉弗站着，他们怎么又在飞呢？如果他们在飞，他们怎么又站着呢？如果我们不能理解这点，我们又怎么能想要理解我们没有见过的神呢？

162. 但如先知看见轮在轮中转动（这当然不是指任何肉眼看得见的形象，而是指[新、旧约]每个约的恩典，因为圣徒们的生命被磨亮了，而且如此一致乃至后来的部分与以前的相合）。这轮中之轮是律法下的生命、恩典下的生命；就像犹太人在教会里，律法也被包含在恩典里。因为在教会中的人是隐藏的犹太人，心里的割礼是教会中的圣礼。而论到教会中的犹太人经上记着说："在犹大，神为人所认识。"[181]所以类似于轮中之轮，翅膀有静止的也有在飞的。

163. 同样地，撒拉弗也用两翅遮脸，两翅遮脚，两翅飞翔。这里也有一个属灵智慧的奥秘。季节立定，季节飞走；过去立定，未来飞来。撒拉弗的翅膀与此相似，它们遮住神的脸与脚，因为在神里——他没有开始也没有终点——整个时间与季节的过程毫无对其开端与末了的知识。所以说过去的和未来的时间立定，现在的飞动。不要问神的开始与末了，因为它们不存在。你有现在，你必须赞美他，而不是质疑他。

164. 撒拉弗用不停息的声音赞美他，你反倒质疑？他们这么做的时候当然为我们表明我们不能间或质疑神，而要永远赞美他。所以圣灵也就是万军之耶和华。除非基督所选的老师[182]要取悦不敬虔的人，他们才能否认圣灵是权能的主，他赐下他自己所愿的任何能力。

---

[180] 《以赛亚书》6：1—3。
[181] 《诗篇》76：1。
[182] 即圣灵。——译者注

第二十二章

为了证明三位一体的合一性,上述引用的《以赛亚书》经节得到讨论,表明在关于父、子、圣灵的阐述上没有任何含义上的不同。如果被钉死的是荣耀之主,同样地,圣灵在万事上与父、子同等,阿里乌派绝不能消灭他的荣耀。

165. 现在可以看出父、子、圣灵里尊贵与主权的一致性了。许多人说以赛亚所见的是父神。保罗说是圣灵,路加支持他的观点。约翰认为他是子,因为他曾这样描写子:"耶稣说了这话,就离开他们,隐藏了。他虽然在他们面前行了许多神迹,他们还是不信他。这是要应验先知以赛亚的话,说:'主啊,我们所传的有谁信呢?主的臂膀向谁显露呢?'他们所以不能信,因为以赛亚又说:'主叫他们瞎了眼、硬了心,免得他们眼睛看见,心里明白,回转过来,我就医治他们。'以赛亚因为看见他的荣耀,就指着他说这话。"[183]

166. 约翰说以赛亚说了这些话,并最清楚地显明说子的荣耀向他显现。然而,保罗说圣灵说了这些事情。那这里究竟有什么分别呢?

167. 这其实是用词的不同,而非意思的不同。尽管他们说不同的事,但两者都没有错误,因为既在子里得见父——子说:"人看见了我,就是看见了父"[184]——又在灵里得见子,因为"若不是被圣灵感动的,也没有能说耶稣是主的"。[185]所以基督不是靠着肉身的眼睛看见的,而是靠着圣灵的恩典。因此圣经同样说:"你这睡着的人当醒过来,从死里复活,基督就要光照你了。"[186]当保罗失明的时候,他除了倚靠圣灵之外怎

---

[183] 《约翰福音》12:36—41。
[184] 《约翰福音》14:9。
[185] 《哥林多前书》12:3。
[186] 《以弗所书》5:14。

么看得见基督呢？所以主说："我特意向你显现，要派你作执事，作见证，将你所看见的事和我将要指示你的事证明出来。"[187]因众先知也接受了圣灵，看见了基督。

168. 所以说，异象为一，吩咐的权柄为一，荣耀为一。当从圣灵感孕生于童女的荣耀的主被钉十字架，我们还否认圣灵也是荣耀的主吗？因为基督不是两个里的一个，而就是一个，作为父神的儿子生于世界以先，又在这世界中作为取了肉身的人被生。

169. 为什么我应该说与父、子相同，圣灵也全无玷污，完全大能呢？因为所罗门称他的话用希腊文讲就是 $παντοδυναμον$（全能，all-powerful）和 $πᾱνέπίσχοπον$（全知，all-surveying），因为如我们在上文所表明的，《所罗门智训》说他是全能，看透万事，所以圣灵得享尊贵与荣耀。

170. 思量吧，免得有事不适合于他；或者，阿里乌啊，如果这不取悦于你，就将他从他与父、子的团契中拉下来。但如果你选择将他拉下来，你将看到你上面的诸天都颠倒了，因为它们所有的力量都来自于圣灵。如果你选择将他拉下来，你必须先向神动手，因为圣灵是神。但你怎能将测透神深奥事的拉下来呢？

---

[187] 《使徒行传》26：16。

论相信复活

1. 在前文我在一定程度上放纵了自己的情感，以免用太猛的药来医治烫伤非但没有舒缓反倒加剧疼痛了。在我经常向我弟兄说话，有他在我眼前的时候，稍微发挥一下自然感受并非不合宜，因为自然感受在某种程度上因眼泪而满足，因哭泣得安抚，因震惊而麻木。因为外在感情的表达关乎柔软温和的本性，而丝毫不爱浪费、严厉、顽梗；耐心是由忍耐而非对抗证明的。

2. 因此，死亡之日最近既以悲惨的场面涣散了一位弟兄的思想，因为这将他完全占据，那现在——就是在第七天，这个表示将来安息的记号——当我们回到坟墓之时，就将我们的思绪某种程度上从我的弟兄身上转移到劝勉普罗大众，让我们专注后者，这乃是大有益处的。因此既不要把我们所有的思绪都放在我的弟兄身上，免得我们的感觉胜过我们，也不要忘记这样的挚爱与惩罚而完全转离他。如果他的死还是今天信息的主题，我们就真的大大加增了我们所受的强烈痛苦了。

3. 因此，最亲爱的弟兄们，我们提出以自然共有的过程来安慰我们自己，而不要去想是任何困难的事情在等候我们。所以我们认为死不是让人难过的，因为首先它是所有人共有且当有的，其次它使我们从今生的悲惨中释放，最后当我们取了睡觉的形象从这个世界的劳苦中得了安息的时候，更强的活力照在我们身上。有什么悲伤是复活的恩典不能安慰的呢？借着相信没有任何事物在死中灭亡，还有什么伤心事没有被除掉呢？没有了，的确，通过死的催促，有很多倒被保存不灭亡。因此，最亲爱的弟兄们，如果通过我们陈述中复活的希望与将来荣耀的甜美，他要为我们再活一次，那么在我们面向大众的劝勉中，我们应该将我们的感情转向我的弟兄，而不应该在离他很远的地方游荡。

4. 让我们以这点开始来表明我们所爱的人离开不应该由我们来哀哭。把一件谁都知道注定要临到所有人的事情当做特别的不幸而哀悼，还有比这更荒唐的事吗？这是要把思想提升到高过人的水平，不要接受通常的定规，拒绝自然的通则，排除属肉体的思想，不要苟同肉体本身的量度。不承认自己所是的，反倒假装自己所不是的，还有比这更荒唐的事情吗？一个人知道要发生什么事，当它发生了却不能忍受，还有比这更欠前瞻性的记号吗？自然自己召我们回去，用她自己的一种安慰方式让我们脱离这种哀痛，因为有什么事情让人如此痛苦，如此哀伤，其中思想没有片刻的缓解呢？因为人的本性有其特性，就是尽管人可能处于悲伤的境地，然而只要他们是人，有时就会将他们的想法从悲伤中稍稍转离。

5. 据说真有某些部落在人出生的时候哀伤，而在人死的时候庆祝。这不是毫无理由的，因为他们认为应该为那些进入这个生命海洋的人哀伤，而那些从这个世界的惊涛骇浪中离开的人应该有欢乐伴随，这并不无道理。我们也要忘却逝去者的生日，而要以节日的庄严仪式来庆祝他们死的日子。

6. 所以，若要与自然保持一致，必须不能屈服于过度的哀伤，以免我们显得要么为自己宣告拥有超乎自然的特权，要么拒绝共有的处境。因为死对所有人都一样，既不偏待穷人，也不排除富人。因此尽管只借着一人的罪，死却临到了众人，使我们既不能拒绝承认他是我们族类的始作俑者，也不能拒绝承认他是死的始作俑者。这样，正如借着一人死成了我们的，复活也是一样。我们不应该拒绝这个奥秘，使我们可以得到这样的恩赐。因为如我们读到，基督"来为要拯救失丧的人"[①]，"为要作死人并活人的主"[②]。在亚当里我堕落，在亚当里我被赶出乐园，在亚当里我死去。除了在亚当里找到我，主还能怎样召回我呢？尽管在亚当里我有罪，现在在基督里我得以称义。这样，死若是众人的债，我们

---

① 《路加福音》19：10。
② 《罗马书》14：9。

就必偿还得起，但这个话题一定要留待以后处理。

7. 我们现在的目的是要证明死不应该引起太深的悲伤，因为自然本身拒绝如此。因此他们说利西亚人有一条法律，要求容让哀伤的男人穿女人的衣服，因为他们认为哀痛让男人软弱，变得女人腔。那些本要为信心、为信仰、为他们的国家、为公义的审判以及追求德行的努力而献身就死，可他们却因为别人受合宜的诱因所迫自求一死而过度悲恸，这乃是自相矛盾。因为一个人对发生在别人身上的事情尚且没有节制地哀恸，当临到自己身上又怎不会情不自禁地退缩呢？如果你能，就丢弃你的悲伤；如果你不能，也不要表现出来。

8. 这样，所有的哀痛就都要藏在心里或要被压制吗？为什么不应该是理性而不是时间来减轻人的悲伤呢？时间的流逝能忘却痛苦，智慧难道不应该更能疏解痛苦吗？而且当我们选择忘记他们而不是借安慰减轻我们的痛苦，选择不再回忆他们而不是用感谢的心记念他们，在我看来，涉及对那些我们为失去他们而感到哀伤的人的回忆，这是应有感情的缺失；我们害怕被唤起对那些人的回忆，他们的形象在我们心中应该是欢乐的；就接受死去的人而言，我们心里充满怀疑，而不是盼望，我们认为我们所爱的人会受惩罚而非承受不朽。

9. 但是你会说："我们失去了我们曾经所爱的。"我们不能永远留住一时曾经交托给我们的，难道这不是我们自己、大地以及诸元素的共性吗？大地在犁下呻吟，受雨水的鞭打，被暴风雨重击，被严寒环绕，被太阳灼烧，使它得以每年产出果实。当大地以各样的花朵作为自己的服饰时，它自己的装饰便被剥去，被踩躏。它多少次被掳掠啊！然而，它并不抱怨失去果实，它生出它们为了可以失去它们，在此之后也不拒绝再产出它记得要从它夺走之物。

10. 天空本身也不总有以冠冕装饰的闪烁星体照耀，不总有晨光闪亮或阳光灿烂，反倒在世界最令人满意的现象之后总因湿冷的黑夜而变暗。什么比光更令人感恩呢？什么比阳光更令人愉悦呢？每天这两者都要终结，但是我们不以它们离开我们为患，因为我们期盼它们回来。你从这些事物中受教，加增你耐心的应该在那些属于你的事上彰显。如果上述事物离开你不引起痛苦，为什么人逝去应该悲痛呢？

11. 这样，就让哀痛等着去吧，愿有节制出现在昌盛必需的灾难中。如果无节制的欢乐不合宜，那么这样的悲哀合宜吗？对死亡引起的悲哀或恐惧缺乏节制并非小恶。它驱使掌控了多少人，置刀剑于多少人的手中，使他们可以用这种方式证明他们不能忍受死亡反倒寻求死亡的疯狂。采用这种手段作为他们逃脱的方法乃是恶事，因为他们不能忍受忍耐与他们本性相合的，他们坠入与他们愿望相悖的境地，永远与他们渴望追随的人分离。但这并不常见，因为尽管疯狂驱使人如此，自然本身设置了限制。

12. 但是女人在公众场合下哭号乃是常事，好像她们害怕她们的惨事不为人所知。她们故作姿态弄脏衣服，好像悲哀的感受就藏在里面；她们用污秽之物弄湿她们蓬乱的头发；最后又在很多场合下习惯撕裂衣服，割开装束，赤身露体地糟踏她们的端庄，好像她们准备好因为失去奖赏而牺牲这端庄。因此淫荡的眼目兴奋了，贪婪地追逐这些裸露的肢体，如果没有裸露是不会有这些欲望的。这些肮脏的衣服遮盖的是思想而不是肉身的形状。思想的淫念经常藏身于悲伤的服饰之后，不合宜的粗暴装束被用来遮盖藏匿淫乱灵魂的秘密。

13. 守住端庄并不放弃恒忍之心的人投入足够的感情为她的丈夫哀悼。告别逝去者最好的做法就是让他们活在我们的记忆中，保留在我们的爱心里。表现纯洁的人没有失去她的丈夫，就她的联合而言，没有改变丈夫之名的人也没有寡居。当你帮助共有的后代时，你没有失去后代，而是借着要毁灭的事物换来一个继承者，你在永恒的事上有分。你有了一个代表你后代的，这后代当得的给了穷人，使得有一个人得以存活，不仅是年迈的父亲或母亲，更是你自己的生命。如果他的份额没有挥霍在今日的事上，而是用来买将要来的事，你留给你继承者的就更多了。

14. 但是我们思念那些我们失去的人。有两件事格外令我们痛苦：一件是思念我们所失去的人，我自己经历过这事；另一件是我们认为他们被夺去了生命的甜美，被夺走了劳苦的果实。有一种爱的温柔行动，突然间点燃情感，其效果是缓解而非阻止痛苦。因为思念失去的人显得不可推托，因此软弱在美德的外表下加增。

15. 但为什么你认为她因为服兵役或执行某项任务，或为探寻商机远渡重洋而打发所爱的人去别的地方应该比你——不是因为某种偶然的决定或对金钱的渴望，而因为自然法则——成了留守者更要忍耐呢？但是你说再没有重获亲人的盼望了。好像任何人回来是肯定的！不过很多时候怀疑的折磨思绪比强烈的畏惧危险更甚，害怕某事可能发生比承担已知发生的事情更不堪重负，因为前一件事增加恐惧的量，后一件事关注于哀伤的终结。

16. 但是主人有权随心所愿地迁移他们的仆人。难道神没有这权力吗？所赐给我们的不是盼望他们回转，所赐给我们的乃是跟随行在前面的。当然，生命寻常的短暂既夺不走行在前面者的许多东西，也耽搁不了存留者太久远。

17. 但是如果人不能减轻痛苦，那么因为我们的思念反倒盼望整件事情应该令人沮丧，这岂非不相称么？对爱人的思念当然更强烈，但这是由必然之事引发的；尽管他们因被丢弃而哀伤，却并非惯常哀痛，而是被厌弃时因为爱得太深而脸红羞愧。因此痛悔中的节制更得到彰显。

18. 但有人认为逝去者被夺走了生命的甜美，我要对他们说什么呢？今生的苦与痛由身体本身的软弱或外界发生的不快之事引起，在其中不可能有真正的甜美。我们总是为希望更快乐的环境焦虑并犹豫不决，我们在不确定中摇摆，我们的盼望在我们眼前将确定的设为犹疑的，满意的设为不便的，坚立的设为衰败的，我们的意志毫无力量，我们的愿望像海市蜃楼。但是如果有任何事情逆我们的愿望而行，我们就认为我们失落了，为逆境的痛苦击碎而非受顺境的愉悦快乐。这样，本来不受困扰的人被夺去这种能力，他们有什么好处呢？

19. 我毫不怀疑良好的健康状况比糟糕的健康状况对我们更有好处，财富比恼人的贫穷更令人高兴，从儿女那里来的满足感好过失去他们而有的痛苦，年轻比悲哀的老年更使人愉快。人的愿望得以满足后常常变得失落，长久盼望的又化为后悔，从而为他不害怕得到的东西而痛苦。但是什么祖国、什么快乐能补偿流亡以及其他惩戒带来的痛苦？即使当我们拥有这些，快乐也被不愿使用它们或害怕失去它们而削弱。

20. 但是假设有人保持不受伤害，免于痛苦，在整个生命历程中享乐从不间断，灵魂要是为这样的身体所覆盖，被肢体狭窄的范围所限制，那它还能获得什么样的安慰呢？如果我们的肉体从牢狱中退缩，如果它憎恶否认它漫游权力的每一样事物，那么当它倚靠其听见或看见超越自身的微弱能力而的确显得总在前行时，我们的灵魂要是如同空气一般得享自由行动，去往哪里我们不知道，来自哪里我们也不知道，那它多么渴望逃离那肉体的牢笼啊！

21. 然而，我们知道它比身体活得更长，从身体的栅栏中得到释放后以清晰的目光看以前住在身体里看不见的东西。我们能断定这样的事是因为有些人的异象触及看不见的东西，甚至在睡着的状态中看到天上的事物（他们的身体好像在睡眠中被埋葬，其意识上升到更高境界，并使之与身体发生关联）。所以如果死亡将我们从这个世界的悲惨境地中释放，就诚然不是邪恶的，因为它恢复了自由，除去了痛苦。

22. 这点正是证明死亡不是恶事的合宜之处，因为它是遮挡一切悲哀与邪恶的避难所、稳固的安全港、安息的天堂。此生中还有什么仇敌我们没经历过呢？什么风暴诱惑我们没有遭遇过呢？什么麻烦没有骚扰过我们呢？有谁得以幸免呢？

23. 圣先祖以色列逃离他的国家，从他父亲、亲人、家园那里被放逐，他为他女儿的羞耻和他儿子的死而哀伤，他忍饥挨饿，死后又失去了他自己的坟墓，因为他吩咐他的骨骸要被转移，免得在死中寻得安息。

24. 圣约瑟经历过他弟兄们的憎恨，忌妒他之人的诡诈，做奴隶服侍别人，受商人的管辖，被主母挑逗，主人对此一无所知，他又受牢狱之苦。

25. 圣大卫失去了两个儿子，一个乱伦，一个杀亲。有他们是耻辱，没他们是悲伤。他又失去了第三个——他所爱的婴孩。在婴孩尚且存活的时候他为他哀哭，但死后就不再求告。因为我们也读到，当孩子仍在病中，大卫为他求告主，禁食，并且躺在麻衣上，当老臣进前来要把他从地上扶起来，他既不起来也不吃。但是当他听见孩子死了，他就更衣敬拜神，并且吃东西。这事在他仆人眼里看为奇怪，他回答说，当孩子还活着的时候他禁食哀哭是正确的，因为他合理地认为神或许施怜悯，毫无疑问，能赐生命给逝去者的那位也能够保守活人的生命。但现在死亡已经发生，他为什么还禁食呢？因为他不能带死者回来，召唤没有生命的。他说："我必往他那里去，他却不能回我这里来。"③

26. 对哀伤者何等大的安慰！智慧人的判断何其准确！奴隶的智慧何等奇妙！没有人可以因遭遇逆境而沮丧，或者抱怨他受了不当受的折磨。你是什么人可以事先宣告你当得什么？为什么你渴望占那洞悉万事者之位呢？为什么你夺去那将要宣判者的判决呢？就连圣徒都不被允许如此行，行这事的圣徒也没有免受惩罚。大卫在他的诗中承认他为此遭受灾祸了："看哪，这就是恶人。他们既是常享安逸，财富便加增。我实在徒然洁净了我的心，徒然洗手表明无辜。因为我终日遭灾难，每早晨受惩治。"④

27. 彼得尽管充满信心与虔诚，但因为对我们共有的软弱还不认识，冒失地对主说："我愿意为你舍命，"⑤在鸡叫三遍以先也陷入了他冒失

---

③《撒母耳记下》12：23。
④《诗篇》73：12—14。
⑤《约翰福音》13：37。

带来的试炼中。尽管这个试炼实在是我们得救的功课，使我们可以学到不要轻视肉体的软弱，以免因为如此轻视我们便被试探。如果彼得都被试探，那谁还能冒失呢？谁能宣称他不被试探呢？毫无疑问，彼得被试探乃是为我们的缘故，验证试探不发生在比他更强的人中，而是靠着他我们应该学习如何抵挡试探，尽管甚至被对我们生活的关心所试探，我们还是可以靠耐心的眼泪战胜试探的刺。

28. 但那同一位大卫，他行为上的差别或许不会影响那些坚持圣经话语的人。这同一位大卫——我且说——没有为无辜的婴儿哀哭，却为杀亲者的死哀哭。因为在末了当他哀号痛苦的时候，他说："我儿押沙龙啊！我儿押沙龙啊！我恨不得替你死！"⑥但是不仅杀亲者押沙龙被哀哭，暗嫩也被哀哭；不仅乱伦者被哀哭，而且甚至替他复了仇；一个是被举国嘲笑，另一个是通过他兄弟们被放逐。邪恶者得到哀哭，无辜者没有。起因是什么？理由是什么？智者总是深思熟虑来肯定结果，因为行为的巨大差别中蕴含了智慧的高度一致，而所信的却是一样。他为那些死人哀哭，但不认为他应该为死的婴孩哀哭，因为他认为他们对他而言是失落了，但盼望后者可以复活。

29. 但是关于复活后文会更详述，让我们现在回到我们直接的主题。我们业已陈明甚至圣者其美德都没受到照顾，在这个世界遭受了又多又重之事，亦有网罗与悲伤相伴。因此大卫发自内心地说："耶和华思念我们不过是尘土。至于世人，他的年日如草一样。"⑦在另一处："人好像一口气，他的年日如同影儿快快过去。"⑧因为还有比我们更卑劣的吗？我们被差进入此生，好似遭受掠夺赤身露体，所有的乃是软弱的肢体、欺骗的心志、脆弱的思想，急于受关怀，懒于出劳力，喜好宴乐。

---

⑥ 《撒母耳记下》18：33。
⑦ 《诗篇》103：14、15。
⑧ 《诗篇》144：4。

30. 如此看来，根据所罗门的话，没有出生乃是最好的，因为那些自认在哲学上成就最高的人也都跟从他。他在时间上先于这些哲学家，却晚于许多我们的作者。他在《传道书》中如是说："因此，我赞叹那早已死的死人，胜过那还活着的活人。并且我以为那未曾生的，就是未见过日光之下恶事的，比这两等人更强。我又见人为一切的劳碌和各样灵巧的工作就被邻舍嫉妒。这也是虚空，也是捕风。"⑨

31. 除了求告并得到智慧的那位，说这话的又是谁呢？他知道世界如何被造以及诸元素的能力、年月的进程并星宿的排列，通晓活物的习性、野兽的暴怒、狂风的野蛮，而且理解人的思想！⑩ 这样，属天的事物尚且不能在他面前隐藏，凡界之物又如何在他面前隐藏？他洞悉了冒领他人孩子之妇人的思想，靠神恩典的默示知道与他不同类的活物的习性，难道他会在这类性质的事情上犯错或撒谎吗？这些事情是从他自己个人经验中所发现的。

32. 但是所罗门不是唯一有如此感受的人，尽管只有他如此表述。他读过圣约伯的话："愿我生的那日灭没。"⑪约伯认识到出生是一切灾祸的起头，所以盼望他出生的那日灭没，使得一切麻烦的源头可以挪开，盼望他出生之日灭没使他可以接收复活之日。因为所罗门听过他父亲的话："耶和华啊，求你叫我晓得我身之终，我的寿数几何，叫我知道我的生命不长。"⑫因为大卫知道完美的不能在这里被掌握，所以快快地追求那些将要来的事。因为现在我们部分知道，部分理解，但那时就可能掌握完美的。那个时候不是神尊贵与永恒的影子而是实体开始闪耀，没有遮盖的颜面被我们所注视。

33. 但没有人愿意匆匆完结，除非他正在逃离今生的不适。因此大

---

⑨ 《传道书》4：2、3。
⑩ 《所罗门智训》7章7、17节及以下。
⑪ 《约伯记》3：3。
⑫ 《诗篇》39：4。

卫也解释了为什么他快求了结，他说："你使我的日子变老，我的存在在你面前如同无有，万事全然虚幻，即使每个活人亦是如此。"⑬这样为什么我们犹豫逃脱虚幻呢？或者为什么我们的快乐建立于在这个世界没有目的地受搅扰，堆积财富也不知道为哪个后代存留这样的事上呢？让我们祷告搅扰从我们这里挪开，我们从这个愚昧的世界中被取走，使我们可以从我们每日的朝圣中得以释放，归回那国与本属我们的家。因为在这地上我们是客旅是寄居的，我们必须回到我们下来的地方，我们必须努力，不是敷衍草率，而是恒切诚恳地祷告，从满口话语诡诈邪恶的人那里得救。知道医治之方的人叹息他的寄居被延长了，他必须要与不义者与罪人同住。我既有罪又不知医治之方，该如何行呢？

34. 耶利米也用这些话为他的出生哀泣："我的母亲哪，我有祸了。为什么你生我作为遍地相争相竞的人？我没有使人得益，他人也没有使我得益，我的力量到了尽头。"⑭这样，如果圣人从他们尽管对我们有益却自认没有益处的生命那里退却，那么我们既不能使别人得益，又感到罪恶的积聚分量如同有息贷款与日俱增，我们又应该如何行呢？

35. "我是天天冒死，"⑮使徒说。这句话诚然好过有些人说冥想死亡乃是真哲学，因为他们赞美研究，而他实践死亡。他们只为他们自己而行，但保罗自己既然完全，就不为他自己的软弱而为我们的软弱而死。但是冥想死亡除了是一种身体与灵魂的分离之外还能是什么呢？因为死亡本身就在身体与灵魂的分离之外别无定义。但这是根据常见观念而来的。

36. 可是根据圣经，我们被教导死亡有三种。一种死是我们向罪死却向神活。这样的死逃脱罪恶，专注于神，乃是有福的，它使我们与必死

---

⑬ 《诗篇》39：5，根据七十士译本38：6直译。——译者注
⑭ 《耶利米书》15：10，根据七十士译本直译。——译者注
⑮ 《哥林多前书》15：31。

的分离，把我们奉献给永不朽坏的那位。另一种死是离开此生，如同先祖亚伯拉罕与先祖大卫死了，与他们的列祖同葬，那时灵魂从肉身的捆绑中得到释放。第三种死亡是这样论述的："任凭死人埋葬他们的死人。"⑯他向主死，不是借着本性的软弱，而是通过罪疚引起的软弱。但这种死不是离开此生，而是经由错误而堕落。

37. 这样灵里的死是一样，肉身的死是另一样，惩戒的死是第三样。但是肉身的死却不是惩罚性的，因为主没有施加死作为惩罚，而是作为医治。当亚当犯罪时，有一物作为惩罚加给他，而另一样作为医治给他，有话说："你既听从妻子的话，吃了我所吩咐你不可吃的那树上的果子，地必为你的缘故受咒诅。你必终身劳苦，才能从地里得吃的。地必给你长出荆棘和蒺藜来，你也要吃田间的菜蔬。你必汗流满面才得糊口，直到你归了土，因为你是从土而出的。"⑰

38. 在此处你们有免于刑罚的日子，因这刑罚中包含神定下的惩戒以对抗今生的荆棘、对世界的关注与富贵带来的快乐，这些将真道关在门外。死亡作为医治被赐下，因为它是罪恶的终结。神并没有说："因为你既听从了女人的话，你就要归了土。"这才是惩罚性审判，如同下面这句话："受咒诅的地必给你长出荆棘与蒺藜来。"他却说："你必汗流满面才得糊口，直到你归了土。"你看到死亡实在是我们受惩罚的目标，借着它设定了今生过程的终点。

39. 因此死亡不仅不是罪恶，反而是件好事。它作为好事被寻找，如经上所记："人要求死，决不得死。"⑱他们寻求它，"要向大山说：'倒在我们身上'；向小山说：'遮盖我们。'"⑲犯罪的灵魂也要寻求它。那位躺在阴间的财主要寻求它，盼望他的舌能借拉撒路的指尖凉一凉。

---

⑯ 《马太福音》8：22。
⑰ 《创世记》3：17及以下。
⑱ 《启示录》9：6。
⑲ 《路加福音》23：30。

40. 这样我们看到这死有益处，而活着才是惩罚，所以保罗说："我活着就是基督，我死了就有益处。"[20]除了肉身的死亡、生命的气息之外，基督还是什么？因此就让我们与他同死，使我们可以与他同活。让我们中间好像每天操练迈向死亡，借着如我们所说的这种与肉身欲望的分离，我们的灵魂可以学会收回自己，如同被置于高处，当属地的情欲不能进到其里面与其相连时，可以为自身穿戴死的形状，使之不遭受死的惩罚。因为肉体的律与心中的律争战，将其交给错误的律，如使徒保罗告诉我们说："我觉得肢体中另有个律和我心中的律交战，把我掳去叫我附从那肢体中犯罪的律。"[21]我们都连在一起，我们都感受到这点，但我们不是都得蒙拯救。因此我是如此悲惨之人，除非我寻求医治。

41. 但如何医治呢？"谁能救我脱离这取死的身体呢？感谢神！靠着我们的主耶稣基督就能脱离了。"[22]我们有一位医生，就让我们用此疗方。我们的医治是基督的恩典，取死的身体是我们的身体。所以让我们向我们的身体成为外人，免得我们向基督成了外人。尽管我们处于肉身之中，让我们不要随从属乎肉身的事物，让我们不要拒绝本性正确的需求，而要渴求一切恩典的赏赐："我情愿离世与基督同在，因为这是好得无比。然而，我在肉身活着，为你们更是要紧的。"[23]

42. 但是主耶稣，并不是所有人都如此要紧。我于别人毫无益处，就不那么要紧。对我而言，死了就有益处，使我不再犯罪。死亡对我有益处，在这篇我安慰他人的论著中，我自己好像借怀念我失去弟兄的强烈冲动得到了激励，因为忘不了他令我痛苦。现在我更爱他，更强烈地怀念他。当我说话时我怀念他，当我再次看我所写的东西时我怀念他，我认为我更有动力写这些，使我永远忘不了他。而且这样做我并没有逆圣

---

[20] 《腓立比书》1：21。
[21] 《罗马书》7：23。
[22] 《罗马书》7：24、25。
[23] 《腓立比书》1：23、24。

经而行，而是与圣经观点相同，使我可以哀痛时有更大的耐心，怀念时有更强的感情。

43. 我的弟兄，你使我不惧怕死亡，我只愿我的生命可以与你同死！这位巴兰，当他被说预言的灵感动时，为他自己盼望最好的，他说："我愿如义人之死而死，愿我的后裔如他们的后裔。"㉔他真是根据说预言的灵如此盼望，因为正如他看见基督的复活，他也看见了基督的得胜；他看见了基督的死，但也看见了在基督里面人永恒的复活。所以他不怕死，因为他要再次活过来。这样，不要让我的灵魂在罪中死，也不要让它给罪留地步，而是让它靠义人的灵魂而死，使之可以接受它的义。这样在基督里死的也就借洗礼在他的恩典中有分了。

44. 这样，死就不是惧怕的对象，它既不对穷乏人苦毒，也不对有钱人苦毒，既不对老年人不善，也不是勇者懦弱的记号；既不对忠信者永远有效，也不令智慧者感到意外。有多少人单单通过死亡得了美名，使他们的生命成圣，又有多少人以活着为羞耻，发现死亡有益处！我们已经多次读到，借着一个伟人的死，列国得蒙拯救，敌人的军队由于将军的死而溃散，这将军活着的时候却不能战胜他们。

45. 借着殉道者的死信仰得到护卫，信心得以加添，教会得以增强；死人已经得胜，迫害者已被征服。因此我们庆祝那些生命不为我们认识之人的死。大卫也在预言里为他自己灵魂的离开而欢乐，说："在耶和华眼中，看圣民之死极为宝贵。"㉕他认为死好过活。殉道者的死本身就是他们生的奖赏，并且借着那些意见不一之人的死，仇恨再告终结。

46. 为什么还要再多说呢？借着一人的死，世界得以救赎。因为基督——如果他定意——可以不必死，但是他既不认为死亡好像其中有任何懦弱而应该避免，也不能有比借着死更好的办法来救我们。因此他的

㉔ 《民数记》23：10，根据七十士译本直译。——译者注
㉕ 《诗篇》116：15。

死是万民的生。我们因他死的记号被印上印记,我们在祷告时显出他的死来;当我们献祭时我们宣告他的死,因为他的死是得胜,他的死是我们的奥秘,他的死是世界年复一年轮转的庄严。既然我们借着这个属神的例子证明了只有死亡才不朽,死亡自己救赎了自己,那我们现在关于他的死还要说什么呢?这样,死不应被哀痛,因为它是万人得救的源头;死不应被避开,因为神的儿子不认为这对他不值,也没有避开它。自然的秩序不能放松,因为万人共有的不会对个人有例外。

47. 事实上,死并不是人本性中的一部分,但却成了本性上的,因为神一开始并没有安置死,而将其作为医治赐下。我们要注意这不是倒过来的。因为死若是好的,为什么经上记着"神没有造出死来,但藉着人的恶意,死进入世界"[26]?实在说来,既然对那些被置乐园中的人而言,一切美好之物源源不断地涌流出来,那么死就不是神工作的必要部分;但是因为过犯,人的生命既受咒诅要长久劳苦,就开始可怜不堪,发出难以忍受的呻吟;从而为诸恶设一个终点是适当的,而死就恢复了生命所失落的,因为朽坏——除非恩典吹气于它之上——实在是重担而非好处。

48. 如果准确思考,这不是我们本质的死亡,而是罪恶的死亡,因为本质继续,灭亡的乃是罪恶。以前存有过的要复活,若现在不再犯罪,那就没有先前的罪疚了!但这事本身就证明死的不是本质,我们将要成的与我们本来就是的乃是同样的人。因此我们或者偿还我们罪的惩罚,或者获得我们好行为的奖赏。因为同样的本质要复活,付清了死亡之税后更加尊贵。然后"在基督里死了的人必先复活,以后我们这活着还存留的人",经上说,"必和他们一同被提到云里,在空中与主相遇,这样,我们就要和主永远同在。"[27]他们先,而尚且存留的其次。他们与耶稣同

---

[26]《所罗门智训》1章13节。
[27]《帖撒罗尼迦前书》4:16、17。

在，尚且存留的借着耶稣。对他们而言，生命在安息之后将更甜美，而尽管尚且存留的也得着欢悦，他们却没有医治的经历。

49. 这样对我们而言，死亡没什么可怕的，没什么可哀伤的。无论从自然中获得的生命被再次交还给她，还是为某些必要的职责而牺牲，这样的结局或者是信仰的行为，或者是美德的操练。从来没有人盼望保持现状。有人认为这点已经向约翰应许，但这并非真实情况。我们持定话语，从其中推断意义。他在自己所写的话中否认有应许说他不会死，从而没有人从那件事上可以得出空虚的盼望。但如此盼望若是奢望，那么，为照着规则所发生的事毫无规则地悲哀，更是奢侈到何种地步呢？

50. 大多数外邦人用以下的想法安慰他们自己，或者出于共同的悲惨境地，或者出于自然法则，或者是灵魂不灭。他们的表述若一致，他们就不会将可怜的灵魂化成一些荒唐可笑的妖魔鬼怪！但我们的奖赏是复活，尽管很多人不能否认这个恩赐的伟大，他们却拒绝相信它，那我们应该做什么呢？为这个缘故我们要坚持它，不是仅凭一个因果论证，而是凭借我们所能得出的一切论证。

51. 事实上，所有事物可信，或者是因为经历，或者立足于推理，或者出自类似的例子，或者因为其存在合宜，其中每一样都支持我们相信。经历教导我们令我们有感动；感动我们的推理必须被认为是另一能力的性质；类似的例子表明，田地已经出产过庄稼，所以我们预计它将继续出产。合宜，因为即使当我们不认为有结果，我们还是相信，放弃实践美德绝对不可能是合宜的。

52. 这样它们相互佐证。但是相信复活从三个理由中最清楚地推断出来，它们包括了上述所有提到的，就是推理、类比与贯穿一切的例子和已经发生的证据，因为很多人已经复活。推理很清楚。既然我们生命的整体由身体与灵魂的联合构成，而复活带来的或是对善行的奖赏，或是对恶行的惩罚，身体的行为既然要被衡量，那它的复活就有必要了。因为当灵魂自身与身体的共同构成要被问责时，灵魂没了身体还怎么被召受审判呢？

53. 复活是所有人都要经历的，但如此相信有难度，因为这不是出于我们的应得赏罚，而是神所赐的。对复活的第一个证明是世界的过程与万物的景况——世代的交替、接续方式的改变、星体的升落、日夜的终结以及它们每天的交替，这些事情的出现如同复活。除了神命定借晚上的甘露恢复所有地上事物生产所需、却在日间被太阳晒干的湿气之外，还有什么别的原因能够解释大地有生产作物的性质呢？我为什么提到地上所结的果子呢？难道它们落下时看起来不像死了，而当它们一旦泛青时又复活了吗？撒下的种子再次活过来，死了的人再次活过来，他们再次形成与以前相同的族群种类。大地首先归还这些果子，在其中我们的本性先找到复活的样式。

54. 为什么怀疑身体从身体中复活呢？谷粒被撒下，谷粒再长出来；果实被撒下，果实再长出来；只是谷粒外面包着花与外壳。"这必朽坏的总要穿不朽坏的，这必死的总要穿不死的。"㉓复活之花是不死的，复活之花是不朽坏的。还有比永远安息更有成果的吗？还有什么比永恒的安逸提供更丰富的储备呢？这里是丰富的果实，经由其加增的人的本性在死后更加蓬勃而发。

55. 但你诧异业已腐败的如何能够再次成为坚固的，散开的碎片如何聚拢，已被耗尽的如何成为完好的，却不诧异种子如何在大地潮湿的影响下破壳而出，长成绿色。它们既在与大地的接触下腐烂，当然也在土壤丰沛的湿气赐生命于既已死亡又被隐藏的种子之时，借由生命活力的温暖破壳而出，好像吹出绿色作物的一种灵魂来。然后，渐渐地大自然从地里长出抽穗而有的柔嫩茎秆，如同小心翼翼的母亲用叶鞘将其包裹，免得锋利的冰块在它成长过程中伤到它，又保护它免受太阳过于强烈的灼热；并且为了避免此后雨水将从最初的摇篮及至后来长大而有的

㉓ 《哥林多前书》15：53。

果实冲走,或者为了避免风吹散它,或小鸟毁坏它,自然通常用竖起的麦芒在其周围作篱笆。

56. 这样,既然地对于它所接受的无论什么种子之体都赐予生命,令其生长,给其穿上外衣,防卫保护它们,那么它若交还它所接受的那些人的尸体,为什么令人惊讶呢?大地既像被种子征收高利贷那样加倍恢复,就停止怀疑值得信赖的大地也会恢复交托给它置于其下的人类。为什么我要论到这些种类的树呢?它们从撒下的种子中冒芽,再次成果丰硕地结出它们起初的果实,重复以前的形状与样式,并且有些树的更新历经数代,它们的坚忍穿越世纪。我们看到葡萄腐烂,葡萄枝再长出来,一根枝条插下,树就再生出来。神这种恢复树木的先见难道不关怀人吗?那位不受灭亡之苦的,他赐下来为人使用,难道他还会让他照自己形象而造的人灭亡吗?

57. 但对你来说死人复活看来是难以置信的吗?"无知的人哪,你所种的若不死就不能生。"[29]请你撒下任何干巴巴的种子,它就会长出来。但你回答它里面自己就有生命的体液。我们的肉身有它的血,有它自己的湿润物。这是我们体内的生命体液。从而我认为有人声称干枯的枝梢不能复生的反对意见站不住脚,然后再努力从这点上来驳斥对肉体的偏见。既然所有的肉体都来自泥土,泥土来自湿气——湿气又来自大地,那肉体就不干枯。还有,许多正在成长的植物尽管都是新鲜的,却是出自干涸如沙的土壤,因为大地自己为自己提供足够的湿润度。这样,连续不断恢复万事的大地对人就不干了吗?从已经说过的话里清楚看到我们一定不能怀疑这乃是与自然相合,而不是与其反对;因为所有的活物都要再起来是自然的,它们灭亡是反自然的。

58. 我们现在进到一个非常困扰外邦人的问题——大地如何恢复那些被大海吞没和被野兽撕成碎片或吞吃的人。因此,最后我们有必要

---

[29] 《哥林多前书》15:36。

下结论说，这个怀疑不是针对总体上相信复活，而是针对其中的部分，因为，即使承认那些被撕成碎片的身体不能复活，其他的还是可以如此，复活没有被推翻，只不过某个种类是例外。然而，我还是诧异为何即使对这样的情况他们仍然认为有任何可怀疑的，好像不是所有出自大地的归回大地，破碎进入大地。大海自己在大多数情况下都将其吞下的无论何人的身体抛上附近的海岸。即或不是如此，我认为我们也要相信对神来说将分散的聚拢在一起，将散开的联合起来不是难事；神，宇宙都听从他，连愚拙的元素都服从他，自然都服侍他。这个问题好像在说赐生命于土壤比起把它们连在一起而言不是更大的奇迹。

59. 阿拉伯境内的那种鸟被称为凤凰，借其肉身中有活力的体液恢复，死后再次复活。难道我们要相信只有人不复活吗？然而我们借通常的报道与权威的作品就知道这点，就是说刚提到的鸟有固定的五百年生命周期，它通过自然的某些警告知道它生命的终点将至，便用乳香、没药和其他香料为自己织一个匣子，在它工作与时日都结束之际就进入匣子而死去。然后从它的体液中爬出一条虫来，逐渐长成同一只鸟的样子，其先前的习性得以恢复，展翅上腾再度开始它更新的生命历程，偿还感恩之债。它将那匣子——不管那是它身体的坟墓还是其复活的摇篮，它在其中交出生命而死去，死后复活——从埃提阿伯运到吕高尼，如此借着这鸟的复活这些地区的人就知道五百年的一段时间已经过去了。因此对那鸟而言第五百年是复活之年，而对我们则是第一千年。它的复活在这个世界，我们的在世界的末了。许多人也认为这鸟点燃了葬它自己的火，又从它自己的灰烬中得以重生。

60. 但是如果更深入研究，自然可能给我们更深的理由让我们相信——让我们将思绪转回造人的起初和开始。你们是男人和女人，你们对与人性有关的事情一无所知，如果你们中间有任何人对此无知，你们就知道我们生来一无所有。但是个体的起头何等地小，而我们何等地大！如果我不说得更直白一些，你们就还是不懂我所说的，反倒听成我不想说的。这头从何而来？我们不是看不到那奇妙的表情的创造者吗？我们看到作品被做成是为了各样的目的与用途。这完美的画面、高超的才华、行动的力量、观察的敏锐、昂首执行的能力，它们从哪里来？毫无疑问，自然的组成我们不知，但是它们的效果是知道的。你也曾是种子，你的身体是那要复活身体的种子。听保罗的话，学习你是这种子："所种的是必朽坏的，复活的是不朽坏的；所种的是羞辱的，复活的是荣耀的；所种的是软弱的，复活的是强壮的；所种的是血气的身体，复活的是灵性的身体。"㉚这样，你也如其他事物一样被种，为什么你诧异你会跟其他事物一样复活呢？但你相信它们，因为你看见它们；你不相信这点，因为你没看见："那没有看见就信的有福了。"㉛

61. 然而，在季节来临之前，这些事情也不为人相信，因为不是每个季节都合适长种子。麦子种在一时，长在另一时；在一时葡萄枝被种下，在另一时萌发的小芽开始抽枝，叶子长茂盛，葡萄成形；在一时橄榄树被种下，在另一时它好似莓子结满了果子，因它丰盛的果实被压弯了腰。但在每一样自己的时间到来之前，产出是受限制的，要生出的自己没有能力定生出的年日。人可以看到这一切之母，在一时发霉损坏，另一时所产甚少，另一时变绿又开满花朵，又另一时枯干。任何一处要总是被遮盖，决不放弃它种子的金黄外衣或草场的绿色装束，就自己贫乏，并且没有赠出自己应该传给别人的产品。

62. 因此如果你还不愿凭信心或例证相信我们的复活，你就应该凭经历相信。因为许多作物诸如葡萄树、橄榄树和其他不同的果子，年终是成熟的合宜时间；对于我们来说，也是世界进入最高峰，好像年终是

㉚ 《哥林多前书》15：42 及以下。
㉛ 《约翰福音》20：29。

复活合宜的时间一样。故而死人复活在世界进入最高峰时是合宜的，免得复活之后我们跌回到罪恶的岁月。为这个缘故基督受苦，使他可以拯救我们脱离这个罪恶的世界，免得这世界的诱惑再次击败我们。如果我们复活后还犯罪，那复活对我们就会是一种伤害。

63. 因此对于复活我们既有一个理由又有一个时间。有一个理由是因为自然在其所有产物上与自己保持一致，而不单在人的时代中失败。世界的季节更替构成一年。既然日是一，年便是一，为什么还诧异呢？有一天主将雇劳力在葡萄园中作工，他说："你们为什么整天在这里闲站呢？"㉜

64. 万物起头的初因都是种子，外邦人的使徒说人的身体就是种子，因此在顺序上撒种之后在实质上就有复活的必要。但是即便没有实质与起因，谁能认为从神的旨意而来并照他旨意实现，造一个新人有困难呢？谁从无形无质中命令要来的世界形成呢？观看天空，注视大地。众星之焰从何而来？太阳的形体与光芒从何而来？月亮之球体从何而来？山崖高峰、坚石磐岩、树木丛林从何而来？四散弥漫的空气与收拢或是倒出的水又从何而来？但是如果神从无造出所有这些（因为"他说有，就有；命立，就立"㉝），那我们既看见从什么都没有而被造，又为什么诧异有复活呢？

65. 令人诧异的倒是尽管他们不相信复活，却在他们的关怀体贴中规定人类不会灭亡，因此说灵魂传递转移进入另外的身体，从而世界不会过去。但就让他们说什么最困难，是灵魂转移还是转回；是回到他们自己的地方，还是寻找新的居身所在。

66. 但且让那些未受教导者怀疑去吧。我们既读过律法、先知书、使徒书信与福音书，便不可再怀疑了。因为当人读到："那时，你本国的民

㉜ 《马太福音》20：6。
㉝ 《诗篇》33：9。

中，凡名录在册上的，必得拯救。睡在尘埃中的，必有多人复醒，其中有得永生的，有受羞辱永远被憎恶的。智慧人必发光，如同天上的光，那使多人归义的，必发光如星，直到永永远远"㉞，谁还能怀疑呢？关于余下那些还在睡的，他说得非常好，使人可以理解死不是永存的，而是像睡了一段时间，到了它的时间便告一段落；他表明生命死后要经历的过程要好过死前在哀伤与痛苦中所经历的，因为前者跟众星相比，后者归为困扰。

67. 为什么我要写上记在别处的话"你举起我，我就赞美你"㉟呢？还有别的经文，圣约伯在经历了今生的悲惨，凭借他美德的耐心战胜了所有的仇敌，应许他自己以复活来报应现在的诸恶，说："你将令我这经历过诸多恶事的身体活过来。"㊱以赛亚也通过向百姓宣告复活说明他是耶和华信息的宣告者，因为我们读到这样的话："因为耶和华的口说，到那日人必说。"㊲耶和华的口宣告人们说什么在后文陈明，经上记着："因为惧怕你，哦，耶和华，我们也曾怀孕生产，生出你的救恩之灵，就是你倾倒在地上的。住在地上的要败落，住在坟墓里的要兴起。因为从你而来的甘露要医治他们，而恶人之地要败落。去吧，我的百姓，要来进入内室，隐藏片时，直到耶和华的忿怒过去。"㊳

68. 他多么恰当地借内室指出死人的坟墓！在其中我们短暂隐藏，使我们可以更好地通向神的审判，神因为我们的软弱将怀着义怒审判我们。这样隐藏起来安息的人将存活，他好像从我们中间撤离隐退，免得这个世界的悲惨会以更近的网罗缠上他。对这人而言，借先知声音而来的天上神谕肯定了复活的快乐得到保留，他们被释放的身体由神的工作确保其合宜。甘露被适当地用做记号，因为借着它地上一切有生机的种

㉞ 《但以理书》12：1—3。
㉟ 《克莱门一书》26 章 2 节。——译者注
㊱ 《约伯记》19：26，七十士译本不严格的翻译。
㊲ 《以赛亚书》25：8、9，根据七十士译本直译。——译者注
㊳ 《以赛亚书》26：17b—20，主要根据七十士译本翻译。——译者注

子得以生长。像这样，同出于我们败坏身体的尘土与灰烬借属天甘露的丰富而茁壮成长，通过接受这满有生机的水汽，我们肢体的形状被重塑并再次连接，那有什么可诧异的呢？

69. 圣以西结教导并描绘了一幅完整的画面，枯干的骨头如何有生机地被恢复，感觉归回，活动被加上，筋得以回复，人身体的各关节长得强壮；已经十分枯干的骨头如何覆盖已复原的肉体，血管的分布与血液的流动以长在其上的皮肤为幕布而得到遮盖。我们读到，人身体复活的大众在先知的话语下蓬勃兴起，人能够看到新种子长出之分布广阔的平原。

70. 但如果以前的智者相信从九头蛇（hydra）的牙齿所播之种里收获了一批武装战士，他们在提比斯之地界冒出来，而可以肯定的是，一个种类的种子不可能变成另一种植物，所结出来的也不会异于它自己的种子，从毒蛇而出的人与从牙齿而出的肉身亦然；那么应该何等确信无论种下什么要再生出其本性，作物不异于它们的种子，柔软的事物不从坚硬的而出，坚硬的不出于柔软的，有毒的变不成血，而是肉身复原自肉身，骨头复原自骨头，血液复原自血液，身体的体液复原自体液。这样，你们声称变化的异教徒能否认自然的恢复吗？你们相信空洞神话的能拒绝相信神谕、福音书与先知书吗？

71. 但让我们现在来听先知自己的话，他如此说："耶和华的手降在我身上，耶和华藉他的灵带我出去，将我放在平原中，这平原遍满骸骨。他使我从骸骨的四围经过，谁知在平原的骸骨甚多，而且极其枯干。他对我说：'人子啊，这些骸骨能复活吗？'我说：'主耶和华啊，你是知道的。'他又对我说：'你向这些骸骨发预言说：枯干的骸骨啊，要听耶和华的话。主耶和华对这些骸骨如此说：我必使我的灵进入你们里面，你们就要活了。我必给你们加上筋，使你们长肉，又将皮遮蔽你们，使我的灵进入你们里面，你们就要活了，你们便知道我是耶和华。'于是我遵命说预言，正说预言的时候，不料……有

地震。"㊴

72. 注意先知如何表明在生命的灵被浇灌在骸骨之上以前，它们中间就有了听与活动。如上所言，枯干的骨头被呼唤要听见，好像它们有听觉，而且在此基础之上又借先知的话语指出它们每个都自行连接，因我们读到如下的话："骨与骨互相联络。我观看，见骸骨上有筋，也长了肉，又有皮遮蔽其上，只是还没有灵。"㊵

73. 耶和华的慈爱是伟大的，先知被叫来见证了将来的复活，我们也可以通过他的眼睛来观看。因为不可能所有人都来作见证，而借着那一位，我们所有人都成了见证，因为既没有谎言来自一位圣洁之人，也没有错误出于如此伟大的一位先知。

74. 遵照神的命令骨头再次联合也不应该有任何的不妥，因为我们有不计其数的自然界遵从属天命令的例子。就像地受命要发生青草菜蔬，就发生了；又像磐石受杖的击打就为口渴的百姓流出水来；还有凭借神的怜悯，坚石为那些受炎热煎烤的人倾泻出水流。除了表明借神的旨意活物能从那些没有生命的东西里被造，杖变成蛇还能表明什么呢？你认为骨头受命连到一起比水倒流或大海奔逃更不可信吗？为此先知作见证："沧海看见就奔逃，约旦河也倒流。"㊶对于下述事实也无可置疑，就是借着拯救两群百姓中的一群并且毁灭另一群所证明的，海的波涛受命而立，同时围绕着一群百姓，由倾倒回流在另一群百姓身上致其死地，它们可以掀倒一群而保守另一群。我们在福音书里面发现什么呢？难道主自己没有证明大海在他话语面前平静，云开雾洞，狂风平息，并且在安静了的海岸上无声的自然力都遵从神了吗？

75. 但让我们继续其他要点，让我们可以观察到借着生命的灵死人怎样复苏，躺在坟墓里的起来，坟墓打开："主对我说：'人子啊，你要发

㊴ 《以西结书》37：1—7，和合本中"我的灵"译为"气息"。——译者注
㊵ 《以西结书》37：7、8，和合本中"灵"译为"气息"。——译者注
㊶ 《诗篇》114：3。

预言，向灵发预言，说主耶和华如此说：灵啊，要从四风而来，吹在这些被杀的人身上，使他们活了。'于是我遵命说预言，生命之灵就进入骸骨，骸骨便活了，并且站起来，成为极大的军队。主对我说：'人子啊，这些骸骨就是以色列全家。他们说：我们的骨头枯干了，我们的指望失去了，我们灭绝净尽了。所以你要发预言对他们说，主耶和华如此说：我必开你们的坟墓，使你们从坟墓中出来，领你们进入以色列地。我的民哪，我开你们的坟墓，使你们从坟墓中出来，你们就知道我是耶和华。我必将我的灵放在你们里面……将你们安置在本地，你们就知道我耶和华。如此说，也如此成就了。这是耶和华说的。'"㊷

76. 我们在这里注意到生命之灵如何继续再次运作，并且知道死人用什么方式从打开的坟墓里起来。当全地在一声雷响之下从其最里面开始颤抖，大海越过它的边界，且再度停止它波涛的流动，那么死人的坟茔在主的呼叫下被打开难道真的令人诧异吗？最后，相信死人"就在一霎时，眨眼之间，号筒末次吹响的时候（因号筒要响）"㊸要再活过来，"必和他们一同被提到云里，在空中与主相遇"㊹。还没信的要被留下，置自己于他不信的审判之下。

77. 现在来举例，主也在福音书中向我们表明我们将以什么方式复活。"因为他不止单独令拉撒路复活，而是令所有信的人复活；如果你信，照你所读的，你已死的灵也随拉撒路复兴了。"除了他要给我们一个看得见的凭证，为将来的复活设一个例证，主去到坟茔大声呼叫说"拉撒路出来"㊺还能是什么意思呢？为什么他大声呼叫，好像他不习惯于靠圣灵工作而安静下令呢？唯一的解释就是他可以表明经上的话："就在一霎时，眨眼之间，号筒末次吹响的时候，死人要复活成为不朽坏的。"㊻

㊷《以西结书》37：9—14。
㊸《哥林多前书》15：52。
㊹《帖撒罗尼迦前书》4：17。
㊺《约翰福音》11：43。
㊻《哥林多前书》15：52。

因为提高嗓门回应了号筒声的洪亮。他呼叫："拉撒路出来。"除了避免显得是这个人复活而不是那个人，或者复活是巧合而不是命定，又为什么要加上名字呢？

78. 因此死人听见，从坟墓里出来，手脚有裹尸布缠绕，脸上包着手巾。如果你能，就想象他如何闭着眼睛找到出路，捆住两脚却迈动步伐，四肢好像不受捆绑地移动。绷带留在他身上却不限制他，他的眼睛被蒙却看得见。因此复活行走离开坟茔的那位看见了。当神命令的能力在工作时，自然不强求它自己的功能，而是好像推到极致，不再遵循它自己的规律，而是神的旨意。死亡的绷带在坟墓的绷带之前突然松开，移动的能力在移动的工具被提供之前便发挥出来。

79. 如果你对此惊奇，就思考谁下的命令，你便停止诧异；耶稣基督，神的能力，生命，光，死里复活的那位。能力升起卧倒平躺者，生命产生他的脚步，光驱走黑暗恢复他的视觉，复活更新了生命的礼物。

80. 要是犹太人移开石头，松开裹尸布，你可能会着急谁将石头从你坟墓移开，这事恐怕令你困惑。好像能恢复灵的不能移开石头，或者能让被捆绑的人行走的不能松开绑带，或者能照亮被遮盖眼睛的不能掀开遮脸之物，还是更新自然状态的不能分开石头！但是为了那些不信他们心灵的可以相信他们的眼睛，他们移开了石头，看见了尸体，闻到了腐臭，松开了裹尸布。他们不能否认他们看见已死的复活了，他们看见死亡的记号与生命的证明。在他们忙碌时，他们被繁忙本身改变将如何呢？在他们听见时，他们相信自己的耳朵将如何呢？在他们看见时，他们受自己眼睛的教导将如何呢？在他们松绑时，他们释放自己的思想将如何呢？在拉撒路被松绑时，人们得到自由，在他们让拉撒路走时，自己归回主又将如何呢？因为最后许多来看马利亚的人既看见所发生的便信了。

81. 这不是我们的主耶稣基督设立的唯一例子，他还令其他人复活，让我们可以不管怎样都相信有更多的例证。他为寡妇母亲的眼泪所动，使那少年人复活——他进前按着杠说："少年人，我吩咐你起来。那死人就坐起,并且说话。"㊼当他一听见就接着坐起,再接着说话。这样,能力的工作是一回事,自然的次序是另一回事。

82. 关于管会堂人女儿的事,我要如何述说呢?人们为她的死哀哭并吹笛。葬礼呈现哀痛因为确信她死了。在主的话语之下,气息回转,复活的身体起来并且进食是多么地迅速,使得生命的证据可以被相信!

83. 当我们回忆起死人因碰到先知的尸体便复活时,为什么我们还对灵魂借神的话语恢复,肉回到骸骨上而诧异呢?以利亚祷告,就令死亡的孩子复活。彼得靠基督的名命令大比大起来行走,欢乐的穷人为她分派给他们的食物的缘故而相信,我们为我们救恩的缘故反倒不信了?他们借他们的眼泪购买了另一个人的复活,我们反倒不信借基督受难所买来的我们的救恩?当他断了气,为要表明他为我们的复活而死,他做成了复活之工,因为一旦当他"大声喊叫,气就断了。……地也震动,磐石也崩裂,坟墓也开了,已睡圣徒的身体,多有起来的。到耶稣复活以后,他们从坟墓里出来,进了圣城,向许多人显现"㊽。

84. 如果当他断气时这些事情发生了,那当他要回来审判时,我们为什么认为它们不可信呢?特别因为这较早的复活是将来复活的保证,是要来之实体的预像;事实上,它本身与其说是预像,不如说是真理。那么在主复活之际是谁打开坟墓,帮助那些复活者,为他们显明找到圣城的通路呢?如果没有人,那么肯定就是神的能力在死人的身体中运行。在人看见神工作之处寻求人的帮助应该吗?

85. 神的行为无需人的帮助。神命令天形成,这就成了;他决定地要被造,地就被造了。谁把石头一起扛在肩膀上?谁提供了资助?谁在神劳力时提供了援助?这些事在一霎时便发生了。你知道有多快?"他说有,就有。"㊾如果诸元素靠话冒出来,为什么死人不应该靠话复活呢?

㊼ 《路加福音》7:14、15。
㊽ 《马太福音》27:50—53。
㊾ 《诗篇》33:9。

因为虽然他们死了，他们曾经活过一次，有过感知感觉的生命气息与行动的力量；在不能有生命者与保持无生命者之间有巨大的不同。魔鬼说："吩咐这块石头变成食物。"(50)他承认靠神的命令自然可以被转变，难道你不相信靠神的命令自然可以被重造吗？

86. 哲学家们辩论太阳的轨迹与天体的系统，而有人认为只有在他们不知道讨论什么的时候才应该相信这些事情。因为他们既没有爬上天去，也没有量过天空，或用他们的眼睛检查过宇宙，因为他们中没有人起初就与神同在，也没有人论到神说："他立高天，我在那里，我在他那里为工师，为他所喜爱。"这样，如果它们被相信，难道神就不被相信吗？神说："耶和华说：'我所要造的新天新地怎样在我面前长存，你们的后裔和你们的名字也必照样长存。每逢月朔、安息日，凡有血气的必来在我面前下拜。这是耶和华说的。他们必出去观看那些违背我人的尸首，因为他们的虫是不死的，他们的火是不灭的，凡有血气的都必憎恶他们。'"(51)

87. 如果地与天都更新了，为什么我们怀疑人——连天地都是为他们所造的——能被更新呢？如果犯罪者为刑罚而存留，为什么公义者不为荣耀而得保守呢？如果犯罪之虫不死，公义者的身体为何要灭亡呢？如这个词本身所示，复活就是跌倒的再爬起来，死了的再活过来。

88. 这是公义的历程与基础，既然身体和灵魂都行动（因为灵魂所想的身体行出来），那么每一样都受审判，每一样都应该或者交付刑罚，或者留着承受荣耀。心中的律与肉体的律相争，而当居于人身中的罪工作时，心思经常做它所恨恶的事；心思的罪疚乃是受别人的影响，它要受惩罚，而肉体这恶的始作俑者反倒享受安息；不是独自犯罪的要独自受苦，靠着恩典的帮助没有独自争战的倒要独自获得荣耀。这看起来简直

(50) 《路加福音》4：3。
(51) 《以赛亚书》66：22—24。

自相矛盾。

89. 除非我搞错了，这样的推理是完整的，站得住脚的，但是我不从基督那里索要推理。如果我凭推理被说服，我就拒绝了信心。亚伯拉罕信神，让我们也信神，使我们既为他族裔的后代也可以成为他信心的后代。类似地，大卫也信，所以他说话；也让我们信，使我们也能够说话，知道“那叫主耶稣复活的，也必叫我们与耶稣一同复活”(52)。因为从不说谎的神如此应许，作为真理的那位在他的福音书中如此应许，他说：“差我来者的意思就是：他所赐给我的，叫我一个也不失落，在末日却叫他复活。”(53)而且他认为这话只说一次不够，就又通过反复加以强调，因为接下来说：“因为我父的意思是叫一切见子而信的人得永生，并且在末日我要叫他复活。”(54)

90. 说这话的是谁呢？他在死的时候真实地令许多已离开者的身体复活了。如果我们不信神，难道还不信证据吗？既然他甚至都行了他没有应许的，难道我们还不信他所应许的吗？如果他不以复活为由，那他又有什么理由去死呢？因为既然神不会死，智慧也不会死；正因为不死的不能复活，所以他穿上能死的肉身，照其本性就死了，使得已死的可以复活。既然“死既是因一人而来，死人复活也是因一人而来”(55)，除了通过人，复活不可能实现。

91. 因此，人复活是因为人死了，人活过来却是神使之活过来。那时照着肉身是人，现在神乃是在万物之上。因为现在我们不凭肉身认识基督，而是拥有那肉身的恩典，使我们可以认他为已安息者的初熟果子，死人中首生的。初熟的果子毫无疑问与其余的果子同本质同类型，这为首的献给神，作为更丰富加增的请求、一切恩赐的圣洁感恩祭以及一种

(52) 《哥林多后书》4：14。
(53) 《约翰福音》6：39。
(54) 《约翰福音》6：40。
(55) 《哥林多前书》15：21。

本性得以恢复后的奠酒。这样，基督就是安息者初熟的果子。但这是属于他自己的那些安息者，就是好像免除死亡，沉浸在一种甜蜜的熟睡中的，还是属于所有已死之人的呢？“在基督里众人都死了，照样在基督里众人也都要复活。”(56)因此正如死亡的初熟果子在亚当里，照样，复活的初熟果子在基督里。

92. 所有的人都复活，那就不要丧胆，不要让义人为共有的复活哀伤，因为他在等候他美德的重要果子。的确众人都要复活，但如使徒所言：“但各人是按着自己的次序。”(57)神怜悯的果子所有人都有，但是美德的次序不同。白昼光照一切，太阳温暖一切，雨水以温柔的浇灌滋润一切所有的。

93. 我们都是被生的，我们都将复活，但是照各人的状态，无论是活着的还是复活的，恩典不同，条件不同。因为“就在一霎时，眨眼之间，号筒末次吹响的时候，死人要复活成为不朽坏的，我们也要改变”(58)。而且，就死亡本身而言，有些人安息了，有些人还活着。安息是好的，但是活着更好。因此使徒呼唤那安息的活过来，说：“你这睡着的人当醒过来，从死里复活，基督就要光照你了。”(59)所以被呼唤的可以活过来，使他可以像保罗能够说：“我们这活着的人断不能阻止那已经睡了的人。”(60)他在这里所言的并非寻常的存活方式与我们所有人共享的气息，而是复活的品质。因为在说了“在基督里死了的人必先复活”之后，他又加上：“我们这活着还存留的人必和他们一同被提到云里，在空中与主相遇。”(61)

94. 保罗当然死了，借他值得尊敬的强烈感情用肉身的生命交换了永恒的荣耀。那当他写到他将要活着被提在云中遇见基督时，他在自欺

(56) 《哥林多前书》15：22，原为“在亚当里众人都死了”。——译者注
(57) 《哥林多前书》15：23。
(58) 《哥林多前书》15：52。
(59) 《以弗所书》5：14。
(60) 《帖撒罗尼迦前书》4：14，根据英文直译。——译者注
(61) 《帖撒罗尼迦前书》4：17。

吗？我们在以诺与以利亚身上也读到相同的事，你也会靠圣灵被提。尽管已经准备好看不见，以利亚的战车与那火使得义人可以升天，无罪者得生，你的生命不尝死味。因为根据所说的，众使徒的确未尝死味：“我实在告诉你们：站在这里的，有人在没尝死味以前，必看见人子降临在他的国里。”(62)他活着，在他里面没什么能够死，他没有任何来自埃及的鞋或捆绑，而在为服侍摆上这个身体之前就已经脱下。因此不是只有以诺活着，因为不是只有他被提，保罗也被提遇见基督。

95. 众先祖也活着，因为除非死人活过来，神不能被称为亚伯拉罕的神、以撒的神、雅各的神，因为他不是死人的神，而是活人的神。如果我们愿意效法我们前人的事迹与习惯，我们也必活。先祖的奖赏令我们震惊，让我们效法他们的忠信；我们传讲他们的恩典，让我们跟从他们的顺服；让我们不要被欲望所引诱，陷入这个世界的网罗。让我们抓紧机遇、律法的诫命、我们圣召的怜悯与受苦的渴望。先祖从他们自己的土地出来，让我们有目的地从身体的权势出来；让我们像他们被放逐那样有目的地出来；但是他们敬重那敬畏神所引起的不被放逐，这不是必要的。他们将他们的土地变为另一片土壤，让我们将地变为天；他们在地上的居所改变，让我们在灵里改变。智慧将众星闪耀的天显给他们看，让我们点亮我们心中的眼睛。如此预表与实体相合，真相与实体相合。

96. 亚伯拉罕准备好了接待陌生人，对神忠心，投身于事工，热心于他的服侍，在预表中看见了三一神；他在好客外加上了信仰职责，当看见三位他敬拜一位，既保持了位格的区别，又问候了一位主，他向三位献上他礼物的敬意，又承认同一的权柄。向他说话的不是知识，而是恩典，他在无知上所信的好过我们有知识的。没有人弄错真理的代表，因此他看见三位却敬拜合一。他摆上三份精美食物，又杀了一个祭物，献

(62) 《马太福音》16：28。

给三位。在与四王的争战中，谁不理解他乃是通过让自己服于物质受造界的元素与一切属地之物作为记号来预表主的受难呢？在争战中忠心，在胜利后谦卑，他不爱借人的恩赐而要借神的恩赐变得富有。

97. 他相信他老了能生一个儿子，以父亲能够献儿子为祭来判断自己；在职责加到老者的右手上时，他为父的爱也没有动摇，因为他知道他的儿子在被献时比整全时更为神所接纳。所以他将他深爱的儿子献上为祭，把他晚年所得的积极献上；他的儿子称他为"父亲"，他回应以"我儿"，可他却也没有因被称为父之名而受束缚。这些名字是爱之深切的表征，但是他更爱神的命令。因此尽管他们的心互相有感，他们的目的却坚定不移。为父的手向他的儿子伸出刀去，为父的心立定决意，免得判决执行失败；他恐惧，怕他的那一击误失目标，怕他的右手可能失灵。他感受到父爱的激动，但不从顺服的工作中退缩，甚至在听到天上来的声音时更加强了他的顺服。就让我们将神置于所有我们所爱之人的前面——父亲、兄弟、母亲，使他可以为我们保留那些我们所爱的，就像在亚伯拉罕的例子里我们看到赐自由的奖赏者而不是奴仆。

98. 父亲的确献上了他的儿子，但神不是因血，而是因尽职的顺服而满足。他在小树丛中放了一只公羊来代替童子，从而他既为父亲保存了儿子，又不耽误献祭的工作。因此亚伯拉罕没有为他儿子的血所污，神也没有被夺走祭物。先知说话，既不屈从于骄傲自大，也不继续顽梗倔强，而是取了公羊作童子的交换，借此表明他越敬虔地献上的，现在他更快乐地收回了。如果你献礼物给神，你不会失去它。但是我们对我们自己的紧握不放，神赐给我们他唯一的儿子，我们拒绝给出我们自己的。亚伯拉罕看到这点，认识到该奥秘，就是救恩要从木头上给我们；在同样一次献祭中，看起来被献上的是一个，而会被宰杀的是另一个，这也没有逃脱他的注意。

99. 就让我们效仿亚伯拉罕的敬虔，让我们效仿以撒的良善，让我们效仿他的洁净。这人明显良善忠贞，全心向神，忠于他的妻子。他不以恶报恶，在赶逐他的人退让，在他们悔改后再次接纳他们，既不冲动傲慢，也不疏于恩慈。他离开别人乃是逃离争竞，当他再次接待他们时已经准备好赦免，并且在赦免时有更丰富的良善。人们寻求与他同住，他再额外摆上欢乐的筵席。

100. 也让我们在雅各身上效仿基督的形象，让我们自己在行为上与他相仿。如果我们效仿他，我们就和他共同得分。他顺服于他的母亲，他在他弟兄面前退让，他服侍他的岳父，他通过增添而不是瓜分畜群来寻求他的工价——在他获取他份额的过程中没有贪婪的瓜分。从地通向天的梯子这个记号也并非没有目的，从中看到了将来人与天使之间借着基督的十字架而有的互动；他的大腿窝扭了，从而借他的大腿窝他可以认出他肉身的后裔，通过扭了大腿窝预告他后裔的受难。

101. 这样我们就看到天堂向品性美好者开放，并且这不只是少数人的特权："从东从西，将有许多人来，在天国里坐席"(63)，表达了永久安息的喜乐，因为他们灵魂的躁动静止了。让我们习惯于跟随亚伯拉罕，使他可以接我们入他的怀中，用爱的拥抱珍爱我们，就像拉撒路继承了自己特有的美德所环绕的谦卑。圣先祖的后继者为神所称许，不以肉身的怀抱珍爱我们，而靠善工为外衣来接纳。"不要自欺，"使徒说，"神是轻慢不得的。"(64)

102. 这样我们就看到不信复活是多么严重的冒犯，因为如果我们不复活，基督就白白死了，他也没有复活。如果他不为我们复活，他就根本没有复活，因为他为自己没有必要复活。宇宙靠他复活，天堂靠他复活，大地靠他复活，因为将来要有一个新天新地。但是死既不能拘禁他，他又有什么必要复活呢？因为尽管他作为人死去，他在阴

(63) 《马太福音》8：11。
(64) 《加拉太书》6：7。

间仍是自由的。

103. 你知道如何自由吗?"我成了没有帮助的人,在死人中有自由。"�65他应当被称为自由,因他有权柄令自己复活,照经上所记:"你们拆毁这殿,我三日内要再建立起来。"�66他应当被称为自由,因他下来拯救别人。他不是只在外形上成了人,而是真实成了这样的形状,因为他就是人,那谁应该认识他呢?"成为人的样式;既有人的样子,就自己卑微,存心顺服,以至于死"�67,为要借着那顺服使我们得见他的荣光,根据圣约翰,就是"父独生子的荣光"�68。如果独生子的荣光与完美之人的本性存于基督身上,那么圣经的话就这样守住了。

104. 因此他不需要助手,因为当他造世界时不需要任何人,所以当他救赎时也不需要任何人。没有特使,没有报信的,只要主自己就完成了。"他说有,就有。"�69主自己完成,每一个部分都是他自己,因为万有都是借着他。既然万有都是借着他造的,万有也靠他而立,那还有谁能帮助他呢?他既在一瞬间造了万有,又在号筒末次吹响的时候使死人复活,谁又能帮助他呢?"末次",并不是好像他不能让他们在首次、第二次或第三次复活,而是要遵照一个次序,不是要最后才可以克服困难,而是成就预先定下的数目。

105. 但我想象现在是时候来谈论号筒了,因为我的陈述已近尾声,这号筒也可以作为我讲话结束的记号。我们在约翰的《启示录》中读到七号,由七位天使接受。在那里你读到当第七位天使吹响他的号时,天上就有大声音说:"世上的国成了我主和主基督的国,他要作王直到永永远远。"㊀⁰"号角"这个词也用做声音,如你所读:"见天上有门开了,我

---

(65) 《诗篇》88:4,根据七十士译本直译。——译者注
(66) 《约翰福音》2:19。
(67) 《腓立比书》2:7、8。
(68) 《约翰福音》1:14。
(69) 《诗篇》33:9。
㊀⁰ 《启示录》11:15。

初次听见好像吹号的声音对我说：‘你上到这里来，我要将以后必成的事指示你。’”(71)我们也读到：“当在月朔并月望……吹角。”(72)另外还有：“要用角声赞美他。”(73)

106. 所以我们应该尽我们全力持守号角的显著性，免得像老妇人那样当做故事的一个部分接受它们，我们若认为这些事情称不上属灵的教导，或不合乎圣经教导的严肃性，我们便有祸了。当我们读到我们不是与属血气的争战，而是与在高处的属灵气的恶魔争战，我们就不应该思想属肉体的武器，而是那些在神面前有权能的武器。除非人理解声音的显著性，看到号角或听到它的声音仍然是不够的。因为如果号角发出不确定的声音，人如何自我准备应战呢？因此我们理解号角声音的意义很重要，免得我们在听见或发出这类号角之声的时候显得野蛮无知。所以当我们说话时，让我们祷告圣灵为我们翻译这些声音。

107. 这样，考虑到犹太人照律法参与的那些节期是来自上面的喜乐与属天节期的影子，就让我们来研究一下我们在旧约中关于各类号角读到了什么，因为这里是影子，那里是实体，让我们努力通过影子的方式来获取实体。关于该实体，预表以如下方式表达，我们读到耶和华对摩西说：“你晓谕以色列人说：七月初一你们要守为圣安息日，要吹角作纪念，当有圣会，什么劳碌的工都不可作。要将火祭献给耶和华。”(74)在《民数记》中：“耶和华晓谕摩西说：‘你要用银子作两枝号，都要锤出来的，用以招聚会众，并叫众营起行。吹这号的时候，全会众都要聚集在会幕门口。若单吹一枝，众首领，就是以色列军中的统领，要聚集到你那里。吹出大声的时候，他们要让营起行，安置在东边。二次吹出大声的时候，他们要让营起行，朝西南边（Libanus；与“黎巴嫩”的拼法

(71) 《启示录》4：1。
(72) 《诗篇》81：3。
(73) 《诗篇》150：3。
(74) 《利未记》23：23—25。

几乎完全一致。——译者注）安置。三次吹出大声的时候，他们要让营起行，要朝北边（Boream）安置。四次吹出大声的时候，他们要让营起行，要朝北边（Aquilonem）安置。他们将起行，必吹出大声。但召聚会众的时候，你们要吹号，却不要吹出大声。亚伦子孙作祭司的要吹这号，这要作你们世世代代永远的定例。你们在自己的地与欺压你们的人打仗，就要用号吹出大声，你们便在耶和华面前得蒙记念，也蒙拯救脱离你们的死亡。在你们快乐的日子和节期并月朔，献燔祭和平安祭，也要吹号，这都要在耶和华面前作为你们的记念。’耶和华如此说。”(75)

108. 这便如何呢？我们应该因吃喝而看重节期的日子吗？但不要让任何人在吃上面来判断我们；“我们原晓得律法是属乎灵的。”(76)“所以不拘在饮食上，或节期、月朔、安息日，都不可让人论断你们。这些原是后事的影儿，那形体却是基督。”(77)就让我们寻求基督的形体，就是父的声音好像末次号筒吹响，从天上向你们显明的，犹太人说这是打雷；基督的形体也就是末次号筒要揭示的，因为“主必亲自从天降临……有天使长的声音……又有神的号吹响，那在基督里死了的人必先复活”(78)，因为“身体在哪里，鹰也必在哪里”(79)，基督的身体在哪里，真理就在哪里。

108. 这样，第七号看来表征了安息周，不仅算在日、年与周期头上（为这个缘故，满足安息数目的数字是圣的），而且也包含了第七十年，就是百姓被掳历经七十年，回归耶路撒冷的时间。对于成千上万的人来说，遵守圣数绝没有过时，因为主不会完全没有目的地说：“我留下七千人，是未曾向巴力屈膝的。”(80)所以将来安息的影子在这个世界的时

---

(75) 《民数记》10：1—10，基本照七十士译本直译，尤其注意第六节显著的版本差异。——译者注
(76) 《罗马书》7：14。
(77) 《歌罗西书》2：16。
(78) 《帖撒罗尼迦前书》4：16。
(79) 《路加福音》17：37，原文对应“尸体”一词并非用于《马太福音》24：28的同一个词，作“身体”解。——译者注
(80) 《列王纪上》19：18。

间、日子、月份与年岁上得到预表,因此以色列人受摩西吩咐,在七月初一为所有人设立安息,"要吹角作纪念"○81;什么劳碌的工都不可做,而要献祭给神,因为在周末好像世人的休息,要求于我们去做的乃是属灵而不属肉体的工作。属肉体的是劳碌的工,因为肉体服侍灵魂,而无罪产生自由,罪疚缩减成做奴仆。

109. 这样属灵的事情用影像或谜语的方式让我们知道就有必要了;"我们如今仿佛对着镜子观看……到那时就要面对面了。"○82我们如今是照肉身的方式,到那时我们就要借圣灵得见神的奥秘。这样,我们既作为神的形象而行,就让真律法的特征表现在我们生活的方式中,因为律法的影子现在已经过去了。肉身的犹太人有影子,形象是我们的,而实体是那些必要复活之人的。我们知道,根据律法有这三样,影子、形象(或样式)与实体,影子在律法中,形象在福音书中,实体在审判中。但所有的都是基督的,所有的都在基督里,我们现在不能照实体看见他,但我们好像通过将来事物的一种样式看见他,就是我们在律法中见到的影子。因此,基督不是神的影子而是神的样式,不是空的样式而是实体。所以律法是借着摩西的,因为影子是借着人的,样式是借着律法的,实体是借着基督的。因为实体不能来自异于实体的任何源头。

110. 这样,任何人如果盼望见到神的这个形象,他必须爱神,使他可以为神所爱;他不再是仆人而是朋友,因为他守了神的诫命,使他可以进入神所在的云中。就让他用经过鉴定的银子做两个锤出来的合宜的号角,就是由珍贵的话语组成并装饰过的,从中不会发出刺耳尖锐的噪音并刺激人恐惧的声音,而对神的深深感谢可以靠不间断的赞美涌流出来。因为借这样号角的声音死人复活,并不真是靠金属的声音,而是真理的话语所引发的。可能就是借这两个号保罗借神的灵说

○81 《利未记》23:24。
○82 《哥林多前书》13:12。

话，他说："我要用灵祷告，也要用悟性祷告；我要用灵歌唱，也要用悟性歌唱。"[83]有一样而缺少另一样怎么看都绝不是完美的表达。

111. 然而吹这号不是每个人的事，召集全会众聚集也不是每个人的事，这特权单单赐给了祭司与吹号的神的仆人，从而无论谁听见并跟从主的荣耀，而且早早就定意来到会幕那里，便能够看见神的工作，为他后裔世世代代配得承受那指定的永恒之家。因为到那时圣灵的恩典与灵魂的能力共同行动，争战便结束，敌人四散奔逃。

112. 这些也是有益的号角，如果人心里相信，口里承认，"因为人心里相信，就可以称义；口里承认，就可以得救。"[84]靠这双重号角人抵达圣地，就是复活的恩典。就让他们对你吹号，使你可以一直听到神的声音；愿众天使与众先知的话语一直激励感动你，使你可以热心于上述诸事。

113. 大卫在他心中思考这个目的，他说："因我要以赞美感恩之声、欢庆节期之音进入奇妙会幕的所在，就是神的殿。"[85]不仅敌人被这些号角的声音战胜，而且没有它们就不可能有快乐与节期或月朔。因为除非接受神之道的应许，相信从他而来的信息，没有人能够守节或月朔，在其中他靠着基督的亮光渴望充满自己，从肉身的欢愉与世俗的事情中得到释放。所献的祭物本身不能蒙基督悦纳，除非伴随以口中的认罪，这样的惯例激发人因祭司所献的祭牲来恳求神的恩典。

114. 所以让我们成为主的传道者，用角声赞美他，不要看低看轻这权柄；这些事能够充满人心里的耳朵，进入我们内心的最深处，因此我们不要以为合乎肉体的事情可运用到神性上面，也不要用人的能力来度量神权能的宏大，比方询问人如何能复活，以怎样的形体复活，或者已经分解的如何再聚拢，已经丢失的如何再恢复，因为一旦这些事为神的

---

[83] 《哥林多前书》14：15。
[84] 《罗马书》10：10。
[85] 《诗篇》42：4，根据七十士译本41：5 直译。——译者注

旨意所决定，所有的都会成就。所期待的不是肉身感官能区分的号角之声，而是天上至尊者不可见的权柄在操作，因为在神所愿即是所行；我们也无须询问复活所必需之力，而只要为我们自己寻求复活的结果。将要成就的更加容易，如果我们无可指摘地得到了属灵奥秘的完全，更新的肉体接受了从圣灵而来的恩典，灵魂从基督获得了永恒之光的光亮。

115. 但这些奥秘不只属乎个人，也属乎整个人类。请根据律法的预表来观察恩典的次序。当第一声号响时，召集了那些向东的人，诸如首领与蒙拣选的；当第二声号响时，召集的是那些品性上几乎相等，被朝南安置的、放弃了列国的愚顽的人们；当第三声号响时，召集的是那些被抛掷在人海，今生随波逐流的人们；当第四声号响时，召集的是那些心灵刚硬，连属灵的教训都无法软化的人们——所以被称为朝向北方，因为根据所罗门，北方是刚强之风[86]——的人。

116. 因此，尽管所有人都在一霎时复活，却是照他们品性的次序复活。所以最先复活的是那些很早就顺从敬虔之感动的，好似信心朝阳初升之前就接受了永恒之子的光辉。这一类可以正确地指旧约里的众先祖或福音书中的众使徒。第二批是那些丢弃外邦礼仪的人，他们在教会的训练下穿过了邪恶的错谬。因此第一类关乎先祖，第二类关乎外邦人，因为信心之光从前者起始，在后者中间将存到世界的末了。处于第三位与第四位复活的是在南方与北方的人。地被分为这四方，由这四方年月才得以形成，靠这四方地得以完全，并且从这四方教会被召。所有被认为加入圣教会的人是靠神的名被召，他们将获得复活的特权与永恒祝福的恩典，因为他们将"从东、从西、从南、从北来，在神的国里坐席"[87]。

117. 因为既然"他从天这边出来，绕到天那边，没有一物被隐藏不得他的热气"[88]，那么基督用以包围他的世界的便不是小光。因他的良

---

[86] 七十士译本《箴言》27：16。
[87] 《路加福音》13：29。
[88] 《诗篇》19：6。

善,他照亮万有,不愿意拒绝愚昧人,而是救治他们,不希望将硬心之人排除在教会之外,而是软化他们。因此在《雅歌》中的教会与在福音书中的基督邀请他们,说:"凡劳苦担重担的人,可以到我这里来,我就使你们得安息。我心里柔和谦卑,你们当负我的轭,学我的样式。"⑧⑨

118. 你也可以认出教会邀请的声音,因她说:"北风啊,兴起;南风啊,吹来。吹在我的园内,使其中的香气发出来。愿我的良人进入自己的园里,吃他佳美的果子。"⑨⑩哦,圣教会,你在那时就知道从那些人里也会发现你有果效的工作,你的确向你的基督应许了从他们中间结果子。你前面说了你要被带入王的内室,爱慕他的胸怀胜过美酒,因为你爱爱你的那位,寻找喂养你的那位,并且为信仰的缘故藐视各样的危险。

119. 哦,新妇,你从黎巴嫩被召,主判断你全然美丽,毫无瑕疵,因为经上如此记载:"你全然美丽,我的爱人;在你毫无瑕疵。你从黎巴嫩上来,我的新妇,你从黎巴嫩上来。"⑨⑪

120. 此后,你不惧怕奔腾的众水,也不惧怕从黎巴嫩下来的激流,你呼唤北风与南风,盼望它们吹入你的园子,使你的香气可以溢出去给他人,凭借他们将你所结的丰富果子献给基督。

121. 所以"凡遵守这书上预言的有福了"⑨⑫,这预言用更清楚的见证向我们启示了复活,说:"我又看见死了的人,无论大小,都站在宝座前。案卷展开了,并且另有一卷展开,就是生命册。死了的人都凭着这案卷所记载的,照他们所行的受审判。于是海交出其中的死人,死亡和阴间也交出其中的死人。"⑨⑬这样我们一定不会问他们如何复活,阴间如何交出,以及海如何恢复。

---

⑧⑨ 《马太福音》11:28、29。
⑨⑩ 《雅歌》4:16。
⑨⑪ 《雅歌》4:7、8,根据英译本引文直译。——译者注
⑨⑫ 《启示录》22:7。
⑨⑬ 《启示录》20:12、13。

122. 当给义人将来的恩典被应许的时候，你也要听。"我听见，"他说，"有大声音从宝座出来说：'看哪，神的帐幕在人间，他要与人同住，他们要作他的子民，神要亲自与他们同在，作他们的神。神要擦去他们一切的眼泪，不再有死亡，也不再有悲哀、哭号、疼痛。'"㉔

123. 如果你愿意，现在请比较，将今生与之对比。如果你能，就选择劳苦中永无止境的肉身存在与这些变化中的不幸惨状，正如我们忍受由我们的愿望而来的满足、因关心我们的快乐而来的嫌恶。如果神愿意让这些永远存在，你会选择它们吗？如果生命为了自身的缘故要逃脱，就是可以避免困扰，免受惨境，那么寻求如下所述的安息更要如何殷勤呢？紧随这安息之后的是将要来之复活的永恒喜乐，在那里没有错误的延续，没有犯罪的诱惑。

124. 有谁在痛苦中如此有耐心以至于不祷告求死呢？有谁在软弱中如此坚忍以至于不盼望死去过于在衰弱中而活呢？有谁在哀伤中如此勇敢以至于不渴求甚至借死亡从中逃脱呢？但尽管我们知道即使生命在持续，也有一个极限为其所设，如果我们自己对此尚且不满，那么我们若看到肉身的困扰将伴随我们永无休止，我们的今生将变得如何更加令人厌倦不堪呢？有谁会希望免于一死呢？或者还有什么比悲惨的永不朽坏更令人难以忍受的呢？他说："我们若靠基督只在今生有指望，就算比众人更可怜。"㉕不是因为靠基督而有指望可怜，而是因为基督为那些靠他有指望的人预备了另一个生命。因为这个生命向罪负责，那个生命为奖赏而存留。

124. 我们发现我们生命短暂的舞台给我们带来多少厌倦！男孩渴望成为青少年，青少年数着年日到成熟。他不为他生命的活力岁月的好处感恩，盼望年长而有的荣耀。因此对所有人都有自然而来的变化要求，因为我们不满于我们现在的状况。最后，甚至连我们所要的东西都令我

㉔ 《启示录》21：3、4。

㉕ 《哥林多前书》15：19。

们厌倦，在我们得到了我们盼望得到的东西时，我们不再喜欢了。

125. 因而圣者经常为他们居住在世太长而哀伤，这并非没有理由：大卫哀伤了，耶利米哀伤了，以利亚也哀伤了。如果我们相信智者与那些有神的灵内住的人，他们追求更好的东西；如果我们询问要了解别人的判断，那么我们可以确定所有人都同意一个观点：伟人们是何等偏爱死亡而不是哀伤，伟人们是何等偏爱死亡而不是恐惧！他们真的认为对死亡的恐惧比死亡本身更糟。因此，考虑到属于死亡的邪恶，死亡并不令人害怕，反而比活着的悲惨状况更令人偏爱，因为死后的离去令人向往，活着的恐惧让人躲避。

126. 那就这样成了吧。复活当然比今生更令人喜爱。什么？哲学家们自己找到比复活更令我们有大喜乐的任何东西吗？既然只许可我部分的救赎，那即使那些真说灵魂不朽的人也不能满足我。那我不能靠着获完全好处的算什么恩典呢？如果神的作为在我之外死去，那算什么生命呢？如果死亡是自然存在的终结，对罪人与义人都一样，那算什么义呢？灵魂被认为不死，因为它移动自己，总处于动态，那算什么实体呢？就在身体中我们与兽类相同的那些而言，在身体存在之前发生了什么可能不确定，真理不可能从这些不同中得到，只会被毁。

127. 但是他们说我们的灵魂在离开这些身体后转移进入兽类或各类其他活物的身体中，他们的这个观点更合宜吗？实际上哲学家们自己惯于认为这些是诗人荒诞不经的幻想，诸如可以由瑟西（Circe）草药的汁水所造。他们说那些被代表的人物并没有怎么经历这些事情，而是那些发明这样传说的人的感觉变成了各样野兽的形式，如同饮了瑟西之杯。因为相信人能变成兽类的样式有什么令人惊奇的？然而，管理人的灵魂为自己披上与人的本性如此相反的兽性，推理的能力能够传递给没有理性的动物，这与身体的形式发生变化比起来是何等大的奇谈怪论？你们教导这些事情，却自己毁灭了你们所教导的，因为你们放弃了这些借着法术成人形的奇怪变化所产生的东西。

128. 诗人在消遣玩笑中说这些事情，哲学家责备他们。与此同时，他们想象这些他们认为对活人而言是虚构的事，对死人却是真实的。因为发明这些传说的人不愿断言他们自己神话的真实性，而是要嘲弄哲学家的错误，后者认为同一个习惯于借温柔谦卑之目的克服愤怒的灵魂，现在为狮子狂暴的刺激所点燃，会对愤怒与不受驾驭的烈怒失去耐心，饥渴嗜血，并寻求杀戮；或者认为那灵魂以前借征询尊贵的意见来调控人们各样的风暴，用理性的声音来平息他们，现在却能容忍在荒芜绝人迹的场所照狼的方式狂吠；或者那灵魂曾经受重担的压迫而呻吟，自卑于悲伤中为劳力重负而抱怨，现在既变成人形，倒为他光滑的额头找寻犄角；或者另一种，以前习惯于为快翼所托翱翔于天的高处，现在不再认为飞行属于他的能力，为陷于笨重人体变得迟缓而悲伤。

129. 恐怕你借着某些这样的教导毁坏了伊卡勒斯 (Icarus)，因为年轻人受你劝说的引导，想象他可能曾经是一只飞鸟。这样的方法也同样让许多老人在服于哀伤痛苦的过程中受骗，难过地相信关于天鹅的传说，认为他们在用伤心的旋律舒缓他们痛苦的同时，他们的白发会变成绒绒的羽毛。

130. 这些事情何等难以置信！何等可恶憎厌！照着自然、照着发生在各种果子身上的来相信，照着已经发生的样式、照着众先知的话语和基督属天的应许来相信，比上面所言要合理多少啊！因为既然真实的情况不是身体的形状而是灵照着神的样式而造，那还有什么比确认神的工作不会灭亡，照神的形象与样式所造的不会变成兽的形状更好的呢？又因为其他种类的活物既服在人之下，那人又能以什么方式将自己更好的部分转移到服于他之下的动物中呢？自然没有这种遭遇，如果自然没有，那么恩典也必没有。

131. 但是我了解你们外邦人如何互相以为，事实上你们既敬拜兽类，那么相信你们能变成兽也并不奇怪。但是我宁愿你们更好地判断你们当得什么，使你们可以相信你们不与野兽为伍，而与天使同列。

132. 灵魂必须要从今生的周遭与属地身体的污染中离开，继续朝那些属天同伴前进——尽管这只发生在众圣徒身上，到达他们中间，赞美神（如同在先知的话中我们听到那些弹琴的说："主神，全能者啊，你的作为大哉、奇哉！万国之王啊，你的道途义哉、诚哉！主啊，谁敢不敬畏你，不将荣耀归于你的名呢？因为独有你是圣的，万民都要来在你面前敬拜。"⑯），并看到你的婚筵。哦，主耶稣，在婚筵上新妇从属地的事上被引到属天的事上，而万民都和谐欢乐，因为"凡有血气的都要来就你"⑰他们现在不再从属于暂时的事物，而与圣灵连接，得见内室装饰以亚麻、玫瑰、百合与花环。别人还有谁的婚礼如此装饰呢？因为它以认信者的紫纹、殉道者的鲜血、童女的百合与祭司的华冠为装饰。

133. 圣大卫为自己盼望远超其他一切，为要使他可以看见注视这事，因他说："有一件事，我曾求耶和华，我仍要寻求：就是一生一世住在耶和华的殿中，瞻仰他的荣美。"⑱

134. 相信这事是快乐的，盼望它是愉悦的。当然，不信它是种痛苦，活在这盼望中乃是恩典。但我若在这事上错了，就是我希望死后与众天使而非兽类相连，那我也很高兴犯错，只要我还活着，我就永远不会被这个盼望所骗而令自己痛苦。

135. 因为我除了盼望快到你那里，我的弟兄，以及你的离去不会造成我们之间太长的分离，并且借你的代求，或许如我所愿，你会快快召唤深切思念你的我，我还剩下什么安慰呢？因为既然"这必朽坏的总要穿不朽坏的，这必死的总要穿不死的"⑲，我们本因肉身的软弱屈从于死亡，超越自然被复活，可以不再惧怕死亡，那还有谁不为他自己盼望这些超过其他一切呢？

---

⑯ 《启示录》15：3、4。
⑰ 《诗篇》65：2。
⑱ 《诗篇》27：4。
⑲ 《哥林多前书》15：53。

论基督教信仰

卷 一

前 言

作者称赞格拉提安对信仰教导的热心，读到自己时很谦卑。皇帝受神自己教导，无需人来教训，然而他如此的虔诚却为荣耀预备了道路。委派于作者的任务很困难，要成就这事他并不受多少理性与推理的引导，而是受权威——尤其是尼西亚公会议的权威——的引导。

1. 当我们读《列王纪》，南方的女王听到了所罗门的智慧。类似地，希兰王给所罗门东西来证明他。同样圣陛下你遵循古时的这些楷模，要听我对信仰的告白。但我并非所罗门，使你会对我的智慧惊叹。陛下你也不只统管一人，乃是奥古斯都（Augustus），整个世界的君主。你命令将关于信心的问题陈明于本书，不是为了要你受教导，而是为了要你首肯。

2. 威严的皇上，为什么陛下你要学习你从儿时早期就已经虔诚而乐意地持守的信仰呢？圣经说："我未将你造在腹中，我已晓得你；你未出母胎，我已分别你为圣。"①所以成圣不是出于传统，而是出于默示，因

---

① 《耶利米书》1：5。

此要守护神的恩赐。关于这点没有人能教导你，而神当然会赐予并默示给你。

3. 圣陛下，你即将出征，命令我写一本书来阐明信仰，因为陛下你知道胜利得自指挥官的信心，而非士兵的勇猛。因亚伯拉罕带领三百十八壮士进入战斗，带回家不计其数的仇敌的掳物。靠着我们主的十字架与名字的记号所有的能力，他胜过了五王的勇力与得胜的军队，既报了他邻舍的仇，又得胜利，救回了他的侄儿。嫩的儿子约书亚当他不能用他所有军力战胜敌人的时候，也倚靠七支圣角的声音在他看见并认识天军元帅的地方得胜。这样陛下，基督忠实的仆人与信仰的保卫者，你让我著书来陈述信仰，你已经为得胜做好了准备。

4. 其实，我更愿承担劝勉的职责持守信仰，而不是去争论，因前者意味着虔诚的认信，而后者必有贸然的假设。然而鉴于陛下无需劝勉，而我又不应祷告免去忠诚的职责，我就做一大胆同时又审慎的计划，对于信仰不做过多的推理与争论，而是广泛收集各类的见证。

5. 关于公会议的条例，我将以下面这条作为我的基本向导，就是受委任的三百一十八位神仆，照着亚伯拉罕的判断，以胜过全世界不信者作为奖赏，凭着信仰的激励得胜，在这点上他们一致同意。就我的看法，人的确能从这里看到神的手，因为同样的数字就是我们信仰之公会议的权威，这是古时记录中忠诚的一个例子。

第一章

作者将信仰与异教徒、犹太教徒及异端的谬误区别开来。在解释了"神"与"主"这些名字的重要性之后，他清楚地表明了本质合一性里位格间的不同。阿里乌派（Arian）借着分割本质不仅引入了三位神的教义，甚至还抛弃了三位一体的主权。

6. 这是我们信仰的宣告，我们说神是一，既不像异教把子从神分开，也不随从犹太教否认他在万世以先从父而生，此后又从童女而生。我们不像撒伯里乌用混淆神与道的方法来宣称父、子为一且同一位格，不像富提纳斯声称子先存在于童女腹中，也不跟从阿里乌相信多样化的能力，跟蒙昧的异教一样弄出多个神来，因经上说："以色列啊，你要听，耶和华我们神是独一的主。"②

7. 因为神与主是尊贵的名字、能力的名字，甚至如神自己所说，"耶和华是我的名，"③在另一处先知宣告："全能的主是他的名。"④所以他是神，他是主，或者因为他统管万有，或者因为他测透万事，为万有所敬畏，并没有分别。

8. 这样如果神是一，则三位一体的名字为一，权能为一。基督自己就说："你们要去……，奉父、子、圣灵的名为万民施洗。"⑤你要注意，奉一个名，不是奉许多名。

9. 而且基督自己说："我与父原为一。"⑥他说"一"，就是权能与本质没有分离，而且"我们是"再次让你认识到父与子。因为相信完美的父生了完美的子，所以父、子为一，不是位格间的混淆，而是本质的合一。

10. 这样我们说有一位神，不是两位或三位，这样的错谬是阿里乌派不敬虔的异端搞出来的亵渎。因为它说有三位神，将三位一体的神性分割。与之相反，主说："去，奉父、子、圣灵的名为万民施洗，"表明三位一体有同一个权能。我们承认父、子、圣灵，理解完美的三位一体既有神性的完全又有权能的合一。

---

② 《申命记》6：4。
③ 《出埃及记》3：15。
④ 《以赛亚书》42：8，根据英译本引文直译。——译者注
⑤ 《马太福音》28：19。
⑥ 《约翰福音》10：30。

11. "凡一国自相纷争，就成为荒场，"⑦主说。现在三位一体的国没有分开。所以如果它没有分开，它就为一，因为不为一的才分开。然而阿里乌派将三位一体的国分开，使其轻易成为荒场，自我分裂。但因为它不可能成为荒场，的的确确就是没分开。因为合一的事物绝不分开或散开，所以年日或朽坏对它都没有任何能力。

第二章

皇帝受劝勉在信仰中表明热心。基督完美的神性从旨意的合一性和他与父同工的工作中得到表现。神的属性在基督身上被证明是合宜的，他的各种称号证明他本质上的合一与位格上的不同。没有其他任何方法可以维持神的合一性。

12. "凡称呼我'主啊，主啊'的人，不能都进天国"，⑧圣经如是说。所以威严的陛下，信仰一定不单是表现而已，因经上记着："我为你的殿心里焦急，如同火烧。"⑨就让我们用忠信的灵魂与虔诚的思想来呼求我们的主耶稣吧。让我们相信他是神，无论我们向父求什么，奉他的名我们都能得着。因为父的旨意是借着子向他祈求，子的旨意是父被祈求。

13. 他顺服的恩典与我们的教导一致，他大能的行为也不与之相悖。无论父做何事，子也以同样的方式做了同样的事。而父的旨意是他在他自己所预言要做的事上被恳求，使你明白不是他不能做别的事情，而是要显明一种能力。这样神的儿子就实实在在得到了崇敬与敬拜，他凭着他的神性能力立了世界的根基，借着他的顺服使我们的爱心有知识。

---

⑦ 《马太福音》12：25。
⑧ 《马太福音》7：21。
⑨ 《诗篇》69：9，参见《约翰福音》2：17。

14. 所以我们应该相信神是良善的、永恒的、完美的、全能的、真实的，如我们在律法书、先知书及圣经其余的书卷中发现的那样，因为反之就没有神。神只能是良善的，因为良善的完全本于神的属性。创造时间的神也不能为时间所限。还有，神也不可能不完美，因为较次的存在明显不完美，因其某种程度的缺乏才不能与更高的等同。这是我们信仰的教导，就是神不邪恶，在神没有不能的事，神不存在于时间中，神不在任何存在之下。如果我错了，就让我的对手来证明吧。

15. 那么因为基督是神，相应地，他就是良善、全能、永恒、完美、真实，因这些属性属于神的本性。就让我们的对手否认基督里的神性吧，否则他们不能反对神有合乎神本性的东西。

16. 而且为了避免任何人搞错，让他看到这些标志是圣经准许我们提出的，借着它们我们可以认识子。他被称为道、子、神的权能、神的儿子、神的智慧。他是毫无瑕疵的道，被称为权能是因为他是完全的，被称为子是因为他是父所生的，被称为智慧是因为他与父原为一，在永恒中合一，在神性中合一。并非父与子同一位格，父、子之间因为"生"的关系有明显的区别，这样基督是出于神的神，出于永存的永存，出于完全的完全。

17. 这些不仅只是名字而已，而是工作中自我彰显权能的标志，因为父里有神性的完全，子里也有神性的完全，不是不同的，而是合一的。神性不是混淆的，因为是一体的；不是多重的，因为其中没有不同。

18. 而且如果那许多信的人，如经上所记，都是一心一意的；如果每个与主联合的人都有一个灵，如使徒所说：人与妻子联合成为一体；如果我们会死的人就我们的一般本性而言都出于同一本质；如果这是圣经所论被造的人，与神的三位一体根本无法相提并论，虽然众多，仍旧为一，那么父与子在神性里的一致将何其更甚呢？在他们里面无论本质还是旨意都没有不同。

19. 我们还要用别的什么方法来讲神为一呢？差异性产生多样性，

但权能的合一性排斥数目的量,因为合一性不是数目,而自己是所有数目的原则。

第三章

借着从圣经搜集来的证据,父与子的合一性得到了证明。第一段经文取自《以赛亚书》,作者将其与其他经文相比较,阐明了子与父的本质没有不同,单单除了肉身这方面,由此推出两个位格的神性为一。这个结论为《巴录书》的权威所证实。

20. 先知所受的神谕见证圣经所宣告的父与子间就其神性所存有的紧密合一性。万军之耶和华如此说:"埃及劳碌得来的和古实的货物必归你,身量高大的西巴人必投降你,也要属你。他们必戴着锁链过来随从你,又向你下拜,祈求你说:'神真在你们中间,此外再没有别的神!救主以色列的神啊,你实在是自隐的神。'"⑩

21. 听先知的话,他说:"神真在你们中间,此外再没有别的神。"这与阿里乌派的教训怎么相合?他们要么否认父的神性,要么否认子的神性,除非他们一劳永逸地相信同一神性的合一。

22. 他说:"神在你们中间"——就像父在子中间,因经上记着:"我对你们所说的话……乃是住在我里面的父作他自己的事。"⑪而我们再次读到子在父里面说:"我在父里面,父在我里面。"⑫就让阿里乌派的人去掉这本质上的亲密与工作上的合一,如果他们可以。

23. 所以有神在神里面,但没有两位神,因经上记着有一位神;有主在主里面,但没有两位主,因为经上类似地记着:"不能侍奉两个主。"⑬

---

⑩ 《以赛亚书》45:14、15。
⑪ 《约翰福音》14:10。
⑫ 《约翰福音》14:11。
⑬ 《马太福音》6:24。

律法书说:"以色列啊,你要听,耶和华我们神是独一的主。"⑭而且在同一本约书里又记着:"耶和华从耶和华那里降……"⑮这里说到耶和华"从耶和华"那里降东西下来。同样你也在《创世记》里读到:"神说——神做,"稍后又有:"神照着神的形像造人。"⑯但这里造人的不是两个神,而是一个神。一处与另一处一样宣告了工作与名的合一性。当然在我们读到"神的神"时,我们不是在讲论两个神。

24. 你还可以在《诗篇》44篇⑰读到先知如何不仅称父为"神",而且也宣告子为神,他说:"神啊,你的宝座是永永远远的,"⑱又继续说:"所以神,就是你的神,用喜乐油膏你,胜过膏你的同伴。"⑲这个神膏别人,而在肉身受膏的神是神的儿子,因为除了在肉身的基督还有什么同伴在他受膏之列呢?这样你就看见神为神所膏,而被膏的在他身上取了人的本性,他被称为神的儿子,但律法的原则却没被破坏。

25. 所以当你再度念到"耶和华从耶和华那里降……"时,你就承认神性的合一,因为在工作中的合一性不允许超过一位独立的神,甚至主自己也表明:"你们当信我,我在父里面,父在我里面;即或不信,也当因我所作的事信我。"⑳这里我们再次看到神性的合一为工作的合一所显明。

26. 使徒保罗为了避免我们陷入任何错误——无论是异教的还是犹太教不敬虔的,仔细地证明了父、子同一的神性,为我们显明我们应当遵循的规则,他说:"我们只有一位神,就是父,万物都本于他,我们也归于他;并有一位主,就是耶稣基督,万物都是藉着他有的,我们也是

---

⑭ 《申命记》6:4。
⑮ 《创世记》19:24。
⑯ 《创世记》1:27。
⑰ 和合本为45篇。——译者注
⑱ 《诗篇》45:6。
⑲ 《诗篇》45:7。
⑳ 《约翰福音》14:11。

藉着他有的。"㉑就像称呼耶稣基督为"主",他没有否认父是主,同样地,借着说"一位神,就是父",他也没有否认子的真实神性。他如此教导,不是说有一位以上的神,而是说能力的源头为一,就像神性在主的身份中,主的身份在神性中,如经上所记:"你们当晓得耶和华(主)是神,我们是他造的,不是我们自己造的。"㉒

27. 所以"神在你们中间"是借着本质的合一;"此外再没有别神"是由于对实体的亲身拥有,没有任何的保留或不同。

28. 圣经再次在《耶利米书》中论到一位神,而又同时认可父与子。我们如此读到:"他是我们的神,与他相比再没有可倚靠的。他显明了一切教训的路,赐给了他的仆人雅各和他所爱的以色列。这些事以后他显现在地上,与人相交。"㉓

29. 先知所论为子,因为子自己与人相交,这又是他所说:"他是我们的神,与他相比再没有可倚靠的。"如此伟大的先知说没有别人能与他相比,为什么我们还对他有疑问呢?当神性为一时,还有什么别的比较可作呢?这是置身于险境中人的告白,高举信仰而不长于激辩。

30. 来吧,圣灵,帮助你的众先知,你惯于住在他们中间,我们靠着他们而信。如果我们不信先知们,难道要信这世界的智慧人吗?但智慧人在哪里,文士在哪里?我们的农人种无花果树的时候,他发现哲人对此一无所知,因为神拣选了这世上愚拙的,为要叫强壮的羞愧。我们当信犹太人吗?的确神曾在犹太人中为人所知,但他们否认了我们信仰最根本的基础,因为不认子的也不知道父。

㉑ 《哥林多前书》8:6。
㉒ 《诗篇》100:3。
㉓ 七十士译本《巴录书》3章36—38节。——译者注

第四章

　　神的合一性必然蕴含在自然的有序性、我们的信仰和洗礼中。博士的礼物宣告了（1）神性的合一；（2）基督的神性与人性。天使行走在沙得拉、米煞与亚伯尼歌的火炉中，这表明了三位一体合一性的教义真理。

31. 由于宇宙为一，整个自然界都见证神的合一性。信仰宣告有一位神，因为旧约与新约所信的相同。有一位圣灵，完全圣洁，见证恩典，因为洗礼为一，奉三一神的名而进行。众先知宣告神的声音，使徒们也听见。博士所信的为同一位神，他们以崇敬的心把黄金、乳香与没药带到基督的摇篮，以黄金为礼承认他的神性，用乳香把他当神敬拜，因为黄金是王国的记号，乳香是神的记号，没药是埋葬的记号。

32. 除了我们应该辨别基督神性与肉身的不同之外，这低微的马厩中的神秘奉献还有什么意思呢？他以人的形象被看见，被当作主而受敬拜。他卧在布条中，却在众星中闪耀。摇篮显明他的出生，众星表明他的主权。肉身为布条包裹，神性接受天使的服侍。所以他本性的尊贵威严没有丢失，他真实取得的肉身也得到证实。

33. 这就是我们的信仰。神如此命定他要为万人所知，三位少年人如此确信，在他们被丢下的地方没有感觉到火，这火却毁灭烧尽了不信的，而如雨露落在信徒身上不伤毫发，因为别人所点起的火焰变冷了，肉体上的折磨在与信心相争时理所当然地丧失了它的威力。因为一位有天使形象的来到他们中间，最终目的是为了使独一在上的权能者借着三位一体的"三"得到赞美。神受到赞美，神的儿子借着神天使的形象被见到，少年们讲说圣洁属灵的恩典。

第五章

各种由阿里乌派所言对抗基督的亵渎被引述。在回答这些之前,正统的信徒受告诫要当心哲学家搬弄是非的论证,尤其是异端把他们的信靠置于这些证明中。

34. 现在让我们来考虑驳斥阿里乌派关于神儿子的看法。

35. 他们说神的儿子与他的父不同。即便对人,这么说也是侮辱。

36. 他们说神的儿子在时间上有一个开始,可是他本身是时间和一切其中所有的源头与命定者。我们是人,尚且不受时间限制:我们存在有开始,但我们相信我们会永远存在下去。我们渴求不朽,那么我们怎么能否认神儿子的永恒性呢?神宣告神的儿子因其本性,不是因着恩典而永恒。

37. 他们说他是被造的。但谁会把一位作者算为他的作品,把他看为他自己所造之物呢?

38. 他们否认他的良善。他们的亵渎是自己的谴责,所以没有希望得到宽恕。

39. 他们否认他真是神的儿子,他们否认他无所不能,因为尽管他们承认万有借着子的服侍而被造,他们把它们存在的根本源头归于神的能力。但除了本性的完美,能力又是什么呢?

40. 阿里乌派还否认在神性中他与父为一。就让他们否决福音书,把基督的话语当耳旁风吧,因为基督自己说:"我与父原为一"[24]——不是我说的,是基督说的。难道他是个骗子,他会说谎吗?难道他不义,会宣称他从来都不曾是的吗?对于这些问题我们会在合适的地方用更大的篇幅分别讨论。

---

[24] 《约翰福音》10:30。

41. 因为异端说基督不像他的父，并寻求用微妙论证之力来坚固这种说法，所以我们必须要引用圣经："你们要谨慎，恐怕有人用他的理学和虚空的妄言，不照着基督，乃照着人间的遗传和世上的小学，就把你们掳去。因为神本性一切的丰盛，都有形有体地居住在基督里面。"㉕

42. 他们在辩论驳斥中存了他们毒物的所有力量，借着哲学家的判断，他们没有能力建立任何事物，只是意在毁坏。然而使神喜悦来救他的百姓的不是辩论，"因为神的国不在乎言语，乃在乎权能"㉖。

第六章

在证明基督没有与父不同的过程中，圣安波罗修从更多著名的阿里乌派领袖那里作了征引，解释了他们的见证如何地互相不合，又显明圣经提供了什么抵挡他们的防御武器。

43. 阿里乌派说基督不像父，我们予以否认。是的，我们的确恐惧战兢，在话语上退让。然而我不愿圣陛下你相信争论与我们的驳斥，让我们来求问圣经、使徒、先知、基督，简言之，让我们来求问父。这些人声称持守父的荣耀，但如果子被视为次于父，对子的侮辱不会给良善的父带来任何荣耀。如果子被视为次于父而不是等同于父，绝不会使良善的父喜悦。

44. 我若花一小段时间自己专门来讲这些人的话，我祷告圣陛下你可以忍耐我。但我从谁开始讲起呢？欧诺米（Eunomius）还是他的老师阿里乌与艾提乌（Aetius）呢？名字有许多，但不信只有一种，都在邪恶里。而他们在对话中互相倾轧纷争，在欺骗方面并无不同，但在这个共

㉕《歌罗西书》2：8、9。
㉖《哥林多前书》4：20。

同点之上却意见相左。我搞不懂他们为什么不能互相赞同。

45. 阿里乌派拒绝欧诺米这个人，但他们保持了他的不信，走他错误的道路。他们说他出版阿里乌的作品太过慷慨了——这真是一个过于慷慨大方的错误！他们称赞下命令的，却否认执行的！现在他们分成几个派别。有人跟从欧诺米与艾提乌；其他人跟从帕拉迪（Palladius）或迪莫非（Demophilus）与奥克森修（Auxentius），或者是这一路不信者的继承人；还有人跟从不同的教师。基督是分开的吗？当然不是，但那些将他与父分开的人是用自己的手把他们自己切得四分五裂。

46. 所以他们自己互不相同，而共同点是对神的教会图谋不轨。我要用一个共同的名字来称我必须回应的这些人——异端。异端就像寓言里某些难以根除的蛇类，在伤口上厚厚涂抹，虽被切断却又能长出新的，注定要在火焰中被完全毁灭。或者像令人害怕恐惧的奇石怪岩，分化成许多不信的形状。它借着面具遮盖奸诈，表现得好像基督教的一个教派，实则为恶人。它将他们在它不圣洁海峡的浪涛中抛来抛去，在他们信心的残骸中束以怪兽之形，用它亵渎教义的毒牙来扰乱。

47. 圣陛下，这怪兽的巢穴藏得很深，如航海的人所言，是隐藏的洞穴。它的四围有它黑狗的咆哮回响在不信的磐石，我们从那里经过必须要关上耳朵不要听。因为经上记着："给你的耳朵树上篱笆远离荆棘"[27]，又记着："应当防备犬类，防备作恶的"[28]；还有一处："分门结党的人，警戒过一两次，就要弃绝他。因为知道这等人已经背道，犯了罪，自己明知不是，还是去作。"[29]所以让我们像审慎的舵手，依循圣经的海岸线，最安全地行在我们信仰的航线上。

---

[27] 《便西拉智训》28 章 28 节。
[28] 《腓立比书》3：2。
[29] 《提多书》3：10、11。

第七章

基督与父的相似性为圣保罗、众先知与福音书的权威所证实，尤其有赖于人照着神的形象之被造。

48. 使徒说基督是父的形象，因他称基督为不可见神的像，所有创造中首生的。你要注意，是首生的，不是首先被造的，使它可以被认为既因他的本性被生，又因他的永恒性为首。在另一处使徒又宣告神使子"承受万有，又藉着他创造诸世界。他是神荣耀所发的光辉，是神本体的真像"。㉚使徒称基督是父的形象，而阿里乌派却说他不像父。如果他不像，为什么他被称为形象呢？人不会有跟他们不像的画像，阿里乌派争辩说父不像子，就是说父生了一个跟他不像的，好像他不能生一个跟他像的。

49. 先知们说："在你的光中，我们必得见光，"㉛又说："智慧是永远之光的光辉、神德能无瑕疵的反映、他良善的形象。"㉜怎样的大名得以宣扬啊！"光辉"乃是因为在子里面父的荣耀清晰照耀，而神性的完整能力又在子里面；"形象"这个词教导我们没有区别；"表达"说明他反照父的形象；"光辉"宣告了他的永恒性。"形象"在这里不是指肉身面容的样子，不是由颜色构成，不是在蜡中模造，而是从神而来，出于父，汲取自泉水的源头。

50. 借着这个形象主向腓力显示了父，他说："腓力，人看见了我就是看见了父。你怎么说'将父显给我们看'呢？我在父里面，父在我里面，你不信吗？"㉝是的，定睛于子的在像中看见了父。注意这里所说的

㉚ 《希伯来书》1：2。
㉛ 《诗篇》36：9。
㉜ 《所罗门智训》7章26节。
㉝ 《约翰福音》14：9、10。

是何种像。是神的真理、仁义、权能；不是毫无言语，因为他是道；不是没有知觉，因为他是智慧；不是空虚愚昧，因为他是权能；不是没有灵魂，因为生命是花朵；不是死的，因为他是复活。这样你就看见当论到形象的时候，所指的就是父，子是他的形象，因为没有人是他自己的形象。

51. 我还可以从子的见证中证实更多。然而，恐怕他显得讲自己太多，就让我们来求问父吧。父说："我们要照着我们的形像，按着我们的样式造人。"㉞父对子说："照着我们的形像，按着我们的样式。"而你说神的儿子不像父。

52. 约翰说："亲爱的弟兄啊，我们现在是神的儿女，将来如何，还未显明。但我们知道，主若显现，我们必要像他。"㉟瞎眼的疯子，无耻的顽徒啊！我们是人，尚且可以说我们像神，我们怎么敢否认子像神呢？

53. 所以父说："我们要照着我们的形像，按着我们的样式造人。"照我所读，在宇宙的一开始，父与子共存，我看到的创造是一个。我听见一位说话，我承认另一位做事，但我所读到的是一个形象、一个样式。这种相似性不属于多样性，而属于合一性。所以你为自己所要的是你从神的儿子那里得来的，因为你的确不是神的形象，只是受神的像的帮助。

第八章

子像父既被证实，子的永恒性也不难证明，尽管这也的确可以从先知以赛亚和圣约翰的权威得到证实。借着约翰的权威，异端领袖被驳斥。

㉞ 《创世记》1：26。
㉟ 《约翰一书》3：2。

54. 所以显而易见子不会不像父，因此我们可以更容易地承认他也是永恒的，因为那位像永恒的肯定也是永恒的。但如果我们说父永恒，却否认子亦然，我们就在说子不像父，因为暂时的才不同于永恒的。先知宣告他永恒，使徒传讲他永恒，新旧约一样充满了对子的永恒性的见证。

55. 让我们照着它们的次序来讲。在旧约——从众多的见证中只引一例——经上记着："在我以前没有真神，在我以后也必没有。"㊱我不评论这句话，只问你一个直接的问题："谁说了这些话，父还是子？"无论你说两个中的哪一个，你发现你都得了确信；你若是信徒，则受到了教导。那谁说了这些话呢，是父还是子呢？如果是子，他说："在我之前没有真神。"如果是父，他说："在我之后也必没有。"一个是前无古人，另一个是后无来者，就像父在子中被知道，子在父中被知道。因为无论何时你提到父，你同时隐含着就提到了他的子，因为没有人是自己的父。当你说到子，你也同时承认了他的父，因为没有人能是他自己的子。因此子离开父不能存在，父离开子也不能。所以父永恒，子亦永恒。

56. "太初有道，道与神同在，道就是神。这道太初与神同在。"㊲注意，"与神同在"。我们这里有四个"是"或"在"。亵渎者从哪里找到写着他"不是"或"不在"的？约翰又在另一处——他的书信中——说到了"从起初原有的"，这"原有的"范围伸展到无限。尽你所能地想象任何时间长度，它仍旧在子"是"的范围内。

57. 在这短短的经文中我们的渔夫堵上了所有异端的道路。"太初"不受时间限制，在它前面没有任何开始，所以就让阿里乌静默无声吧。而且"与神同在"的那位不与神混淆或混合，而是毫不含糊地保持独立，从而道与神同住，因此撒伯里乌可以闭嘴了。"道就是神"，所以这

㊱《以赛亚书》43：10。
㊲《约翰福音》1：1。

道不是讲出来的话,而指示了属天的完美,这样富提纳斯的教导就被驳斥。还有,他既与父在太初就同在,父与子间不可见永恒神性的合一对照欧诺米的羞耻与混乱就得到证明。最后因为万物都是借着他造的,他显然就是新旧约同样的作者,所以摩尼教的攻击没有根基。如此这位好渔夫把他们一网打尽,使他们无力欺骗,尽管这些被抓的鱼本身没什么益处可言。

第九章

圣安波罗修质问异端,陈明他们的答案,就是子的确在万世之前就存在了,但不与父共同永恒存在,而这位圣徒则表明他们所表示的是神性可变,他进而证实每个位格都是永恒的。

58. 告诉我,你这个异端——因为皇上无可比拟的仁慈授权我用短短的篇幅谈一下你的情况,不是我想要赞同你,或者我渴望听你的辩论,而是因为我要把它们陈明——告诉我是否有一个时间,全能神不是父却仍旧是神。你的回答是:"我没说过时间。"否认得天衣无缝!因你若把时间带到辩论中,你就必须要承认有一个时间子不是神,然而子还是时间的管理者与创造者。他不能在他自己的工作之后才开始存在。所以你必须允许他是他自己工作的管理者与创造者。

59. 你回答:"我没说子不在时间之前存在。"但当我称他"子"时,我就宣告了他的父在他之前存在,因为如你所说,父存在于子之前。但这意味着什么呢?你否认了时间在子之前,而你却要有些东西在子之前——一些属于时间的受造物,——你显示了某些介于中间的时代阶段,借此你告诉我们从父所生是个时间中的过程。因为如果他开始成为父,就表明在第一阶段他是神,后来变成了父。这样神怎么是不变的?如果他一开始是神,后来成了父,可以肯定他经历了"生"这个外加的、后来的行为所造成的变化。

60. 愿神保守我们离开这种癫狂，只是为了驳斥异端的亵渎我们才引进这个问题。敬虔者所肯定的"生"不在时间中，所以宣告父与子共同永恒，不认为神在任何时候有所变化。

61. 所以就让父与子联合于敬拜中，正如他们在神性中联合。不要让亵渎分开借生的纽带连在一起的。让我们荣耀子，也可以荣耀父，如同福音书中所记。子的永恒性是父尊贵的饰物。如果子不是从永远就存在的，父也要发生变化。但子从永恒到永恒，所以父从不改变，因他永远不会变化。这样我们看到否认子永恒性的人就是在教导父是可变的。

第十章

基督的永恒性为使徒的教导所证实。圣安波罗修警告我们神的生不能照人繁衍的方式来理解，也不应好奇地刺探。他拒绝处理从中引发的困难，只是说无论用什么取自肉身知识的用语来讲神的生必须要按属灵的含义来理解。

62. 现在再听另一个证明，清楚地表明子的永恒性。使徒说神的能力与神性是永恒的，基督就是神的能力，因经上记着说，基督是"神的能力、神的智慧"[38]。那么如果基督是神的能力，鉴于神的能力永恒，自然推出基督也是永恒的。

63. 异端啊，你不能从人生产的惯例中建立错误的教义，也不能从我们的情况中在这事上耍手腕，因为我们不能借我们可穷尽的言词超越无限神性的伟大，"耶和华本为大……其大无法测度。"[39]如果你试图要描述一个人的出生，你必须指向时间。但神的生超越万有，它的范围既深且广，远远超越一切思想与感觉。因经上记着："若不藉着我，没有人能到

---

[38] 《哥林多前书》1：24。
[39] 《诗篇》145：3。

父那里去。"㊵所以无论你怎么想关于父的事情——对,甚至是他的永恒性——若不借着子的帮助,关于他你什么都想象不出,任何思想若不借着子也不能到达父的高度。"这是我的爱子,"㊶父说。你注意,"是"表明他永远是他所是的。因此大卫也受感动说:"耶和华啊,你的话安定在天,直到永远,"㊷——因为安定的既不在存在中也不在永恒中失败。

64. 你问我如果他没有父在他之前,他如何是子吗?那我反过来问你,你认为子在何时、通过怎样的方式被生出来的。对我而言,关于他生的奥秘知识就已经高过我所能掌握的了——思想失败了,言语没有了。不光是我,众天使亦然。他高过各种能力,高过天使,高过基路伯、撒拉弗和一切有感觉和思想的,因经上记着说:"基督出人意外的平安。"㊸如果基督的平安出人意外,如此不可思议的出生将何等高过一切理解呢?

65. 你像众天使那样以手遮脸吗,因为这超越性的奥秘不是给你看的!我们当知道子是受生的,不是要辩论他受生的方式。我不能否认子受生,但子受生的方式我不敢探究,因为如果保罗说他在被提到第三层天上所听到的话不能说出来,而我们既不能听见又不能借着我们的理解获得,那我们怎能解释这出于父并本于父生的秘密呢?

66. 但如果你要把我限制在人生产的条框中,使得你可以说父先于子而存在,那么你就要考虑以地上受造物的出生形式为例陈明神的生是否合适。如果我们照着人中间的惯例来说,你不能否认在人中父亲存在中的变化是先于儿子的。父先成长,变老,会悲伤,会哭泣。这样如果儿子在时间上在他之后,他在经历上比儿子更老。如果孩子被生,父母逃脱不了生产的羞耻。

㊵ 《约翰福音》14:6。
㊶ 《马太福音》17:5。
㊷ 《诗篇》119:89。
㊸ 《腓立比书》4:7。

67. 为什么在质问的困难中占这个便宜呢？你听见神儿子的名，然后丢弃它或承认子的本性。你听见论到腹中的，承认不容怀疑的受生的真理；论到他的心，知道这里是神的话；论到他的右手，承认他的权能；论到他的脸，承认他的智慧。当我们论说神的时候，这些话不能像我们论说人的时候一样理解。子的被生不能理解，父没有痛苦地生子，而本于他自己，在远得不能想象的日子真正的神生出了真正的神。父爱子，你若殷勤地察验他的位格，父十分喜悦他，你却与犹太人一起用恶眼看他；父知道子，你却与异教徒一起辱骂他。

第十一章

从圣经不能证明父先于子而存在，以人的生产来论证也做不到这一点，因为这样源源不断地带入荒谬性。胆敢断言基督在时间的过程中开始存在是亵渎。

68. 你问我是否为父的存在上不占先。请你告诉我父何时存在而子却不存在；从圣经中搜集论证与证据来证明这点吧。如果你倚赖论证，你无疑受到神的能力是永恒的教导。你再读圣经，它说："以色列啊，你若听从我，你们中间再没有新的神，你们也不拜不认识的神。"⑭ 第一个命令指示子的永恒性，第二个指示他拥有同一本质，使我们既不相信他在父之后存在，也不假设他是另一个神的儿子。如果他不是永远与父同在，他就是一个"新的"神；如果他不是与父同一神性，他就是"不认识的"神。但他并非在父之后，因他不是"新的神"；他也不是"不认识的神"，因他为父所生，如经上所记，他是"超乎万有的神，永受赞美"。

69. 但如果阿里乌派相信他是不为人所认识的神，为什么他们敬拜

---

⑭ 《诗篇》81：8、9，根据英译本引文直译。——译者注

他呢？经上记着说："你不要拜不认识的神。"如果他们不敬拜子，就让他们坦白地明说，案子也就结了，即他们不用他们对信仰的承认来欺骗任何人。这样我们看到这是圣经的见证。如果没有别人代劳，你自己就要承担责任。

70. 让我们再进一步，从推理的结论中收集真理。尽管推理通常让步，甚至向人的证据让步，异端还是声称要用它。你说："经验告诉我们，生人的先于被生的。"我回答，根据我们习惯性经历的各个组成部分，如果其余各点与你相合，我就不反对你的宣告，你的要点得到首肯。但如果没有这样的相合，在其余各处你都缺乏支持，你怎能在这一点上宣称合宜呢？既然你提到惯例，那我们就来讲子。当他为父所生的时候，他是个小孩子。你看见他是婴孩，在摇篮里哭闹。当年日过去，他不断成长，力上加力，因为如果他因生来就有的弱点而软弱，他也必落在软弱之下，不仅是与生俱来的，而且还有后来生活中获得的。

71. 但生怕你莽撞地犯下如此愚蠢的错误，不害怕宣称这些事属乎神儿子，如你所为，用人不牢靠的尺度来衡量他，那么当你无法拒绝他神之名的时候，你要通过软弱性上的推理来证明他是人吗？在你察验子位格的时候，你对父产生质疑了怎么办呢？当你匆忙地给前者下判语的时候，你把后者也算进了同样的责难！

72. 如果神的生受时间的限制——我们假定如此——那么借用人出生的惯例将进一步引出父把子放在有形的肚腹中，十月怀胎，一朝分娩。但是通常意义上的生产怎么可能没有异性的参与而发生呢？你看到的寻常生产不是开始，你所认为身体受辖制的必要的生产过程乃是最终的凯歌。你要求惯例，我提出性别的不同；你要求时间的推测，我给了次序；你问的是结果，我给的是源头。当然是结果依赖于源头，而非源头依赖结果。

73. 你说："凡被生的都有开头，因为子是子，他就有开头，在时间的限制内开始存在。"这话是出自他们自己的口，就我自己而言，我承认子是受生的，但他们所宣称的其余部分让我颤抖。人啊，你究竟在承认神还是在用这样的谤渎消灭他的荣耀？愿神把我们从这样的癫狂中拯救出来。

第十二章

其他对子神性的反对也可同样作答——就是说，他们也可同样被推到反对父。既然父绝不可能受时间、地点或任何其他受造物的限制，这样的局限就不能置于子之上。子奇妙无比的受生不仅出于父，也出于童女，所以既然他出于父的生不包含性或类似因素的区别，他出于童女的生也不包含这些。

74. 下一个反对如此表述："如果子没有所有儿子所拥有的特性，他就不是子。"愿父、子与圣灵赦免我，因我要以完全敬虔之心探究这个问题。父自然如此，也存到永远：受造物亦然，一如神所命定。那么这些受造物中是否有不受地点、时间或受造现实的限制，或者不受某些起因或创造者限制的呢？当然没有。这又如何？是否没有它们中的任意一个父就短缺什么呢？如此说话乃是亵渎！就停止把仅适于受造存在的运用到神身上吧。否则如果你坚持如此强制比较，好好想想你的邪恶会引向何方。神禁止我们甚至揣测这类结局。

75. 我们坚持虔诚所赐的答案。神全能，所以父神不需要任何这些事物，因为在他没有改变，也没有任何地方有如我们所需的帮助，我们软弱才需要这类事物的帮助来维系。但他全能，显然他乃是非受造的，不局限于任何地点且超越时间。在神之前什么都没有——是的，甚至说在神之前有任何存在都是大罪。那么如果你承认在父神本性中没有什么意味一个存在需要支持，因为他是神，这样这类推论也不能用到神子的存在上，他没有开始或成长，因为他是"从真神所出之真神"。

76. 这样我们发现并非通行的秩序得胜，（满意了，阿里乌？）而相信子奇迹般的受生。照我说，你该满意了；如果你不信我，至少要尊重神的声音吧:"你们将谁与我相比,与我相等呢?"㊺还有,"神非人,必不致后悔。"㊻如果的确神做工神秘奇妙,那他就不靠手的劳力或任何时日做任何工,或成就任何事情,或终结什么,"因为他说有,就有;命立,就立。"㊼我们既承认他是创造者,作为奇妙,分辨他所做的事,为什么我们不应该相信他也以神奇的方式生了他的子呢?毫无疑问认为他应该以特别而神秘的方式生了子是合宜的。让拥有无可比拟恢弘恩典的那位也相应拥有神奇受生的荣耀吧!

77. 不仅基督受生于父,就连他生于童女也令我们惊叹。你说前者不同于我们人怀胎的方式,我要表明——更准确地说我要迫使你自己承认——后者也与我们的出生方式毫不相同。告诉我,他如何从马利亚所生,他成孕于童女腹中与什么法则相合,怎么会有任何生产没有男人精子的参与,少女如何因生子成就伟大,她怎么在经历夫妻同房之前就成了母亲?这里没有(看得见的)原因——然而有一子降生。这样,该降生如何遵从一个新法则呢?

78. 如果在童女马利亚身上找不到人生产的通行法则,那么你怎能要求父神应该照你所出生的方式来生呢?诚然,通行法则由性别的不同决定,因这植根于我们肉身的本性,但你怎能预期在非肉身之上找到肉身的软弱呢?没有人质疑比他强的人:相信就加到你身上,不允许质问。因经上所记:"亚伯拉罕信神,这就算为他的义。"㊽语言是苍白无力的,不仅对子的受生,甚至也包括神的各种工作,因经上记着:"凡他所做的尽都出于信心。"㊾如此,他众多的工皆靠着信心而做,难道他的生不是?唉,我们质疑我们所未见的,然而我们却蒙召相信而非质询所看见的。

㊺ 《以赛亚书》46:5。
㊻ 《民数记》23:19。
㊼ 《诗篇》33:6。
㊽ 《创世记》15:6。
㊾ 《诗篇》33:4。

第十三章

继续神受生的讨论。圣安波罗修借《希伯来书》作者所用相同的例子来阐述受生的方式。相信启示的职责由尼布甲尼撒与圣彼得的例子表明。借赐给圣彼得的异象,子的永恒与神性得以表明——这位使徒必定比哲学的教导更要被相信,哲学的权威处处落入不可信的境地。另一方面,阿里乌派则被证明如同异教。

79. 有人会问:"子是怎么受生的?"子存到永远,子是道,子是永恒之光的光明,因为光明在其一存在就有即时的效果。这个例子是使徒的,不是我的。不要以为曾有一个时刻神没有智慧过于以为曾有一个时刻光没有光芒。阿里乌,不要用人的事来判断神的事,而要相信神的事,那里你找不到人的事。

80. 外邦君王看到在火里与三位希伯来少年人同在的第四位的形状,好像天使。因为他认为该天使超越众天使,就判断他为神的儿子。他未曾读到过,但却信他。亚伯拉罕也看到三位而敬拜一位。

81. 彼得当他看到摩西和以利亚在山上与神的儿子同在时没有为他们的特性与荣耀所蒙蔽,因为他没有询问他们,而是询问基督;同样尽管他应当为全部三位搭棚居住,他却在等候一位的命令。但是既然他无知地认为三个人就要搭三个棚,他就为父神统管万有的声音所更正:"这是我的爱子,你们要听他。"㊿这等同于说:"为什么你把与你为同伴的仆人等同于主呢?""这是我的儿子。"既不是"摩西是我的儿子",也不是"以利亚是我的儿子",而是"这是我的儿子"。这位使徒没有笨到不理解责备,他因父的声音与子荣耀的荣美自卑,俯伏于地,但他为子所扶起,子已习惯在他们跌倒的地方将他们扶起。然后他只见一位——只有

㊿ 《马太福音》17:5。

神的儿子自己，因为仆人们已经撤下，使得他可以只看见主自己，唯有主才被称为子。

82. 那这个异象的目的何在？它并不显示基督与他的仆人等同，而是证明了一个奥秘，但是它应该向我们明确显示律法并先知书与福音相合，启示神儿子的永恒，它们高举神的儿子。所以当我们听到子出于母腹，道出于心中，让我们相信子并非人手所造，而是父所生的；并非工匠的工作，而是父亲的后裔。

83. 所以那位说“这是我的儿子”的没有说：“这是时间中的受造物。”也没有说：“这位是我的创造，是我造的，是我的奴仆。”他却说：“这是我的儿子，你们要看见他的荣耀。”这是亚伯拉罕的神、以撒的神、雅各的神，在荆棘丛中向摩西显现。摩西论及他说：“那位差我来的。”在荆棘或旷野中向摩西说话的不是父，而是子。就是关乎这位摩西，司提反说道：“这人曾在旷野会中……与天使同在。”(51)如此，这是赐下律法的那位，与摩西说话的那位。他说：“我是亚伯拉罕的神、以撒的神、雅各的神。”(52)如此，这是列祖的神，这是众先知的神。

84. 所以我们读到的是子，如果你的头脑理解所读的，就让你的口如此承认。离开争论，信心是必需的。就让逻辑论证保留她的平和，就在她自己的学派中。我不问哲学家说了什么，而要知道他们做了什么。他们可怜地坐在自己的学派中。请看信心与辩论对决的胜利！那些辩论细枝末节的每日为其追随者摒弃，那些单纯相信的与日俱增。现在不是哲学家而是渔夫，不是辩论大师而是税吏让人信赖。第一类人借着快乐奢华已将世界的重担绑在自己身上，第二类人通过禁食与自卑已将世界的重担抛下。如此哀痛现在开始比快乐赢得更多的追随者。

85. 让我们现在来看阿里乌派与异教相差多远。后者呼求众神，众神

(51) 《使徒行传》7：38。
(52) 《出埃及记》3：6。

性别不同,能力迥异;前者肯定三一神也有类似的能力不等与神性多样性。异教宣称他们的神从某一时刻起开始存在,阿里乌谎称基督存在于时间过程中。他们不都在哲学的染缸中为他们的不敬虔着色吗?而异教的确为他们所敬拜的高唱赞歌,阿里乌派则宣称神的儿子(他是神)是受造物。

第十四章

神的儿子不是受造物由如下推论证明:他没有命令向他自己传福音;受造之物服在虚空之下;子创造了万物;我们知道他是受生的;在两种本性——神性与人性——被宣告并存于他身上的地方,总可以理解受生与嗣子的差别。所有这些见证都为使徒的理解证实。

86. 圣陛下,现在很清楚,如我所信,主耶稣既没有不像父也没有在时间过程中有开始存在的时刻。我们还要驳斥另一种亵渎,我们要证明神的儿子不是受造物。这点上有我们所读使人得生命的话语作为我们的帮助,因为我们听到圣经里主说:"你们往普天下去,传福音给凡受造的听。"[53]他说"凡受造的",没有例外,那么那些称基督为"受造物"的人如何站立得住呢?如果他是受造物,他是否原本可能会命令向他自己传福音呢?所以不是受造物乃是造物主分派他的门徒去教导受造物。

87. 这样,基督就不是受造物,因为如使徒所说:"受造之物服在虚空之下。"[54]基督服在虚空之下吗?还有,同一位使徒又说:"受造之物一同叹息劳苦、直到如今。"[55]这便如何?把我们这些可悲的哀恸者从死亡中释放出来的基督在这叹息劳苦中有任何分吗?使徒说:"受造之物仍然

---

[53] 《马可福音》16:15。
[54] 《罗马书》8:20。
[55] 《罗马书》8:22。

指望脱离败坏的辖制。"⑯如此我们就看到在受造之物与其主之间泾渭分明,因为受造之物被辖制,而"主就是那灵,主的灵在哪里,那里就得以自由"⑰。

88. 谁最先带人进入这个谬误,宣告创造万物的那位是受造物?我要问主造了他自己吗?我们读到:"万物是藉着他造的,凡被造的没有一样不是藉着他造的。"⑱若是这样,他造了自己吗?我们确知——谁能否认?——借智慧神造万物,若然,我们怎能设想智慧借自己被造?

89. 我们读到子是受生的,正如父所说:"我在晨星之前从腹中将你生出。"⑲我们看到"首生的"儿子,我们看到"独生的"——首生,因为没有在他之前的;独生,因为没有在他之后的。我们又看到:"谁将宣告他的出生?"⑳"出生"——提醒你,不是"被造"。什么推论能与如此伟大有力的见证匹敌呢?

90. 而且神的儿子分别受生与恩典间的不同,他说:"我要升上去见我的父,也是你们的父;见我的神,也是你们的神。"㉑他没有说:"我要上去见我们的父",而是说:"我要升上去见我的父,也是你们的父。"这样的区分是差别的记号,正如为基督之父的那位是我们的创造者。

91. 进而他说:"见我的神,也是你们的神。"因为尽管他与父为一,父乃是拥有同一本性的他的父,而神开始成为我们的父乃是借着子的职分,不是靠着本性,乃是靠着恩典——看来他仍旧在这里向我们指明在基督里存在的两种本性:神性与人性——出于父的神性,出于母的人性,前者在万有以先,后者从童女而得。因为一开始作为子说话时,他称神为他的父,而后来作为人说话时,称他为神。

---

⑯ 《罗马书》8:21。
⑰ 《哥林多后书》3:17。
⑱ 《约翰福音》1:3。
⑲ 《诗篇》110:3,根据七十士译本109:3直译。——译者注
⑳ 《以赛亚书》53:8,根据英译本引文直译。——译者注
㉑ 《约翰福音》20:17。

92. 我们的确处处见证圣经表明基督作为人称神为他的神。"我的神，我的神，为什么离弃我？"㉒另外："自我出母胎你就是我的神。"㉓在前一处他作为人受苦，在后一处他是从母腹中出生的人。所以当他说"自我出母胎你就是我的神"时，他的意思是一直是他父的那位从他出母腹的时刻起是他的神。

93. 我们既在福音书、使徒书信、先知书中都读到基督受生，阿里乌派怎敢说他是受造或被造的？他们甚该自我反省，他们在哪里看到他是受造的，他们在哪里看到他是被造的。因为白纸黑字显明神的儿子出于神，生于神——就让他们好好想想他们在哪里看到他是被造的，既然他不是被造的神而是由神生出的神子，只是后来他按着肉身说为马利亚所生。

94. "及至时候满足，神就差遣他的儿子，为女子所生，且生在律法以下。"㉔"他的儿子"——看清楚，不是许多中的一个，不是他与另一个共有的，而是他自己的。因说"他的儿子"使徒表明照着子的本性他的出生是永恒的。使徒确认后来他为女子所"造"，为要表明这个造不应该从神性来理解，而要从穿上肉身来理解——借着穿上肉身"为女子所生"，又因遵守律法"且生在律法以下"。然而前者，属灵的生，在律法以先，后者在律法以后。

第十五章

解释《使徒行传》2：36与《箴言》8：22，它们被证明合理地单就指向基督的人性。

95. 异端习惯引用"神已经立他为主为基督了"这段经文是徒劳无益

㉒ 《诗篇》22：1，参见《马太福音》27：46，《马可福音》15：24。
㉓ 《诗篇》22：10。
㉔ 《加拉太书》4：4。

的。让这些无知的人读完整段经文再理解它。因为经文如此写道:"你们钉在十字架上的这位耶稣,神已经立他为主、为基督了。"⑥不是神性,而是肉身被钉十字架。这完全可能,因为肉身可以被钉十字架,而这却推不出神的儿子是受造物。

96. 也让我们快速处理另一段他们经常误用的经文,让他们学学这些话的意思。"耶和华造了我。"⑥这里不是说"父造了",而是"耶和华造了我"。肉身承认它的主,称颂宣告父:我们被造的本性承认前者,爱并认识后者。那么,当他说:"为什么你们想要杀我,一个告诉你们真理的人?"谁能想不通这些话宣告了道成肉身呢?因此子论到他自己被造是就见证他自己是人而言的。他论述他的人性,因这人性他被钉、受死并埋葬。

97. 而且毫无疑问有作者坐在过去却写下将要成的事,因为这是先知的功用,他们论说将要成的事好像它们现在或过去已经发生了。例如,在《诗篇》21篇⑥我们读到:"巴珊大力的公牛四面困住我"⑥;还有:"他们分我的外衣。"⑥福音书作者表明这是先知指着受难的时刻说的,因为对神而言将要成的事已经成了,他能预知万事,好像它们已经过去并完成了,如经上所记:"他已经成就了将要成的事。"⑦

98. 考虑到圣经告诉我们他在众世代之前就被预定,他宣告自己的地位在世界之先已被确立就不足为奇。下述经文让我们看到在讨论的这些话如何表明自己是关于道成肉身的真实预言:"智慧建造房屋,凿成七根柱子,宰杀牲畜,调和旨酒,设摆筵席。打发使女出去,自己在城中至高处呼叫说:'谁是愚蒙人,可以转到这里来。'"⑦难道我们没有在

---

⑥ 《使徒行传》2:36。
⑥ 《箴言》8:22。
⑥ 22篇,七十士译本及相关版本为21篇。——译者注
⑥ 《诗篇》22:12。
⑥ 《诗篇》22:18。
⑦ 七十士译本《以赛亚书》45:11。——译者注
⑦ 《箴言》9:1—4。

福音书里看到所有这些事情都在道成肉身后成就了吗？基督解释圣餐的奥秘，分派他的门徒，高声喊道："人若渴了，可以到我这里来喝。"⑫后来的回应了以前的，我们看到整个道成肉身的故事在预言中已经简洁地陈明了。

99. 关于道成肉身，许多其他经文也清清楚楚有这样的预言，但我不再费笔墨，以免显得过分啰唆。

第十六章

如果他们用"受造"与"受生"表示同一个意思，认为这两个词是一回事，阿里乌派就是在亵渎基督。然而如果他们认为这些词意思不同，他们就肯定没在说他，因为他们读到他受生就好像他是受造物。这一原则受圣保罗的见证支持，保罗承认自己是基督的仆人，禁止敬拜受造物。神的本质纯粹，并不是合成的，没有受造物的特性在他里面，进而考虑到借着子父得着喜悦，子就不可被降到受造物的水平上。

100. 现在我要特别问阿里乌派，他们是否认为受生与受造是同样一件事情。如果他们称它们为一回事，那么在受生与被造间就没有区别，然后正如我们也是被造的，我们与基督之间没有本质上的区别。然而尽管他们极度疯狂，他们却不愿冒险这样说。

101. 另外——姑且容让一下非真理，接受他们的错误——我问他们，如果像他们认为的那样，两个词之间没有差别，为什么他们不给他们所敬拜的那位一个更好的称呼？为什么他们不借使用在父身上词汇的光？为什么他们拒绝尊贵的称号而用一个无尊荣的名？

102. 然而，如我所认为的那样，"受造"与"受生"之间有差别，那

---

⑫ 《约翰福音》7：37。

么当我们读到他是受生的,我们当然不会同样理解"受生"与"受造"这两个名词。所以让他们承认他受生于父,由童女所生,或让他们说神的儿子如何既受生又受造。单纯的本性——超越万有的神的本性——拒绝自身内的冲突。

103. 但无论如何让我们自己的判断退在一边,让我们来问问保罗。他为神的灵所充满,预见了这些问题,已经判定了异教普遍拥有而阿里乌派特别拥有的罪,说到他们受神审判的责问,他们服侍受造物而不是造物主。所以实际上你会读到:"神任凭他们逞着心里的情欲行污秽的事,以致彼此玷辱自己的身体。他们将神的真实变为虚谎,去敬拜侍奉受造之物,不敬奉那造物的主。主乃是可称颂的,直到永远。"[73]

104. 如此保罗禁止我敬拜受造物,提醒我服侍基督的职责,这自然表明基督不是受造物。使徒自称"耶稣基督的仆人保罗",这位认识他的主的好仆人也同样不让我们敬拜受造物。如果一个人认为基督是受造的人,他怎能是基督的仆人呢?就让这些异端要么停止敬拜他们称为受造物的那位,要么停止称他为受造物(他们以欺瞒的心敬拜他),以免他们在敬拜者的光环下落入更不敬虔的境地,因为内贼之恶甚于外敌,这些人用基督的名来夺取基督的荣耀乃是加增他们的罪恶。

105. 这是外邦人的教师,是被拣选的器皿——从逼迫者的群体中被拣选的,我们难道还能找到比他更好的圣经解释者吗?这位曾经是基督逼迫者的承认了他。不管怎么说他总比阿里乌更熟知所罗门,他深谙律法,所以因他所学,他不说基督被造,而说他被生,因为他读到:"他说有,就有;命立,就立。"[74]我问,基督受造于话吗?他为命令所造吗?

106. 另外神里面怎么可能有任何受的本性呢?神真实的本性是非合成的,没有什么能加给他,他只有属乎神的本性,充满万物,自身却

---

[73] 《罗马书》1:24、25。
[74] 《诗篇》33:9。

不在任何地方与万物相混；穿透万物，自身却不在任何地方被穿透；将他的完全在同一时刻呈现于天地与海的最深处，眼睛不能看见，话语不能宣告，感觉不能衡量；由信心追随，为敬虔尊崇；所以无论什么称号最具属灵内涵、陈明荣耀与尊贵、高居权能，你就可以知道这正是属乎神的。

107. 既然父因子得着完全喜悦，你就确信子配与父同等，他从神而出，正如他自己作见证："我本是出于神，也是从神而来"[75]，又说："我是从父出来的。"[76]出于神来自神的那位除了为神所有的属性外没有其他属性。

第十七章

　　基督是完全的神由如下事实得证：他是神自己的儿子，他为神所生从神而来，而且父与子的意志和工作具备合一性。使徒们与百夫长的见证（圣安波罗修用其反对阿里乌派的教导）与以赛亚和圣约翰的见证被引为佐证。

108. 因此基督不仅是神，而且真是完全的神——真神而出的真神，恰如他自己就是真理。那么如果我们求问他的名，他名称为"真理"；如果我们寻求他本性的地位与头衔，他的的确确是神完全的儿子，真是神自己的儿子，如经上所记："神既不爱惜自己的儿子为我们众人舍了。"[77]"舍了他"是指着肉身说的。他是神自己的儿子宣告了他的神性，他是完全的神表明他是神自己的儿子，他的遭遇是为我们的得救摆上的最真诚的顺服与牺牲。

109. 然而为了避免人们扭曲圣经，关于"神舍了他"使徒自己在另

---

[75]《约翰福音》8：42。
[76]《约翰福音》16：27。
[77]《罗马书》8：32。

一处又提到:"愿平安从父神与我们的主耶稣基督(归于你们),他为我们的罪舍己。"[78]还有:"正如基督爱我们,为我们舍了自己。"[79]那么如果他既为父所舍,又根据自己的意思舍了自己,很明显父与子的工作与意志乃是一个。

110. 这样,如果我们求问他本性的超越性,我们发现其在于受生。否认神的儿子为神所生乃是否认他是神自己的儿子,否认基督是神自己的儿子就是将他归类于其余的人类,好像并不比别的儿子多些什么。然而,如果我们求问他受生特有的属性,那就是他从神而来。因为就我们的经验而言,从某处来意味着已经存在,被称为从某处来的像从隐秘深处的地方而来;我们尽管用较短的篇幅来说明还是观察到神受生特有的属性:子看来不是从任意地方而来,而是神出于神,子出于父,并非在时间的进程中有一个开始,是从父那里借出生而来,如被生的他自己所说:"我从至高者的口中而来。"[80]

111. 但是如果阿里乌派不承认子的本质,如果他们不相信圣经,就让他们至少相信大能的作为。父除了对他所知真正的子之外又对谁说"让我们造人"?除了按着真实的那位,他又能按着谁来认出他的形象?收养的儿子跟真正的儿子不一样。如果子自己不真,那他衡量与真实的那位是否为一时也不会说:"我与父原为一。"[81]所以父说"让我们造",他所说为真,那他所做的能不真吗?归于说话那位的荣耀会从做事的那位那里撤销吗?

112. 但是除非父知道他真是他的儿子,他怎会授予他寻求完美合作的旨意与带来完美实现的工作?考虑到如经上所记子做父所做的工,子实现他的旨意,子就在能力上等同于父,而他在意志上是自由的。如此

---

[78] 《加拉太书》1:3、4。
[79] 《以弗所书》5:2。
[80] 《便西拉智训》24章3节。
[81] 《约翰福音》10:30。

维持了合一性，正如神的能力存于属乎每个位格都有的神性，而自由不在于差异，却在于旨意的合一性。

113. 身处大海狂风巨浪中的使徒们，当他们一看到水在他们主的脚边翻滚，又看到他穿行于大海汹涌的波涛时踏在水上无畏的脚步，被浪涛拍打的船当基督一上来之后立刻安稳，当他们看到浪与风都听从他，尽管不是发自内心地相信，他们却相信他真是神的儿子："你真是神的儿子了。"⑧

114. 当主受难时地的根基动摇，百夫长与其余跟他在一起的人有同样见证，而这却是你这个异端所否认的！百夫长说："这人真是神的儿子了！"⑧百夫长说"是"，阿里乌派说"不是"。这样百夫长虽手上沾满了血，却以敬虔的心宣告基督受生的真理与永恒性。而你，异端，竟否认这个真理，把它作为时间的产物！难道你将其充满你的手而非你的灵魂吗？但你在思考他平常与软弱上的问题上，就你所表现的，连你的手都不干净，有凶杀的意图，寻求基督的死。不但如此，而且这是更重的罪，虽然神性不受损伤，你却努力要屠杀基督，不是他的肉体，而是他的荣耀。

115. 我们不能怀疑他是完全的真神，他真实的神性就连刽子手也相信，连鬼魔也承认。他们的见证我们现在不用，但这类见证也好过你的亵渎。我们让他们做见证叫你脸红，而我们同时也引用神谕来为你应该相信什么下结论。

116. 神的话借以赛亚的口而传："另起别名称呼他的仆人。这样在地上为自己求福的必凭真实的神求福，在地上起誓的必指真实的神起誓。"⑧照我说，以赛亚是当他看见神的荣耀时说这些话的，所以福音书里明确说他看见了基督的荣耀并讲论他。

117. 再来听使徒约翰在他书信里所写的："我们也知道神的儿子已经来到，且将智慧赐给我们，使我们认识父，我们也在他真实的儿子耶稣

---

⑧ 《马太福音》14：33。
⑧ 《马太福音》27：54。
⑧ 《以赛亚书》65：16。

基督我们的主里面。他是真神，也是永生。"⑧约翰称他为神真实的儿子与真神。这样，如果他是真神，他就一定非受造，没有谎言或欺骗的污点，在他自己里面没有混淆，也没有不像他的父。

第十八章

阿里乌派的错谬在尼西亚信条（the Nicene Definition of the Faith）中被提及，为要防止他们欺骗任何人。这些错误被提到，一并提到的还有宣判给他们的咒诅，不仅在尼西亚被提到，而且还在阿里米尼（Ariminum）两次重申。

118. 所以基督是"出于神而为神，出于光而为光，出于真神而为真神，从父受生而非受造，与父一性"。

119. 所以为了切实遵循圣经的引导，我们的先父们进一步宣告那些不敬虔的教义应该包括在他们宣判的记录中，使得阿里乌的不信可以自行体现，而非像它用染料或假面伪装起来，因为他们给他们的想法涂抹虚假的颜色，不敢公然展示。这样，照着审查官的卷宗，阿里乌异端不按其名被辨认，乃为宣告的审判所标识，使得好奇并想要了解他的人可以借知道它已被审判而防止跌倒，在他了解之前，已经设定了他应该相信的结局。

120. 判决如此说："那些声称有一个时刻神的儿子不存在，在他出生前他不存在，他从一无所有被造或他有另一实质或本质，或他可以变化，或在他有任何转动的影儿，这样的人大公使徒教会宣告他们是被咒诅的。"

121. 圣陛下已经赞同宣告如此教义的人正该受审判。如我上面更详细表明的，三百一十八位主教开会不是出于人意的决定，不是人商量的

---

⑧ 《约翰一书》5：20，根据英译本引文译，与和合本略有不同。——译者注

结果；他们的数目可证实主耶稣借着他名与受难的记号临在属他自己之人的聚集中。数目中的三百是他十字架的记号，十八是耶稣之名的记号。

122. 这也是阿里米尼大会第一告白与大会之后第二修正案的教导，含有告白的信件被寄往君士坦丁大帝处作为见证，之后的大会宣布了修正案。

第十九章

阿里乌被指控犯有上述第一个错误，为圣约翰的见证所驳斥。异端始作俑者的悲惨死亡得以描述，他其余亵渎性的错误逐一被审查并驳倒。

123. 阿里乌说："有一个时刻神的儿子不存在。"但圣经说"他存在"，并非"他不存在"。而且圣约翰写道："太初有道，道与神同在，道就是神。这道太初与神同在。"⑧⑥看看动词"在/有"出现多么频繁，而"不存在/没有"哪里都找不到。那我们要相信谁呢？——在基督怀中的圣约翰还是仆倒在自己肚腹崩裂流出的肠子中的阿里乌？他的仆倒使我们可以理解阿里乌在他的教导中如何表明自己如同犹大，而有类似的惩罚临到他。

124. 因为阿里乌也肠子流出——体面起见，就不说在哪里了——他如此肚腹崩裂，仆倒其中，玷污了他用来否认基督的错误唇舌。他付了当付的，就像使徒彼得提到犹大，因为他"用他作恶的工价买了一块田，以后身子仆倒，肚腹崩裂，肠子都流出来"。⑧⑦既然类似的邪恶伴随类似的惩罚，否认并出卖同一位主的人遭遇同样的折磨，以如此的死法

---

⑧⑥ 《约翰福音》1：1。
⑧⑦ 《使徒行传》1：18。

为结局不是巧合。

125. 让我们继续其他要点。阿里乌说:"在他出生以前神的儿子不存在。"但圣经说万物因子的职分而得以维持。那他要是不存在怎能施与其他事物存在呢?当这个亵渎者用"当……时"与"在……之前"这些词汇时,他无疑用了标记时间的词。既然如"当……时"、"在……之前"与"曾经不存在"这些词宣告时间的概念,那么阿里乌派如何否认时间在子存在之前,且有在时间内被造的事物在子之前呢?

126. 阿里乌说神的儿子从一无所有而来。那么除了到最后我们应该相信如经上所记,他来自于父最隐秘不可接近的圣所之外,他如何是神的儿子,他如何从父的腹中生出,我们如何能读到关于他是述说心中之丰富的道呢?得子的称呼或者通过收养或者天生而成。我们因着收养被称为众子,基督借其真实可靠的本性乃是神的儿子。既然他从一无所有造成万物,那么他自己如何能从一无所有而被造得来呢?

127. 不知道子从何而来的没有子。所以犹太人没有子,因为他们不知道他从何而来。为此主对他们说:"你们却不知道我是从哪里来;"⑧⑧ 又说:"你们不认识我,也不认识我的父"⑧⑨,因为否认子从父而出的不认识父,子是从他而出的。还有因为他不认识父,所以他不认识子。

128. 阿里乌说:"子有另一本质。"但其他什么本质可被高举成等同于神的儿子,从而实质上使他简简单单就成为神的儿子呢?当他们自己借着说神的儿子有另一"本质"来宣称神的本质,而我们用希腊文说神的 οὐσία 或用拉丁文说神的 Substantia 时,阿里乌派有什么权力指责我们呢?

129. 然而,如果他们希望就"神的本质"或"神的本性"这些词汇的使用来争辩,他们将会被简单驳倒,因为圣经经常提到希腊文的 οὐσία

---

⑧⑧ 《约翰福音》8:14。
⑧⑨ 《约翰福音》8:19。

与拉丁文的 Substantia。如我们所读,圣彼得要我们与神的本性有分。但如果他们让子有另一"本质",他们就是自打嘴巴,因为他们既承认"本质"这一他们害怕使用的术语,又要将子列于他们假装高举所超过的受造物水平。

130. 阿里乌称神的儿子为受造物,但"与其余受造物不同"。什么受造物会不同于另一个受造物呢?人不是天使,地不是天,太阳不是水,光不同于暗。所以阿里乌的偏好徒劳无益——为其欺骗性的亵渎,他唯有令人厌恶的可怜伪装,为要俘获愚昧人。

131. 阿里乌宣告神的儿子可以变化转向。考虑到他自己说"我是不改变的"⑨,如果他可以变化,那他还是神吗?

第二十章

圣安波罗修宣告他渴望有天使飞来洁净他,如同以前撒拉弗洁净以赛亚;他甚至要求更多,盼望基督自己能临到他,临到皇帝,并临到他的读者。他最后祷告格拉提安和其他忠信之士可以为他用奥秘语言所描述的主的杯的权能与神奇能力所高举。

132. 然而现在我必须认先知以赛亚所认的罪了,他在宣告主话语之前说:"祸哉!我灭亡了!因为我是嘴唇不洁的人,又住在嘴唇不洁的民中,又因我眼见大君王万军之耶和华。"⑨如果以赛亚看见万军之耶和华说"祸哉,我灭亡了",我这个"嘴唇不洁"、被迫去处理神受生这个问题的人,该如何论说我自己呢?当大卫祷告在他讲说他所知的事情上都需要谨慎他的唇舌,我该如何开始述说我所畏惧的事呢?哦,撒拉弗中的一个也到我这里来吧,带来从祭坛上取下烧红的炭火,带其进入两约的

---

⑨ 《玛拉基书》3:6。
⑨ 《以赛亚书》6:5。

联系，用其上的火洁净我不洁的嘴唇！

133. 但正如彼时撒拉弗在异象中下到先知那里，哦主，当你在启示奥秘中借肉身来到我们中间，没有委派代表，没有差遣使者，而是你自己从我隐藏的罪中洁净了我的良心。我虽以前不洁净，但现在借你的怜悯通过信心得以洁净，可以高唱大卫的话语："以色列的圣者啊，我要弹琴歌颂你。我歌颂你的时候，我的嘴唇和你所赎我的灵魂都必欢呼。"(92)

134. 哦主，所以请离开那些谤渎恨恶你的人，来到我们中间，洁净我们大能的统管者格拉提安的耳朵与这本小书将要进入的所有的人的手。也洁净我的耳朵，它们听到的不信的玷污不存留于任何地方。彻底洁净我们的耳朵，不是用井、河或湍流小溪的水，而是用清净如水，比任何水更清，比任何雪更白的话语——就是你所说的话语："你们的罪虽像朱红，必变成雪白。"(93)

135. 另外有一个杯子，你用来洁净灵魂隐秘的内室。这杯不是出于旧的规则，也没有倒满从寻常的葡萄枝而来的液体；这是一个新杯，从天上被带到地上，倒满了从奇异枝干压出来的酒，就是挂在十字架木头上的肉身形状，就像葡萄挂在葡萄枝上。从这个枝干而出的是让人心快乐的酒，令悲哀者愉悦，因信心的喜乐、真实的虔诚与纯粹而芬芳，并以此灌入我们心中。

136. 所以主我的神，用这酒洁净我们大能皇上的属灵耳朵，使他最后就像常人那样，为寻常的酒兴奋，爱慕平和与安静，丢弃死亡的恐惧，没有受伤的感觉，不寻求属于别人的东西而忘了自己的。因此他为你的酒所染，可以爱慕和平并因信心的喜乐而自信，可以永远不知不信的死亡，可以表现爱的忍耐，与他人的不敬虔无分，甚至比亲属与孩童

(92) 《诗篇》71：22、23。
(93) 《以赛亚书》1：18。

更坚守信心，如经上所记："变卖你所有的，来跟从我。"⑭

137. 主耶稣，请用这酒来纯化我们的感官，使我们可以尊崇你，敬拜你这位可见与不可见事物的创造者。你将不可见与良善赐予你手做的工；你自己既不为人眼所见又是良善的，你绝不可能在这事上失败。

---

⑭ 《马太福音》19：21。

卷 二

导 言

神儿子的十二个名字分三组被重新列出。这些名字不仅为子的永恒性也为父的永恒性提供了诸多证据。另外它们被与大祭司胸牌的十二块石头相比较,它们的不可分割性由它们的另一新排列表明。回到与大祭司胸牌的比较,作者陈明了编织工艺的美与奥秘服装上的石头,以及区分为编制工艺与宝石的隐含意义。完成这些之后,他解释了他所做的比较,表明信心必须织入行为,又加上一个关于子同样信心的简短总结。

1. 圣陛下,我认为在前文中表明神的儿子是永恒的,与父同质,受生而非受造已经说得够多了,我们从圣经的经文也已经证明神真的儿子是神,并且由他尊贵的明显记号所宣告。

2. 因此,考虑到河的宽广最主要由它水流的升高与涨溢的方式来判断,所以尽管已经陈明的足以用来维持信心足够甚至满溢,为了我们所信的更为明显,在我看来,我们的泉流之水应该被分为三条管道。它们是:首先,宣告继承神性实质的明显记号;第二,表述父与子的相似相同；最后，表述神性尊贵中毋庸置疑的合一性。属于第一类的名字有"受生"、"神"、"子"、"道"；属于第二类的有"明亮"、"表达"、"镜像"、"形像"；属于第三类的有"智慧"、"能力"、"真理"、"生命"。

3. 这些记号宣告了子的本质，借着它们你既可以知道父永恒，又可以知道子没有与父异质，因为受生的源头决定他是谁，并且因受生于永恒者，他是神；来自于父，他是子；来自于神，他是道；他是父荣耀的光辉、父本质的表达、完全代表神、他尊贵的像；慷慨者的慷慨、智慧者的智慧、大能者的能力、真理者的真理、永活者的生命。所以父与子的属性完全相合，没有人能设想任何不同或者怀疑他们同等尊贵。因为如果我们没有为我们论述设定边界的愿望来约束的话，我们可以用所有这些名字中的每一个来举例说明它们的用法。

4. 这十二个名字犹如十二块宝石，铸成我们信仰的柱子，因为这些宝石——红宝石、碧玉、绿宝石、红璧玺及其他——编入圣亚伦的袍子，他带有基督——就是真祭司——的形象。石头镶在金槽中，上面刻有以色列众子的名字，十二块石头紧密相连彼此相合，因为任意一块破裂或离开，整个信心的织物就分崩离析。

5. 这是我们信仰的基础——知道神的儿子是受生的。如果他不是受生的，他就不是子。也不足以称他为子，除非你亦把他当作独生子分别出来。如果他是受造物，他就不是神；如果他不是神，他就不是生命；如果他不是生命，他就不是真理。

6. 所以第一组的三个记号，就是"生出"、"子"、"独生"这些名字，真实表明子因其自身的本性原本就是神。

7. 接下来的三个——就是"神"、"生命"、"真理"这些名字揭示了他的能力，借此他立定受造界的根基并维护它，如保罗所说："我们生活、动作、存留都在乎他。"所以头三个名字表明子的自然属性，后三个名字表明父与子间行为的合一性。

8. 神的儿子也被称为神的"像"、"光辉"与"表达",因为这些名字揭示父居于子中不可理解与不可测度的尊贵以及在他里面表达的形象。如我们所见,这三个名字标识子像父。

9. 我们还有能力、智慧与公平没处理,它们分别证明子的永恒性。

10. 这是那件袍子,以宝石装饰;这是真祭司的白袍;这是新娘的外袍;这里有受默示的编织者,完全知道如何编织这件袍子。这不是一项普通的编织工作,对此主借他的先知说:"谁给了妇女她们编织的技巧?"①它们也不是寻常的石头。我们发现,这些石头被称为"充满",因为所有的完美都取决于这个条件,没有任何所缺。这些石头连接在一起,镶嵌在金槽里——这里有属灵意义——它们借我们的思想连接,凭令人信服的论证镶嵌。最后圣经教导我们这些石头离寻常的石头有多远,尽管有人带来这一种,有人带来那一种,都不是如此珍贵的献祭,而这些虔诚的王子们把它们佩戴在他们的肩上,把它们带来作为"决断的胸牌",就是一件编织的作品。当信心与行为并行时,我们就有了一件编织的作品。

11. 别以为我被误导了,因为我一开始分了三组每组有四个名字,后来分了四组每组有三个名字。如果从不同角度来表现,一件好东西的美会更令人快乐。因为那些是好东西,其中祭司袍子的组织是记号,就是说或者律法或者教会(如经上所记,后者为他的配偶制作了两件外衣,一件是行为上的,另一件是属灵上的)把信心与行为的线编织在一起。因此我们在一处读到,她以金线为底,再在其上绣上蓝色、紫色、朱红色与白色的线。我们又在别处读到,她先绣上蓝色与其他颜色的小花,配上金线,就做成了一件祭司的袍子,最后由同样明亮颜色做成的各类恩典与美的饰物可以借各种组合安排赢得形体上的荣耀。

12. 另外(为了使我们对这些比喻的解释完全)炼过的金银代表主的

---

① 七十士译本《约伯记》38:36。

圣谕，我们的信心靠其得以站立得住。"耶和华的言语是纯净的言语，如同银子在泥炉中炼过七次。"② 蓝色类似我们呼吸的空气，紫色又代表水的样子，朱红色表征火，白色细麻代表地因为它的源头在地上。人体由这四种元素组成。

13. 这样，无论你的信心已经存于灵魂中，肉身行为与其相合，还是肉身先行动，信心伴随加入将行为献给神，这就是执行宗教仪式者的袍子，这就是祭司的装束。

14. 所以当她的额头因戴有与好行为相配的冠冕而放光时，信心大有益处。我将对此稍作阐述。这个信心包含于下列原则中，这些原则不可抛弃。如果子出自一无所有，他就不是子；如果他是受造物，他就不是造物主；如果他被造，他就不能创造万物；如果他需要学习，他就没有预先的知识；如果他是个接收者，他就不完美；如果他有过程，他就不是神。如果他不像父，他就不是父的像；如果他借恩典才是子，他就不是按本性成为子；如果他在神性中无分，他自己就在犯罪上有分。"除了神一位之外，再没有良善的。"③

第一章

《马可福音》10：18："除了神一位之外，再没有良善的。"阿里乌派基于这节经文的论证被对基督话语的解释所驳斥。

15. 圣陛下，我现在必须要面对的反对意见令我困惑不已。当我想到竟会有人——或者说有着人的外形而里面充满了畜牲般愚蠢的种类——在从主手里接受了如此丰富伟大的益处之后说造就万善的那位自己并不良善，我整个人不禁晕倒。

---

② 《诗篇》12：6。
③ 《马可福音》10：18。

16. 他们说，经上记着："除了神一位之外，再没有良善的。"我认可圣经，但是字句中没有错谬就意味着阿里乌对字句的解释也没有错谬吗？所写的记号并无罪责，要责备的是它们的意思如何被理解。我承认这些是我们的主与救主的话，但是让我们自己来思考一下他对谁基于什么理解说了这些话。

17. 神的儿子当然是按着人的身份在说话，且对着一名文士在说。这名文士称呼神的儿子"良善的夫子"却没有认他为神。对于他所没有相信的，基督进一步让他理解，使他可以不是相信神的儿子为良善的夫子，而是相信他是良善的神。因为如果只要提到"神一位"，神的儿子从来没有从这合一的整体性中被剔除，那么当神自己被称为良善时，独生子怎能从神良善的完全中被分割呢？所以阿里乌派必须要么否认神的儿子是神，要么承认神良善。

18. 如此，凭着神启示的理解，我们的主没有说："除了父一位之外，再没有良善的，"而说："除了神一位之外，再没有良善的。""父"才是生子的那位的名字。但是神的合一性绝不会排斥三个位格的神性，所以他的本性被颂扬。因此良善本乎神的本性又存于神的本性。在谈到神儿子的问题上，这一陈述不属于某个单一位格，而属于完整神性的合一。

19. 这样主并没有否认他的良善——他责备这类门徒。因为当这文士说"良善的夫子"，主回答"为什么称我为良善的？"——就是说"你不信他是神就不足称他良善。"有人认我的人性，称我为良善的夫子过于留意我的神性并信我是良善的神，我不找这样的人做我的门徒。

第二章

神儿子的良善从他的工作中得到证明，就是在旧约显于以色列人、在新约显于基督徒的各种益处。他是人的主与审判官，人为自己的益处也信他的良善。犹太人中见证子的也不在少数，所以阿里乌派明显比犹太人更恶。佳偶的话同样宣告基督良善。

20. 然而，我不会说子只应该依靠他本性的特权与他尊贵专有之权柄的宣告。如果他不配这称号，就让我们不要称他为良善。如果他不靠工作，不靠充满爱的行为，就让他放弃他因他的本性所享有的权利，而置于我们的审判之下。要审判我们的不轻视要受审判的，使他可以"责备的时候显为公义，判断的时候显为清正"④。

21. 那么用厚恩待我的那位难道不良善吗？当六十万犹太人在追赶他们的人面前逃跑的时候，他突然打开了红海绵延不断的浪涛，使得波涛在相信的人边上奔流，在他们身边竖起高墙，但又灌回淹没了不信的人，难道这一位不良善吗？

22. 他命令大海成为逃离者踏脚的坚实土地，命令磐石为口渴者出水，使得在流质变为固体的时候，在磐石出水的时候，人可以知道真正创造者手所做的工，难道这一位不良善吗？我们可以把这作为基督手所做的工，使徒说："那磐石就是基督。"⑤

23. 他在旷野中用从天降下的粮喂养难以计数的百姓，免得任何饥荒攻击他们，让他们无需劳力得享安息，以至四十年之久，他们的衣服并没有穿破，他们的鞋也没有穿坏。这是将要到来的复活信徒的预表，表明所行大事的荣耀、他给我们穿戴的大能装束的荣美以及人生命的泉流都不是徒然无功的。难道这一位不良善吗？

24. 他高举地上尘土上达天庭，恰如陪伴他的明亮众星在天空中反映他的荣光，如同在玻璃中，使徒、殉道者与祭司组成的诗班像明星闪耀，照亮整个世界。难道这一位不良善吗？

25. 他的良善还不仅止于此。他是好牧人，不仅为他自己，也为他的羊群，因为"好牧人为羊舍命"⑥。是的，他舍了他的命为要高抬我们的——但那是出于他舍了又取回来的神性的大能："因我将命舍去，好再

---

④ 《诗篇》51：4。
⑤ 《哥林多前书》10：4。
⑥ 《约翰福音》10：11。

取回来。没有人夺我的命去，是我自己舍的。"⑦

26. 你看到他的良善，他照他自己的意思舍命；你看到他的大能，他再取回来——当他在福音书中论到自己时说"如果我良善，为何你眼中有恶"⑧，你还否认他的良善吗？你做的是何等不知感恩的恶事？你所盼望的善事——如果你还的确如此信的话——在他里面，你还否认他的良善吗？他给我们的是"眼睛未曾看见，耳朵未曾听见"⑨的，你还否认他的良善吗？

27. 我特别关注信他为良善，因为"投靠耶和华是好的"⑩。我特别关注承认他为主，因为经上记着："你们要称谢耶和华，因他本为善。"⑪

28. 我特别关注尊我的审判官为善，因为主是以色列家公义的审判者。那么如果神的儿子是审判者，既然审判官是公义的神，神的儿子又是审判官，那么既是审判者又是神儿子的那位当然就是公义的神。

29. 但恐怕你不信别人也不信子，那就请听父所说的："我从内心深处涌出良善的道。"⑫这样道便是良善的，经上这样记载这道："道与神同在，道就是神。"⑬所以如果道是善的，子又是神的道，尽管让阿里乌派人士不悦，神的儿子当然就是神。现在就让他们至少因羞愧而脸红吧！

30. 犹太人曾说："他是良善的。"尽管有一些说"他不良善"，但毕竟还有别人说"他良善"——而你们全都否认他良善。

31. 赦免人罪的那位是善的；除去世人罪的那位难道不善吗？经上

---

⑦ 《约翰福音》10：17、18。
⑧ 《马太福音》20：15 节直译，与和合本译法有出入。——译者注
⑨ 《哥林多前书》2：9。
⑩ 《诗篇》118：8、9，希伯来文直译为"投靠耶和华是好的，好过投靠人/王子"。——译者注
⑪ 《诗篇》118：1。
⑫ 《诗篇》45：1，希伯来文直译包含 good 与 Word。——译者注
⑬ 《约翰福音》1：1。

论到他如此说："看哪，神的羔羊，除去世人罪孽的。"⑭

32. 但我们为什么怀疑呢？历代以来教会都信他的良善，在信仰中认信："愿他用口与我亲嘴，因你的胸比酒更美。"⑮又有一处："你的喉有如上好的美酒。"⑯所以谈到他的良善，他以律法与恩典为胸来养育我们，借告诉人们天上的事情来缓解他们的忧伤。那么当他彰显良善，以自己的位格中显明永恒恩惠的样式，甚至如上所述，经上描写说他是那恩惠无瑕的映象和对照，我们还否认他的良善吗？

第三章
正因神是一位，神的儿子乃是神，良善且真实。

33. 尽管经上记着神只有一位，再没有别的神，你却否认神儿子的良善与真实的神性，你在想什么呢！因为尽管有所谓的"众神"，难道你要把基督算在这些名被称为神而实际不是神的中间吗？要知道他本性永恒，除他以外再没有良善真实的神了，因为神在他里面。根据父完全的属性，在他之外再无真神，因为神是一位；既不像撒伯里乌派那样混淆父与子，也不像阿里乌派那样分离父与子。因为圣父与圣子就像父与子，位格不同，他们的神性却不分离。

第四章
神儿子的无所不能由旧约与新约的权威性得到证实。

34. 考虑到神的儿子真实且良善，他当然就是全能神。在这点上还能

---

⑭ 《约翰福音》1：29。
⑮ 七十士译本《雅歌》1：2，和合本中"胸"为"爱情"。——译者注
⑯ 《雅歌》7：9，根据英译本引文直译。——译者注

有任何怀疑吗？我们已经引用了经文说："全能的主是他的名。"⑰这样因为子是主，主是全能的，神的儿子就是全能的。

35. 再听另外的经文，你绝对不会搞错的。圣经说："看哪，他驾云降临，众目要看见他，连刺他的人也要看见他，地上的万族都要因他哀哭，这话是真实的，阿们！主神说：'我是阿拉法，我是俄梅戛，是昔在、今在、以后永在的全能者。'"⑱我问，他们刺了谁？除了子之外我们还盼望谁的到来？所以基督是全能的主与神。

36. 圣陛下，你再听一段经文，请听基督的声音："万军之耶和华说：'在显出荣耀之后，差遣我去惩罚那掳掠你们的列国，摸你们的，就是摸他眼中的瞳人。看哪，我要向他们抡手，他们就必作服侍他们之人的掳物，你们便知道万军之耶和华差遣我了。'"⑲很明显，说话的是万军之耶和华（全能主），差派的是万军之耶和华。这样，其结果就是全能同时存于父与子，然而因为尊贵的合一性只有一位全能神。

37. 而且，最尊贵的陛下你可能知道基督在福音书中如同在先知书中说话，尽管先于福音书，他却借以赛亚的口说话："我自己是说话的那位，我来了。"⑳这是在说："我——在律法中说话的那位——现在在福音书中。"

38. 在别的地方，他还说："凡父所有的都是我的。"㉑他所说的"凡"是什么意思呢？显然不是被造的事物，因为这些都是借着子造的，而是父所有的——就是永恒、统管万有、神性——他因为父所生而拥有。这样我们就不能怀疑拥有父所有一切的那位是全能的（因为经上记着："凡父所有的都是我的"）。

---

⑰ 见卷一，第一章。
⑱ 《启示录》1：7、8。
⑲ 《撒迦利亚书》2：8、9。
⑳ 《以赛亚书》52：6，根据武加大译本直译，不同于和合本。——译者注
㉑ 《约翰福音》16：25。

第五章

某些被用来反对基督全能的圣经经文得到解决，作者也特别花精力表明基督照着他人性的情感说话并非罕见。

39. 尽管经上论到神说"那可称颂独有权能的"[22]，但考虑到圣经称神——而非单就父自己——"独有权能"，我便坚决否认神的儿子因此就与他分离。父自己也借先知宣告基督说："我已把救助之力加在那有能者的身上。"[23]这样就不单是父独有权能，子神也独有权能，因在对父的颂赞中子也得着颂赞。

40. 是的，就让人来表明有什么事神的儿子不能做吧。当他造天立世界根基的时候，谁是他的帮手？他造天使与执政掌权的不需要任何人，难道他需要任何帮手来释放人自由吗？

41. 他们说："经上记着：'我父啊，倘若可行，求你叫这杯离开我。'[24]如果他是全能的，他怎么会疑惑这可行性呢？"这意味着，因为我已经证明他全能，我就证明了他不能在可能性上有疑惑。

42. 你说这些是基督的话，正确。然而尽管他说了这些话，你要考虑他是以怎样的角色来说的。他已经穿戴了人的实质，因此有人的情感。你还在上述引文中发现："他就稍往前走，俯伏在地祷告说：'父啊，倘若可行。'"这样他不是按着神乃是按着人说话，因为神怎能对可能或不可能发生的事情无知呢？或者当圣经说"在你没有难成的事"[25]，还有任何事对神不可能吗？

43. 然而他对谁怀疑呢？怀疑他自己抑或怀疑父呢？当然是怀疑他

---

[22] 《提摩太前书》6：15。
[23] 《诗篇》89：19。
[24] 《马太福音》26：39。
[25] 《耶利米书》32：17。

自己,他说:"求你叫这杯离开我"——因为像人被触动而生疑那样受到了触动。先知认为在神没有不能的事。先知不怀疑,你认为子怀疑?你要把神降得比人低吗?神怀疑他的父,对死亡的想法恐惧!彼得无所惧怕,基督如此害怕,这是怎样的害怕呢!彼得说:"我愿意为你舍命。"㉖基督说:"我现在心里忧愁。"㉗

44. 两处记录都对。小人物不惧怕与大人物忍受这种感觉同样自然,因为这一个满是人对死亡能力的无知,而那一个是神居于肉身,表明肉体的软弱,那些否认道成肉身奥秘的恶人对此没有借口。因此他虽如此说话,摩尼教派不信,瓦伦廷否认,马西昂判定他是鬼魂。

45. 但这里他的确将他自己置于人的水平,在他肉身实体的躯壳中显明他自己,如他所说:"然而,不要照我的意思,只要照你的意思"㉘,尽管基督真有愿父所愿的特殊能力,恰如他有能力做父所做的事。

46. 这样就让你对我们习惯性的反对告一个段落,因为主说"不要照我的意思,只要照你的意思";又另一处:"因为我从天上降下来,不是要按自己的意思行,乃是要按那差我来者的意思行。"㉙

第六章

把上述引用的圣经经文推向另一个方向,从中证明我们主行动的自由来自这种自由的灵的引导,也来自属于子属性的地方。

47. 让我们现在更完整地来解释为什么我们的主说"倘若可行",在我们证明他拥有意志自由的同时,以此算作休战吧。就你在过犯的道路上行走而言,你否认神的儿子有自由意志。而且你习惯于离开圣灵,虽

㉖《约翰福音》13:37。
㉗《约翰福音》12:27。
㉘《马太福音》26:39。
㉙《约翰福音》6:38。

然你不能否认经上记着："灵随着自己的意思吹。"㉚圣经说"随着自己的意思"，没有说"照着他被吩咐的"。这样，如果圣灵随着自己的意思吹，子就不能随着自己的意思做事吗？为什么这同样的子在他的福音书中说圣灵有能力随自己的意思吹呢？子因此承认因为圣灵有能力做他所不允许做的事，圣灵就更大吗？

48. 使徒也说："这一切都是这位圣灵所运行，随己意分给各人的。"㉛你要注意，"随己意"，就是说根据自由意志的判断，不是被强迫服从。而且圣灵所分配的恩赐不是普通恩赐，而是如神惯常所做的工，医治与行大能之事的恩赐。圣灵随他的意思分配，而神的儿子反倒不能释放他愿意释放的人？还是听他在照他意思行事时所说的话吧："我的神啊，我乐意照你的旨意行"㉜；又有一处："我要把甘心祭献给你。"㉝

49. 圣使徒后来知道耶稣有照他所愿行事的权能，所以当看到他在海面行走的时候就说："主，如果是你，请叫我从水面上走到你那里去。"㉞彼得相信如果基督命令，自然条件可以改变，使得水可以支撑人的脚步，不匹配的事情可以变得和谐一致。彼得求基督命令，不是请求；基督没有请求，而是命令，事就这样成了——阿里乌派居然否认这事！

50. 到底有什么事父有但子没有，或子有但父没有？如经上所记："父怎样叫死人起来，使他们活着，子也照样随自己的意思使人活着。"㉟现在告诉我，有什么人子让他活着而父不让他活着。然而，既然子随自己的意思使人活着，父与子的行为又为一，你看到不仅子行父愿，而且父也行子愿，因为除了借着基督受难而行的复活还有什么复活呢？但是

㉚ 《约翰福音》3：8，原文"风"与"灵"同字。——译者注
㉛ 《哥林多前书》12：11。
㉜ 《诗篇》40：8。
㉝ 《诗篇》54：6。
㉞ 《马太福音》14：28。
㉟ 《约翰福音》5：21。

基督受难是父的旨意,所以子让他活的人乃是借着父的旨意让他活的,因此他们的旨意为一。

51. 还有,除了耶稣应该进入世界除尽我们的罪之外还有什么是父的旨意呢?请听大麻风患者的话:"主若肯,必能叫我洁净了。"基督回答:"我肯。"㊱效果立竿见影。难道你还没看到子是他自己旨意的主且基督的旨意与父相同吗?的确,当看到他说:"凡父所有的都是我的,"㊲毫无疑问,子有与父相同的旨意。

第七章

解决难题再度被提上议事日程。基督的确真实地拥有人的意志与情感。这是他所有与他的神性不合表现的源头,所以必须考虑他同时既是神又是人的事实。

52. 所以工作的合一性在哪里,意志的合一性就在哪里,因为对神来说,他的意志必定会产生直接实际的效果。但是神的意志是一回事,人的意志就是另一回事了。而且为了表明生命是人意志的对象(因为我们害怕死亡,而基督受难则有赖于神的意志),在关于他需要为我们受苦的事上,当彼得试图阻止他受苦时,主说:"你不体贴神的意思,只体贴人的意思。"㊳

53. 所以我的意志他放到自己那里作为我的痛苦。凭自信我称其为痛苦,因为我传讲他的十字架。我的意志他称为他自己的意志,因为作为人他承担我的痛苦,作为人他说话且如此说话:"不要照我的意思,只要照你的意思。"㊴痛苦是我的,我的重担他来承担,因为没有人在他要死

㊱ 《马太福音》8:2、3。
㊲ 《约翰福音》16:15。
㊳ 《马太福音》16:23。
㊴ 《马太福音》26:39。

的时候快乐。他为我并与我一同受苦，为我他悲伤，为我他背负重担。所以站在我的位子上，在我里面，他痛苦，而他没有理由为他自己痛苦。

54. 主耶稣，不是你的伤，乃是我的伤伤到了你；不是你的死，而是我们的软弱，正如先知所说："他背负我们的痛苦。"⑩主啊，当你不是为自己而是为我痛苦的时候，我们因你受苦尊重你。

55. 何等奇妙，他既为一人哭泣又为万人痛苦！何等奇妙，在让拉撒路死里复活时刻哭泣的那位，在死亡的时刻背负所有人的重担！那时他的确为所爱姐妹的眼泪感动，因为她们触摸到了他的肉心——这里他借隐秘的痛苦成就他的事，正如他的死终结了死亡，他的鞭伤医好了我们的伤疤，他的忧伤也带走了我们的忧伤。

56. 所以作为人他怀疑，作为人他发惊叹。发惊叹的既非他的权能也非他的神性，而是他的灵魂，他发惊叹乃是在他身上穿戴人性软弱的结果。既然他在自己身上穿戴灵魂，他也取了灵魂的情感，因为就神性而言神不被搅扰，不会死亡。最后，他大声喊着说："我的神，我的神，为什么离弃我？"㊶所以作为人，他说这话时身上带有我的恐惧，因为当我们在危险中的时候，我们认为我们为神所离弃。所以作为人他受搅扰，作为人他哭泣，作为人他被钉十字架。

57. 因使徒保罗也有类似的说法："因为他们把基督的肉体钉在十字架上了。"㊷还有，使徒彼得说："基督既在肉身受苦。"㊸所以受苦的是肉体，在上的神性免于死亡，照着人性的律他的身体遭受痛苦。那么如果灵魂不能死，神性能死吗？我们的主说："那杀身体不能杀灵魂的，不要怕他们。"㊹这样如果灵魂不能被杀，神性如何能被杀呢？

58. 这样当我们读到荣耀之主被钉十字架，让我们别认为他在荣耀

---

⑩ 《以赛亚书》53：4。
㊶ 《诗篇》22：1，参《马太福音》28：46，《马可福音》15：34。
㊷ 《加拉太书》5：24，安布罗斯对原文稀奇的翻译。
㊸ 《彼得前书》4：1。
㊹ 《马太福音》10：28。

中被钉。荣耀之主被钉死乃是因为他既是神又是人,因其神性他为神,而穿上肉身乃成基督耶稣这个人。因为拥有两种属性,就是人性与神性,他在人性中忍受了十架之苦难,使得受苦的那位可以同时被称为荣耀的主与人子,即便经上记道:"他从天降下。"[45]

第八章

耶稣说:"父是比我大的。"这句话根据上述建立的原则得以解释。其他的类似说法也用类似方式诠释。在谈到他的神性时,我们的主不能被称为比父次等。

59. 所以是因为他的人性,我们的主才怀疑,痛苦万分,并从死里复活,因为只有死了才能再活。再有,是出于人性他才说了那些我们的对手用来恶毒反对他的话:"因为父是比我大的。"[46]

60. 但当我们在另一段经文读到:"我从父出来,到了世界;我又离开世界,往父那里去。"[47]除了借着死以外他怎么去?除了复活之外他怎么来?另外为了表明他在讲他升天的事,他又加上:"现在事情还没有成就,我预先告诉你们,叫你们到事情成就的时候,就可以信。"[48]因为他在讲他身体的受苦与复活,并且借着他的复活那些以前疑惑的就信了——因为神的确无所不在,不从一个地方移到另一个地方。正如作为人的他走了,来的也照样是他自己。此外他在另一处说:"起来,我们走吧。"[49]所以在这里他有去有来,这是他与我们共有的。

61. 他既是完美真实的神,他又如何能是次等神呢?而就他的人性

---

[45] 《约翰福音》3:13。
[46] 《约翰福音》14:28。
[47] 《约翰福音》16:28。
[48] 《约翰福音》14:29。
[49] 《约翰福音》14:31。

而言，他比较小——当他在人性里称他是虫而不是人：“但我是虫，不是人”(50)；又说：“他像羔羊被牵到宰杀之地”(51)，你还惊奇就人而言他称父比他自己大吗？

62. 如果在这个意义上你称他小于父，我无法否认。然而，从圣经话语的角度讲，他不是被生次等，而是“成为较小”，就是成为次等。那除了“他本有神的形像，不以与神同等为强夺的，反倒虚己”(52)之外，他怎么“成为较小”呢？他并不是放弃他所是的，而是穿上他所不是的，因为“他取了奴仆的形像”(53)。

63. 而且为了让我们可以知道他借着穿上肉身“成为较小”，大卫表明他在预言一个人：“人算什么，你竟顾念他？世人算什么，你竟眷顾他？你叫他比天使微小一点。”(54)使徒在解释同一段经文的时候说：“惟独见那成为比天使小一点的耶稣，因为受死的苦，就得了尊贵、荣耀为冠冕，叫他因着神的恩，为人人尝了死味。”(55)

64. 所以神的儿子不仅比父小，还比天使小。如果你把这变为他的不荣耀，那我问子就他的神性而言比服侍他、为他做事的众天使小吗？所以，当你想要减少他的荣耀，你就闯入高抬天使的本性高过神儿子的亵渎之中。但是“仆人不能高过主人”(56)。还有，在他道成肉身之后天使还服侍他，对此你需要承认他完全没有因为他肉体的本性损失他的尊贵，因为神不能损失他自己的任何东西，而他从童女而出既没有添加也没有拿走他的神性权能。

65. 所以既然拥有神性与荣耀的一切丰盛，他就他的神性而言并非次等。大小乃是适合区分物质有形的存在，大是针对地位、质量或任意

---

(50) 《诗篇》22：6。
(51) 《以赛亚书》53：7。
(52) 《腓立比书》2：6、7。
(53) 《腓立比书》2：7。
(54) 《诗篇》8：4、5。
(55) 《希伯来书》2：9。
(56) 《马太福音》10：24。

年龄而言。这些术语在我们对待属神事物时失去它们的意义。教导、告知别人的人常被冠以大者的头衔，但神的智慧却没有借从别人而来的教导而被建立，因为正是他自己奠定了所有教导的基础。但使徒所写的何等有智慧："叫他因着神的恩，为人人尝了死味"(57)，免得我们假设神性而非肉身受难！

66. 那么如果我们的对手找不到方法证明父比子大，也不能让他们滥用词汇而要找出它们的意思。所以我问他们，他们凭什么尊父更大？如果因为他是父，那我回答我们的问题不是年龄或时间（父更高的地位有赖于这些条件）——父不由白发区分，子亦不由年幼决定。但是"父"与"子"乃是名称，一个是生养的，另一个是孩子——这样的名称看来应该联合而非分离，因为责任丝毫不意味损失个人的价值，正如亲属关系把人连在一起而不是让他们四散分开。

67. 那么如果他们不能支持他们的任何疑问，就让他们现在来相信圣经的见证。《约翰福音》作者见证正因为是子，所以子不比父小。是的，他甚至宣告正因为是子他与父同等："犹太人越发想要杀他，因他不但犯了安息日，并且称神为他的父，将自己和神当作平等。"(58)

68. 这不是犹太人说的——这乃是《约翰福音》作者的见证，借称他为神自己的儿子他将自己和神当作平等，因为犹太人没有在现场说："我们越发想要杀他"，而是《约翰福音》作者用自己的话说："犹太人越发想要杀他。"(59)而且他发现犹太人被激怒想要杀他的原因：当他作为神犯了安息日并称神为他自己的父，他就不仅通过犯安息日而授予他自己有神权威的尊荣，并且在提到他的父的时候授予他自己与他永恒平等的权力。

69. 最合理的是神的儿子回答这些犹太人要证明他自己是子且与神

(57) 《希伯来书》2：9。
(58) 《约翰福音》5：18。
(59) 《约翰福音》5：18。

同等的答案。他说:"父所做的事,子也照样做。"⑩所以子既有与父同等的头衔,又被证明如此。这是真正的同等,既排除了神性的差异,又表明父与子同在且与子同等。因为有差异的地方就不同等,只有一个人也没有同等,因为没有人拿自己等同于自己。所以《约翰福音》作者显明为什么基督称他自己是神的儿子合理,这是因为他将自己和神当作平等。

70. 因此使徒遵循这样的启示说:"他不以自己与神同等为强夺的。"⑪因为人没有才要想法强夺。所以作为神与主,他与神同等,拥有他自己的实质,不像一个掠夺者乱抢。此后使徒又加上这些话:"他取了奴仆的形像。"⑫奴仆当然是同等的反义词。所以子因神的形象同等,但因自己穿上肉身又因像人一样受苦而次等,因为同样的本质如何可以既次等又同等呢?如果子次等,他又如何可以照样与父做相同的事呢?不同的能力真能做同样的事吗?次等的能做出高等的效果吗?或者本质不同其作为却一致吗?

71. 所以要承认基督就其神性而言不能称为比父次等。基督对亚伯拉罕说:"我便指着自己起誓。"⑬使徒表明指着自己起誓的不能低于任何事物,所以他说:"当初神应许亚伯拉罕的时候,因为没有比自己更大可以指着起誓的,就指着自己起誓说:'论福,我必赐大福给你;论子孙,我必叫你的子孙多起来。'"⑭所以基督没有比他更大的,并且为这个缘故指着他自己起誓。另外使徒正确地加上:"人都是指着比自己大的起誓。"⑮因为人有比他们自己大的,神则没有。

72. 否则如果我们的敌人理解这段经文讲的是父,余下的记录却与

---

⑩ 《约翰福音》5:19。
⑪ 《腓立比书》2:6。
⑫ 《腓立比书》2:7。
⑬ 《创世记》22:16。
⑭ 《希伯来书》6:13、14。
⑮ 《希伯来书》6:16。

此不合。因为父没有向亚伯拉罕显现，亚伯拉罕也没有洗父神的脚，而应该是显人形那位的脚。此外，神的儿子说："亚伯拉罕欢欢喜喜地仰望我的日子，既看见了，就快乐。"⑯所以指着自己起誓的那位就是亚伯拉罕看见的那位。

73. 与父在神性里为一的如何真有比他自己大的呢？哪里有合一，哪里就没有不同，而大小之间就有区别。所以这个圣经摆在我们面前关于父与子之例的教导既不是父更大，也不是子有任何在他之上的，因为父与子之间没有区分他们的神性差别，乃是一体尊荣。

第九章

有反对说子既为父所差遣，至少在这方面次等。对此的回应是他也被圣灵差遣，但圣灵却不被认为大过子。而且圣灵自己被父差往子，以此他们在行动上的合一性得以显示。所以我们的职责在于认真区分什么话合理地视基督为神，什么话又视他为人。

74. 我对一种经常被提出的反对意见毫无惧怕，就是基督因为他被差遣所以次等。因为即便他次等也不是这么证明的，而另一方面，他受同等尊敬的称号得到真实证明。既然所有人尊敬子如同他们尊敬父，肯定子仅就被差遣而言并不次等。

75. 所以不要把思路局限在人语言的狭窄范围内，而要考虑这些话明显的含义，相信既成的事实。请好好思考主耶稣基督借以赛亚说他为圣灵所差遣。难道子因为被圣灵所差就比圣灵小吗？你有这样的记录，就是子宣告他自己为父与他的灵所差。他说："我是首先的，也是末后的。我手立了地的根基，我右手铺张诸天，我一招呼便都立

---

⑯ 《约翰福音》8：56。

住。"⑥⑦他还继续说道:"我曾说过,我又选召他,领他来,他的道路就必亨通。你们要就近我来听这话:'我从起头并未曾在隐秘处说话,自从有这事,我就在那里。'现在主耶和华和他的灵差遣我来。"⑥⑧这里造天地的那位自己说他的确为主与他的灵所差遣。这样你看到语言的贫乏带不走他使命的尊荣。他为父所差,也为圣灵所差。

76. 综合起来,你可以看到尊贵不可分割。子也相应差遣灵,正如他自己所说:"但我要从父那里差保惠师来,就是从父出来真理的圣灵。"⑥⑨他已经教导过,这同一位保惠师也为父所差遣:"但保惠师,就是父因我的名所要差来的圣灵。"⑦⑩注意他们的合一性:父神如何差遣,子神亦照样差遣;父差遣谁,子亦差遣谁。另外,如果阿里乌派不承认子被差遣,因为我们读到子在父的右边,那他们自己将针对父承认他们所否认关于子的,除非他们为自己另找一个父或另找一个子。

77. 这样,言语上的争闹既归于虚空,也就被显明可以停止了,因为如经上所记,神的国不在乎言语,乃在乎权能。让我们抓住神性不同于肉身的区别。每一个都说明同一位子神,因为每一种性质都存在他里面。然而就说明同一位格而言,他并不总以同一种方式说明。注意在他里面,既有神的荣耀,又有人的情感。因为他是道,作为神他讲说神的事情;因为他在我的本性中说话,作为人他讲说人的事情。

78. "我是从天上降下来生命的粮。"⑦①这粮是他的肉身,正如他自己所说:"我所要赐的粮,就是我的肉。"⑦②他从天上降下,他因父使之成圣被差往世界。就连字句本身也教导我们不是神性而是肉身需要分别为

---

⑥⑦ 《以赛亚书》48:12、13。
⑥⑧ 《以赛亚书》48:15、16。
⑥⑨ 《约翰福音》15:26。
⑦⑩ 《约翰福音》14:26。
⑦① 《约翰福音》6:51。
⑦② 《约翰福音》6:51。

圣,因主自己说:"我为他们的缘故自己分别为圣。"⑬从而你可以承认他既在肉身为我们成圣,又因他神性的特质作成圣之工。

79. 如使徒所说,这同一位为父所差遣的,也"为女子所生,且生在律法以下"⑭。这一位说:"主的灵在我身上,因为他用膏膏我,差遣我传福音给贫穷的人。"⑮这一位说:"我的教训不是我自己的,乃是那差我来者的。人若立志遵着他的旨意行,就必晓得这教训或是出于神,或是我凭着自己说的。"⑯如此,神的教训是一回事,人的教训是另一回事。所以当犹太人视他为人,怀疑他的教导时说:"这个人没有学过,怎么明白书呢?"耶稣回答说:"我的教训不是我自己的。"因为即便不用华丽的辞藻教导,他都不像人在教导,而像神在教导;他的教导不是学来的,而是原创的。

80. 因为如我们上面所读,他找到并开创了规律,正如就神的儿子有这样的说法:"这是我们的神,没有其他可与他相比的,他发现了所有的规律。这些事之后他在地上被看见,与人相交。"⑰他在地上被看见之前就找到了所有的规律,这样他既为神怎会没有他自己的教导呢?既然关于他说道:"没有其他可与他相比的,"他怎能是次等的呢?他当然被称为无与伦比的,再没有其他可与他相比的——然而这并不是针对父说的。如果人们设想这里说的是父,他们难逃撒伯里乌派的亵渎,置人性于父之上。

81. 让我们继续看经文:"人凭着自己说,是求自己的荣耀。"⑱要看到这里的合一性,其中父与子被清楚启示。说话的只能是他,但他所说的并非单从他而来,因为在他里面所有的都自然从父而得。

---

⑬《约翰福音》17:19。
⑭《加拉太书》4:4。
⑮《路加福音》4:18。
⑯《约翰福音》7:16、17。
⑰ 七十士译本《巴录书》3:36—38,注意与卷一第三章二十八节的引文略有出入。——译者注
⑱《约翰福音》7:18。

82. "求自己的荣耀"是什么意思呢？这不是说父无分于其中的荣耀，因为神的道就是他的荣耀。还有，我们的主说："叫他们看见我的荣耀。"[79]但道的荣耀也是父的荣耀，正如经上所记："主耶稣基督在父神荣耀中。"[80]所以就他的神性方面，神的儿子有他自己的荣耀，父与子的荣耀为一。因此他没有在荣耀上次等，因为荣耀为一；他也不在神性上低下，因为神性的丰满在基督中。

83. 这样，你问，经上如何写着"父啊，时候到了，愿你荣耀你的儿子"[81]呢？你说，说这话的人需要被荣耀。到这一步你有眼睛在看，圣经余下的你却没看到，因为圣经上说："使儿子也荣耀你。"[82]难道父有任何让子来荣耀的需求吗？

第十章

有反对立足于子的顺服，这样的反对被驳回。三一神里的权能、神性与工作得以陈明。注意到基督顺服他的母亲，他当然不可能被称为次于她。

84. 我们的敌人也经常用类似的方法在子顺服的问题上发难，因为经上记着："既有人的样子，就自己卑微，存心顺服，以至于死。"[83]作者不仅告诉我们子顺服以至于死，而且一开始就表明他是个人，好叫我们可以理解，顺服以至于死不是他神性的部分，而是他道成肉身的部分。借道成肉身他给自己穿上属于我们本性的功能与名字。

85. 这样我们认识到三位一体的权能为一，如我们在受难前后得到的教导：子因他肉体受苦，所受的苦是真实的；圣灵浇灌在使徒们身

---

[79]《约翰福音》17：24。
[80]《腓立比书》2：11，原文一种可能的直译。——译者注
[81]《约翰福音》17：1。
[82]《约翰福音》17：1。
[83]《腓立比书》2：7、8。

上：圣灵交托在父的手上；此外神用大能的声音宣告父。我们看到这里是父与子同一类表现、同一个的形象、同一种成圣，行动为一，荣耀为一，最后神性为一。

86. 所以有且只有一位神，因经上记着："你要敬畏耶和华你的神，侍奉他。"[84]一位神不是说像不敬虔的撒伯里乌派宣称的父与子同位格，而是父、子与圣灵一位神。而哪里神性为一，旨意就为一，目的就为一。

87. 根据使徒的话："愿神——我们的父和我们的主耶稣，一直引领我们到你们那里去。"[85]父子都被提名，但是引领却只有一个，因为权能只有一个。同样在另一处我们读到："但愿我们主耶稣基督和那爱我们、开恩将永远的安慰并美好的盼望赐给我们的父神，安慰并坚固你们的心。"[86]安慰的源头不是许多，而是一个——使徒呈现给我们的是多么完美的合一性啊！就让怀疑变为愚昧，否则若不能为理性所服，就让我们主恩慈善良的想法把它弯过来吧。

88. 让我们思考我们的主对待我们是何等和善，他不仅教导我们信心，也教导我们方法，因为他借取了人形顺服于约瑟与马利亚。那么因为他顺服他就小于人类吗？履行义务的部分是一回事，统管万有的部分是另一回事，但履行义务不排斥统管万有。那他在后者顺服于父的律法吗？而他在肉身当然顺服于他的母亲。

第十一章

道成肉身的目的与医治效果。信心的益处，我们靠着知道基督为我们的缘故承担所有的软弱（基督的神性在他受难中自我启示）。由此我们理解神子的使命不是次等的，我们对这个信念毫无惧怕，否则就得罪了宣称自己喜悦他的子的父。

---

[84] 《申命记》6：13。
[85] 《帖撒罗尼迦前书》3：11。
[86] 《帖撒罗尼迦后书》2：16。

89. 让我们同样有恩慈地对待，让我们为了我们敌人的好处来说服他们："来啊，我们要屈身敬拜，在造我们的耶和华面前跪下。"⁸⁷因为我们不丢弃，反倒医治；我们不给他们暗设埋伏，而在分内警戒他们。恩慈常常改变蛮力或辩论无法克服的人。我们的主用油和酒医治那位从耶路撒冷到耶利哥被强盗打劫的人，而避免用律法的严厉疗法或先知的尖锐信息来医治他。

90. 所以让所有前来就他的都得以完全。让他们接受他从他父那里带下来在天上制成的药，乃是用天上不会枯干的果子的汁水预备的。这不是从地里生出来的，因为自然界中没有这样的药物。出于奇妙的目的他取了肉身，使得他可以表明肉身的律法要服在思想的律法之下。他成了肉身；他这位众人的夫子可以以人的身份来征服。

91. 如果他作为神，展现他大能的膀臂，仅表现出不可侵犯的神性，他于我又有何益处呢？为什么他要穿上肉身，让自己照着我的本性与我的软弱来受试探呢？他的确应该受试探，他应该与我一同受苦，使我可以知道受试探时如何克服，受逼迫时如何逃脱。他靠自制力，靠对财富的蔑视，靠信心征服。他践踏野心，逃离无止境的私欲，命令邪荡远离他。

92. 彼得看见了这药，舍弃了他的网，就是获利的工具与安全保障，放弃肉体的贪欲——它如漏水的船，从船底的洞中接受无尽的情欲。这的确是一剂强力配方，不仅去掉了老伤的伤疤，甚至还切断了情欲的根本与源头。哦，信心，比所有的宝库都富有；哦，完美的医治，治好了我们的伤与罪！

93. 让我们自己反思正确信仰的益处。它让我知道为了我基督承受我的软弱，受制于我肉体的情感。为我就是为每个人，他成了有罪的，成了咒诅；为我且在我里面他自卑顺服；为我他是羔羊、葡萄树、磐

---

⁸⁷《诗篇》95：6。

石、仆人、女仆之子；不知审判的日子，为了我的缘故他不知道时日。

94. 造日子与时间的那位怎会不知道那日呢？宣告将到审判之日与审判缘由的那位怎会不知道那日呢？他不在他的神性中成为咒诅，而是在他的肉身中，因经上记着："被挂的人是在神面前受咒诅的。"⑱所以在肉身中并照着肉身的情况他被挂，为这个原因他承担我们的咒诅而成了咒诅。他哭泣从而你——人——可以不再哭泣。他受辱为使你可以不因他所受的冤枉而悲伤。

95. 这的确是一剂荣耀配方——拥有基督的安慰！因他为我们的缘故以超乎寻常的耐心承担这些事情。我们的确不能为他名的荣耀以寻常的耐心承担它们。既然基督甚至在十字架上祷告——是的，为那些逼迫他的祷告，那谁在受攻击的时候不能学会宽恕呢？你没看见基督的软弱——如果你愿意如此称呼——是你的力量吗？为什么在他为医治我们的事上质问他？他的眼泪清洗我们，他的哭泣洁净我们，这疑惑中有力量（起码如果你开始疑惑，你将绝望）。受辱越重，当受的感谢越大。

96. 甚至在受讥嘲与侮辱的时刻他的神性都得到承认。他被挂在十字架上，一切元素都向他表示敬意。日头收回光芒，日光暗淡，黑暗降下，遮盖大地，地也震动，然而挂在那里的那位却不动摇。除了向创造者表示敬意之外，这些记号还表明了什么呢？他挂在十字架上，这点你们阿里乌派承认；他赐下神的国度，你们不承认。他尝了死味，你们看到过，但他也邀请强盗同往乐园，对此你们不闻不问。你们盯着在墓旁哭泣的妇女，但没有看一直照看墓的天使。他说了什么，你们看了；他做了什么，你们都没看到。你们说主对迦南妇人说："我奉差遣，不过是到以色列家迷失的羊那里去。"⑲你们不说他做了他因她肯求而做的事情。

97. 你应该在这里明白，他的"奉差遣"不是说他受另一人的命令而

---

⑱ 《申命记》21：23。
⑲ 《马太福音》15：24。

被迫的,而是他出于自由意志,根据他自己的判断而行动,否则你就是在控告他藐视他的父了。因为如果照你的解释,基督作为父命令的执行者到犹太地来释放犹太地的居民,没有一个例外,但在此成就之前,他释放了迦南妇人的女儿,免除了她的抱怨。他当然不仅执行另一位的指示,而且还自由行使他自己的判断。但哪里有执行一个人意志的自由,哪里就没有他辱没使命的可能。

98. 既然子自己说:"我常作他所喜悦的事"和"我所作的事,是父作他自己的事"⑨,就不要害怕子的行为令父不喜悦。这样父对他借着子所做的事怎会不喜悦呢?因为如经上所记,同一位神"要因信称那受割礼的为义,也要因信称那未受割礼的为义"⑨¹。

99. 读遍圣经,仔细留意,你会发现基督显明自己使神能在人中被辨认。当你听说父宣告他因子喜悦,不要恶意误解子在父中的欢乐。

第十二章

是大公教会(Catholics)还是阿里乌派有更佳手段来确定他们蒙审判官基督的恩呢?有人提出一个基于《诗篇》110:1的反对意见,因为子坐在父的右边。然而当子为父邀请坐在他的右边时,这里毫无表明任何从属关系的企图,也不是任何偏好。神的位格三而一,他们本性合一,这一真理由天使三呼"圣哉"证明。

100. 然而,如果我们的对手不能被恩赐感动,就让我们在审判官前宣召他们。那我们应该去哪个审判官那里呢?当然要去有审判权柄的。那是去父那里吗?非也,"父不审判什么人,乃将审判的事全交与子。"⑨²这表示,他那么给,不是出于恩宠,而是发自受生的行为。这样可以看

---

⑨ 《约翰福音》8:29,14:10、12。
⑨¹ 《罗马书》3:30。
⑨² 《约翰福音》5:22。

出他多么不愿你玷辱他儿子——即便他让他成为你的审判官。

101. 再让我们来看你我哪一个在审判官面前更蒙恩。当然谨慎一方的努力更能给法官留下好印象。你归荣耀给人，难道不归荣耀给神吗？我问，双方中的哪一个受掌权者的青睐，尊重他的还是轻视他的？假设我错了（当然我完全没有），基督不喜悦显于他的荣耀吗？我们都是罪人，那谁配得宽恕呢，是敬拜他的还是对他傲慢无理的？

102. 如果理性不能打动你，至少让明显的审判来让你动容！抬起你的眼睛来看法官，看看坐着的是谁，他与谁同坐，又坐在哪里。基督坐在父的右边。如果用你的眼睛看不到，就来听先知的话："耶和华对我主说：'你坐在我的右边。'"⑬所以子坐在父的右边。你这个认为属神的要受属这个世界的审判的人，现在告诉我，你是否认为坐在右边的比较低等？父坐在子的左边是不是被夺走了荣耀？父荣耀子，你却当这是侮辱！父要使这邀请成为爱与尊重的记号，你却要把它变为暴君的命令！基督从死里复活又坐在神的右边。

103. 你反对道："但这是父说的。"很好，现在来听一段父没有说而子预言的话："后来你们要看见人子坐在那权能者的右边。"⑭这是他指着取回他自己身体说的——对于子，父说："你坐在我的右边。"如果你实在要问神性永恒的联系，他在彼拉多问他是否是犹太人王的时候说："我为此而生。"⑮如此使徒实在表明我们如此相信是好的，就是基督坐在神的右边不是出于命令，也不出于任何恩惠，而是作为神最亲爱的儿子。因经上为你如此记着："当求在上面的事，那里有基督坐在神的右边。你们要思念上面的事。"⑯这里提到思念上面的事，就是相信基督坐在那里不是像接受命令者那样服从，而是作为被深爱的子那样接受荣耀。这样

---

⑬《诗篇》110：1。

⑭《马太福音》26：64。

⑮《约翰福音》18：37。

⑯《歌罗西书》3：1、2。

父就基督的身体说道:"你坐在我的右边,等我使你仇敌作你的脚凳。"⑨

104. 如果你还试图把这些话引向歧途:"我使你仇敌作你的脚凳",我回答父也将子所兴起并鼓舞的人带给子。因为基督说:"若不是差我来的父吸引人,就没有能到我这里来的;……在末日我要叫他复活。"⑨⑧你又说神的儿子受理性软弱的辖制——父把人带到在末日可以使之复活的子面前。这在你眼里看来是低一级的关系,我告诉你,国度怎样为父预备,父照样带给子,其中不容言语的偏差,因为子既把国度给父,在他面前就没有他喜爱的人了?因为正如父给子,子也照样再给父。既然他们互相如此给予,接受的并非得到别人所有的,给予的也没有失去什么,这便是爱与尊重的明证。

105. 而且坐在右边不是偏好,坐在左边也不表明荣耀受损,因为神性既不受衡量我们弱小人类思想的时空限制,就没有程度的分别。爱中没有差异,没有分割合一性的东西。

106. 但怎么会走到这一步呢?你观看环绕你周围的一切,你看到了法官,你注意到了宣告他的众天使。他们赞美他,你却诬蔑他!执政掌权的在他面前俯伏,你却加恶言在他的名之上!他的所有圣徒敬拜他,神的儿子却不拜别人,圣灵也不拜。撒拉弗说:"圣哉!圣哉!圣哉!"⑨⑨

107. 这样三度重申同一个"圣"名意味着什么呢?如果重复三次,为什么这又只是一个赞美的行为呢?如果是一个赞美的行为,为什么要重复三次呢?除非父、子与圣灵圣洁为一,否则为什么要重复三次呢?在赞美创造者的时候,撒拉弗不是提名一次,免得他排除了子;也不是提两次,免得他漏掉了圣灵;也不是四次,免得他加入了受造物。而且为了表明三一神为一,他在三重"圣哉"之后又加上了单数"万军之耶和华"。所以父为圣,子为圣,神的灵同样为圣,三一神受敬拜却不拜别

---

⑨ 《诗篇》110:1。
⑨⑧ 《约翰福音》6:44。
⑨⑨ 《以赛亚书》6:3。

人，受赞美却不赞美别人。就我而言，我宁可如撒拉弗般相信，按一切天上掌权执政者的样式来敬拜。

第十三章

简要驳斥阿里乌派、撒伯里乌派与摩尼派关于他们审判者所持邪恶可耻的观点。在陈明基督关于他其余敌人的反对之后，圣安波罗修表达了他自己受较轻审判的盼望。

108. 就让我们继续你的指控，看你如何蒙你审判者的恩。说吧，就告诉他："我认为你，噢，基督，不像你的父。"他会回答："如果你能记录下来，告诉我，你认为我哪些地方不一样。"

109. 你又说："我判断你为受造物。"基督就回答："如果两个人的见证是真的，你难道不应该相信我和我的父，他称我为他的子？"

110. 然后你说："我否认你全然的良善。"他回答："愿照你的信心成就，我对你而言就不良善。"

111. "你的全能我不认同。"他将相应回答："那我就不能宽恕你的罪。"

112. "你受辖制。"对此他回应："那为什么你在你认为如奴隶般受辖的人那里寻求自由与饶恕呢？"

113. 我看你的指责就此打住了。我也不继续追问你，因为我也知道我自己的罪。我不吝惜给你宽恕，因我自己也需要宽大，但我想知道你祷告的对象。当我在审判官面前申诉你的私欲时你要注意，我没有揭露你的罪，只是期待关注你依次提出的祷告和愿望。

114. 因此说出这些愿望吧，照它们全部应得的方式。"主，按神的形象造我。"对此他回答："照什么形象？你所否认的形象吗？"

115. "让我不要朽坏。"他当然如此回答："你既称我是受造物，使我成了可朽坏的，我怎能让你不朽坏？死人将从朽坏中得以洁净复活——你称你看为神的可朽坏吗？"

116. "请对我良善。""为什么你向我寻求你所否认的？我想要你良善，我且说：'你们要圣洁，因为我自己是圣洁的。'你定意否认我良善吗？那你寻求罪得赦免吗？不，没有人能赦罪，惟独神能。既然你不认为我是独一真神，我就没有任何办法宽恕你的罪。"

117. 所以就让阿里乌与富提纳斯的追随者们如是说："我否认你的神性。"对他们的主将回答："愚顽人心里说，没有神。你认为这话是对谁说的？对犹太人还是对外邦人，还是对属魔鬼的呢？富提纳斯的门徒，无论他对谁说，对那些保留他平安的他还尚且容忍。然而你竟敢扬声而言，你就被证明比愚顽人更愚顽。你否认我的神性，而我曾说'你们是神，都是至高者的儿子'吗？而你看见你身边他作为神的工作，却否认他是神。"

118. 轮到撒伯里乌派的人发言了："我认为你就你自己而言同时为父、子与圣灵。"对他们主说："你既没听见父也没听见子。对此还有任何疑问吗？圣经自己教导你父将审判的事全交与子，子来审判。你没有侧耳倾听我的话：'不是我独自在这里，还有差我来的父与我同在。'⑩

119. 现在让摩尼派的人说话："我认为魔鬼创造了我们的肉体。"主将回答他："那你在天上的居所干什么呢？走开，去你的创造者那里吧！'我愿我父赐给我的人与我同在那里。'⑩你这个摩尼派的人，你认为你自己是属魔鬼的受造物，那你赶紧去他的居所吧。那是火与硫磺的所在，那里的火是不灭的，免得刑罚有尽头。"

120. 我且不管其他异端了，他们不是人，乃是不祥之兆。什么样的审判在等待他们呢？对他们的定罪是何种形式呢？对所有这些人他实实在在地回答，悲伤过于愤怒："我的百姓啊，我向你作了什么呢？

---

⑩ 《约翰福音》8：16。
⑩ 《约翰福音》17：24。

我在什么事上使你厌烦？我不曾将你从埃及地领出来，从作奴仆之家救赎你吗？"[102]

121. 但是领我们出埃及入自由，从被捆绑之家救我们还不够，还有比这更大的恩惠，你为我们舍了你自己。所以你说："我不曾背负你们所有的痛苦吗？我不曾为你们舍了我的身体吗？我不曾尝了死味吗？这与我的神性无分，却是你们得赎所必需的。这些就是我将得到的感谢吗？这就是我流血所换来的吗？即使我在过去借先知的口说：'我被害流血，下到坑中，有什么益处呢？'[103]你恶毒地否认我，我为你忍受这些事情，就是这益处吗？"

122. 对我而言，主耶稣，虽然在我里面我深知我的大罪，可我还要说："我没有否认你，愿你体恤我肉体的软弱。我向你陈明我的罪，不隐瞒我的恶。你若肯，必叫我洁净了。因这句话，得大麻风的得偿所愿。求你不要审问你的仆人。我恳求你不要审判，而要宽恕。"

第十四章

法官的宣判得以陈明，对手的辩辞得以考虑，不接受上诉的最后宣判得以通过。

123. 我们从基督那里寻找什么判决呢？这我知道。我是在说他将给什么判决吗？不是，他已经宣布了判决，对此我们已经掌握。他说："叫人都尊敬子，如同尊敬父一样。不尊敬子的，就是不尊敬差子来的父。"[104]

124. 如果这个宣判你不喜欢，就向父申诉，取消父给予的审判。你说他有一个不同于他的子，他将回答："那我就说了谎，我曾对子说：'我

---

[102] 《弥迦书》6：3、4。
[103] 《诗篇》30：9。
[104] 《约翰福音》5：23。

们要照着我们的形像，按着我们的样式造人。'[105]"

125. 告诉父他造了子，他将回答："那你们为什么敬拜一位你们认为是受造物的呢？"

126. 告诉他，他所生的子比他次等，他将回答："比较我们，让我们看个究竟。"

127. 告诉他，你不觉得子有任何可信度，对此他将回答："难道我没有对你说'这是我的爱子，我所喜悦的'[106]吗？"如果不听他说："凡父所有的都是我的"[107]，那"你们要听他"[108]这句话是什么意思呢？使徒们诚然听了这话，正如经上所记：他们"就俯伏在地，极其害怕"。[109]如果认他的俯伏在地，那么不认他的将做什么呢？但耶稣用他的手摸他的使徒们，扶他们起来——而他却使你面向下而卧，使你不能看见你所否认的荣耀。

128. 就让我们正视现实，正如子所定罪的，父也定罪，所以让我们荣耀子，正如我们荣耀父，使我们可以借着子来到父面前。

第十五章

圣安波罗修拒绝对他自己的美德的任何赞美：无论怎么说，信仰有圣经的权威支持来辩护就足够了。阿里乌派如犹太人那样愚顽，对圣经的声音充耳不闻。他祷告他们可以被感动而爱真理，与此同时，他们作为异端和基督的敌人要被躲避。

129. 陛下，我所陈明的这些推论简单扼要，只不过勾勒了粗线条，称不上任何形式的完整解释或准确反映。如果阿里乌派真认为它们既不

---

[105] 《创世记》1：26。
[106] 《马太福音》17：5。
[107] 《约翰福音》16：15。
[108] 《马太福音》17：5。
[109] 《马太福音》17：6。

完美又不完整，我也承认它们甚至称不上是个开头；若他们认为还是言犹未尽，我认为已经足够，因为不信者极其需要更多的论证，可对信者来说已经绰绰有余了。实际上彼得单独一句认信对于认可信靠基督就已经足矣："你是基督，是永生神的儿子。"[110]知道他从神受生，没有分割或减少，既非获得亦非受造就足够了。

130. 这的确无一例外已为圣书宣告，然而不信者还怀疑，如经上所记："这百姓心蒙脂油，耳朵发沉，眼睛昏迷，恐怕眼睛看见，耳朵听见，心里明白。"[111]因为如同犹太人，阿里乌派的习惯是但凡听到救恩之道就关上耳朵或大声嚷嚷。

131. 如果不信者怀疑人的话，当他们拒绝相信神的话又有什么奇怪的呢？你将发现在福音书中记着，神子说："父啊，愿你荣耀你的名。"[112]当时就有声音从天上来说："我已经荣耀了我的名，还要再荣耀。"[113]这些话不信者听到了但不信。子说，父回答，而犹太人说："打雷了。"还有人说："有天使对他说话。"[114]

132. 此外，如《使徒行传》所记，当保罗借着基督的声音接受恩典呼召时，有几个与他同行的人，而只有他说他听见了基督的声音。因此，圣陛下，信者听见——他听见使他可以信，而不信者听不见，就是他听不到，也不能听到，免得他可以信！

133. 其实我真希望他们能愿意听见，使得他们可以相信——在人寻求什么是真时，用真爱与温柔来听，而不是攻击一切真理。因经上记着我们不要听从"荒渺无凭的话语和无穷的家谱，这等事只生辩论，并不发明神在信上所立的章程。但命令的总归就是爱，这爱是从清洁的心和无亏的良心、无伪的信心生出来的。有人偏离这些，反去讲些虚浮的

---

[110] 《马太福音》16：16。
[111] 《以赛亚书》6：10。
[112] 《约翰福音》12：28。
[113] 《约翰福音》12：28。
[114] 《约翰福音》12：29。

话，想要做教法师，却不明白自己所讲说的、所论定的"⑮。在另一处，同一位使徒又说道："惟有那愚拙无学问的辩论，总要弃绝。"⑯

134. 这些播种争辩的人就是异端，使徒告诉我们离开他们。关于他们他在另一处还说道："必有人离弃真道，听从那引诱人的邪灵和鬼魔的道理。"⑰

135. 约翰同样说异端就是敌基督，清楚描绘了阿里乌派。因为这个（阿里乌）异端以追随所有其他异端开始，业已收集了所有的毒素。正如经上论到敌基督："它就开口向神说亵渎的话，亵渎他的名，又与圣徒争战。"⑱他们同样夺取神子的荣耀，他的殉道者们也不放过。更有甚者，或许连敌基督都不会那么做，他们歪曲圣经。因此有人说耶稣不是基督，他们与敌基督无异；否认世界救主的否认耶稣；否认子的也否认父，因经上记着："凡不认子的，就没有父。"⑲

第十六章

圣安波罗修向格拉提安保证必定取得胜利，宣称这在以西结的预言中已经告知。这个希望更有赖皇帝的敬虔，以前的灾难乃是对东方异端的惩罚。本书向神献上祷告，他现在将显明他的怜悯，拯救信靠他之人的军队、土地与统治权。

136. 在这个备战获得征服野蛮人胜利的季节，我不能再耽误陛下了。去吧，荫蔽于信德盾牌之下，有圣灵之剑环绕。去夺取胜利吧，这是旧时的应许，在神谕中预言。

137. 因为以西结在那遥远的日子就已经预言我们百姓衰微以及与哥

---

⑮ 《提摩太前书》1：4—7。
⑯ 《提摩太后书》2：23。
⑰ 《提摩太前书》4：1。
⑱ 《启示录》13：6、7。
⑲ 《约翰一书》2：23。

特人的战争:"人子啊,你要因此发预言,对歌革说,主耶和华如此说:'到我民以色列安然居住之日,你岂不知道吗?你必从本地、从北方的极处率领许多国的民来,都骑着马,乃一大队极多的军兵。你必上来攻击我的民以色列,如密云遮盖地面,在末后的日子。'"[120]

138. 那歌革就是哥特,我们已经看见他们来了,而根据主的话语,在要来的日子战胜他们已被应许:"他们要抢夺那抢夺他们的人,掳掠那掳掠他们的人,这是主耶和华说的。当那日,我必将以色列地的谷,就是海东人所经过的谷,赐给歌革为坟地,使经过的人到此停步。在那里,人必埋葬歌革和他的群众,就称那地为哈们歌革谷。以色列家的人必用七个月埋葬他们,为要洁净全地。"[121]

139. 圣陛下,我们不再怀疑,我们既与外邦不信之人争战,就要分享你坚强的正统信心带来的帮助。很明显神的愤怒之因已经显明,使得罗马帝国的信先被颠覆,在其中对神的信心退缩。

140. 我也没有愿望重述死亡、折磨、信徒被放逐、忠信之人的职分成为叛徒的礼物。我们难道没有从各边界——从特雷斯(Thrace)穿越大河边的达西亚(Dacia)、摩伊西亚(Mœsia)以及帕诺尼亚(Pannonian)的瓦莱里亚(Valeria)全地——听到混杂着亵渎者宣告与野蛮人入侵的声音?如此嗜血的邻居能带给我们什么益处呢?罗马国怎能以如此的护卫者为安呢?

141. 足够了,太多了,全能神啊,我们现在已经用我们自己的血、我们自己的放逐为信徒的死、神职人员的被逐与极端邪恶的罪过代赎——太明显了,那些信仰破碎的人不能平安。主啊,请再次回心转意,建立你信实的旗帜。

142. 这里没有战鹰也没有飞鸟引导我们先锋队,而是你的名——主

---

[120] 《以西结书》38:14 以下。
[121] 《以西结书》39:10 以下。

耶稣——与对你的敬拜来引导。这不是不信者之地，而是常出归信者的土地——意大利。意大利，虽常被诱惑却绝不失落；意大利，你的尊荣业已长久护卫，今又再次从野蛮人那里将其拯救。不再有对我们皇上的犹疑，而是坚立的信心。

143. 现在就显出你尊荣的明显记号，使人相信你就是真正的万军之耶和华、天上军队的军长；相信你就是神的真正权能与智慧，不是属时间的或创造的存在，而正如经上所记，神永恒的权能与神性可以通过你的至高能力托住来为他的信心赢得胜利的奖赏。

卷 三

第一章

在后三卷书中，作者对前两卷书中简短处理的若干重要问题进行更详细的讨论。为使用比喻辩护，使用比喻为圣经的例子所支持，在其中发现各种诗歌比喻的对象，特别是女海妖，她们是感官快乐的代表，保罗的话语与基督的事迹教导基督徒应该避开她们。

1. 正因为最仁慈的陛下你下令让我为你自己写一些关乎信仰的论述，又亲自召我到你面前鼓励我不要胆怯，所以我在战斗前夕只写了两卷书来指出我们信心前进的一些方法与道路。

2. 然而，既然有人心存恶意，不懈散播争论，尚未耗尽他们攻击的力量，与此同时，仁慈的陛下你敬虔急切呼召我做更多的工，正如你渴望向那些你已经在少量事情上证明过的人尝试更多的事情，我也愿意在我已经简略处理过的问题上再说得更具体一些，免得人们不以为我在安静与自信中提出这些看法，反倒以为我现在论证它们乃是怀疑且丢弃为它们的辩护。

3. 还有，既然我们提到过海德拉（Hydra）与锡拉（Scylla）（卷一第六章第四十六节），并通过比喻之法介绍他们，来表明我们必须怎样当心从未停止生长的不忠诚或者显明凶兆的搁浅破船，如果任何人认为这样借用诗人的浪漫作品来修饰一个论证是不合法的，因缺少对我信心恶言相加的机会便借此攻击我的言论，就让他知道圣书的经文中不仅只字片语而且整节整段地融入了诗歌。

4. 例如，保罗借先知的经历所教导的这一节"我们也是他所生的"经文来自何处呢？先知所发言论既没有回避巨人（Giants）也没有回避伟人谷（Valley of Titans），以赛亚论到女海妖（sirens）与鸵鸟的女儿们①，耶利米也预言巴比伦，说女海妖的女儿们要住在其中②，要表明巴比伦的网罗，即这个世界的喧嚣，应当被比作旧时的情欲之事，看似靠着今生的岩石海岸在唱动听的歌谣，然而却通向死亡，要捕获年轻人的灵魂——对此希腊诗人自己告诉我们，智慧人从他自己智慧锁链的捆绑中逃脱。在基督到来之前，即使对强壮人来说，拯救他们自己脱离欺骗的表象与享乐的诱惑也是如此困难的一件事。

5. 但如果诗人都认为属世享乐的诱惑和放纵对人的思想具有破坏性，是失败之母，而经上记着"不要为肉体安排，去放纵私欲"③与另一处"我是攻克己身，叫身服我，恐怕我传福音给别人，自己反被弃绝了"④，我们应该思考什么呢？

6. 基督诚然为我们赢得了救恩，不是靠着奢华，而是靠着禁食。而且他禁食不是为他自己获得好处，而是为了教导我们。他饥饿也不是因为他为肉体的软弱所胜，而是借他的饥饿证明他的确披戴了肉体，如此他可以教导我们他不仅穿上了我们的肉身，而且接受了那肉身的软弱，正如经上所记："他诚然担当我们的忧患，背负我们的痛苦。"⑤

---

① 见七十士译本与武加大译本的《以赛亚书》13：21、22。——译者注
② 《耶利米书》50：39，见七十士译本与武加大译本的 27：39。——译者注
③ 《罗马书》13：14。
④ 《哥林多前书》9：27。
⑤ 《以赛亚书》53：4。

第二章

有些事情合理地影响基督为我们的缘故所披戴的肉体，这些不应算在他的神性中，后者关乎他是至高者。否认这点就是在说父成了肉身。当我们读到神是一位，除他以外再无别神，或只有他才不朽坏，这必须理解为对基督也有效，不仅为了避免上面提到过的罪恶异端（圣父受苦说），也因为父与子的行为宣称为同一。

7. 这样他饥饿乃是肉体的软弱，就是说是属于我们的软弱。当他哭泣的时候，他伤心几乎致死，这是我们的本质。为什么把我们本质的属性与事件归到神性上呢？如我们所知，甚至连他"被造"都是肉体的属性。因此我们的确读到："锡安我们的母要说：'他是个人'，在她里面他被造为人，至高者为她立定根基。"⑥你看清楚了，"他被造为人"，不是"他被造为神"。

8. 但什么叫同时为至高者和人呢？什么是"在神和人中间，只有一位中保，为人的耶稣基督。他舍自己作万人的赎价"⑦？这个地方实际上合理地指向他的道成肉身，因为我们借他的血成就救赎，我们通过他的权能得着饶恕，我们借着他的恩典确保生命。作为至高者他赐予，作为人他祷告。一个是创造者的职分，另一个是救赎者的职分。尽管作为恩赐他们可以不同，但是赐予者乃是一，因为我们的创造者应为我们的救赎者，这乃是合宜的。

9. 谁能真实否认我们有基督是至高者的明确证据呢？否认这点的人把道成肉身的圣礼变成了父神的工作。但是基督是至高者乃是圣经在一处谈到受难的奥秘时不容置疑地表明的："至高者发出他的声音来，地就

---

⑥ 《诗篇》87：5，直译自七十士译本86：5。——译者注
⑦ 《提摩太前书》2：5、6。

摇撼战抖。"⑧在福音书中你可以看到:"孩子啊,你要称为至高者的先知,因为你要行在主的前面,预备他的道路。"⑨谁是"至高者"呢?神的儿子。这样,他,至高神,就是基督。

10. 另外,当每一处说到神是独一的神时,神的儿子没有被从这个统一体分离出去。因为至高者独有一位,如经上所记:"使他们知道,惟独你名为耶和华的,是全地以上的至高者。"⑩

11. 因此反对者害人不浅的结论虽从圣经论述神的话而来,("就是那独一不死,住在人不能靠近的光里。"⑪)却遭到了轻蔑无情的拒绝,因为这些话论述的是神,此名同等地属于父与子。

12. 如果无论谁真正读到神的名,他们否认其中有任何关于子(以及父)的思想,他们就亵渎了,正如他们否认子的神权,他们表现出他们也犯了撒伯里乌派所教导父成肉身的邪恶错误。就让他们仔细解释他们如何无法以亵渎父的方式来解释使徒的话:"你们也就在此与他一同复活,都因信那叫他从死里复活神的功用。"⑫让他们也接受来自紧接着刚才这段经文的警告,因为下文如是说:"你们从前在过犯和未受割礼的肉体中死了,神赦免了我们一切过犯,便叫你们与基督一同活过来。又涂抹了在律例上所写攻击我们有碍于我们的字据,把它撤去,钉在十字架上,放弃了自己的肉体。"⑬

13. 我们不假设让肉体复活的父是单独一个(神),也不类似假设肉体复活的子。复活的当然也必活过来,活过来的也必罪得赦免,罪得赦免的也必涂抹了字据,涂抹了字据的也必把它钉了十字架,钉了十字架的也必放弃了自己的肉体。但不是父放弃了他自己的肉体,因为我们看

---

⑧ 《诗篇》18:7、15,根据英译本引文直译。——译者注
⑨ 《路加福音》1:76。
⑩ 《诗篇》83:18。
⑪ 《提摩太前书》6:16。
⑫ 《歌罗西书》2:12。
⑬ 《歌罗西书》2:13、14,和合本中无"放弃了自己的肉体"。——译者注

到不是父而是道成了肉身。这样你看到阿里乌派借着分割父与子陷入了称父受难的危险之中。

14. 然而，我们能轻易证明这些话在讲子的行为，因为子自己确实使他自己的身体再次复活，如他自己所说："你们拆毁这殿，我三日内要再建立起来。"⑭并且他自己让我们跟他的身体一起活过来："父怎样叫死人起来，使他们活着，子也照样随自己的意思使人活着。"⑮而且他自己施恩恕罪，说道："你的罪赦了。"⑯他也把记录上涂抹的字据钉在他的十字架上，他被钉于其上，在肉身受苦。也没有任何人夺去他自己的肉体，是神子自己放弃了他所有的，所以成就复活之工的被清楚指明为神自己。

第三章

父子绝对不能分割，这点由使徒的话语证明，因为只有如下才对子适宜，就是他受可称颂独有权能的、独一不死之赞美是按着本性，而非照着恩典，因为连天使都是不死的，他要住在不可靠近的光中。父与子如何相同且同等地被称为"独一"。

15. 所以当你读到"神"这个名，不要分离父与子，因为父与子的神性是同一的。所以当你读到"可称颂、独有权能的"⑰这样的话，不要分开他们，因为这些话是论述神的。甚至当你可能读到"我在叫万物生活的神面前嘱咐你"⑱时，基督也的确叫万物活了，所以神的名恰当地同时给予了父与子，正如他们活动的效果一致相合。让我们继续看下文，他说："我在叫万物生活的神并耶稣基督面前嘱咐你。"

---

⑭ 《约翰福音》2：19。
⑮ 《约翰福音》5：21。
⑯ 《路加福音》5：20。
⑰ 《提摩太前书》6：15。
⑱ 《提摩太前书》6：13。

16. 神的话在神里，正如经上所记："我要在神里赞美他的话。"[19]在神里有他永恒的权能，甚至有耶稣；所以在（论到）神时使徒见证了神性的合一，而借着基督的名他见证了道成肉身的圣礼。

17. 而且为了表明他所提的是基督的道成肉身，他还加上"向本丢彼拉多作过美好见证的"[20]。（我嘱咐你）"要守这命令，毫不玷污，无可指责，直到我们的主耶稣基督显现。到了日期，那可称颂、独有权能的万王之王、万主之主，就是那独一不死，住在人不能靠近的光里，是人未曾看见，也是不能看见的。"[21]这些话是针对神写的，其名的尊严与真理父与子同有。

18. 既然所有这些事情也都支持子，那为什么在此处毫不考虑子呢？如果它们不支持，那就否认他的神性，这样你就可以否认那些合理论述神的话了。赐福者可称颂无法否认，因为"得赦免其过的人是有福的"[22]。赐给我们整全教导的那位只能被"称颂"，正如经上所记："这是照着可称颂之神的荣耀福音。"[23]他的权能不能否认，关于他父说："我已把救助之力加在那有能者的身上。"[24]当他如神的《所罗门智训》所言"借着她我拥有不朽之能"[25]来使其他人不死，谁又敢拒绝承认他是不死的呢？

19. 但他本性的不死是一回事，我们的则是另一回事。可毁坏的事物不能与神的比较。神性是死亡唯一不能触及的实体，所以使徒尽管知道（人的）灵魂与天使不死，仍旧宣告神独一不死。事实上甚至灵魂都

---

[19] 《诗篇》56：10，和合本译为："我倚靠神，我要赞美他的话。"——译者注
[20] 《提摩太前书》6：13。
[21] 《提摩太前书》6：14—16。
[22] 《诗篇》32：1。
[23] 中文里 blessed 对人而言译为"有福的"，对神而言译为"可称颂的"，尽管用词不同，原文所指乃是同一个字。——译者注
[24] 《诗篇》89：19。
[25] 《所罗门智训》8 章 13 节。

可以死："犯罪的灵魂必死亡。"㉖天使也不是绝对不死，他的不死依赖于创造者的旨意。

20. 不要因为加百列、拉斐尔（Raphael）或乌列尔（Uriel）不死就太快拒绝这点。甚至在他们的本性中也有犯罪的倾向，而这一倾向不是通过管教可以改进的，因为每一个理性受造物都受外界的影响，要面对审判。审判的奖赏与败坏抑或进到完美取决于作用在我们身上的影响，所以《传道书》说："因为人所作的事神都必审问。"㉗故而每个受造物在它里面都有腐朽死亡的可能性，尽管（在现阶段）没有死或犯罪。如果任何事物没有把自己交托给罪，那也不是它自己不死本性的祝福，而是出自管教或恩典。这样，被赐予的不死是一回事，不可能变化的不死则是另一回事。

21. 因为他在肉身为众人尝了死味，我们就否认基督神性的不死吗？然后，因为加百列永远不死而基督交出了灵魂，加百列就强于基督吗？但仆人不能大过他的主人，我们必须区别肉身的软弱与神性的永恒。基督死的源头在肉身，不死是源于基督统管万有的本性。但如果神性使得肉身不朽坏，而肉身照其本性无疑会朽坏，那神性自己怎么会死呢？

22. 如果子在父的怀中，如果父就是光且子也是光，因为神是光，那子怎么可能不住在人不可靠近的光中呢？否则如果我们设想一些在神的光之外其他的光，是人不可靠近的，那么这光就比父要好，使得如经上所记既与父同在又在父里面的那位不在那光里。所以不要让人在只读到"神"的时候排除关于子的思想，也不要在只读到"子"的时候排除关于父的思想。

23. 在地上子并非无父，你认为在天上父没有子吗？子在肉身（当我说"他在肉身"或"他在地上"时，我说这话好像我们活在福音书中记

㉖ 《以西结书》18：20，希伯来文用字可以翻译成"灵魂"或"人"，七十士译本直译为"灵魂"。——译者注

㉗ 《传道书》12：14。

述的日子里，因为现在我们不再"凭肉体"㉘认基督了。）——子在肉身，他并非独自一人，如经上所记："不是我独自在这里，还有父与我同在。"㉙难道你认为父在光中独居吗？

24. 为避免你认为这个论证不过是臆测，请接受如下权威的判断，圣经说："从来没有人看见神，只有在父怀里的独生子将他表明出来。"㉚如果子在父的怀里，父怎么独居呢？没有见过父的子怎么表明他呢？这样父不是单独存在。

25. 现在考察父、子的"独居"是什么。父独一，因为没有别的父；子独一，因为没有别的子；神独一，因为三一神只有一个。

第四章

我们被告知基督"被造"乃是仅就其肉体而言的。他无须任何形式的帮助来救赎人类，正如他不需要任何事物使他复活，反之其他人为了使死人复活需要诉诸祷告。即便当基督祷告时，他献上的祷告也在乎他作为人的能力，而从他命令（这样那样的事情必定成就）的事实看到他必须被视为神。在这点上魔鬼的见证比阿里乌派的论调更真实。讨论以解释"大能"的称号为何给予人子作结。

26. 现在已经足够清楚地表明父不是没有子的独一神，子也不能被认为是没有父的独一神，因为我们读到神的儿子"被造"是就他的肉身而言，不是就他从父神受生而言的。

27. 事实上他在什么意义上"被造"，他已经借圣先祖的口宣告了："因为我灵魂里满了患难，我的性命临近阴间。我算和下坑的人同列，我

㉘《哥林多后书》5：16。
㉙《约翰福音》8：16。
㉚《约翰福音》1：18。

被造为人——不靠帮助而自由——在死人中。"㉛这里我们读到"我被造为人",不是"我被造为神"。还有"我灵魂里满了患难"。"我的灵魂",你要注意,不是"我的神性"。他"被造"所关乎的乃是就他临近阴间所言,就他与别人算在一起所言,而神性决不允许任何跟别人算为一类的相似性作理由。然而注意神性的尊贵如何在基督里自我显示,甚至显示在注定死亡的肉身里。尽管他"被造"为人,"被造"为肉身,但是他在死人中有自由,"不靠帮助的自由"。

28. 但是经上既说道:"我已把救助之力加在那有能者的身上",㉜子怎么能在这里说他不靠帮助呢? 这里也体现了两种本性的区别。肉身需要帮助,神性不需要。他自由,因为死亡的锁链捆不住他,他没有被黑暗的权能拘禁,反倒在它们中间施行能力。他"不靠帮助",因为他自己是主,不靠使者媒介的职能,而靠他自己的能力拯救他的百姓。叫人复活得生命的那位需要任何帮助来复活他自己的身体吗?

29. 尽管人也曾让死人复活,他们仍然不是靠他们自己的力量,而是靠基督的名。请求是一回事,命令是另一回事;获得不同于赐予。

30. 以利亚曾使死人复活,但他祷告——没有命令。以利沙在他照着一个人尸体的姿势伏在其上时使那人复活,接触以利沙的尸体使死人复活,这再次表明先知可以预表那位取了罪身的形状被差的到来,他可以甚至在他被埋葬之后使死人复活。

31. 彼得在医治以尼雅的时候也说:"奉拿撒勒人耶稣的名起来行走。"㉝不是奉他自己的名,乃是奉基督的名。但是"起来"是个命令。另一方面这是一个对自己权力自信的例子,不是一个对能力的鲁莽宣告。这个命令的权柄在于耶稣之名有效的影响,不在于命令本身的能力。那阿里乌派做何回答呢? 彼得靠基督的名命令,这是一方面;另一

㉛ 《诗篇》88:3—5,参见七十士译本87:4—5。——译者注
㉜ 《诗篇》89:19。
㉝ 《使徒行传》9:34 与 3:6 的混合。——译者注

方面，他们说神的儿子没有命令，而是求告。

32. 他们反对说，我们读到基督祷告。但注意这里的区别。他作为人子祷告，而作为神子命令。连魔鬼都如此称呼他，你们还不称他为神的儿子吗？你们指控你们自己比撒旦的邪恶更大吗？魔鬼说："你若是神的儿子，可以吩咐这块石头变成食物。"㉞撒旦说"吩咐"，你们却说"恳求"。魔鬼相信因神儿子的话，简单物质的本性可以转化为混合而成之物，你们认为除非神的儿子请求，他的旨意都无法成就。此外，魔鬼认为对神的儿子要从他的权能出发来评价，你们则认为要从他的软弱出发来评价。魔鬼的试探都比阿里乌派的论辩更能让人容忍。

33. 如果我们发现人子在某处被冠以"大能"，而在另一处发现荣耀的主被钉十字架，我们不要受扰。比统管天上能力更大的是什么呢？但这是在那位统治坐宝座的、掌权的、天使的手中，因为如经上所记，尽管他与野兽同在一处，却有天使来伺候他，使你可以想见合乎道成了的肉身之事与合乎统管权能之事之间的差别。就他的肉身而言，他忍受野兽的攻击；就他的神性而言，他受天使的敬拜。

34. 这样我们就知道，他被造为人，他的被造必定是针对他的人性而言的。而且在圣经另一处你可以读到："他被造为大卫后裔"㉟，就是说就肉身而言，他"被造"为大卫的后裔，但他在世界以先就是神所生的神。

第五章

从圣经引用的经文表明"被做成"并不总是跟"被创造"意思相同，由此得出结论：圣书里的字句不应该作为照犹太人的方式故意找茬儿的基础。然而，犹太人尚不如异端恶劣，因此已经陈明的原则又再度被证实。

㉞《路加福音》4：3。
㉟《罗马书》1：3，原文这个动词含义甚广，安波罗修这里将其作"造"解，避免"生"的意思。——译者注

35. 与此同时，成为并不总意味着受造，因我们读到："主啊，你世世代代作我们的避难所"㊱和"你成了我的拯救"。很明显这里没有陈述创造的现实或目的，但神被论到成为我的"避难所"，变为我的"拯救"，正如使徒所说："他成为我们的智慧、公义、圣洁、救赎，"就是说基督为我们被父"做成"，不是被创造。另外，作者在后文解释了在何种意义上他称基督成为我们的智慧："但我们讲的，乃是从前所隐藏、神奥秘的智慧，就是神在万世以前预定使我们得荣耀的。这智慧世上有权有位的人没有一个知道的，他们若知道，就不把荣耀的主钉在十字架上了。"㊲当受难的奥秘被陈明，当然就没有说到受生这个永恒过程的话了。

36. 这样主的十字架是我的智慧，主的死是我的救赎，因为如同使徒彼得所说，我们为他宝血所买赎。作为人主用他的血赎回我们，作为神他又赦免了罪。

37. 所以让我们不要设陷阱，好像经文这样说，也不要急切地探究其中纠缠不清的；因为不信者从写下的字句里挖掘出本来没有的意思，仅列出字句的表面含义，而非深层意思，我们就不要照做了。犹太人轻视深层意思而仅遵守词语表面意思，他们因此而毁灭，因为"字句是叫人死，精意是叫人活"㊳。

38. 然而，在这两种可悲的不敬虔中，把只对人性真实的归到神性上比把只属于字句的算为精义更加令人厌恶。犹太人畏惧相信把人抬高到神，因此失去了救赎的恩典，因为他们拒绝了拯救所依赖的；阿里乌派却把神性的尊贵降格成人性的软弱。犹太人将主肉身钉十字架固然可恶，我却更视那些相信基督神性被钉十字架的更令人憎恶。所

㊱ 《诗篇》90：1，和合本中"避难所"译为"居所"。——译者注
㊲ 《哥林多前书》2：7，8。
㊳ 《哥林多后书》3：6。

以一个经常与犹太人打交道的说:"一旦警戒过异端之后就要弃绝他。"㊴

39. 此外,这些人也没有留意避免对父的不敬,他们对基督"成为"我们的智慧、对超越所有时间的限制与分割的难以理解的受生不敬虔地发挥。因为夺取子的荣耀就是侮辱父,他们甚至把他们的亵渎带到攻击父上,而经上却如此说:"神是真实的,人都是虚谎的。"㊵如果他们真认为论到的是子,他们不会排斥他的受生,但在此他们靠着这段经文来承认他们所拒绝的,就是基督是神,是真神。

40. 如果我一一分析几处我们读到他"被做成"——不是就属性而言,而是就降下恩典的途径而言——的地方那就太冗长了。例如,摩西说:"你成了我的帮助者与保护者,拯救了我。"㊶大卫说:"愿你成为我拯救的神、避难的居所来拯救我。"㊷以赛亚说:"他成了每座卑微之城的保护者。"㊸这些圣徒显然没有说神"你被造",而是"藉你的恩典你成了我们的保护者与帮助者"。

第六章

为了解决一个基于《约翰福音》经文的反对意见,圣安波罗修首先证明阿里乌派的解释让人接受摩尼派观点,然后在表明用不同方法分解同一段经文中话语后,他清楚证明,照阿里乌派的讲法将此理解为对神性而言却又不夺取父的荣耀是不可能的,并且分析了这段经文的真实含义。

41. 所以我们没有理由惧怕阿里乌派用无理的释经方式构建的论

㊴ 可能是对《提多书》3:10 的宽松翻译。——译者注
㊵ 《罗马书》3:4。
㊶ 《出埃及记》15:2,根据七十士译本直译。——译者注
㊷ 《诗篇》31:3,根据七十士译本直译。——译者注
㊸ 《以赛亚书》25:4,根据七十士译本直译。——译者注

证,试图证明神的道"被造",因为他们说,经上记着:"藉着他被造的是生命。"㊹

42. 首先,他们要明白如果他们把"被造的"当作对神性而言,他们就使自己陷入了摩尼派提出的困难,因为这些人争论说:"如果藉着他造的是生命,那么就有一些不藉着他被造的,就是死亡。"从而他们可以不敬虔地带出两个原则,但这个教训是教会判定错误的。

43. 另外,阿里乌派如何证明福音书作者真的是这么说的?大多数信仰上的受教者如此解读这段经文:"万物是藉着他造的,凡被造的没有一样不是藉着他造的。"㊺其他人如此读:"万物是藉着他造的,不藉着他没有被造的。"然后他们继续"凡是被造的",再在后面加上"藉着他"。这就是说:"但无论什么都是藉着他被造。"但"藉着他"是什么意思?使徒告诉我们说:"我们生活、动作、存留,都在乎他。"㊻

44. 然而,就让他们照他们所愿来看这段经文,认为"被造的"是以神(就是道)的位格为主体而言,他们仍不能减少神的尊贵却不同时有损父神的荣耀,对此经上记道:"但行真理的必来就光,要显明他所行的是靠神而行。"㊼看清楚,这里我们读到人的工作靠神而行,而一切我们不能理解的,神性乃是它们的主体。我们必须要么认识到靠他而行的工作,如使徒所确认表明"万有都是靠他造的,又是为他造的,他在万有之先,万有也靠他而立"㊽;要么遵照这里所引用的经文的见证,教导我们应该认为,借以获得永生果实的美德乃是靠神而得的,就是圣洁、敬虔、恳切、信实等等这类,由此神的旨意得到表现。

45. 就像工作是父神旨意与权能的表现,它们也是基督旨意与权能

㊹ 《约翰福音》1:3—4,此断句之法同威斯科特(Westcott)标点的希腊文版本。——译者注
㊺ 《约翰福音》1:1。
㊻ 《使徒行传》17:28。
㊼ 《约翰福音》3:21。
㊽ 《歌罗西书》1:16、17。

的表现，正如我们所读到的："在基督里造成的，为要叫我们行善。"(49)《诗篇》里说："藉你的能力有平安。"(50)还有："都是你用智慧造成的。"(51)"你用智慧造"，注意，不是"你造了智慧"。因为万有都是借智慧造的，基督是神的智慧，这智慧明显不是偶然的，而是实在的永存的一位。但如果智慧被造，因为不能借着自己被造，那它是借着比万物更差的条件被造的吗？如果被造经常被用来指偶然的事件，不关乎事物的本质，创造也就可以算作为了所具有的某个目的而发生的。

第七章

所罗门所说"耶和华造了我"等话，表明基督的道成肉身乃是为了救赎父的创造而成就的，如子自己的话所证明。他是"起初"可以从他美德的可见证据来理解，同时显明了主如何开通一切美德的道路，它们真正的开始是怎样的。

46. 这里我们顺便来理解道成肉身的预言："耶和华为他的工作造我为他道路之初。"(52)这表明主耶稣为了救赎父的工作而被造于童女。的确，我们不能怀疑这里在讲道成肉身的奥秘，既然主披戴了我们的肉身，为了从朽坏的奴役下拯救他手所做的工，从而他可以借他自身的受苦倾覆掌死权的。因为基督的肉身乃是为了被造的事物，但既然他在万有之前，而万有都靠他而存有，他的神性就在它们之前存在。

47. 这样他的神性不是因为创造，反而创造是因为他的神性而存在，正如使徒在论述万有因为神的儿子而存在时所言："原来那为万物所属、为万物所本的，要领许多的儿子进荣耀里去，使救他们的元帅

---

(49) 《以弗所书》2：10。

(50) 《诗篇》122：7，根据七十士译本 121：7 直译。——译者注

(51) 《诗篇》104：24。

(52) 《箴言》8：22，根据七十士译本直译。——译者注

因受苦难得以完全，本是合宜的。”(53)难道他没有明确宣告因其神性而为万有创造者的神的儿子，为他百姓的得救在时间之后顺服披戴肉身并受死吗？

48. 为主从童女“被造”而做工的缘故，他自己在治好瞎眼的人的同时表明：“我们必须作那差我来者的工。”(54)而且他在同一段圣经里又说我们必须信他论及道成肉身：“我在世上的时候是世上的光。”(55)因为就他作为人而言，他在某一段时间里在这个世界上，但作为神他永远存在。在另一处他也说：“我就常与你们同在，直到世界的末了。”(56)

49. 当他在世被问到“你是谁”的时候，他回答：“就是我从起初所告诉你们的。”(57)既然如此，那再没有任何怀疑“起初”的余地了。这不仅指永恒神性的本质特性，而且也是美德的可见证明，因为在此他证明他自己是永恒的神，因他是万有的起始，并且是各美德的作者，因他是教会的元首，如经上所记：“因为他是教会全体之首，他是元始，是从死里首先复生的。”(58)

50. 这样“他道路之初”照其所述，我们必须理解为披戴他肉身的奥秘，这些话很清楚是指道成肉身的预言，因为基督道成肉身的目的是为我们通往天国铺平道路。注意他如何说：“我要升上去见我的父，也是你们的父；见我的神，也是你们的神。”(59)这样为了让你们知道全能的父将他的道路在道成肉身后指给子，《撒迦利亚书》中使者对穿污秽衣服的约书亚说：“万军之耶和华如此说：你若遵行我的道，谨守我的命令。”(60)除了披上肉身之外这污秽的衣服还有什么意义呢？

---

(53) 《希伯来书》2：10。
(54) 《约翰福音》9：4。
(55) 《约翰福音》9：5。
(56) 《马太福音》28：20。
(57) 《约翰福音》8：25。
(58) 《歌罗西书》1：18。
(59) 《约翰福音》20：17。
(60) 《撒迦利亚书》3：7。

51. 现在我们可以说主的道路是由基督所带领的良善生命中的某些过程，基督说："我就是道路、真理、生命。"(61)这样，这道路就是神超越的能力，因为基督是我们的道路，且是良善的道路，他也是向信徒打开天国的道路。而且主的道路是直的，如经上所记："耶和华啊，求你将你的道指示我。"(62)忠贞是一条道路，信实是一条道路，节制是一条道路。的确有一条美德的道路，也有一条邪恶的道路，因经上记着："看在我里面有什么邪恶的道路没有。"(63)

52. 如此，基督就是我们美德的起始。他是纯洁的起始，教导处女不要寻求男人的牢笼，而要把她们身体与心思的纯洁献上服侍圣灵，而不是丈夫。基督是节俭的起始，因为他本来富足却成了贫穷。基督是耐心的起始，因为他被辱骂却不还口，受击打却不还手。基督是谦卑的起始，因为尽管他在他能力的尊荣中与父神同等，却取了奴仆的形象。各种美德皆从他开始。

53. 为这个缘故我们可以学习这些不同的美德，"有一子赐给我们，他的起初担在他的肩头。"(64)这个"起初"乃是主的十字架——刚强壮胆的起始，借此有一条道路为圣殉道者而开，让他们进入圣战的苦难。

第八章

刚才引用的《以赛亚书》的经文中含有关于基督神性与人性的预言，此话被解开，它驳斥各种异端的能力得到证明。

54. 以赛亚看到这个开始，所以他说："有一孩子出生，有一子赐给我们。"博士们也如此行，所以他们看见马棚中的小孩时就敬拜，说：

---

(61) 《约翰福音》14：6。
(62) 《诗篇》25：4。
(63) 《诗篇》139：24，根据原文直译。——译者注
(64) 《以赛亚书》9：6，根据七十士译本9：5直译。——译者注

"有一孩子出生。"而且他们看见那颗星便宣告:"有一子赐给我们。"一方面,这是从地上来的礼物;另一方面,这是从天上来的礼物。两者是一个位格,就各自而言俱都完美,神性里没有任何可变性,也没有从人性的丰满中拿走任何东西。博士们敬拜的是一个位格,他们向同一位献上他们的礼物,来表明在马棚里看见的那位正是天上的主。

55. 注意两个动词如何在它们的重要性上不同:"有一孩子出生,有一子赐下。"尽管受生于父,但他却不是生给我们而是赐给我们,正如子不是为了我们的缘故反而我们是为了子的缘故。因为他既在我们之前出生又是万有的创造者,就的确不是生给我们的;他既永远且从起初就有生命,也不是现在第一次才有生命的。另一方面,在时间以先的那位不是生给我们的。我们再一次发现这样的记载,那天使对牧羊人说话时如何提到他的出生:"今天在大卫的城里,为你们生了救主,就是主基督。"[65]这样生给我们的不是以前就有的,乃是童女的孩子,从马利亚而出的身体,因这是在人被造之后造成的,而神性则在我们之前。

56. 有些抄本如此说:"有一孩子为我们降生,有一子赐给我们。"这是在说,他,神的儿子,作为马利亚的孩子为我们降生,并且赐给我们。关于他"被赐",请听先知的话:"又将你的救恩赐给我们。"[66]但在我们之上的是被赐的——从天上而来的才是被赐的,正如我们读到关于圣灵:"所赐给我们的圣灵将神的爱浇灌在我们心里。"[67]

57. 但要注意这段经文对异端如何像水浇在火上那样。"有一孩子为我们降生",不是为犹太人;"为我们",不是为摩尼派的人;"为我们",不是为马西昂派的人 (Marcionites)。先知说"为我们",就是为相信的人,不是为不信者。他因他的怜悯的确为所有人而生,但是异端的不忠诚使得他为所有人而生却不能给所有人带来益处。因为太阳被命定升起

---

[65] 《路加福音》2:11。
[66] 《诗篇》85:7。
[67] 《罗马书》5:5。

来照好人也照歹人，但对那些看不见的人就没有太阳上升的景象。

58. 这样，正如孩子并非生给所有人而是给忠信者，子也赐给忠信者而非不信的。他被赐给我们，而不是给富提纳斯派的人，因为他们肯定神的儿子不是赐给我们，而是出生并先在我们中间存在的。他被赐给我们，而不是给撒伯里乌派的人，他们不愿听到有一位子被赐，坚持认为父与子是同一位。他被赐给我们，而不是给阿里乌派的人，在他们的判断中子不是为救恩而赐，而是受制约被差，是次等的；并且对他们而言，他不是"策士"，正如他们认为他不知道将来，他不是圣子，因为他们不信他的永恒性，尽管神的话语记载道"他太初就有"，又有"太初有道"(68)。回到我们前面列出要讨论的经文，圣经说："从太初，未有世界以前，没有深渊，没有大水的泉源，大山未曾奠定，小山未有之先，我已生出。"(69)

第九章

进一步解释前面所引所罗门的《箴言》。

59. 既然宇宙被造发生在基督道成肉身之前，恐怕你会问我在针对基督道成肉身时如何引用这一处："耶和华造了我。"但是要考虑圣经用法是把要来的事好像它们已经在过去发生那样说的，为了要表明两种本性——神性与人性——在基督里联合的亲密性，免得任何人会否认他的神性或人性。

60. 例如在《以赛亚书》中你会读到："有一婴孩为我们而生，有一子赐给我们。"这里（如在《箴言》里）先知也先陈明肉身的被造，由此再连到神性的宣告，使你可以知道基督不是两位，而是一位，既在世界以前受生于父，又在末后的世代受造于童女。所以其意义就

(68) 《约翰福音》1：1。
(69) 《箴言》8：23—25。

是：在世界之前受生的我就是受造于会死的女人、为一个特定目的而受造的那位。

61. 再有，紧接着“耶和华造了我”这个宣告之前他说：“我将讲说从亘古就有的事。”而在说“他生了”之前他事先解释：“从太初，未有世界以前，没有诸山以前。”就其范围而言，介词“在……之前”回溯到过去没有尽头或界限，所以“还没有亚伯拉罕就有了我”(70)清楚表明不必意味着“在亚当之后”，就像“在那晨星之前”(71)不意味着“在众天使之后”。但当他说“在……之前”，他的意思不是他被包括在任何人的存在中，而是万有都包含在他里面，因为这是圣书表明神永恒性的惯用方式。最后，在另一处经文中你可以读到：“诸山未曾生出，地与世界你未曾造成，从亘古到永远，你是神！”(72)

62. 这样在所有被造物之前子受生，在万有中并为了万有的益处他被造；由父生，在律法之上，由马利亚带出，在律法之下。

第十章

从施洗约翰的话（《约翰福音》1：30）得到的观察可以用来说明神的预定，但无论怎样，根据前述考虑的解释，这些观察必须理解为道成肉身。借着参考《路得记》的历史，基督的优先性被以神秘的方式详细说明。

63. 但（他们说）经上记着：“有一位在我以后来的人在我以前被造，因他本来在我以前。”(73)所以他们争论：“看，以前的那位‘被造’。”让我们研读这些字句本身。“在我以后来的人”，来的乃是个人，这个人“被

(70) 《约翰福音》8：58。
(71) 《诗篇》110：3，根据七十士译本109：3直译。——译者注
(72) 《诗篇》90：2。
(73) 《约翰福音》1：30，根据英译本引文直译。——译者注

造"。但"人"这个字隐含性别,而性别归于人的本性,从不属于神性。

64. 我可以论证:这个人(基督耶稣)就他身体预先被知道而言预先存在,尽管他的权能亘古就有,因为教会与众圣徒都在世界开始以前就被预定。但这里我把这个论证搁置一边,强调被造不关乎神性,而关乎道成肉身的本性,正如约翰自己所说:"这就是我曾说:有一位在我以后来的人在我以前被造。"

65. 这样圣经如我上面表明的已经揭示了基督里的双重属性,使你可以理解神性与人性的共存。这里从肉身开始,因为圣书的惯例乃是不定规,有时从基督的神性开始降到道成肉身可见的记号,而另一方面有时从其卑微性出发上升到神性的荣耀,就如众先知、福音书作者与圣保罗著作中经常有的。这里照这个用法,作者以我们主的道成肉身开始,然后宣告他的神性,不是要混淆,乃是要区别属乎人的和属乎神的。但阿里乌派如同犹太酒商一样,拿水兑酒,把属乎神的受生与人性相混,把论述肉身之低微才合适的话归到神的尊贵之上。

66. 我不惧怕他们可能提出的某种反对,说白了就是在所引的话中我们有"人",而有的人只有"在我之后来的"。但这里也让他们看到前文是什么,经上说:"道成了肉身。"在提到道成了肉身之后,福音书作者完全没有添加关于人的记载。我们理解那里所提到的"肉身"就是"人"。在讲了"道成了肉身"这句话之后,这里没有需要特别提到"人",作者已经借使用"肉身"这个名字表达了"人"。

67. 后来圣约翰用了羔羊,"除去世人罪孽的"作为例子。为了明白教导你他以前讲过的道成肉身,他说:"这就是我曾说:有一位在我以后来的人在我以前被造。"就是说关于我所说的那位,他作为人"被造",不是作为神。然而,为了表明在世界以前的那一位而不是别的什么成了肉身,免得我们设想神有两个儿子,他加上:"因他本来在我以前。"如果"被造"这话是指神的受生而言,作者有什么需要加上这句且重复他自己呢?但是前面是仅针对道成肉身说道:"有一位在我以后来的人在我以前被造",他加上"因为他本来在我以前",因为这里需要教导(基督)神性的永恒。这就是圣约翰承认基督优先性的理由,从而作为他自己父永恒的权能的那位可以照这个理由合理被显明。

68. 但是属灵理解的丰富活动使得突击进攻阿里乌派,把他们逼入死角成为愉快的操练,他们认为这段经文中的"被造"不是指着(基督的)人性说,而是指着神性说。他们在施洗约翰宣告时还有什么立足之地存留呢?施洗约翰宣告:"有一位在我以后来的在我以前被造,"就是虽然在地上生命的进程中在我之后来,却被置于高过我的价值与恩典程度的那一位,他又作为神配受敬拜。因为"在我以后来"这话属于时间中的一件事,但是"在我以前"表明基督的永恒性。"在我以前被造"指他预先的尊贵高位,就像道成肉身的奥秘实在高过人配领受的。

69. 另一方面,圣施洗约翰也用不太强烈的语言教导他组合起来的一些想法,他说:"那在我以后来的,我给他解鞋带也不配。"[74]他至少陈明(基督)更加尊贵,尽管不指他神性受生的永恒性。这些话如此完整地针对道成肉身,圣经已经在更早的一卷书里给了我们一个在人中奥秘之鞋的对应者。因为根据律法,当一个人死了,约束他妻子的婚姻就传到了他的兄弟或是至近亲属的身上,使得兄弟或至亲的后裔可以接续他家的生命,所以路得——尽管她生于外邦,但仍拥有犹太丈夫(他留下了一个至近的亲属),维持她自己和婆婆生计时为波阿斯所见并被爱上——直到她先从她照律法应该成为他妻子的那位脚上解下鞋子以后,才被波阿斯娶为妻。

70. 这个故事很简单却藏有深意,因为外表所行的代表某些更进一步的意思。如果我们真要强迫真意完全符合字面意思,我们几乎一定发现这些话表示某种羞耻与恐怖,就是我们会认为它们意在表达寻常肉体

---

[74]《约翰福音》1:27。

交合的想法，但它是预表将要从犹太人中兴起的那一位——基督照肉身来说出自于此——他将借属天教导的种子复兴他已死家族成员的后裔，就是说受律法教导的这群人在他们的属灵意义上为了教会的婚礼被赋予婚姻之鞋。

71. 摩西不是新郎，因为有话临到他："把你脚上的鞋脱下来"⑦，使他可以给他的主让出地方。嫩的儿子约书亚也不是新郎，因为他也被告知："把你脚上的鞋脱下来。"以他名字的相似性来考察，他应被认为是教会的配偶。除了基督自己之外再没有别人是新郎，对于他圣约翰说道："娶新妇的就是新郎。"⑦所以他们脱下他们的鞋子，但他的鞋却不能脱，正如圣约翰所言："我给他解鞋带也不配。"

72. 这样唯独基督是新郎，他的新娘教会来自万邦，委身在婚姻中。以前贫穷挨饿，但现在靠基督的丰收而富足。在她思想的隐藏胸怀中囤满丰盛的真道之庄稼与谷粒，使她虽疲惫不堪，因丧子被夺走一切，忍饥挨饿，乃是已死之人的母亲，却可以用全新的食物来滋养自己，使她在寻求新孩子的时候不像寡妇一贫如洗。

73. 这样唯独基督是新郎，他甚至不愿给犹太人会堂他所收的禾捆。不是会堂照自己所愿把她自己关在外面吗？她虽有她自己已经收来的禾捆，但是她的民死了，她如同死了儿子之人一无所有，开始靠教会之手收集她的禾捆，借此可以生活，乃是满有喜乐之人回来所带的禾捆，正如经上所记："他们必要欢欢乐乐地带禾捆回来。"⑦

74. 真的，除了基督之外谁敢称教会为他的新妇？只有他自己，再无别人，从黎巴嫩召唤："我的新妇，求你与我一同离开黎巴嫩，与我一同离开黎巴嫩。"⑦或者对别的什么人教会可以回答："他的口极其甘甜，他

---

⑦ 《出埃及记》3：5。
⑦ 《约翰福音》3：29。
⑦ 《诗篇》126：6。
⑦ 《雅歌》4：8。

全然可爱"⑦？既然我们从谈论他脚上的鞋进到这个讨论，那除了神的道成肉身这些话还能运用在谁的身上呢？"他的腿好像白玉石柱，安在精金座上。"⑧因为只有基督行进于灵魂中，在他众圣徒的思维中开路，在其中这天上之道就像在精金座与宝石根基上留下他难以用言语形容的脚印。

75. 这样我们清楚地看到人和预表都指向道成肉身的奥秘。

第十一章

圣安波罗修回到主要问题上，表明无论何时基督被称为"被造"（或"成为"），这一定要照他的道成肉身或某些局限性来理解。在这个意义上，圣经的几段经文——特别是圣保罗的——被详细说明。基督永恒的祭司职分在麦基洗德身上被预表。基督所拥有的不仅是像父，更是与父为一。

76. 所以当基督被称为"被造"、"成为"，这个短语所关乎的不是他神性的本质，而往往是道成肉身——有时候是特定的一个职分。因为如果你将其理解为他的神性，那么神就变成了侮辱嘲笑的对象，正如经上所记："但你丢掉弃绝你的基督⑧，什么都不给他，逼迫他游荡。"又记着："他成为邻邦的羞辱。"⑧你要注意，是他邻居的，不是他家的，不是与他联合的，因为"与主联合的，便是与主成为一灵"⑧；邻居没有与他联合。还有，"他成为羞辱"，因为主的十字架在犹太人为绊脚石，在希腊人为愚拙⑭；而对那些智慧的，他借同样的十字架成了高过诸天的，高过众天使的，成为更美之约的中保，就像他是前约的中保一样。

---

⑦ 《雅歌》5：16。
⑧ 《雅歌》5：15。
⑧ 或"受膏者"。
⑧ 《诗篇》89：38、41。
⑧ 《哥林多前书》6：17。
⑭ 《哥林多前书》1：23。

77. 注意我如何重复这个短语，迄今为止我一直力求避开它。但要注意他在什么意义上"被造"。

78. 首先，"他洗净了人的罪，就坐在高天至大者的右边，远超过天使。"⑧哪里有洁净，哪里就有牺牲者；哪里有牺牲者，哪里也就有身体；哪里有身体，哪里就有向神献上的掰开的祭；哪里有献祭的职分，哪里就也有受难的牺牲。

79. 其次，他是更美之约的中保。但哪里有遗嘱生效，立遗嘱之人必须要先死，所写的为的是稍后的。但是这死不是他永恒神性的死，而是他软弱人性外壳的死。

80. 另外，我们被教导他如何"高过诸天"。圣经说："无玷污、远离罪人、高过诸天的大祭司……不像那些大祭司，每日必须先为自己的罪，后为百姓的罪献祭，因为他只一次将自己献上，就把这事成全了。"⑧除了从某个角度而言他较低之外，没有任何话提到他成为更高。这样，基督通过坐在父的右边成了针对某种情况而言的更高，在这种情形下他既被造低于众天使，就献上自己受难。

81. 最后，使徒自己对腓立比人说："被造为人的样式，既有人的样子，就自己卑微，存心顺服，以至于死。"⑧注意关于提到"被造"，使徒说他被造为人的样式，不是针对神的统管一切而言，并且他存心顺服至死，从而他显明作为人合适的顺服，并获得了由神掌权的国度。

82. 我们需要再引用多少经文来证明他"被造"必须理解为他的道成肉身或某些特定的职分呢？无论什么被造，同样的事物也是被创造的，因为"他一说它们就被造成；他一吩咐便都造成"⑧，"耶和华造了我"。这些话都是针对他的人性而言，我们已经在第一卷里表明，"被创造"这

---

⑧ 《希伯来书》1：3、4。
⑧ 《希伯来书》7：26、27。
⑧ 《腓立比书》2：7、8，和合本中"被造"为"成"。——译者注
⑧ 根据七十士译本《诗篇》148：5 直译。——译者注

个词似乎是就道成肉身而言的。

83. 还有，使徒自己借着宣告不当向受造的存在敬拜来表明子不是受造的，而是神生的。同时他在其他地方表明在基督里有什么是被造的，从而显明他是在何种意义上解读所罗门之书里的"耶和华造了我"。

84. 让我们现在照次序来查看一整段经文："儿女既同有血肉之体，他也照样亲自成了血肉之体，特要藉着死，败坏那掌死权的。"⑧⑨那谁是那位让我们与他自己同有血肉之体的呢？当然是神的儿子。除了肉体的方式，他怎能与我们同有身体呢？除了借着肉身的死，他又靠什么败坏死亡的锁链呢？因为基督受死造成死亡的死，这段经文所讲论的便是道成肉身。

85. 让我们看接下来的："因他并不要为他穿上天使的本性，乃是亚伯拉罕后裔的。所以他凡事被造与他的弟兄相同，为要成为慈悲忠信之君——神的大祭司，为百姓的罪献上挽回祭。因他自己既然受苦，就能搭救被试探的人。同蒙天召的圣洁弟兄啊，你们应当定睛于我们认识的使者大祭司耶稣，他为那造他的尽忠，如同摩西在他全家尽忠一样。"⑨⓪这些是使徒的话。

86. 你看到从哪个角度作者称他受造："乃是为他穿上亚伯拉罕后裔的。"这明确表明获得一个身体。除了借着他的身体，他还能如何代赎百姓的罪呢？除了借着他的身体，他还靠什么受苦呢？——正如我们上面所说："基督在他肉身受苦。"除了借着他从祭司国度为他自己穿戴的，他还靠着什么为祭司呢？

87. 祭司的职责是献祭，根据律法借着血进入圣所。那么既然神拒绝了牛羊之血，这位大祭司的确必须借着他自己的血穿过进入天上至圣所，使他可以成为我们罪的永远的挽回祭。这样祭司与祭品是同一位，

---

⑧⑨ 《希伯来书》2：14。
⑨⓪ 《希伯来书》2：16—3：2，根据英译本引文直译。——译者注

然而祭司职分与所献之物乃在人性的条件下被操作，因为他如同羊被牵去宰杀，又照着麦基洗德的等次为祭司。

88. 所以当看到一个人性水平上的次序时，人就不当声称在其中存有神性水平上的宣告。因为即便麦基洗德因他的职分连亚伯拉罕都奉献给他，教会却断然不认为他是天使（一些犹太小派别如此认为），而只是一个圣洁的人、神的祭司，预表我们的主，被描述为"无父、无母，无族谱、无生之始，无命之终"㉑，为要预先表明永恒的神子进入这个世界，他的道成肉身与此类似，故而没有任何人父，从神受生而没有母亲，没有族谱，因为经上记着："他的世代，谁来宣告？"㉒

89. 我们就接受这个麦基洗德作为神以基督为原型的祭司，但这一个我们认为是喻体，而那一个才是本体。喻体是真相的影子，我们业已靠一个城市的名字接受这一个的尊贵，但那一个的尊贵表现于所有世人的和解。因经上记着说："这就是神在基督里叫世人与自己和好。"㉓这就是说（在基督里）有永恒的神性，或者如果父在子里面正如子在父里面，那么他们在本性与行为中的合一性明显不能被否认。

90. 我们的敌人即便想要否认这点，但是他们究竟如何做到呢？圣经说道："住在我里面的父作事"，还有："我所作的事，他自己作。"㉔不是"他也作事"，有人会认为这是工作的相似而非合一性。既然说"我作的事情，他自己作"，使徒清楚表明我们应该相信父的工与子的工是一件。

91. 另一方面，当他被理解为拥有工的相似性而非合一性，他说："我所作的事，信我的人也要作。"㉕非常有技巧地在这里插入"也"这个字，他许给我们相似性，而没有赋予其自然的合一性。所以父的工与子的工为一，无论阿里乌派是否乐意如此认为。

㉑ 《希伯来书》7：3。
㉒ 七十士译本《以赛亚书》53：8 部分。——译者注
㉓ 《哥林多后书》5：19。
㉔ 《约翰福音》14：10，根据英译文引文直译。——译者注
㉕ 《约翰福音》14：12。

第十二章

父的国度与子的国度合一不可分割，各自的神性亦然。

92. 当主如我们上面所表明的说："凡一国自相纷争，就成为荒场，"⑯我现在就要问那些认为父的国与子的国分开的人。

93. 的确，为了排除阿里乌怀有敌意的不敬虔教导，圣彼得自己论到父子所统管的为一时说："所以弟兄们，应当更加殷勤，使你们所蒙的恩召和拣选坚定不移。你们若行这几样，就永不失脚。这样，必叫你们丰丰富富地得以进入我们主救主耶稣基督永远的国。"⑰

94. 如果认为这里只谈到基督所辖，那么此处就应该如此理解，就是父与子在权柄上是分开的，但是还得承认这是子的管理范围，且是永恒的，所以不仅两个国分开并极其容易失败，而且因为没有可与神国相比的国度（他们无论多想却都无法抵赖这是子的国度），他们就必须或者转离他们的观点承认父与子的国度同一；或者他们必须让父管一个较次的国度——这是亵渎；或者他们必须承认他——他们邪恶地宣告从神性角度看属于次等的那位——拥有等同的国度，这就自相矛盾。

95. 但这（他们的教导）不匹配、不符合、不支持（它的假设）。就让他们承认国度为一，正如我们承认并证明，不是靠我们自己的证据，而是靠从天上满有恩典地降临的见证。

96. 首先要从（圣经的）见证中了解到天国如何也是子的国："我实在告诉你们：站在这里的，有人在没尝死味以前，必看见人子降临在他的国里。"⑱所以天国属乎神的儿子毋庸置疑。

97. 现在要知道子的国度与父的国度完全一致："我实在告诉你们：

---

⑯《马太福音》12: 25。
⑰《彼得书》1: 10、11。
⑱《马太福音》16: 28。

站在这里的,有人在没尝死味以前,必要看见神的国大有能力临到。"⁹⁹ 这的确就是一个国度,奖赏为一,继承者是同一位,配得的与应许(奖赏)的也同样。

98. 当子论到自己说:"那时,义人在我父的国度里要发出光来,像太阳一样"⁰⁰,除了只有一个国之外还能怎样呢?因为父所有与他尊贵相称的,子借着同样的荣耀也有。所以圣经宣告国度是父与子同有的国度。

99. 现在你知道神的国度所在之处没有将父或子的权柄搁置一边,因为父的国与子的国都包含在单独一个神的名下:"你们要看见亚伯拉罕、以撒、雅各和众先知都在神的国里。"⁰¹甚至将死的强盗都说:"你得国降临的时候,求你记念我。"而主回答:"我实在告诉你,今日你要同我在乐园里了。"⁰²难道我们还否认众先知在子的国里吗?如果不是逃脱永死的话,那我们到底认为在神的国度里意味着什么呢?但那些逃脱永死的就看见人子进入他的国度。

100. 这样他怎能没有他所赐的权柄呢?他说:"我要把天国的钥匙给你。"⁰³要看到两者间的巨大差别。仆人开,主赐予;一个借着他自己,另一个借着基督;执行者接受钥匙,主委派权柄:一个是赐予者的权力,另一个是管家的职分。

101. 现在再来看另一个父与子的国度为一的证明。致提摩太的信中写道:"奉我们救主神和我们的盼望基督耶稣之命,作基督耶稣使徒的保罗。"⁰⁴所以父与子的国度明确宣告为一,正如使徒保罗也论道:"因为你们知道,无论是淫乱的,是污秽的,是有贪心的,在基督和神的国里都

---

⁹⁹ 《马可福音》9:1。
⁰⁰ 《马太福音》13:43,和合本中"我父"为"他们父"。——译者注
⁰¹ 《路加福音》13:28。
⁰² 《路加福音》23:42、43。
⁰³ 《马太福音》16:19。
⁰⁴ 《提摩太前书》1:1。

是无份的。有贪心的，就与拜偶像的一样。"[105]所以，是一个国，一个神性。

102. 律法说到一位神就证明神性里的合一性，使徒论到基督也说："神本性一切的丰盛，都有形有体地居住在基督里面。"[106]因为若如使徒所言，神性的一切丰盛有形有体地在基督里，父与子必定被承认属乎一个神性。否则如果要从父的神性中分裂子的神性，同时子又在形体上拥有神性的一切丰盛，那既然完全丰富之外什么也剩不下，又能指望再留住什么呢？所以神性为一。

第十三章

子的尊荣属他自己，与父的同等，天使不是共享者，而是其见证者。

103. 现在我们已经表明父子是同一个形象与样式，我们剩下要做的是证明他们也同有一样的尊荣。我们不必绕大圈子来证明，因为子自己论到自己："当人子在他荣耀里同着众天使降临的时候，要坐在他荣耀的宝座上。"[107]要留意所宣告的子的尊荣！他非受造的尊荣既不能否认，那还缺少什么呢？这样，尊荣属于子。

104. 现在让我们的敌人毫无怀疑地接受父与子的尊荣为一得到了证明，因为主自己说："凡把我和我的道当作可耻的，人子在自己的荣耀里，并天父与圣天使的荣耀里降临的时候，也要把那人当作可耻的。"[108]除了仆人从对他们主的敬拜得到荣耀之外，"与圣天使的荣耀"这话还有什么意思呢？

---

[105]《以弗所书》5：5。
[106]《歌罗西书》2：9。
[107]《马太福音》25：31。
[108]《路加福音》9：26。

105. 所以子把他的尊荣归于他的父以及他自己，而天使们不是照这种方式分享与父、子同等的尊荣，但他们看到神超越的荣耀。因为的确连天使也没有照圣经说到子的方式（"当他坐在他荣耀的宝座上"）拥有他们自己的尊荣，而是站在那里可以看见父与子的荣耀，这种程度的看见才是他们配得或能够承受的。

106. 而且神所赐的话语自己宣告它们的意义，使你可以理解父与子的荣耀没有与天使同享，因为它们如此说："当人子在他荣耀里同着众天使降临的时候。"为表明他父的尊贵与荣耀和他自己的尊贵与荣耀是同一的，我们的主自己在另一本书里再次说道"人子在他父的荣耀里同圣天使降临的时候，也要把那人当作可耻的"[109]。众天使在顺服中降临，他在荣耀中降临；他们是他的仆役，他坐在他的宝座上；他们站立，他坐着。借用处理人们日常生活的名词，他是法官，他们是法庭的职员。注意他没有先讲他父的神性尊荣，再在次要地位讲他自己与众天使的，免得他看起来照着从最高到较低的属性降序排列。他先讲了他自己的尊荣，再讲了他父的与众天使的（因为父不可能比他们低），使他不在他父与天使的尊荣中间提到他自己，看着像做出一个升序排列，从天使借他自己的尊荣升到父。再说一次，这也没有被认为反过来表明从父到天使的降序，包含尊荣的减少。我们承认父与子神性为一的不像阿里乌派那样假设这种次序上的不同。

第十四章

子与父同一实体。

108. 陛下，谈到实体（substance）的问题，当我们已经读过子是父实体的形象，使你可以理解就神性而言子没有异于父的，为什么我还要

---

[109] 《马可福音》8：38。

告诉你子与父同一实体呢？

109. 借着这样的相同性基督说："凡父所有的都是我的。"⑩这样我们不能向神否认实体，因为赐予其他存在根基的毕竟不是没有实体的，尽管这在神中的不同于受造物中的。神的儿子，万物既靠着它的中介而存在，不可能没有实体。

110. 所以诗人说："你在隐秘处造成我的骨，我的骨没有隐藏；我的形质在阴间。"⑪因为对于他的权能与神性这些在立定世界的根基之前的事物，尽管它们的辉煌壮丽（目前仍然）眼不能见，却是无法隐藏的。这里我们发现提到了"形质"(substance)。

111. 但提到他的形质是他道成肉身的后果这点可能会被反对。我已经表明"实体"这个词用了不止一次，而且不是在如你所理解的继承拥有的意义上。现在，如果你高兴，让我们照这奥秘预言的意思许可基督的形质存在阴间，因为他的确行使权能，在地下世界来释放，在激活他自己身体的灵魂中——就是死人的诸灵魂——来解除死亡的捆绑，来赦罪。

112. 既然神无所不在，关于他经上记着说："我若升到天上，你在那里；我若在阴间下榻，你也在那里"⑫，那到底什么阻止你理解那实体就是他神性的实体呢？

113. 而且诗人在接下来的话中表明我们必须理解提到的是神性实体，他说："你的眼早已看见了我的体质，不是工作的效果。"⑬因为子不是被造的，也不是神的工作，而是受生的永恒权能之道。他称他"αχατέργαστον"，意味着这既非形成也非被造的道是不靠任何受造物的见证生于父的。然而，我们有远超乎这些的丰富见证。如果你自己

---

⑩ 《约翰福音》16：15。
⑪ 《诗篇》139：15，根据七十士译本138：15直译。——译者注
⑫ 《诗篇》139：8。
⑬ 《诗篇》139：16，根据英译本引文直译。——译者注

也不说神的儿子是工作产物,而承认他非受造的神性,就让我们认可这里所言的实体是形体实质。

114. 现在我知道一些人声称奥秘的道成肉身的形体不是受造的,因为我们的主是童女的后裔,其中根本没有与人交合的产物。这样,如果很多人借助这段经文之力都声称从马利亚所出的不是凭受造的操作而产生,你阿里乌的门徒竟敢认为神的道是如此产生的吗?

115. 但这是我们读到"实体"的唯一一处吗?另一处经文里不也说:"河闸开放,众山倒塌,他的实体显明"[114]吗?什么?这话在这里意味着受造物吗?我知道有些人习惯于说实体为金钱上的实体。如果你如此解释这句话,众山倒塌乃是为了某些人的金钱财产被看见。

116. 但让我们记得什么山倒塌,就是那些经上记着的:"你们若有信心像一粒芥菜种,就是对这座山说:'你移开丢到海里去!'"[115]这样,众山就表明高举自己、高高在上的事物。

117. 而且在希腊文中翻译是这样的:"宫殿冲没。"除了撒旦的宫殿,主还会说什么宫殿:"他的国怎能站得住呢?"[116]所以我们读到的乃是魔鬼的宫殿就是那山,所以靠着那些宫殿从信徒心中倒塌,真理被显明,就是基督——神的儿子——是父的永恒实体。从其间有四辆车出来的那些铜山又是什么呢?

118. 我们看见那高处抬高自己反对神的知识,而当神子说:"不要作声,从这人身上出来吧,"[117]他就被主的话语摔在地下。关于它先知也说:"我临到你,你这行毁灭的山哪!"[118]

119. 那些山倒塌,显明在基督里有神的实体,用见过他的人的话来

---

[114] 《那鸿书》2:6,根据七十士译本2:7—8直译,但"众山"、"他的"等词为安波罗修的宽松引用。——译者注
[115] 《马太福音》17:20,单引号中文字根据英译本引文直译,不同于和合本。——译者注
[116] 《马太福音》12:26。
[117] 《马可福音》1:25。
[118] 《耶利米书》51:25,根据英译本引文直译。——译者注

讲:"你真是神的儿子。"⑲因为他是倚靠神而非人的权柄命令魔鬼。耶利米也说:"为山岭哭泣悲哀,在旷野的道路上鞭打你的牲畜,因为它们停止了。正如那里没有人,它们没有听到实体的话语:从飞鸟到负重的牲畜,它们颤抖,它们停止。"⑳

120. 它也没有逃离我们,而在另一处,在陈明人状况的软弱来显示他自己取了不确定的肉身与我们思想的情感后,主借他先知的口说:"耶和华啊,求你记念我的实体是什么"㉑,因为这是神子在人软弱的本性中说话。

121. 圣经在引用的章节中所说的乃是他,为要揭示道成肉身的奥秘:"但你恼怒你的受膏者,就丢掉弃绝他。你厌恶了与仆人所立的约,将他的冠冕践踏于地。"㉒既然"他不以与神同等为强夺的,反倒虚己,取了奴仆的形像,成为人的样式"㉓,那除了他的肉体,圣经所称为"仆人"的还能指什么呢?所以就他穿上我的本性而言,他是仆人,但就他自己的权能来说,他是主。

122. 而且你读到:"有谁站在耶和华的真理(实体)中呢?"㉔还有:"他们若是站在我的真理中,侧耳听我的话,且教导我的百姓,我就使他们回头离开恶道和他们所行的恶。"㉕这些话是什么意思呢?

第十五章

阿里乌派因为他们声称子有"另一个实体"明确承认神里有实体。他们避免使用这个名词的唯一理由——如尼哥米底亚的优西比乌(Eusebius of Nicomedia)所揭示的——乃是他们不愿意承认基督真是神的儿子。

---

⑲ 《路加福音》4:41。
⑳ 《耶利米书》9:10,根据七十士译本9:9直译,略有变化。——译者注
㉑ 《诗篇》89:46,根据英译本引文直译。——译者注
㉒ 《诗篇》89:38、39。
㉓ 《腓立比书》2:6、7。
㉔ 《耶利米书》23:18,七十士译本译法。——译者注
㉕ 《耶利米书》23:22,根据英译本引文直译。——译者注

123. 阿里乌派如何能够否认神的实体呢？他们既然自己说子是"ἐτεροούσιος"——另一个实体，就承认了神里有实体，他们又如何设想在圣经里多处出现的"实体"这个词应该被禁止使用呢？

124. 不是出于这个名词本身，乃是它的含义与后果，使得他们躲避，因为他们不愿意承认神的儿子是真（神）。因为尽管神受生的过程不能用人的语言来理解，但先知说："有谁站在耶和华的真理（实体）中看见他的道"[129]，先父们遵从先知的权威，判断他们的信心可以很合适地用这个名词来区别，对抗使用"ἐτεροούσιος"。所以阿里乌派当使用"实体"这个名词来表现他们的亵渎时承认它；反过来，当它被用于合乎信徒敬虔崇拜时，他们就拒绝并驳斥它。

125. 除了他们不愿意承认他真是神的儿子之外，还有什么原因使他们不愿意称子为"ὁμοούσιος"，就是与父同质呢？这由尼哥底米亚的优西比乌揭露，他写道："如果我们说子是真神不受造，那我们就在承认他与父同一实体（ὁμοούσιος）的道路上。"当这封信在尼西亚召开的大会上宣读的时候，先父们将这话放入他们信仰的解释中，因为他们看到它使他们的敌人胆怯，从而他们可以接过他们反对者抽出的剑，砍落那些反对者自己亵渎性异端的头颅。

126. 然而，因为撒伯里乌派，他们诉求避免使用这一名词乃是徒劳的。这里他们为自己的无知所叛，因为一个存在乃是与另一个存在同一实体（ὁμοούσιος），不是跟它自己。这样我们很正确地称子与父"ὁμοούσιος"（同一实体），因为这个名词同时表达了位格的区别和本性的合一。

127. 主说到饮食，他用"ἐπιούσιος"，摩西写道："ὑμεῖς ἔσεσθέ μοι λαὸς περιούσιος"[122]，他们怎能否认"οὐσία"这个名词合乎圣经呢？追名

---

[129] 《耶利米书》23：18，七十士译本译法。——译者注
[122] 《出埃及记》19：6。

溯源,除了来自"οὖσα ἀεί"("存到永远的存在")之外还能有什么意思呢?因为存在且存到永远的那位就是神;所以神性的实体永远长存,被称为ουσία。饮食被称为ἐπιουσιος,因为借吸取从道的实体而来的生存能力的实体,它供给心脏与灵魂,如经上所记:"得粮能养人心。"

128. 就让我们守住我们先父的命令,不要因鲁莽妄动胆敢玷辱遗赠给我们的记号。我们所听到的出于预言被封住的那本书,长老、掌权的、天使、大力天使都不能启封,因为只有基督才有启封的特权。这本祭司的书,由认信者封住,长久以来借许多人的见证成为圣洁,我们中谁敢打开它?然而,限定要启封的人却因重视置于他们身上的骗局再次封上,不敢把不洁净的手置于其上者犹如殉道者与认信者那样站立。我们怎能否认我们所宣告的胜利者的信仰?

第十六章

为了预先装备正统派对抗阿里乌派的阴谋,圣安波罗修揭露了后者所使用的一些欺骗性告白,并且用各样论证表明,尽管他们有时候称子为"神",却还不够,除非他们也承认他与父同等。

129. 大家都不要害怕,不要颤抖,威胁者是恩待忠信者的。善于行骗之人的安慰剂是有毒的,所以当他们假装传讲他们所否认的,我们必须防备他们。以前发生过这样的情况,有人认为一切所讲的都合乎信仰,就轻率地相信他们,从而落入了背叛的陷阱。

130. 他们说:"让那个称基督照其余受造物的方式也是受造物的人被咒诅。"头脑单纯的人听到这句话就把信心放在它里面,因为如经上所记:"愚蒙人是话都信。"[128]所以他们一有声音即被俘获,听见就相信了,像鸟一样,渴求信心之饵,没有注意到有网罗为他们摆设,因此在追求

---

[128] 《箴言》14: 15。

信心的过程中上了不敬虔者欺骗的钩。因此主说:"你们要灵巧像蛇,驯良像鸽子。"[129]智慧放在最前面,从而确保不受伤害。

131. 对于那些蛇,如福音所愿,他们放下旧的习惯为要穿上新的方式:"脱去旧人和旧人的行为,穿上了新人,这新人正如造他主的形像。"[130]就让我们学习福音称呼为蛇的那些人的方法,蜕去旧人的皮,如此像蛇一样,我们可以知道如何保存我们的生命,洞悉骗局。

132. 说"称基督是受造物的那个被咒诅"就够了。那为什么,阿里乌派,你在你的告白中把毒药与好东西混在一起而毁了整体呢?因为加上"照其余受造物的方式",你就不否认基督是受造物,而跟(所有)其他一样是受造物——因尽管你归给他超乎其余受造物之上的尊荣,你还是给他加上了受造物的称号。而且阿里乌,这个亵渎教义的第一任教师说神的儿子是完美的受造物,与其余的受造物不同。这样你就看见你如何采用了从你父继承而来的语言。否认基督是受造物就够了,为什么加上"不像其余的受造物"?切除坏死部分,免得传染开去——这是有毒致命的。

133. 你有时候还说基督是神。不行,要称他为真神,表明你承认他拥有父完全的神性,因为天上地下还有同样被叫作神的。"神"这个名不是被用来仅作为随便称呼的方式,而是理解为你确认子有与父相同的神性,如经上所记:"因为父怎样在自己有生命,就赐给他儿子也照样在自己有生命。"[131]这就是说他赐给他像赐给儿子,借着生他,而不是通过恩典,像赐给贫穷缺乏的人。

134. "并且因为他是人子,就赐给他行审判的权柄。"[132]好好注意加上的这句,你不可以乘机就一个词传讲谬误。你读到他是人子,所以你

---

[129] 《马太福音》10:16。
[130] 《歌罗西书》3:9、10。
[131] 《约翰福音》5:26。
[132] 《约翰福音》5:27。

就否认他接受（所赐的权柄）吗？如果所有神应该有的没有都赐给子，那就否认神，因为正与此相反，他说："凡父所有的都是我的。"⑬为什么不承认神所有的特点属性都在子里面（如在父里面）呢？因为他说："凡父所有的都是我的"，他把什么当作例外而没有呢？

135. 为什么你"坚持"且用如此发自肺腑的语言详述基督让人死里复活，水面行走，医治人的病痛呢？的确，他赐这些权柄给贴近他的人，使他们表现出来的跟他一样好。当看见他们所行的显在人中间的时候，这更引起我的惊奇，因为神赐给他们的权柄如此之大。然而我却更愿听到关乎基督特有专有的以及无法与受造物共有的；他是受生的，神的独子，真神出来的真神，坐在父的右边。

136. 每当我读到父子并排而坐，我发现子总在右边。这是因为子在父之上吗？不，我们不这么说；神的爱所尊崇的那位被人的不敬虔夺去了尊荣。父知道对子的怀疑必定会撒播开来，他给了我们一个尊敬的榜样让我们遵循，免得我们不敬重子。

第十七章

一个基于圣司提反看见主站立的异象的反对被驳倒，并且根据同一位圣徒向神子发出的祷告，子与父同等被证明。

137. 只有一个地方，在那里司提反说他看见主耶稣站在父的右边。现在来了解这些话的重要性，使你不会用他们来发疑问。（你会问）为什么我们在别的每一个地方都读到子坐在父的右边，而在一处他站着呢？他是以审判活人死人的身份坐着的，而以他百姓的代求者身份站立。这样他照祭司的身份站立，同时他向父献上一位良善殉道者为祭；他以裁判员的身份站立，好像颁发给一个好的角力者赢得如

---

⑬ 《约翰福音》16：15。

此重大比赛的奖励。

138. 你也要接受神的灵，使你可以辨别这些事情，就像司提反接受了灵；你可以如这位殉道者说："我看见天开了，人子站在神的右边。"⑭因为他所开的那一位看见耶稣在神的右边，灵里眼睛关上的人看不见耶稣在神的右边。就让我们承认耶稣在神的右边，使天也可以为我们而开。不这样承认的人为他们自己关闭了天上的大门。

139. 但如果有任何强求反对说子是站着的，就让他们证明这段经文里父是坐着的，因为尽管司提反说人子站着，他在此并没有进一步说父坐着。

140. 然而，为了更清楚百倍让人了解站着并不意味着不尊重，反倒是有权柄，司提反既渴望把自己更多地交托给父，便向子祷告，他说："求主耶稣接收我的灵魂。"⑮为再次表明父子的权柄同一，他再度祷告说："主啊，不要将这罪归于他们。"⑯这些是主在自己受难时作为人子向父说的话，这些是司提反在他自己殉道时向神儿子的祷告。在向父与子寻求同样的恩典之时，各自同样的权柄得到肯定。

141. 若不然，如果我们的反对者要司提反向父说话，就让他们考虑他们自己要证明肯定什么。我们绝不会被他们的论证动摇，而要他们——注重文字与顺序的人——注意第一个请求是给子的。现在我们甚至照他们对这段经文的理解从中证明了父与子尊贵的合一性，因为当子同父一样作为祷告的垂听者，祷告所赋予的同等性以行动指向合一性。但如果他们不允许子被授予"主"的称号，我们看到他们的确试图否认他是主。

142. 然而，既然如此重要的殉道者的冠冕已经显明，就让我们削减对争辩的渴望，让今天的论述告一段落吧。让我们高唱圣洁殉道者的赞歌，这在激烈争战后总是合宜的——殉道者的血的确流自敌人的攻击，却从基督得到冠冕的奖赏。

---

⑭ 《使徒行传》7：56。
⑮ 《使徒行传》7：59。
⑯ 《使徒行传》7：60。

卷 四

第一章

让人诧异的不是人不能认识基督,而是他们不听圣经的话。除非借着启示,基督的确不被人知道,就连天使都不认识,他的先锋也不认识。接下来一段描述基督的得胜升天,其荣耀超乎某些先知的升天。最后,从解释天使就这个情况的对话,子的全能被证明,驳斥了阿里乌派。

1. 陛下,若要考虑人怎么会误入歧途那么远,或者许多人——有祸了!——走五花八门各种信靠神儿子的道路,那么看起来让人诧异的根本不是人的知识在处理超越人性的事物上被混淆,而是不顺服圣经的权威性。

2. 父神与主耶稣基督里藏有所有智慧和知识的宝藏,除了借着启示,他们的奥秘甚至连天使都不能了解,如果人们凭他们属世的智慧不能理解这样的奥秘,难道还有什么理由让人惊奇吗?

3. 因为谁能靠着想象的力量而不靠信心跟随主耶稣呢?他从至高的天上降到下面隐秘处,现在又从阴间再次上升到天上的地方。在自我倒空的时刻,他可以住在我们中间,却从没有比他原来短缺什么,子永远在父里面,父在子里面。

4. 甚至基督的先锋，尽管单就犹太人会堂的范围而言，都怀疑过他，甚至那位被委派在主前面来的那位最后都差信使去询问："那将要来的是你吗，还是我们等候别人呢？"①

5. 天使也出神惊奇地面对属天的奥秘。所以当主复活时，天上高处都不能承受他从死里复活的荣耀，而他不久前就他的肉身而言是被局限在坟墓的狭窄边界内的，甚至连天军都疑惑并惊奇。

6. 因为一个征服者来到，以炫目的掳物为装饰，主在他的圣殿中，在他前面有天使与天使长行进，惊叹于从死亡中夺来的猎物。尽管他们知道没有什么可以从肉体加给神的，因为万有都低于神，然而看着十字架的得胜，从而"政权必担在他的肩头上"②，以及不朽征服者的掳物，它们好像大门，不能承受从其中过来的那位通过，尽管它们实在不能超越他的伟大，却寻求在他回来时以更广、更崇高的方式通过——在自我倒空的过程中他一直没有减损。

7. 然而在新的征服者面前预备一条新路是合宜的，因为征服者好像总在个头上比别人更高、更大。但因为公义之门——就是旧约与新约的门，天国靠着它们打开——是永恒的，它们实在没有改变，而是被抬高，因为不是仅仅个人而是整个世界进入了万有救赎者的位格中。

8. 以诺被转移，以利亚被接上去，但仆人不能高过他的主人，因为"除了从天降下的……没有人升过天"③。甚至摩西，尽管他的尸体从来没有在地上被找到，我们也的确没有在任何地方读到他有天上的荣耀，除非是在主之后，借着他自己复活，毁灭了地狱的捆绑，高升了敬虔者的灵魂。这样以诺就被转移，以利亚就被接上去。如果他们被天使看见，那么两人都是以仆人的身份，都是借着身体，但不是从死里复活之后的，也没有从死亡夺来的掳物与十字架的得胜记号。

---

① 《马太福音》11：3。
② 《以赛亚书》9：6。
③ 《约翰福音》3：13。

9. 所以（众天使）看见完全、首先而且唯一死亡征服主的到来，呼唤他们的首领门户要被举起，以崇敬之心说："举起门户，就像众首领在你们中间；永久的门户，你们要被举起，那荣耀的王将要进来。"④

10. 而甚至在天军中也还有一些很吃惊的，面对这种他们从未见过的盛况与荣耀，他们被震惊所征服。然而既然众天使（以及我们自己）一步一步获得他们的知识，可以进步，他们当然也一定表现出能力与理解上的不同，因为只有神自己才超越逐渐进步所限定的界限，从永恒就实际拥有完全的一切。

11. 还有其他人，就是与他复活同在的人，看见或已经认识他的人这样回答："这是主，坚强有力，大能的主在战斗。"

12. 还有众多天使用得胜的旋律唱道："举起门户，就像众首领在你们中间；永久的门户，你们要被举起，那荣耀的王将要进来。"

13. 再回到那些诧异而站立之人的挑战："谁是荣耀的王呢？因为他无佳形美容，我们看见他的时候也无美貌；那如果不是他，谁是荣耀的王呢？"

14. 要回答他们所知道的："万军之耶和华，他是荣耀的王。"⑤所以万军之耶和华他是子。这位我们信他是万军之主的——正如我们信父是那样，阿里乌派怎能称他会犯错呢？当我们发现子正如父有"万军之主、他是荣耀王"的称号，他们怎能区分两者各自的统管权能呢？现在翻译者已经把"万军之主"在某些地方译成了"众天军的主"，在另一些地方译成"主王"，在还有一些地方译成"全能主"。所以既然升天的那位是子，升天的那位也就是万军之主，当然神的儿子就是全能者！

---

④《诗篇》24：7，根据七十士译本 23：7 直译。——译者注
⑤《诗篇》24：10。

第二章

没有人可以不凭信心升天，无论如何，如此升上去的也会因此从那里被丢出来，信心必须被热切地保守。我们自己各自有天国在里面，其中的门户必须由对基督神性的认信来打开举起，这些门户阿里乌派没有举起，那些在地上的事物中寻求子的也没有举起。所以这样的人必须像抹大拉的妇人被派回到使徒那里，对他们地狱之门不能胜过。圣经被引来证明主的仆人绝不能减少他主人的任何荣耀。

15. 那我们能做什么呢？我们怎样才能升上天呢？在那里有大能者设立，掌管事务的按序排列，他们守卫天上的门户，向升上来的人发问。除非我宣告基督是全能者，谁能让我通过呢？门是关闭的，他们并不向任何一个人打开，不是每个人想进就都能进的，除非他也照着真正的信心相信。统管万有者的庭院被严密看守。

16. 然而，假设有不配的人混进来，骗过了守卫天上门户的掌管者，列席于主的晚餐。当筵席的主进来看见有人没有穿信心婚宴的服装，他就要把他丢到外面黑暗处，在那里切齿痛哭，如果他守不住信仰与平安的话。

17. 所以就让我们保留我们所收到的婚宴服装，不否认基督属乎他自己的，他的全能天使宣告，先知预言，使徒见证，正如我们在前面显明的。

18. 的确有可能先知讲到他所进入的不只是普遍意义上天国的门户，因为神的道也进入了其他诸天，对于此经上记道："我们有一位已经升入诸天的大祭司，就是神的儿子耶稣。"⑥除了先知所说"诸天述说神

---

⑥ 《希伯来书》4：14，和合本中"诸天"为"高天"。——译者注

的荣耀"⑦中的诸天,这诸天还能是什么呢?

19. 因为基督站在你灵魂的门外,听他说:"看哪,我站在门外叩门,若有听见我声音就开门的,我要进到他里面去,我与他,他与我一同坐席。"⑧教会说:"这是我良人的声音,他敲门。"⑨

20. 他站立,但并不单独站在那里,在他前面有天使行进说:"噢众首领,举起门户。"什么门户呢? 就是诗人在另一处也唱道的:"给我敞开义门。"⑩这样为基督打开门,使他可以进到你里面——打开义门,纯洁之门,勇气与智慧之门。

21. 要信天使的信息:"永久的门户,你们要被举起,那荣耀的王——就是万军之耶和华——将要进来。"⑪你的门是用信心声音所成的响亮认信,这是主的门,使徒渴望为他打开,他说:"求给我开传道的门,能以讲基督的奥秘。"⑫

22. 就让你的门向基督打开,如果它的确永恒而且不被定罪毁灭,就让它不仅打开,而且被举起。因经上所记:"永久的门户你们要被举起。"当撒拉弗沾了以赛亚嘴唇,他看见万军之耶和华的时候,门楣就为他而举起。

23. 这样,你的门户要被举起,如果你相信神的儿子永恒、全能、超越所有的颂赞与理解,知道过去与将来的一切事物,而你如果判断他的能力与知识有限次等,你就没有举起永久的门户。

24. 愿你的门户被举起,使得基督可以进来,不是如阿里乌派所认为的那个基督——渺小、孱弱、低微,而是有神形象的基督、与父同在的基督;让他可以照他被高举超过天上与万物的样式进来,使他可

---

⑦ 《诗篇》19:1。
⑧ 《启示录》3:20。
⑨ 《雅歌》5:2。
⑩ 《诗篇》118:19。
⑪ 《诗篇》24:7。
⑫ 《歌罗西书》4:3。

以把他的圣灵差到你身上。你应当也需要相信他已经上升,坐在父的右边,因为如果你以不敬虔的想法把他限在被造地上的事物中,如果他没有为你离开,没有为你上升,那保惠师就不会为你而来,正如基督自己告诉我们的:"我若不去,保惠师就不到你们这里来;我若去,就差他来。"⑬

25. 但如果你要在地上的存在中寻找他,就如抹大拉的马利亚寻找他,注意他对你说的就如对她说的:"不要摸我,因为我还没有升上去见我的父。"⑭因为你的门是窄的——它们不让我通过——它们不能被举起,所以我不能进来。

26. 所以离开去我的弟兄那里——就是那些永久的门户,当他们一看见耶稣就被举起。彼得是一扇"永久的门户",地狱之门不能胜过他。约翰与雅各,就是雷子,是"永久的门户"。教会的门户是永久的,在那里先知渴望宣告对基督的赞美:"好叫我述说你一切的美德。我必在锡安女子的门因你的救恩欢乐。"⑮

27. 所以大哉,基督的奥秘,在其面前甚至天使都惊奇困惑。为这个缘故,敬拜他是你的本分,而且作为仆人,你不应该偏离你的主。你不可以申辩你不知道,因为就是为了这点他才为你下来,使你可以相信。如果你不信,他就没有为你下来,没有为你受苦。圣经说:"我若没有来教训他们,他们就没有罪。但如今他们的罪无可推诿了。恨我的,也恨我的父。"⑯恨基督的,如果不是开口贬损他的荣耀的人,又是谁呢?因为正如爱给予荣耀,恨则取消荣耀。恨他的提出质疑,爱他的显出敬畏。

---

⑬ 《约翰福音》16:7。
⑭ 《约翰福音》20:17。
⑮ 《诗篇》9:14。
⑯ 《约翰福音》15:22、23。

第三章

"基督是各人的头……神是基督的头"这句话被阿里乌派误用,现在转回来应对反驳他们。接下来,另一段圣经经文"栽种的和浇灌的都是一样"也经常被同样的异端用作反对的理由,这段经文被用来证明神是基督的头是就基督是人、针对他的人性而言,他们反对的不智被显明。这些解释之后,分析了父在子里面,子在父里面,信徒在两者里面的教义。

28. 现在让我们检验一些其他由阿里乌派提出来的反对意见。他们说,经上记着:"基督是各人的头,男人是女人的头,神是基督的头。"⑰ 如果他们愿意,就让他们告诉我他们通过这个反对要表明什么意思——是要联合还是割裂这四个名词。假设他们要联合它们,说"神是基督的头"乃是照着"男人是女人的头"同样的意思与方式,注意他们陷入什么结论。因为如果这个比较照其名词间假定的同等性进行,那这四样——女人、男人、基督与神——实质上就被一起视为以他们本性的同一为基础的相似,那么女人与神就开始进入同一个定义。

29. 但如果这个结论不令人满意,就让他们照亵渎的推理来分割它们,他们会照此原则行事。如此,他们若让基督对父神的关系与女人对男人相同,正如女人与男人在肉体方面有一样的本性,因为他们的不同是在性别方面。但是既然基督与他的父之间没有性别不同,那么他们就要承认,就本性而言,子与父是同一共有的,而他们要否认性别中的不同。

30. 这个结论令他们满意吗?还是他们会把女人、男人与基督置于同一本质,而把父同他们区别开来?这能达到他们的目的吗?假定它能,请注意他们带来的是什么。他们必须或者承认自己不仅是阿里乌

---

⑰ 《哥林多前书》11:3。

派，而且还是正牌富提纳斯派，因为他们只承认基督的人性，判断他只适合被置于与人类同等的地位。或者无论与他们的倾向如何反对，他们必须接受我们所信的，就是我们尽心虔诚地坚持他们借不敬虔的思路所达到的，基督照他神性的受生的确是神的能力，而直到他穿上的肉身后，就他的肉身而言他与所有的人同一本质，除了与他道成肉身真实相称的荣耀之外，因为他为自己穿上了真实而不是相像却虚假的肉身。

31. 这样神是基督的头是针对人性状况而言。要看到圣经没有说父是基督的头，而是神是基督的头，因为神照着创造的能力是被造物的头。(使徒)说得好："神是基督的头。"让我们同时思想到基督的神性与他的肉身，就是意味着提到基督之名的时候是道成肉身，而提到神之名的时候是神性的合一与统管权能的广大。

32. 但是说到就道成肉身而言神是基督的头引向如下原则：基督作为肉身是男人的头，如使徒在另一段经文里清楚表达的，在那里他说："因为丈夫是妻子的头，如同基督是教会的头。"[18]同时在这些话之后他又加上："为教会舍己。"[19]这样基督是照他肉身为男人的头，因为他的自我交托乃是从他的道成肉身而来。

33. 这样神是基督的头是就他奴仆的形象而言，就是考虑人的而非神的形象。但这与神的儿子丝毫不抵触，如果根据他肉身的真实性他与人相似，而就他的神性而言他与父为一，因为如此记述他我们没有拿走他权柄当得的，而是把怜悯归给他。

34. 但是当我们的主在完成对他门徒的教导之后说："叫他们合而为一，像我们一样。"[20]这个记录为见证信心而存，尽管阿里乌派把它搁置一边来适应他们的异端，因为正如他们不能否认如此频繁地提到的合一性，他们就致力于削弱它，为要让存于父、子间的神性合一性好似人群

---

[18] 《以弗所书》5：23。
[19] 《以弗所书》5：25。
[20] 《约翰福音》17：11。

中的忠诚和信实的合一,尽管即便在人们自身中间本性的群体性也从中选就了合一性。

35. 我们如下要照这样的办法十分清晰地证明,阿里乌派经常提出试图削弱神性合一性的反对是错误的,理由是经上记道:"栽种的和浇灌的都是一样。"[21]如果他们有智慧,阿里乌派不会因这段经文来反对我们。因为如果保罗和亚波罗在本性与信心上为一,他们怎能否认父与子为一?同时我们的确许可这些事不能在所有关系上始终如一,因为人的事不配与神的事相比。

36. 这样道与父神没有分裂,按照神性实质合一性的推论,他们没有权能上的分裂,没有智慧上的分裂。还有,如我们经常发现经上记着,父神在子里面,然而(他住在子里面)不是要使缺少圣洁者洁净,也不是填满虚空,因为神的能力没有虚空。也不是一个的能力借另一个的能力增加,因为没有两个能力,而是一个能力。也不是神性包含神性,因为没有两个神性,而是一个神性。与此相反,我们在基督里为一乃是借着(从另一位)接受而来住在我们里面的能力。

37. (合一性)的字句相同,但神的本质与人的本质不同。父与子(已经)为一,我们要成为一;我们借着恩典为一,子借本质如此。还有,靠联合而来的合一性是一回事,本性就合一是另一回事。最后要注意圣经已经说了什么:"使他们都合而为一,正如你父在我里面,我在你里面。"[22]

38. 现在要留心他没有说"你在我们里面,我们在你里面",而是"你在我里面,我在你里面",为要把他自己与他的创造物区分开来。他进一步加上"使他们也在我们里面"[23],为要在这里把他与他父的尊贵跟我们区分开来,使我们在父与子里面的联合可以显明不出于本性乃出

---

[21] 《哥林多前书》3:8。
[22] 《约翰福音》17:21。
[23] 《约翰福音》17:21。

于恩典，而关于父与子之间的合一性，可以让人相信子不是借着恩典接受这个，而是借他生来就有的儿子权柄拥有的。

第四章

有一段经文被异端引来用作反对，就是"子凭着自己不能作什么"。这段经文先由它后续的经文解释，然后经文又逐字被检验，证明除了理解为亵渎或荒谬的意义，这段经文以阿里乌派的方法来接受是不可能的，该证明主要依赖于世界的被造与基督的某些神迹。

39. 阿里乌派还提出另一个异议，否认父与子的能力同一，这个异议是根据他说："我实实在在地告诉你们，子凭着自己不能作什么，惟有看见父所作的，子才能作。"[24]所以他们论断子凭自己不做什么，也不能做什么，除了他看见父所做的。

40. 哦，预先知道不信者的论证是何等有智慧啊！它借着添上接下来的话提供了更多回答问题的方式："父所作的事，子也照样作。"因为这才是真正的一个整体系列。为什么经上记着"子作同样的事"而不是"类似的事"使你可以判断在子里面有与父工作的合一性而不只是模仿呢？

41. 但为了回过头来审判他们的证据，我要他们回答这个问题：子是否看见了父的工作。我问，他看见了没有？如果他看见了，那他也做了这些工；如果他做了这些工，就让异端们停止否认他们承认能行看见父所做万事的那位是无所不能的。

42. 但是我们当如何理解"看见"呢？子需要任何肉身的眼睛吗？不需要，如果他们肯定子的这点，他们就要说在父里面也有肉身活动的需要，使得子可以看见他自己所做的。

---

[24] 《约翰福音》5：19。

43. 另外,"子凭着自己不能作什么"这话意味着什么呢? 让我们提出疑问并来讨论。有任何对神的能力与智慧不可能的事吗? 看清楚,这些是神儿子的名字,他的能力当然不是从别人那里接受来的恩赐,而就像他是生命不依赖于另一个人苏醒的行为,而是他让别人苏醒,因为他就是生命。同样,他是智慧,不是一个无知的人获得智慧,而是从他自己的库存里让别人智慧。如此他也是能力,不是通过软弱获得力量的增强,而是他自己就是能力,并赐力量给强壮者。

44. 那能力怎么好像发誓宣称说"我实实在在地告诉你",就是"出于真理,出于真理,我告诉你"呢? 主耶稣,你的确说到并且肯定,重复了你真实庄严的宣告,就是除了你看见父所做的,自己不能做任何事。你创造了宇宙。那父造了另一个宇宙让你用来作为模型吗? 所以你的亵渎者们必须肯定有两个或一堆宇宙,如同哲学家们论断的,因此也让自己陷进了这异教的错谬。或者他们若要顺从真理,就让他们说你已经造了,你的确造了,不依从任何蓝本。

45. 主,告诉我你何时看见你的父成了肉身在海上行走,因为我不知道;我视相信这类关于父的事为亵渎,知道只有你才为自己穿上了肉身。何时你看见父在婚宴上变水为酒? 没有,但我读到只有你才是父的独生子。我被教导只有你借道成肉身的奥秘为圣灵与童女所生。这样我们所引用的事情父没有做,只有你做了,且不靠任何父所做之工的引导,因为靠你的血买赎来的世人的救恩的确出于童女腹中无瑕疵的那位。

46. 当他们说"子凭着自己不能做什么",他们的确什么都不排除,从而一个亵渎者甚至说:"他甚至不能造一只小虫子",以如此顽梗的不敬畏与傲慢无理来嘲笑最高能力的尊贵。然而他们可能会认为你道成肉身的生命这个奥秘是必要的例外。但是主耶稣,不借你父究竟造了什么呢? 因为既然经上记着:"诸天藉主的道而立",没有你他连天都不造。

47. 但不借着你,父也没有创造地,因为经上记着:"万物是藉着他造的，凡被造的没有一样不是藉着他造的。"㉕因为如果父不借着你——神之道——造任何东西，那就不是万物都借着道所造，福音书作者说了谎。反之，如果万物都是借着道造的，并且如果借着你万物开始存有，在此之前是没有的，那当然你自己靠你自己造了不从父所造的那里看来的东西。尽管我们的对手可能重述柏拉图的理论，在你之前设置哲学家们所假定的观念，就是我们确知由哲学家们自己探索的观念。另一方面，如果你自己靠你自己造了万物，不信者的论断是徒劳无益的，他们把学习的过程加到万有创造者的头上，而创造者自己却提供他作品的知识。

48. 但如果异端否认天或地靠你而造，既然经上记着："不是那创造天地的神，必被除灭"㉖，就让他们当心他们因自己的疯狂把自己抛入了怎样的深渊。阿里乌派啊，那发现并拯救已灭亡者的那位会被除灭吗？但你们却如此希望。

第五章

安波罗修继续他已经开始的那段受争议经文的分析，带出四个为什么我们断定一些事情不可能的理由，证明前三个不能应用于基督，推论子凭自己不能做什么的唯一理由是他在能力上与父的合一性。

49. 在什么意义上子凭自己不能做什么呢？让我们问他不能做什么。有许多不同类型的不可能性。一种是天生不可能，另一种是天生可能但因为某些软弱不可能。还有些事情靠力量可能，但因为身体或思维的笨拙或软弱不可能。另外，有些事情不可能改变，因为不可变目的的

㉕《约翰福音》1：3。
㉖《耶利米书》10：11。

法则、坚定意志的恒忍以及友谊的忠贞。

50. 为澄清这点，让我们借例子来思考。鸟不可能钻研任何科学的学问或接受任何艺术的训练；石头只有靠另一物体的动作而被移动，不可能做任何方向的移动。这样，就它自己而言，石头不能移动，离开它的地方。另外，鹰不可能照人学习的方法被教导。

51. 再举另一个例子，一个病人做强壮人的工作是不可能的，但在此例中，不可能属于另一种类型，因为人是因为疾病不能做他天生能做的事。在此例中，不可能的缘由是疾病，这种不可能不同于第一种，因为人由于肉身软弱使得做事的可能受阻。

52. 另外还有第三种不可能。一个人天生能够，并且他的身体状况也允许他做某些工，但是他仍因为技能缺乏或因为他生命中的地位使他不够格从而不能做，因为他缺少必要的学习或者是奴仆。

53. 你认为我们可以把已经遭遇的这三种不同的不可能缘由（第四种先搁置一下）中的哪一个归到神儿子的例子中呢？他像石头那样天生没感觉或动不了吗？他的确对恶者是绊脚石，对忠信之人是房角石，但他不是没感觉的，在他上面有意识丰富之人的信心情感存留。他不是不可动的石头，"所喝的，是出于随着他们的灵磐石，那磐石就是基督。"㉗这样父的工不能因为本性的多样化而被视为对基督来说不可能。

54. 可能我们可以假设有些事情对他来说因为软弱而成了不可能。但凭他话语权威医治别人软弱的那位并不软弱。当他让瘫痪者拿起他的褥子行走的时候看起来软弱吗？他甚至在病人还在祷告求医治他疾病的时候，就命令那人做一件只有健康人才能做的事情。当他使瞎眼的看见，使瘸子站立，使死人复活，面对我们的祷告应许医治的效果，医治那些寻求他的人的时候，当有人触摸他衣服繸子即被洁净的时候，万军之主不软弱。

㉗ 《哥林多前书》10：4。

55. 除非有可能你——你这邪恶的人——在看到他伤痕的时候认为这是软弱。的确,有伤穿透他的身体,但那伤痕没有带出软弱,从其中所流出的乃是万有的生命,所以先知说:"因他的鞭伤我们得医治。"㉘那在他受伤的时候不软弱的就他的主权而言软弱吗?那请问怎么软弱法,是在他命令魔鬼并宽恕罪人冒犯的时候,还是在他恳求父的时候?

56. 这里我们的对手或许可以有力地一问:"如果子在一个时刻命令,在另一个时刻恳求,父与子怎能为一呢?"他们为一是真的,他既命令又祷告也是真的。然而当他命令时他并不是独自命令,当他祷告时他也并不软弱。他不是独自,因为无论父做何事,子也照样做同样的事。他不软弱,因为尽管他在肉体为我们的罪遭受软弱,但这是为我们的平安惩罚临到他,他自己里面却并不缺乏统管的权能。

57. 而且你可能知道他照着他的人性身份来恳求,照他的神性他命令,福音书里记载他三次对彼得说:"我已经为你祈求,叫你不至于失了信心。"㉙面对同一位使徒在之前的一个场合说:"你是基督,是永生神的儿子。"㉚他回答:"你是彼得,我要把我的教会建造在这磐石上……我要把天国的钥匙给你。"㉛他赐人国度,他称人为磐石,从而宣告他为教会的根基,那他不能照他自己的权柄而行,坚定此人的信心吗?在思考他恳求方式的同时考虑他命令的场景。当他在受难前夜显给我们看的时候他恳求,当他被相信为神儿子的时候他命令。

58. 这样我们看到这两种不可能无法提供解释,因为神的能力既不会没有知觉,也不会软弱。那你会假设第三种(来解释问题)吗?就是他不能做什么正像一个笨拙的学徒离开他师傅的教导就不能做什么,或一个奴仆离开他的主人就不能做什么。这样,主耶稣,你在称你自己为

㉘ 《以赛亚书》53:5。
㉙ 《路加福音》22:32。
㉚ 《马太福音》16:16。
㉛ 《马太福音》16:18、19。

夫子与主的时候就讲了假话，你的确用你的话欺骗了你的门徒："你们称呼我夫子，称呼我主，你们说的不错，我本来是。"㉜不，但你是真理，永远不会骗人，人中最小的你称他们为朋友。

59. 但如果我们的敌人把你当作没有技能的从创造者那里分离，就让他们看看他们如何肯定你——就是神的智慧——缺乏技能，因为无论怎样他们都不能分割你与父实体的合一。巧匠与笨手笨脚的人之间的差别的确不是本性上的，而是因为无知，但手所造的不能归给父，无知也不能归给你，因为压根儿就没有无知的智慧这种事。

60. 所以如果没有知觉不是子的属性，软弱也不是，无知也不是，奴性也不是，就让不信者的心思好好冥想依靠本性与主权子与父为一，在其工作中他的能力不与父的目的相反，因为"凡父所作的，子照样也作"。因为没有人能照样做另一个人已经做了的同样的工，除非他享有同样本性的合一性，同时他在工作的方式上也不居于次等。

61. 然而，我还是想要探求子除非看见父所做的不能做什么的意思，我要采纳愚妄人的思路，带出一些从低级世界抽取的例子。"我成了愚妄人，是被你们强逼的。"㉝的确，还有什么比争论神的尊贵更愚妄的事情？这样的事只产生疑问，而没有在信上发明神所立的章程。但对于辩论，只有以辩论回应。就让话语回答他们，而爱归于我们，这爱在神里面，是从清洁的心和无亏的良心、无伪的信心生出来的。所以我不辩论甚至介绍如此荒唐滑稽可笑的东西来反驳如此空洞的论点。

62. 那子怎样看见父呢？一匹马看见一幅画，从本性上它不能模仿。子不是这样看见父的。一个孩子看见成人的作品，但他也不能复制；当然子也不是这样看见父的。

63. 那如果子借他与父同样本性中被隐藏的共同能力，以不可见的

㉜ 《约翰福音》13：13。
㉝ 《哥林多后书》12：11。

方式看见并行动，靠他神性的丰满执行他旨意的每一个意愿，那我们除了相信借着不可见的能力合一性，子在他看见父所做的之外什么都不做，还能相信什么呢？因为出于他超乎理解的爱，子不做他自己的事，因为他定意做的任何事都不违背他父的意愿。这真不是一个关于软弱性的证明，乃是关于合一性的证明。

第六章

> 现在来考虑第四种不可能：子不做任何父不许可的事，这证明他们之间有意志与能力上的完美合一性。

64. 而且——现在来考虑我们的第四个假设——子并非过于自我肯定，因为他是具神性的评判者，所作无不与父的意志一致。而且父看到子所造的，父称它们甚好，因为《创世记》里说："神说'要有光'，就有了光，神看光是好的。"㉞

65. 在那个场合父说："要有如我自己所造那样的光"还是"要有光"——光好像还没有存在？还是子问了父所造的光是何种类呢？不，子造了光，根据他自己的意志，因与父的美意相合，父许可了。此处所言乃是子的全新原创工作。

66. 另外，如果分析圣经的结果如阿里乌派所言，子造他见过之物乃是对他的羞辱，而圣经所展示的是他造了（以前）未见之物，使还未存在的事物存在，那么，父称赞他所见到的，好像他不能预见这些事物被造一样，他们当怎样说父呢？

67. 所以子以父看见子的工相同的方式看见父的工，而父称赞这工不像一个人称赞另一个人所做的工，乃是认为这是他自己的工，因为"父所作的事，子也照样作"。（经上既如此记着）你可以理解父的工

㉞ 《创世记》1：3、4。

与子的工乃是同一件。所以除了为父所许可的，为父所称赞的，为父所定意的之外子什么都不做，因为他的整个存在出于父，他不同于受造物犯很多错，经常冒犯它创造者的意愿，因情欲堕入罪中。这样，除了使父喜悦的事之外子什么都不做，因为他们意志为一，目标为一，同一的真爱，行动的效果一致。

68. 而且为了向你证明，子除了他看见父所做的之外不做任何自己的事，乃是出于爱，使徒又在"父所作的事，子也照样作"的话之后加上这个原因："父爱子。"所以圣经在它见证子不能做的地方所指乃是爱里的合一性断没有分离或不一致。

69. 但是如果正如事实上位格之间在爱里的不可分割性依赖于本性（的合一），那么它们当然也不能分割，同理在行动上也不能分割，子的工作与父的旨意是不可能不一致的。当子工作时，父也工作；当父工作时，子也工作；子说什么，父也说，如经上所记："住在我里面的父，是他在说，我所作的工他自己在作。"㉟因为除了执行他的能力与智慧外，父没有指定任何事，正如他凭智慧造万有，如经上所记："你所造的何其多，都是你用智慧造成的。"㊱同样，神之道没有脱离父所参与的创造。

70. 他工作不脱离父；他为了那最圣洁的受难献上自己，为拯救全世界做出牺牲，不脱离父的旨意；他让死人复活也不脱离父的旨意。例如，在他让拉撒路死里复活的当口，他举目望天说："父啊，我感谢你，因为你已经听我。我也知道你常听我，但我说这话是为周围站着的众人，叫他们信是你差了我来。"㊲为要表明尽管照和他人性肉身相一致的特点说话，他还是可以表达与父在意志与行动上的合一性，因为父听见看见子一切所愿的，所以父也看见子的行为，听见他意愿的表述，因为

㉟ 《约翰福音》14：10，根据英译本引文直译。——译者注
㊱ 《诗篇》104：24。
㊲ 《约翰福音》11：42。

子未提出请求,却说他蒙垂听了。

71. 还有,无论子的意愿如何解决,我们不能假设父不听所有人的。为要表明他总是蒙父垂听,不是以仆人的身份,不是以先知的身份,乃是以儿子的身份,他说:"我也知道你常听我,但我说这话是为周围站着的众人,叫他们信是你差了我来。"

72. 所以他献上感谢是为了我们,免得我们在听说父与子所做的工同一时,认为父与子乃是同一位格。而且为了给我们证明他献上感谢不是付一个缺乏能力之人所当付的,相反乃是作为神的儿子宣称自己拥有神的权柄,他大声呼叫说:"拉撒路出来!"㊳这里当然是命令的声音而非祷告的声音。

第七章

> 当下要强化的教义为子是父之道这一真理所确证——这道,不是照我们所理解的名词的含义,乃是生动活泼的道。既如此,我们不能否认他与父有相同的意志、能力与本质。

73. 然而,还是要回到我们以前掌握的,完成摆在我们面前的任务。子作为道执行他父的旨意。照我们的理解与用法,道是说出的话,其中有音节与声音,不跟我们的思维想法相异,而且我们所理解的和被我们借所说的话的见证给予的内在记号所影响的,(对我们)有效。但是我们所说的话自身没有直接的效果,唯独神的道既非说出的话,亦非所谓的"内在概念",却有效工作,是活的,有医治的能力。

74. 你要是想了解道的本性如何,请听圣经:"神的道是活泼的,是有功效的,比一切两刃的剑更快,甚至魂与灵、骨节与骨髓,都能刺

㊳ 《约翰福音》11:43。

入、剖开。"㊴

75. 那你既听说神的道，还要把他与父的意志和能力分开吗？你听说他被称为活泼的道、医治的道，就不要把他与我们口中的话相比较；因为如果我们说的话——虽没有眼睛看，也没有耳朵听——仍旧说出人本性隐藏的奥秘所使的知识，一个有如下行径的人怎能逃脱亵渎的指控呢？他要求必须有某种物质的见闻与神之道里的神性并列，认为子除了看见父所做的自己什么都不能做，尽管（如我们所说）在父、子与圣灵里，由于相同本质中的合一性，无论做与不做都有同样的旨意及同样的能力。

76. 但是如果人尽管在他们的思想与感觉上有差异，作为一个规则，他们尚且还同意一个单独命题的含义，那在神性的本质中既有人的爱所模仿的东西存在，我们应该怎样思考关于父与神子的问题呢？

77. 然而就让我们如我们的敌人那样假设，子的确好像照抄了他见到父所做之工的样式，但是我们还必须承认即便这样都意味着他有同一本质，因为除非一个人与另一个人本质相同，无人可以完全模仿另一个人的作品。

第八章

异端反对说，子不可能与父同等，因为他不能生子。这个反对转回到其作者身上。从人性的例证中证明，无论一个人是否生育后代，这跟他的能力无关。最主要的是这点必须正确，因为反之连父自己都要宣告等待被赐能力。结论是我们无权以人的标准来判断神的事情，而必须靠圣书的权威性站立，否则我们必须全盘否认父或子的所有能力。

㊴《希伯来书》4：12。

78. 陛下，有一种愚昧人提出的异议，为要表明父子不同等。他们说，父全能，因为他生了子，但子不全能，因为他不能生。

79. 但你要看见他们的亵渎何等疯狂，他们哲学家的逻辑如何反驳自己。因为提出这个问题一定或者引向他们自己的口承认子与父共同永恒，或者如果他们强加一个子存在的起点，就引向他们必须赋予父的能力一个起点。所以当他们否认子全能，他们就踏上了断定父靠子的帮助开始全能之路，这是不敬虔。

80. 因为如果父因为生子而全能，那当然或者子与父共同永恒，因为如果父永恒全能，那子也永恒；或者如果有一段没有永恒子的时间，其结果就是有一段没有全能父的时间。因为当他们杜撰子有开始存在的时间，他们就滑入了声称父的能力也不是亘古就有，而是在生子之后才开始（的错误）。所以在他们渴望夺取神子荣耀的过程中，他们看似因为违反所有常理地让他成为他父能力的源头，从而反倒加增了他的荣耀，尽管子说："凡父所有的都是我的。"[40]这不是说他赐给父什么，而是他凭父所生之子的权力从父接受。

81. 所以我们宣告子是永恒的能力。如果他的能力与神性是永恒的，当然他的统管权柄也是永恒的。这样，不尊重子的就不尊重父，是冒犯对抗职责与爱的敌人。让我们尊重子，在他里面父大有喜悦，因为父所喜悦的就是赞美归给子，在他里面父自己大得喜悦。

82. 然而我们要回答他们力图建立的结论，但看来我们可以借人的诉求来逃避对付摆在我们面前的问题的难处。他们说父生了子，子没有生。这算什么他们不同等的证明？生是父作为父自然的功能，不是他全能能力的必然结果。而且彼此的尊重将人们摆在平等的地位上，而不是使人分开。还有，在我们软弱必死的身上通行的自身经历告诉我们，软弱的人有子嗣而强壮的人没有，奴仆有孩子而他们的主人无后，穷人生

---

[40] 《约翰福音》16：15。

后代而富人无福有任何后人，这是常有的事。

83. 但是我们的对手如果说这也是不坚立的结果，就像人可以渴望生孩子却生不出。这样尽管神的事情不能由人的事情来评判决断，却也要让他们明白人有的事神也有，无论一个人是否有孩子，这不依赖于他权柄的能力，也不是从其中获得的，而依赖于父亲的个人特性，就是生孩子不在乎我们意愿的能力，而是偶合于我们身体的体质，因为如果这是关乎统管权柄的，那大能的国王就要有大量的孩子。所以有孩子或没孩子与统管权柄没有必然的联系或关联。那这跟本性有关吗？

84. 如果你（我的阿里乌派对手）认为你所反对的是本性上的软弱，并且依赖于从人的本性中取得的例子，要记住父的本性与子的相同，所以你或者因为他们在同一本性上的合一性，承认子是真子，而借子的位格来令父蒙羞（因为正如父在本性上就是神，子亦然；使徒说的"许多神"不是本性如此，乃是只不过这么叫叫罢了）；或者你否认他是真子，就是否认他拥有同样的本性，那么他就不是受生的，而如果子不是受生的，父就没有生他。

85. 所以我们用你们信念的线索得出的结论就是父神不全能，因为他不能生，如果他不能生子，而是造了他。但是正因为父全能——如你所认为的，他全能就是作为存在的唯一作者——那么他当然就生了他的子，而不是造了他。然而我们应该相信他的话过于你的，他说："我生了"㊶，并且不止一次见证他自己生了。

86. 这样无论基督出于本性还是权柄没有生育，在他里面都没有不坚定的记号，因为如我们已经说过多次，生育跟权柄的超越性毫无关系，乃是跟属性里的个人特质有关。因为如果父的全能以他有子建立，那么他若生更多的儿子就可以更加全能了。

87. 那么他的能力在生了一个之后就用光了吗？非也，但我要证明

㊶ 《诗篇》110：3，根据七十士译本109：3直译。——译者注

基督也生儿子，他每天都生，不过是靠产生，或者更确切地说重生，这跟个人权柄而不是本性有关，因为嗣子的名分是权柄的实现与赐予，产生是属性的彰显，正如圣经自己教导我们的，因为约翰说："他在世界，世界也是藉着他造的，世界却不认识他。他到自己的地方来，自己的人倒不接待他。凡接待他的，就是信他名的人，他就赐他们权柄，作神的儿女。"㊷

88. 所以我们说他使我们成为神的儿子是他权柄的功能与实现，而神的神谕表明他的受生关乎位格间的属性，因为神的智慧说："我出于至高者的口。"㊸这是说并非受迫，而是自由，不在权柄的捆绑之下，乃是根据超越性主权的位格能力与权柄的权力，出生于隐秘的生产。另外，关于同样的智慧，就是主耶稣，父在另一处说："我在晨星之前自母腹使你出生。"㊹

89. 现在他这样说不是要让我们想象一个肉身之腹，而是要表明真正的生是他合理的活动，因为如果我们理解这些话是在说从肉身生，那（我们就推论）全能父怀孕并经历生产的痛苦。但让我们远远避开这种用软弱肉体的框架来限制神之伟大程度的做法。"腹"这个字代表隐藏的奥秘，父所在的内部圣所，无论众天使、天使长、执政掌权的还是任何受造物都不能进入。因为子永远与父同在，且在父里面——与父同在乃是由于有区分但不分裂，与永恒的三位一体相合；在父里面乃是因为神属性的本质合一性。

90. 如此，这里哪有让人坐着判断神性，怀疑父与子一个生而另一个不生的余地呢？没有人指责他的仆人或女佣生（或怀）后代，但是那些阿里乌派指责基督没有生——他们的确指责了他，因为当他们取走他的荣耀与尊贵时，他们私下通过了定他罪的判罚。为什么他们没

㊷ 《约翰福音》1：10及以下。
㊸ 七十士译本《便西拉智训》(Ben Sirah) 24章3节。
㊹ 《诗篇》110：3，根据七十士译本109：3直译。——译者注

有生后代的问题没有将那些在婚姻里结合的人引入失去他们的爱或否认彼此美德的境地，但是阿里乌派因为基督没有生子就看轻他的统管权柄。

91. 为什么，他们问，子不是父？因为另一方面父不是子。为什么基督不生？就因为父不是受生的。而子并不因为他不是父地位更低，父也不因为他不是子地位低，因为子说："凡父所有的都是我的。"㊺生如此真实地包含在父的位格属性中，并不仅仅来自于统管权柄。

92. 三位一体的本质是其中有分别的共同实质，是不可理解、难于言表的本质。我们持守区分，而不混淆父、子与圣灵——有区分却不分裂，有区分却不是多数，所以我们相信父、子与圣灵在这个属神奇妙的奥秘中各自从永恒存有到永恒，我们不信两个父，不信两个子，也不信两个灵。因为"只有一位神，就是父，万物都本于他，我们也归于他；并有一位主，就是耶稣基督，万物都是藉着他有的，我们也是藉着他有的"㊻。有一位生于父的，就是主耶稣，所以他是独生子。"也有一位圣灵。"㊼同一位使徒说。我们如此相信，我们如此阅读，我们如此持守。我们知道区分的事实，我们不知道隐藏的奥秘；我们不窥探其缘由，而只是保守显明给我们的外在记号。

93. 人没有超越他们自己受造的权力，却声称并篡权夺力地窥探神圣的受生，这是何等怪异可怕的邪恶！就让他们因为他没有生而否认子与父同等，就让他们因为他有个父而否认子与父同等！但是如果他们照这种人的体统来谈论，就是人有时候想生却生不出来，我们就称其为冒犯，正如两个人中若一个有孩子而另一个没有，后者就因为这个原因比前一个次等，我们也称这为冒犯。我且说，仅就针对人而言，一个人因为他有父就被轻看，这样的想法也是非常奇怪可憎的。的确，阿里乌派

㊺ 《约翰福音》16：15。
㊻ 《哥林多前书》8：6。
㊼ 《哥林多前书》12：11，根据英译本引文直译。——译者注

有可能认为基督处于家族中的某一个地位，因为他没有自由，不独立于他父的权威，也没有被授权管理产业而烦恼。但是基督不在监护之下，不，他诚然已经废弃了任何监护。

94. 这样就让他们告诉我们，他们要把这些事情怎么样？一个真正的生，真正生于父神的子，是出于父的本质还是出于另一个本质呢？如果他们说"受生于父就是出于神的本质"，非常好，因为这样他们就承认子是从父本质生的。这样，如果他们出于同一本质，那当然他们也有同一统管的权柄。反之，如果子受生于另一本质，那怎么可能父全能而子不全能呢？因为如果神从另一本质造了他的子，而当他被承认为子的时候，又从另外一种本质造我们成为神的众子，那神又有什么更强的地方呢？所以子或者与父同一本质，或者同一权能。

95. 这样我们对手的问题就分崩离析了，因为他们不能判断基督，或者更确切地说，因为他被判断的时候就显为清正。而那些提出问题对抗我们的人倒配得与他们自己论断相称的定罪，因为如果子因此不等同于父，因为他没有生子，那么就要用尽一切方法让那些散播如此议论的人承认：如果他们没有孩子，那么他们自己的仆人们就比他们自己更尊贵，因为他们不能与那些有孩子的等同；反之，如果他们有孩子，就让他们认识到由此而来的功劳不是出于他们自己，而是出于他们孩子的权利。

96. 这样子因为父生了子而子没有生自己的子就不可能与父等同，这样的异议完全立不住脚。因为源头产生河流，尽管河流自己不产生源头；并且光产生光辉，而光辉不产生光，但是光辉与光的本性是一样的。

第九章

阿里乌派鼓吹各种明显无理的论证来证明子有一个存在上的开始点，这些论证被考量并反驳，原因是或者阿里乌派明显什么都没有证明，或者如果他们证明了任何事情，所证的与他们自己不合（因为是万有起点的那位自己不能有一个起点）。他们的推理甚至针对人的存在这样的事实都不能成立。时间不能在时间的作者之前存在，如果他真在某时不存在，父就在那时没了他的能力与智慧。另外，我们自己人的经历表明一个人在他出生之前就被称为存在了。

97. 现在我们的对手既然不能基于子受生这个原因来维持他们反对子与父同等的真理，就让他们再来看看他们广为人知的矛盾工具、他们惯用的错误表述同样受挫。他们通常的用法是摆出这个谜局："子怎能与父同等呢？如果他是子，那么在他出生之前他不存在。如果他存在，为什么他是受生的？"而且鼓吹这些阿里乌提出的难题的人还坚决否认他们是阿里乌派的。

98. 相应地，他们要求我们回答，意图在于如果我们说"子在他受生前存在"，就可以微妙地反驳我们："如果这样，那么在他受生之前他被造，并且在他与其余的受造物之间没有区别，因为他在他受生为子之前开始成为受造物。"对此他们还加上："当他已经存在的时候为什么他还是受生的？难道因为他不完美，从而他可以在此之后被造得更完美吗？"而如果我们回答子在他受生以前尚未存在，他们将会立刻回答："这样他藉受生开始存在，在他出生前并不存在。"从而由此引向如下结论："子存在于他尚未存在的时候。"

99. 但是让这些摆出这个难题并且努力将真理遮蔽的人自己来告诉我们，父行使他生的权能是受时间的限制还是不受。如果他们说"受限于时间"，那么他们就把他们所反对子的归到了父那里，从而使父看起来好像从他以前不是的开始变成是。如果他们的回答是"没有这样的限制"，那么除了他们要自己解决他们摆出来的问题，并且承认子不在时间的限制与条件下受生之外还有什么呢？

100. 这样，如果子不是在时间的限制里受生，我们自然就判断在不受时间束缚的子之前没有任何事物存在。如果真有什么存在于子之前，那么立刻得出天上或地下万物并非都靠着他造的之结论，而使徒也被证明在他书信里这么写是错的。反之如果在他受生之前没有一物，我没有从哪里看出来在他之前没有任何事物的那位应该被说成在任何事物之后。

101. 由这点考虑我们必须加入另一个他们最具亵渎性的反对，该反对包含一个微妙的目的来混淆头脑简单之人的感受与理解。他们问是否凡有结束之物也有某个时间上的开始。如果他们被告知有结束的也有开始，那他们就回到起先指控的问题问父生子是否有终了。这点我们既同意他们，他们就下结论说生子有一个开始。如果你同意这点，似乎接下来就是如果生有一个开始，那就开始在被生的那位里面，从而，一个以前不曾存在的被称为"受生"——他们的企图是借结论性地表明有一个子不存在的时刻来终结探索。

102. 除此以外还有别的空洞反对，正如他们中有油嘴滑舌的人早就准备好来强辩。如果他们说子是父的道，那他被称为"受生"是因为他是道。但是既然他是道，他就不是工。现在父既"多方"说话，由此如果他说他的道，不是作为他手所做的工来创造，就得出他生了许多儿子的结论。哦，愚昧人，说话好像不知道口所出的话与神之道的区别！后者永恒存在，受生于父——我所说的是生出来，不仅是说出来，在他里面没有音节的组合，而是永恒神性与无尽生命的完全！

103. 接下来是另一个亵渎，他们借此来质询父生（他的子）是出于他自己的自由意志还是被迫，意图在于，如果我们说"出于他自己的自由意志"，那我们就显得我们好像承认父的意志超越（神性的）受生，从而回答有超越子存在的事物，子就不与父一同永存，或者他像其余世上的那样被造，因为经上记着："他创造万物，数目与他所愿的一样多。"㊸

㊸ 《诗篇》115：3，七十士译本113：11。——译者注

尽管这里所说并不是关于父与子，而是关于子所造的那些受造物。反之，如果我们回答父被迫生（他的子），我们看起来就把不确定性归给了父。

104. 但是在永恒的生中没有先决条件，既没有愿意，也没有不愿意，所以我不能说父是出于他的自由意志而生，也不能说他是被迫生的，因为生不可能取决于意志的决定，而显明是立足于父隐藏存在的权力与属性。因为正如父不因为他愿意良善或者被迫良善才良善，而是在这些条件之外就良善，同样他照着本性显明的生的能力既不是出于意志也不是出于迫不得已。

105. 而我们要是许可他们的提议，许可生取决于生者的意志，那他们说这个意志的实现发生在什么时候呢？如果发生在太初，那明显子就在太初。如果意志是永恒的，那子也是永恒的。如果意志存在有开始，那父神如他所做就不喜悦他自己，从而就使他的自身条件发生改变，就是说没有他的子他对他自己不喜悦，在他的子里面他开始甚喜悦。

106. 继续这样的推论。如果父照人本性的方式怀了子，有生的要求，那么他亦走过所有人在生产前要面对的经历——但是我们发现生不仅为意志所决定，还是愿望的对象。

107. 如此他们就暴露了他们自己的不敬虔，声称基督的受生有个开始，为了表明这看起来不是道存有的真正受生，而是说出的话说过了就忘了，并且借众子介入的假设，他们可以（有权）否认基督自己对神属性的拥有，以至于他可以既不被认为是独生子，也不是长子；最后，既相信他的存在有一个开始，也可以认为他被规定了一个终结。

108. 但是，既然神的儿子在太初已经存在，他就既没有任何开始，也没有终结，他是宇宙的始也是宇宙的终。因为作为开始，他怎么能收取接受他已然有的，或者他自己作为万物的终结，怎么能进入终结从而使我们在这位万物终结者里面有永不终结的居住场所？神的受生不是一件发生在时间过程里受它限制的事件，所以在其之前时间不存在，在其之中时间没有地位。

109. 还有,他们漫无目标徒劳无益的问题即便引向创造本身都找不到入门的空子。的确,时间性的存在在某些场合不允许时间上的分割。比如光造了光辉,但我们既不能想象光辉在光之后存在,也不能想象光在光辉之前存在,因为哪里有光哪里就有光辉,并且哪里有光辉哪里也有光。所以我们既不会有没有光辉的光,也不会有没有光的光辉,因为光既在光辉中,光辉也在光中。所以使徒被教导称子为"神荣耀所发的光辉"[49],因为子是他父之光的光辉,因为全能的永恒性与他共永恒,借着光明的合一性与他不可分割。

110. 这样,如果我们既不能理解也不能分割这些我们看得见的高于我们在天上的受造对象,我们还能理解我们看不见的超乎所有被造存在的那位,就是在他自己受生的至圣所的神吗?当所有时间都是子的创造之时,我们还能使时间成为在神与子之间的障碍吗?

111. 所以就让他们停止,不要再说在他出生之前子不存在。因为"之前"这个词是时间的记号,而受生是在所有时间之前的,所以,以后来的不是在此之前来的,既然被造的对象必然从造它们的工匠那里取得开始,所做的工就不能在做工者之前。时间既是受造物,每一个受造物从它的创造者那里才有存在,那任何受造的对象的这种习惯怎能被视为在它的创造者之前存在呢?

112. 所以我要进一步检视我们的对手,他们认为他们自己如此聪明,把他们的理论很好地运用于人的存在,用它来看轻神存在的荣耀,并且与任何相信神受生不可测的奥秘保持很远的距离。我就要他们找到他们基于人出生的事实来反对的理由。关于神的儿子,他们宣称在他出生之前他不存在,就是说他们说这个神的智慧、能力、道对他自己之前一无所知。但是如果像他们要我们相信的,有一段时间子不存在(对这

---

[49] 《希伯来书》1:3。

点的确认乃是亵渎），那么后来他若经过生子的过程，就有一段时间神缺乏神性完美的完全性。

113. 然而要向他们显明他们反对的软弱与破绽，尽管它没有关乎任何神或人的真理，我将要向他们证明人在他们出生前就已经存在了。若否，让他们说明雅各如果没有在他出生之前就被派定指明，如何仍在他母亲腹中的隐秘住所时就取代了他的兄弟；就让他们说明耶利米在他出生之前如何不也是这样——耶利米，关于他的信息如此临到："我未将你造在腹中，我已晓得你；你未出母胎，我已分别你为圣；我已派你作列国的先知。"[50]我们还能有什么见证强过这位伟大先知的，他在出生以前就被分别为圣，在他成形之前就被知晓？

114. 还有，关于约翰我当说什么呢？他的圣洁母亲见证他，当他还在她腹中时，他在灵里感受到了他主的同在，并且因欢喜而跳动，如经上记到他母亲说："因为你问安的声音一入我耳，我腹里的胎就欢喜跳动。"[51]那么，说预言的那位存在了没有呢？他当然存在——敬拜他创造者的那位当然存在；在她母腹中说话的那位存在。如此以利沙伯为她儿子的灵所充满，马利亚被她的灵分别为圣，因为你发现就是这样记载的："所怀的胎就在腹里跳动，以利沙伯且被圣灵充满。"[52]

115. 考虑每个字应有的力量。以利沙伯的确第一个听见马利亚的声音，但是约翰第一个感受到他主的恩慈同在。预言与预言的和谐、女人与女人的和谐、胎儿与胎儿的和谐是甜蜜的。女人们说恩慈之语，胎儿们暗暗跳动，随着他们母亲的互相靠近，他们也进入神秘的爱的对话。在双重神迹中，尽管其荣耀程度不同，母亲们借他们孩子的灵说预言。我问，谁是施行这个神迹的人呢？不是使未出生的成形的神的儿子吗？

116. 如此你的反对不能与人存在的真相相合——难道它还能由此合

---

[50] 《耶利米书》1：5。
[51] 《路加福音》1：44。
[52] 《路加福音》1：41。

乎神的奥秘吗？根据你"在他出生之前他不存在"的原则，你表明什么意思呢？是在说父经历了一段时间的受孕，使得在子出生之前某段时间过去了吗？他像经历生产之痛的女人一样也有这样的痛苦吗？我们为什么寻求窥探神的奥秘呢？圣经告诉我们神受生的必然结果，不是它如何进行的。

第十章

有反对通过《约翰福音》表明基督活着是因为父，所以他不该被认为与父同等。对此的回应为子的生命就他的神性而言，绝没有时间上的开始，不依赖于任何事物；而讨论中的经文一定要理解为就他的人性生命而言，正如他在那里说到他的肉和血证明的。安波罗修给出了这段经文的两种解释。一种表明是针对基督的人性说的，第二种教导他与父同等正如他与人相似。阿里乌派因为寻求使子遭受攻击而被驳斥。在何种意义上子被称为"因为父"而活着得以解释，我们与神生命的联合也得到解释。另一个基于子祷告使他可以借父得荣耀的反对被简要反驳。

118. 有不少人提出另外这个反对，就是经上记着："永活的父怎样差我来，我又因父活着；照样，吃我肉的人也要因我活着。"㊼他们问："当子说到他因父活着，子如何与父同等呢？"

119. 让那些因这个原因反对的人先告诉我们子的生命是什么。是一个父赐予没有生命之人的生命吗？但是子既自己为生命，如他所说"我就是道路、真理、生命"㊾，他怎会不拥有生命呢？他的生命的确是永恒的，正如他的权能是永恒的。哪有时间生命不拥有自己吗？

㊼ 《约翰福音》6：57。
㊾ 《约翰福音》14：6。

120. 思考你今天读到关于主耶稣的话："他替我们死，叫我们无论醒着、睡着，都与他同活。"[55]连他的死都是生命，而既然神性是永恒的生命，那么他的神性反倒不是生命了？

121. 但是他的生命真在父的能力中吗？为什么他表明甚至他肉身生命都不属乎另外任何一个的能力呢？我们读到"我将命舍去，好再取回来。没有人夺我的命去，是我自己舍的。我有权柄舍了，也有权柄取回来。这是我从我父所受的命令。"[56]

122. 当他肉体生命都不从属于其他能力而只属于他自己之时，他的神性生命应该被视为依赖于另一个能力吗？因为若有另一个能力，这关乎能力的合一性。但正如他让我们理解他出于自己的能力舍了他的生命，他也借着顺服他父的命令舍命来教导我们他自己与父意志的合一性。

123. 这样，如果子的生命既没有开始的时间，也不服从于任何权能，就让我们思考当他说"永活的父怎样差我来，我又因父活着"[57]时表达了什么意思。让我们尽我们所能来解释他的意思，不，还是让他自己来解释。

124. 要注意他在他讲道的前一部分说了什么。"我实实在在地告诉你们，"他先教导你应该怎样听，"我实实在在地告诉你们，你们若不吃人子的肉，不喝人子的血，就没有生命在你们里面。"[58]他先假设他以人子的身份讲话。你难道认为他作为人子所说的他的肉与他的血是要应用到他神性上面吗？

125. 然后他加上："我的肉真是可吃的，我的血真是可喝的。"[59]你听见他说他的肉与他的血，你了解到最神圣的誓言，（传递给我们）关乎主的死（的好处与能力），而你却夺他神性的荣耀。听他自己的话："魂无

---

[55] 《帖撒罗尼迦前书》5：10。
[56] 《约翰福音》10：17、18。
[57] 《约翰福音》6：57。
[58] 《约翰福音》6：53。
[59] 《约翰福音》6：55。

骨无肉。"⑩而我们现在每当接受圣餐的时候,圣餐借着圣洁祷告的神秘效用转变为他的肉与血,"表明主的死"。⑪

126. 这样,在叫我们注意他以人子的身份讲话并且经常提到他的肉与他的血之后,他加上:"永活的父怎样差我来,我又因父活着,照样,吃我的人也要因我活着。"他们要如何设想我们理解这些话呢?——因为这个比较可以被显明是双重的。第一重比较照如下方式:"永活的父怎样差我来,我又因父活着。"第二重为:"永活的父怎样差我来,我又因父活着,照样,吃我的人也要因我活着。"

127. 如果我们的对手选择前者,其意思是这样的:"正如我为父所差,从父那里下来,所以(据此)我因父活着。"但是除了作为人子之外他还以什么特质蒙差下来呢?正如他自己在前面说的:"除了从天降下的人子,没有人升过天。"⑫这样正如他作为人子被差下来,他就作为人子因父而活。而且吃他的乃是照着他人子的身份吃,故而也因着人子活。所以他将他道成肉身的效果来与他的降临比较。

128. 但是如果他们选择第二种方式,难道我们不能同时推论子与父的同等性和他与人的相同性——尽管它们有清楚的不同——吗?因为除了"正如父藉子使人的本性活着,子也如此使人活着"之外,"正如他自己因父而活,我们也如此因他而活"这句话还能是什么意思呢?正如主自己说过的:"父怎样使死人起来,叫他们活着,子也照样随自己的意思使人活着。"⑬

129. 因而父与子的同等性单由让人活这个动作的合一性就得以建立,因为子像父那样使人活着。所以你就要承认他生命与主权的永恒性。还有,也可以看到我们跟子一样,与他在肉身有某种合一

---

⑩ 《路加福音》24:39。
⑪ 《哥林多前书》11:26。
⑫ 《约翰福音》3:13。
⑬ 《约翰福音》5:21。

性，因为正如神的儿子在肉身因父活着，人也照样如此活着，因经上如此记到，正如神让耶稣基督从死里复活，我们作为人也因神的儿子活着。

130. 这样，根据这个解释，不朽不仅借奖赏的恩典适用于我们，而且也宣告为神的属性——后者是因为让人活的是神性，前者是因为人性借基督活着。

131. 但是如果任何人将两者之一运用于基督的神性，这样神的儿子就与人同列，使神的儿子因父而活就像我们因神的儿子而活。但是神的儿子免费赐下永恒生命为恩典，我们则不能如此行。这样如果他被置于跟我们一个层次，他就不能赐下这个恩典。就让阿里乌派的门徒拥有他们信心配得的奖赏吧——没有子的永恒生命！

132. 我现在要更进一步。如果我们的对手喜欢将这段经文的教导运用于神本质永恒性的原则，且让他们再听第三种解释。我们的主不是清楚说到正如父是永活的父，所以子也永活吗？我们必须理解这里是针对生命的合一性说的，因为父的生命与子的生命是同一个生命。"因为父怎样在自己有生命，就赐给他儿子也照样在自己有生命。"[64]他因为与他的合一性赐给。他赐给，不是拿走，使他可以靠子得荣耀。他赐给，不是他——父——可以保持监督它，而是子可以拥有它。

133. 但是阿里乌派认为他们在这里必须反对他所说的："我因父活着。"（假定他们认为这些话是针对他的神性说的）当然子因父活着，因为子为父所生；因父活着，因为他与父同一本质；因父活着，因为他是照父心意赐下的道，因为他从父而来，因为他生于"父的腹中"[65]，因为父是子存在的源头与根本。

134. 但是有可能他们会强调："如果你认为子说'我因父而活'所说

---

[64] 《约翰福音》5：26。
[65] 《诗篇》110：3，根据七十士译本109：3直译。——译者注

明的是父与子间生命存在的合一性,难道其结果不是他藉着说'照样,吃我的人也要因我活着'表明子与人类之间生命的合一性吗?"

135. 就算这样吧。正如我因为神性本质的合一性承认存于父与子间属天生命的合一性,在神性独有的特权或在我们的主道成肉身的效果之外,我也确认子借他与我们人性上的合一参与我们的属灵生命,因为"天上形体的荣光是一样"⑯。而且正如借着他我们坐在父的右边,不是我们分享他宝座的意思,而是我们在基督的身体里安息——我说,正如我们因为肢体的合一性在基督里有分,我们也同样因为我们在他身体里的肢体合一性靠基督而活。

136. 这样,我不仅不怕"我因父而活"这句经文,而且哪句经文都不怕,即便基督说:"我因父的帮助而活。"

137. 另外一个他们经常主张的反对出自这句经文:"这病不至于死,乃是为神的荣耀,叫神的儿子因此得荣耀。"⑰但是不仅子借父并因父得荣耀,如经上所记:"父啊,使我享荣耀"⑱,以及另一处:"人子得了荣耀,神在人子身上也得了荣耀,神要因自己荣耀人子"⑲,而且父也借子并因子得荣耀,因为真理说:"我在地上已经荣耀你。"⑳

138. 所以正如子借父得荣耀,他也因父活着。有人因为思考这些话被引向假设(希腊文)$δόξα$的意思为"想法、信念"而非"荣耀",所以认为"我在地上已经给了你$δόξα$,你所托付我的事我已成全了,父啊,求你现在给我$δόξα$",这句话的意思乃是说:"我已经教导人如此信你,就是知道你是真神;你也要在他们中间如此建立关于我的信念,即我是你的儿子,是真神。"

---

⑯ 《哥林多前书》15:40。
⑰ 《约翰福音》11:4。
⑱ 《约翰福音》17:5。
⑲ 《约翰福音》13:31、32。
⑳ 《约翰福音》17:4。

第十一章

阿里乌派致力于证明基于使徒教导的一个特别区分，就是万物"本于"父但"藉着"子而有，这个反对被推翻。作者证明在所引的这段经文里同样的全能既归给父也归给子，如同从许多经文中，特别是圣保罗自己的话中所得到的证明。异端愚蠢地认为这些话是单指着父说的，事实上即便如此，也没有任何地方证明子能力的减少或次等。最后，"本于"、"藉着"、"归于"这三个词组被证明不假设或推论出（能力上的）区别，每一个对三个位格都适用。

139. 现在我们来看有些人所试图的可笑方法，就是要借使徒见证的力量来证明父与子间能力的差别。经上记到："然而我们只有一位神，就是父，万物都本于他，我们也归于他，并有一位主，就是耶稣基督，万物都是藉着他有的，我们也是藉着他有的。"⑦他们主张，确认万物"本于"父但"藉着"子而有所代表的神性尊贵的程度差别不小。恰恰相反，没有比这里表明子的全能性更清楚的理由了，因为万物既是"本于"父，却又无一例外地全都"藉着"子而有。

140. 父不在万物中，因为对他而言，众所周知，"万物都是你的仆役"⑫。子也不在万物中，因为"万物都是藉着他造的"⑬，"他在万有之先，万有也靠他而立"⑭。所以子不存于万物中，却超乎万物，他的确照肉身的形象，出于人，出于犹太人，却又在同一时间是超乎一切的神，永远受颂赞，有超乎万名之上的名，论到他就说道："你使万物都服在他

---

⑦ 《哥林多前书》8：6。
⑫ 《诗篇》119：91。
⑬ 《约翰福音》1：3。
⑭ 《歌罗西书》1：17。

的脚下。"⑦但即使万物都服于他,他就没有剩下一样不服他的,正如使徒所说。但是假设使徒的话意图在于针对成了肉身的主而言,那我们怎能怀疑他神性受生不可比拟的尊贵呢?

141. 这样,父与子间当然没有任何能力上的差别。就目前所展示的这种区别,同一位使徒是如此说到万物"本于"他,倚靠他的:"因为万有都是本于他,倚靠他,归于他。"⑯

142. 若如他们所设想的,这里所讲论的只有父,那他不可能因为万物本于他就全能,而因为万物借着他就不全能。根据他们自己的理解,他们将宣告父缺少能力,不全能,否则至少他们自己的口承认子与父皆全能,尽管这有悖他们的本意。

143. 然而就让他们决定他们是否要将上述肯定的说法理解为是关于父的。如果他们如此决定,那么万物也"藉着"他。如果他们决定这里所讲的是子,那么万物"本于"他也"本于"父。但是如果万物也"藉着"父,那么当然就不会争论子的荣耀减少了;如果万物都"本于"子,子必然像父那样得荣耀。

144. 谨防我们的对手怀疑我们对一节经文断章取义而大做文章,让我们察看整段经文。"深哉!神丰富的智慧和知识。"使徒宣告,"他的判断何其难测,他的踪迹何其难寻!谁知道主的心,谁做过他的谋士呢?谁是先给了他,使他后来偿还呢?因为万有都是本于他,藉着他,归于他。愿荣耀归给他,直到永远。"⑰

145. 那他们认为这里讲的是谁呢?是父还是子呢?如果是父,那我们回答父不是神的智慧,因为子才是。但是对于该智慧有什么事是不可能的呢?经上记着:"她既大能永恒,就靠她自己更新万物。"⑱这样,我

---

⑦ 《诗篇》8:8。
⑯ 《罗马书》11:36。
⑰ 《罗马书》11:33—36,和合本中"藉着他"为"倚靠他"。——译者注
⑱ 《所罗门智训》7章27节。

们读到智慧不是逐步接近的,而是持久永驻的。如此你就有了所罗门的权威教导你智慧的全能与永恒,以及她的良善,因为经上记着:"但是邪恶胜不过智慧。"

146. 而针对这个目的,使徒说:"他的判断何其难测!"现在如果"父将审判的事全交与子",看起来父把子当成了判断者。

147. 但是现在,为了向我们证明他所论的是子而非父,圣保罗继续说:"谁是先给了他呢?"因为"父已经给了子",但是这乃是出于子为父所生的权柄,不是靠慈善施与。所以不可否认子从父的手里接受,如经上所记:"一切所有的,都是父交付我的。"然而,使徒说"谁是先给了他呢"并不否认子靠本性接受了父的赐予,而是他真实证明了父与子之间没有一个可以说先于另一个,因为尽管父赐予子,他却不是把它们当作施与一个在他之后的人,因为非受造、不能参透的三一神是永恒与荣耀的一体,没有时间上的不同或次序上的先后。

148. 然而,我们更要受希腊文本的约束,其中显示 $\tau\acute{\iota}\varsigma\ \pi\rho o\sigma\acute{\epsilon}\delta\omega\chi\epsilon\nu\ \alpha\upsilon\tau\tilde{\omega}$。很清楚,没有什么可以加添的那位与纯全完美的那位没有不同。所以这段来自于使徒的经文从整体上来看如果理解为针对子而言更佳,那么我们看到我们必须也相信子,万物是出于他,正如经上所记:"因为万有都是本于他,藉着他,归于他。"

149. 然而,他们还是会假定这段经文的意图在于父,那就让我们提请注意,即便我们读到万物都**出于**他,我们也同样读到万物都**借着**他,就是说父与子的权柄延展到整个被造的宇宙。尽管我们已经借父的全能证明了子的全能,但是既然他们如此愿意蔑视,就让他们考虑既蔑视父也蔑视子吧。因为如果子因万物**借着**他就在能力上受限制,我们便进一步说父也因为万物也借着他就同样受限制吗?

150. 但是为了让他们理解这些话不包含区别,我将再一次证明任何事物所"出于"的与任何事物所"藉着"的乃是同一位,并且我们读到事物通过这两种方法都与父相关联。因为我们发现:"神是信实的,你们被他所召,好与他的儿子相交。"㉙让我们的对手揣度一下使徒这些话的意思吧。我们"藉着"父被召——他们不提出反对;我们"藉着"子被造——他们把这看为次等的标记。父召我们与他的子相交,这是我们当作必要的约束敬虔接受的真理。子造了万物,阿里乌的追随者们想象他们这里不是看到自由意志的旨意,而是被迫的服侍,照奴仆的样式进行的。

151. 还有,为了获得更完整的理解,就是正因为我们借着父蒙召与他的儿子相交,父与子之间没有权能上的不同,要注意相交这事本身起始于子,如经上所记:"从他丰满(的恩典)里我们都领受了"㉚,尽管我们如果遵循福音书的希腊文版本,我们应该翻译为"出于他丰满"。

152. 这样就看到相交是如何既借着父又出于子,但却不是不同的相交,而是同一样。"我们乃是与父并他儿子耶稣基督相交的。"㉛

153. 另外看清楚圣经说到我们的相交不仅"出于"父与子,而且也"出于"圣灵。使徒说:"愿主耶稣基督的恩惠、神的慈爱、圣灵的相交常与你们众人同在。"㉜

154. 现在我问,万物借其所成的那位在哪里显得比万物所出的那位更小一点呢?是因为他宣告做事吗?但是父也做事,因为他所说"我父作事直到如今,我也作事"㉝是真实的。所以正如父做事,子也做事,因此做事的那位既不在能力上受限制,也不是可怜虫,因为父也做事。既如此,子与父共有的,或者甚至算上子所受于父的不应该被藐视,免得异端进一步因子的位格夺取父的荣耀。

155. 为了止息阿里乌不信派的争论,也不要错过同一位圣徒约翰在圣经另一处所写下的话:"你们若知道他是公义的,就知道凡行公义之人

㉙ 《哥林多前书》1:9,为上下文关系不译成"一同得分"。——译者注
㉚ 《约翰福音》1:16。
㉛ 《约翰一书》1:3。
㉜ 《哥林多后书》13:14,和合本中"圣灵的相交"为"圣灵的感动"。——译者注
㉝ 《约翰福音》5:17。

都是他所生的。"㉞但是除了喜爱公义的主还有谁是公义的呢？或者照前文警戒我们的，我们若没有子，靠谁来确认我们的永生呢？所以如果神的儿子应许我们永生，并且他是公义的，那我们当然就生"于"他。否则，如果我们的敌人否认我们借恩典生于子，他们就同样否认了他的公义。

156. 所以你必须相信万物都出于神的儿子，正如出于父神，因为正如神是万有的父，同样子是万有的作者与创造者。这样，正因为"万有本于他、藉着他、归于他"对子有效（如同对父有效），我们就看到他们上述质疑的徒劳。

157. 我们已经证明万物如何"出于"他，也同样证明了万物如何"藉着"他。那当圣经另一处说："因为万有都是靠他造的，就是天上的，都是藉着他造的；他在万有之先，万有也靠他而立。"谁还怀疑万物"在他里面"呢？㉟这样，本于他你有恩典，他自己你认为是你的创造者，在他里面你找到万有的根基。

第十二章

《约翰福音》中把子比作葡萄树，把父比作栽培的人，必须要以道成肉身为参照来理解。以神的受生为参照来理解这个比喻加倍地羞辱了子，既让他比圣保罗低等，也使他降到其他所有人的水平。并且照类似的方式，父也不仅跟同一位使徒站在同样的高度，甚至根本无足轻重。作为神而言，子的确也是栽培的人，而照着他的人性是一挂葡萄。这个说明关乎父的超越性。

㉞《约翰一书》2：29。
㉟《罗马书》11：36 的三个介词短语的最后一个为 eivj auvto. n，介词 eivj 多指"进入"或"指向"其所带宾语，这个解释也符合这里上下文——特别是第一个"本于"带领的介词短语。但是这个介词也可以解释为"在……里面"，安波罗修显然取了后面这个解释，并同时选取了与此相关的"藉着"或"倚靠"之意的经文[参考英文的 in，也有这样的双重意义]。考虑到对《罗马书》11：36 通行的翻译，本章中绝大多数还是将其译为"归于"，而只在这一节翻译成"在……里面"。——译者注

158. 然而还有另一处圣经我们的对手经常拿来反对我们,要证明他们把父的神性从子的神性那里割裂开来,就是我们的主在福音书里的话:"我是真葡萄树,我父是栽培的人。"⑧⑥葡萄树与栽培的人,他们说,本性不同,葡萄树在栽培的人权下。

159. 这样你们要我们如此相信,当接触到他的神性,子如同葡萄树,离开了看护葡萄树的人便一无是处,可以被忽视或甚至连根拔起。我们的主称自己为葡萄树,意在论述他道成肉身的奥秘,你们玩花样居然从圣经中说到这事的文字里搞出谎言。然而,你们若定意要我们在文字上争辩,是的,我承认子称他自己为葡萄树。因为我若否认他百姓救恩的应许就有祸了。

160. 那你计划怎样来理解神儿子称他自己为葡萄树的真理呢?如果你根据他神性的本质来解释这个说法,并且如果你假设父子间的神性有着像栽培者与葡萄树之间的本性那样的多样性,你就对父与子进行了双重攻击。对子,因为如果如你所确认的,当接触到他的神性,他在栽培的人之下,那么他一定照同样的方式被认为在使徒保罗之下,因为保罗实在称自己为栽培的人,如我们在经上看到的:"我栽种了,亚波罗浇灌了,惟有神叫他生长。"⑧⑦那你会认为保罗强过神的儿子吗?

161. 迄今这是一个攻击。另一个陈述如下:如果子根据他永恒受生的位格是葡萄树,那么当他说"我是葡萄树,你们是枝子"⑧⑧,这属神受生的那位就显得跟我们同一本质了。但是如经上所记:"耶和华啊,众神之中谁能像你?"⑧⑨还有,《诗篇》里说:"在天空谁能比耶和华呢?神的众子中,谁能像耶和华呢?"⑨⑩

162. 此外你不但藐视子,而且也藐视父。因为如果"栽培的人"这

---

⑧⑥ 《约翰福音》15:1。
⑧⑦ 《哥林多前书》3:6。
⑧⑧ 《约翰福音》15:5。
⑧⑨ 《出埃及记》15:11。
⑨⑩ 《诗篇》89:6。

个词被理解为父掌管一切的特权的代称,那么既然保罗也是栽培的人,你就否认子与使徒同等,把使徒放在与父同样的高度上。

163. 还有,既然经上记着,"可见栽种的算不得什么,浇灌的也算不得什么,只在那叫他生长的神",[91]你便置父尊贵的完全于一个如你所知代表软弱之名上。因为如果栽种的算不得什么,浇灌的也算不得什么,只在那叫他生长的神,看清楚你的亵渎意味着什么——就是让父在栽培之人的称号下被藐视,而要求另一个神来提供加增父工作之力。所以他们非常邪恶,认为借这样使用"栽培的人"一词要高抬父神的尊贵,却因使用一个普通的称号把父神降到人的水平。

164. 然而,如果照你们异端所愿,父被高举过于一个神性与人所共有的性质没有丝毫不同的子,又有什么益处呢?如果你们假设子是照他的神性被冠以葡萄树的称号,难道你们还认为他不仅会朽坏、受扰于风与天气,而且只具有人性,即使葡萄树及其枝子乃同一本性!这结果便是叫神的儿子好像不是穿戴了我们的肉身,而是完完全全地从肉身诞生而存在的。

165. 但是我要公开坦诚,他的肉身尽管有全新又神秘的出生,却与我们有相同的本性,这是我们救恩的应许,不是神受生的源头。他的确是葡萄树,因为他承受我的痛苦,无论何时人性因软弱而倚靠在他的身上,就以更新的虔诚为丰硕的果实而成熟。

166. 然而,如果栽培的人的能力吸引你,恳请你告诉我,先知的话所说指谁?他说:"耶和华指示我,我就知道。你将他们所行的给我指明。我却像柔顺的羊羔被牵到宰杀之地,我并不知道他们设计谋害我,说:'我们把树连果子都灭了吧。'"[92]因为如果子在这里说的是关于他要来的道成肉身的奥秘——因为假设这话是针对父所说的乃是亵渎——那

---

[91] 《哥林多前书》3:7。
[92] 《耶利米书》11:18、19。

么当然是子在较早的经文里说:"我栽你是果实丰硕的葡萄树,你怎么向我变为苦味的野葡萄树呢?"⑬

167. 如此你看到子也是栽培的人——子与父同一名号、同一工作、同一尊贵与本质。那么如果子既是葡萄树又是栽培的人,很明显我们推论葡萄树的意思是针对道成肉身的奥秘所言。

168. 但是我们的主不仅称自己为葡萄树,他也借先知的声音给自己一挂葡萄的称号——就是摩西受命于耶和华差派探子去以实各谷。除了道成肉身的谦卑与受难的果实,那个谷还能是什么呢?我的确认为他被称为一挂葡萄,因为从那由埃及带出来的葡萄树——就是犹太的百姓——那里,为世人的好处结出果实。实在没有人能理解那一挂葡萄就是神受生的记号——否则如果有任何人如此理解,除了我们应该相信这一挂葡萄是出于葡萄树之外,他们再无任何结论。所以因他们的愚蠢,他们把拒绝相信子的方面归给父。

169. 但是如果现在再也没有余地怀疑神的儿子被称为葡萄树是针对他的道成肉身而言,并且这个称号的目的就是在此,你就看到我们主的话所隐藏的真理:"父是比我大的。"⑭因为在这个前提之后他立刻加上,"我是真葡萄树,我父是栽培的人"⑮,使你可以知道父更大是针对他管理看护我们主的肉身而言的,就像栽培的人管理看护他的葡萄树。而且,我们主肉身的身量可以随着岁月增长,因苦难而受伤,以至于整个人类可以在十字架的木头所延展的影下不被这个世界的快乐之潮所传染。

---

⑬ 《耶利米书》2:21。
⑭ 《约翰福音》14:28。
⑮ 《约翰福音》15:1。

卷　五

前　言

　　谁是忠心有见识的仆人？他的奖赏借彼得与保罗的例子被指明。安波罗修渴慕跟随保罗的指引，希望这卷书加在别的书后面，因为它不能包含在前一卷里面。然后开始主题讨论，并给出了讨论的理由。他一定需要被宽恕，因为每一个仆人都被要求为托付他们的钱交利息。他们的忠心是安波罗修自己渴望交出的利息。他若可以盼望奖赏便快乐了，但是他不像关注免于惩罚那样关注圣徒的报酬。他主张所有人寻求得到这点。

1. "谁是忠心有见识的仆人，为主人所派，管理家里的人，按时分粮给他们呢？主人来到，看见他这样行，那仆人就有福了。"①这个仆人不是毫无所值：他应该是某个重要人物。让我们思考他可能是谁。

2. 这是彼得，为主自己所拣选来喂养他的羊群，配得三次听到这样

---

① 《马太福音》24：45、46。

的话:"你喂养我的小羊;你牧养我的羊;你喂养我的羊。"②所以借着用信心之食精心喂养基督的羊群他抹去了先前跌倒之罪。为这个缘故他三次被警戒要喂养羊群,三次被问是否爱主,使他可以三次承认曾经在钉十字架前他三次否认的那位。

3. 若有位仆人能够说:"我是用奶喂你们,没有用饭喂你们,那时你们不能吃。"③这位仆人也有福了,因为他知道喂养他们。我们中谁能这么做呢? 我们中谁能真正说"向软弱的人,我就作软弱的人,为要得软弱的人"④呢?

4. 然而,他虽是如此重要的人物,为基督拣选来看护他的羊群,使软弱的得强壮,生病的得医治,却——照我所说——在一两次警戒后便从他应负责的群羊中弃绝异端,因为害怕一只错误的羊而带来的污点可能作为扩散的疼痛侵染整个羊群。他进一步要求避免无知的问题与争论。

5. 而我们只不过是无知的寄居者,被安置于原先成长良好的收割之地的新鲜稗子中,应该如何行动呢? 如果我们沉默,我们便看起来放弃了;而如果我们与他们争竞,又害怕我们也被认为属血气。因为经上关于这类产生争竞的人写道:"主的仆人不可争竞,只要温温和和地待众人,善于教导,存心忍耐,用温柔劝戒那抵挡的人。"⑤又在另一处记着:"若有人想要辩驳,我们却没有这样的规矩,神的众教会也是没有的。"⑥为这个缘故我们的目的是想写些什么,使得我们所写可以为我们毫不喧嚷地回应异端的不敬虔。

6. 所以,奥古斯都皇帝,我们预备开始这第五卷书。因为第四卷书以我们对葡萄树的讨论结尾是非常恰当的,免得我们在那卷书中显得过

---

② 《约翰福音》21:15 以下。
③ 《哥林多前书》3:2。
④ 《哥林多前书》9:22。
⑤ 《提摩太后书》2:24、25。
⑥ 《哥林多前书》11:16。

分堆积大量喧哗的主题，而不是以属灵葡萄园的果子来充满它。另一方面，在还有大量如此重要的问题值得讨论的时候，收割信心的葡萄没有完工也不适宜。

7. 所以在第五卷书中我们要论述父、子、圣灵不可分的神性（但是却省略关于圣灵的完整讨论）；我们为福音书的教导所要求，要为人的思想付出五千信心之银的利息，这利息是加在作为本金的这五卷书之上的，免得有可能当主来发现他的钱被藏在地里时会对我说："你这又恶又懒的仆人，你既知道我没有种的地方要收割，没有散的地方要聚敛，就当把我的银子放给兑换银钱的人，等我来的时候可以收回我拥有的。"⑦或照着另一本书所写的说："等我来的时候连本带利都可以要回来。"⑧

8. 我祷告那些为我胆敢作如此冗长的演讲而不悦的人原谅我。我职分的思考强迫我将我所领受的托付给别人。"我们为神奥秘事的管家。"⑨我们是管事的，但并不都一样。经上说："照主所赐给他们各人的……我栽种了，亚波罗浇灌了，惟有神叫它生长。"⑩就让每一个人努力可以照他的劳力接受奖赏。"因为我们是与神同工的"，⑪如使徒所说，"你们是神所耕种的田地、所建造的房屋"。⑫所以在他本金上看见利息的人有福了，看见他工作成果的人有福了，"用金、银、宝石在信心的根基上建造"⑬的人也有福了。

9. 你们听见或看到这些话的人是我们的一切，你们是借贷者的利息——话语的利息而非钱的，你们是赐给农夫的回报，你们是建造者的金、银、宝石。在你们的美德中存有祭司工作的主要结果；在你们的灵

---

⑦ 《马太福音》25：26、27，最后一句根据英译本引文直译。——译者注
⑧ 《路加福音》19：23。
⑨ 《哥林多前书》4：1。
⑩ 《哥林多前书》3：5、6。
⑪ 《哥林多前书》3：9。
⑫ 《哥林多前书》3：9。
⑬ 《哥林多前书》3：12，根据英译本引文直译。——译者注

魂中闪耀着监督工作的成果；在你们的进程中有主的金子放光；你们若持定神的话语，银子也会增加。"耶和华的言语是纯净的言语，如同银子在泥炉中炼过七次。"⑭所以你们将要使借出钱的富有，使农夫所产丰富，你们将要证明建造大师充满技巧。我并非自夸，因为我渴望自己的益处不如渴望你们的益处那么多。

10. 我到时候能够确切说到关于你们的就是："主啊，你交给我五千银子，请看，我又赚了五千。"⑮我可以显示你们的美德为珍贵的银子！"因为我们有这宝贝放在瓦器里。"⑯这些是主要求我们做属灵生意的银子，或是圣经中的二钱银子，福音书里的撒玛利亚人留给被强盗抢劫的人的，为要治好他的伤。

11. 我的弟兄们，我不是带着贪婪的欲望来渴求这点，使我可以被置于许多事物之上；我从你们的进步所得的报酬对我已经足够了。但愿我不会被发现不配得我所领受的！让那些对我来说太重大的事分派给更好的人，我不要它们！然而主啊，你可以说："我给那后来的和给你一样，这是我愿意的。"⑰让配得的人接受管理十座城的权柄吧。

12. 让他成为像写下十诫的摩西那样的人。让他成为嫩的儿子约书亚，使五王臣服，辖管基遍人，使他可以成为将要来的与他同名之人的预像，借其权柄一切肉体情欲可以被征服，外邦人可以回转，使得他们可以跟随信靠耶稣基督而非他们以前的追求与欲望。让他成为大卫，众妇女聚集唱道："扫罗杀死千千，大卫杀死万万。"⑱

13. 如果不像那个出于自己血气把交给他的银子藏在地里的人被丢到外面黑暗里，我就知足了。会堂的管理者所为就跟那个人一样，其他犹太人的首领也是如此；因为他们将主交托给他们的话埋在地里，即是

---

⑭ 《诗篇》12：6。
⑮ 《马太福音》25：20。
⑯ 《哥林多后书》4：7。
⑰ 《路加福音》20：14。
⑱ 《撒母耳记上》18：7。

他们的肉身里，以肉身的欢愉为乐，将从天而来的信任沉入贪心之坑。

14. 让我们不要在肉身把主的钱埋藏起来，也不要把我们的一锭银子包在手巾里，而要像好的钱商照心灵与身体的劳力、照公平既成的意愿来衡量它，从而这话离你不远，就在你口中，在你心里。

15. 这是主的话，这是珍贵的银子，你因此得赎。这钱必定经常在灵魂的桌上被见到，借常有的贸易使得好钱币的声音可以进入每块土地，永生通过这样的方法被购得。"这就是永生"——全能的父啊，你将其白白赐下使我们可以认识"你独一的真神并你所差来的耶稣基督"⑲。

第一章

阿里乌派在攻击人快乐所倚靠的事情上何等不敬虔！约翰曾经将子与父联合，他特别地说道："他们可以认识你独一的真神（下略）。"在此处我们必须把"真神"这个词也理解为用于子，因为不能否认他是神，不能说他是假神，更不能说他只在称呼上是神。最后一点为使徒的话所证实，我们正确地承认基督是真神。

16. 所以就让阿里乌派看到他们在质疑我们的希望与我们所渴求的对象上是何等不敬虔。既然他们习惯于就这点叫嚣超过其他问题，就是基督与独一真神不同，就让我们在我们的能力范围之内来反驳他们这不敬虔的观念。

17. 因为在这点上他们应该知道这是好处，这是完美品性的奖赏，就是从神而来无可比拟的恩赐，使我们可以认识基督与父同在，而非将子从父分离，正如圣经也不将他们分离。因为接下来的话所说为神性尊贵的合一性而非多样性，就是关于父的知识与关于子的知识给我们同样的回报，同样一种荣耀，单单奖赏那同时认识父与子的，而不

---

⑲ 《约翰福音》17：3。

是其他任何人。因为正如关于父的知识使人获得永生，关于子的知识亦然。

18. 所以如同福音书的作者在一开始就以他对信心虔诚的认信将道与父神联合，说："道与神同在"[20]，又在这里当他写到主的话说："他们可以认识你独一的真神并你所差来的耶稣基督"[21]，他通过这种联系他们的方式毋庸置疑地将父与子系在一起，从而没有人可以将基督作为真神从父的尊贵中分离，因为合一不分裂。

19. 所以通过说"他们可以认识你独一的真神并你所差来的耶稣基督"，他终结了撒伯里乌派，也将犹太人赶出局——那些至少听过他说话的人，使得前者不可以认为父与子完全没有分别（如果他们不加上基督有可能这样做），而后者不可以将子从父分开。

20. 但我要问为什么他们不认为我们应该从已经说过的话里收集并理解这点，就是他已经宣告父是独一真神，所以我们可以理解耶稣基督也是独一真神呢？因为这不能用其他任何方式来表达，因为害怕他可能看起来在说两个神。因为我们不说两个神，却承认子与父有同样的神性。

21. 所以我们可以询问基于什么原因他们认为神性中可以有区分，他们是否否认基督为神吗？但是他们不能否认这点。他们否认他为真神吗？但是如果他们否认他为真神，就让他们说他们是否宣告他为假神或者只是在称呼上为神。因为根据圣经，"神"这个字要么用在真神身上，要么只是一个称呼或用于假神。称呼父我们用真神，称呼圣徒我们用神圣，称呼鬼魔与偶像我们用假神。就让他们说他们将如何承认并描述神的儿子。他们认为神的名被错用了吗？还是真相是有神住在他里面，把神的名单单当作称号而已呢？

---

[20] 《约翰福音》1：1。
[21] 《约翰福音》17：3。

22. 我不认为他们会说该名被错用了，如此他们自己就陷入了亵渎这公开的邪恶，免得他们借拐弯抹角地声称神的名错误地归给基督而出卖自己，一方面归向鬼魔与偶像，另一方面又归向基督。但是如果他们认为他被称为神是因为他有神性住在里面——如同许多圣洁的人那样（因为圣经称神的话所临到的人为神）——他们就不认为他超乎其他人，而拿来跟他们比较，从而认为他跟他授权其他为神的人相同，如他对摩西说："我使你在法老面前代替神"㉒，所以在《诗篇》里也说："我曾说，你们是神。"㉓

23. 这些亵渎者的这个想法保罗也陈述过，因他说："虽有称为神的，或在天，或在地。"㉔他没有说"有神"，而是"有称为神的"。但是经上记着："基督昨日今日是一样的。"㉕这里说："他是。"就是不仅在名称上是，而且事实上也是。

24. 经上说得好："他昨日今日是一样的。"这使得阿里乌派的不敬虔找不到堆积其败坏的空间。当读到《诗篇》第二篇中父对子说："你是我的儿子，我今日生你"㉖，要注意到"今日"这个词，不是"昨日"，是通过讲说关于我们肉身的假设来指神受生的永恒，对此保罗也在《使徒行传》中说："我们也报给你们那应许给祖宗的话，神已经向我们这做儿女的应验，叫耶稣复活了，正如《诗篇》第二篇中记着说：'你是我的儿子，我今日生你。'"㉗所以该使徒为圣灵所充满，使他可以摧毁他的癫狂，说："昨日今日一直到永远是一样的。""昨日"是因为他的永恒性，"今日"是因为他给自己穿上了人的肉身。

25. 所以基督存在也永远存在，因为存在的那位就是永远存在的那

㉒ 《出埃及记》7：1。
㉓ 《诗篇》82：6。
㉔ 《哥林多前书》8：5。
㉕ 《希伯来书》13：8。
㉖ 《诗篇》2：7。
㉗ 《使徒行传》13：32，33。

位。基督永远存在，摩西论到他说："那自有的打发我来。"㉘加百列曾经存在，拉斐尔曾经存在，众天使曾经存在，但是那些曾经有时候不存在的无法因同样的原因被称为永远存在。但是基督，照我们所读，"不是曾经存在，也不是一直不存在，而是在他里面永远存在。"㉙所以永远存在是神独有的属性，他是自有永有的。

26. 所以如果他们不敢说他只在称呼上是神，说他是假神又是很深亵渎的记号，剩下来的就只有他是真神，并非不同于真正的父，而是与他等同。既然他使他所愿的称义并成圣，不是用源自他之外的能力，而是用他自己里面使人成圣的能力，那他又怎么不是真神呢？因为使徒自己的确根据他神的本性称他是真神，如经上所记："但从前你们不认识神的时候是给那些本来不是神的作奴仆。"㉚这句话是说他们不可能是真神，因为这个称号绝不可能在本性上属于他们。

第二章

既然已经证明子是真神，而且因此子又不次于父，那就显明当solus（唯独）这个词在圣经里被用于父时子也没有被排除，是的，这个表述最适合他，并且唯独适合他。三位一体是唯一的，不属于万物而超乎万物。唯有子行父所行的，唯有子不死。而为这个缘故我们绝不应该在我们的争议中将他与父分离。然而我们可以理解道成肉身的经文。最后父被那些要将子与他分离的人关在了与人救赎有分的门外。

27. 在早前的几卷中我们已经借圣经的经文完整证明了基督是真神，完全彻底的真神。所以基督若像被教导的那样是真神，就让我们探

㉘ 《出埃及记》3：14。
㉙ 《哥林多后书》1：19，注意安波罗修对原文的直译迥异于和合本。——译者注
㉚ 《加拉太书》4：8。

寻为什么他们在读到父是独一真神时，渴望将子与父分离。

28. 如果他们说唯独父是真神，他们不能否认唯独子神是真理，因为基督是真理。既然根据名词的用法，一个人从"真理"这个词被称为真实，同样从智慧被称为睿智，从公平被称为公正，那么真理是比真实的那位低等的吗？我们不认为父与子间如此。在父没有不确定的，因为父满了真理；子因为他就是那真理，便与真实的那位同等。

29. 但是为了让他们看见"唯独"这个词时可以知道将子与父分离是很不明智的，就让他们记得先知书中神的话："我独自铺张诸天。"㉛父肯定没有离开子铺张它们。因为子自己就是神的智慧，他说："他立高天，我在那里。"㉜关于子保罗如此宣告："主啊，你起初立了地的根基，天也是你手所造的。"㉝所以无论子是否造了诸天，使徒要我们如此理解，而他自己又肯定不能离开父独自铺张诸天。或者如《箴言》所言："耶和华以智慧立地，以聪明定天。"㉞这证明既非父离开子独自创造诸天，也非子离开父独自创造诸天。然而铺张诸天的那位却被称为是独自的。

30. 为了更确实地证明我们必须理解"唯独"这个提法是关于子的有多么地明显（尽管我们绝不相信他脱离父的知识做任何事情），我们就在这里引另一处经文："他独自铺张苍天，步行在海浪之上。"㉟因为主的福音书教导我们，当彼得问他说"主，请叫我走到你那里去"㊱时，不是父而是子行走在海面上。但是即便预言本身都证明了这点，因为圣约伯预言了将要来的主，提到主他确实说他将要征服大利维坦㊲，事就这样成了。那令人恐惧的利维坦，就是魔鬼，子在末后的世代以自己肉身令人

㉛ 《以赛亚书》44：24。
㉜ 《箴言》8：27。
㉝ 《希伯来书》1：10。
㉞ 《箴言》3：19。
㉟ 《约伯记》9：8。
㊱ 《马太福音》14：28。
㊲ Leviathan，和合本《约伯记》41：1译为鳄鱼。——译者注

尊敬的受难痛击它，将其击倒击溃。

31. 所以子是独一真神，因为这也是赋予子作为他独有的权利，因为没有受造物可以被确切地称为是独一的。属于与受造界同列的怎能与其余的分开，好像他是独一的呢？所以人被视为所有地上受造物中一种有理性的种类，然而他不是独一的理性种类，因为我们知道神在天上做的工也是有理性的，我们承认天使与天使长是理性的类群。这样如果众天使是有理性的，人就不能被称为独一的理性种类。

32. 但是他们说太阳可以被称为独一的，因为没有第二个太阳。但是太阳自己有许多与众星共有的东西，因为它在诸天中穿行，属于至高之天的物质，是受造物，与神所有的工算为同列。他与万有一同服侍神，与万有一同称颂他，与万有一同赞美他。所以它不能被确切地称为独一，因为它没有从其余的事物中区分出来。

33. 由此可见，没有受造物能与父、子、圣灵的神性相比较，这神性是独一的，不在万有之中却超乎万有（我们关于圣灵的宣告同时成立）。正如父被称为独一真神，因为他与其他没有共同的，也唯独子才是真神的形象，唯独他是父的手，唯独他是父的美德与智慧。

34. 所以子独自行父所行的，如经上所记："无论我做什么事，他也做。"㊳既然父与子的工作为一，神独自工作就是对父与子很好的描述，由此当我们说创造者的时候，我们也同时包括了父与子。因为当保罗说"他们敬拜侍奉受造之物，不敬奉那造物的主"㊴时，他肯定既没有否认万物来源的父是造物主，也没有否认万物倚靠的子是造物主。

35. 这点跟下面这句话看起来也没有冲突："那独一不死的。"㊵因为有生命在他自己里面的那位怎么会没有不死的能力呢？他在本性里有，他在他本质存在中有，他不是作为暂时的恩惠拥有，而是在他永恒的神

㊳ 《约翰福音》5：19，根据英译本引文直译。——译者注
㊴ 《罗马书》1：25。
㊵ 《提摩太前书》6：16。

性中拥有。他不是照仆人接受恩赐的方式拥有，而是照他作为同享永恒的子之受生的特别权利。他有，父也有。"因为父怎样在自己有生命，就赐给他儿子也照样在自己有生命。"㊶因为他有，所以说他赐给。你已经学习到他如何赐给，使你可以明白当它是他受生的奥秘时就不是白白的恩赐。这样既然在父与子的生命间没有分岔，那怎么能够认为只有父有不死的能力而子没有呢？

36. 这样就让他们理解在这段经文里子没有与作为独一真神的父分开。因为他们不能证明子不是独一真神，特别在这里如我所言可以证实基督也是独一真神。或者经文可以至少被理解为部分指向父与子的神性，部分指向基督的道成肉身：因为除非承认耶稣基督从永恒就是独生的神、真神之子，并且照着肉身为童女所生，知识就不完全。这也是同一位福音书作者在别的地方所教导的："凡灵认耶稣基督是成了肉身来的，就是出于神的。"㊷

37. 最后，我们的经文整体教导我们理解这一节是就神圣道成肉身而言没有什么不妥当。因为经上如此记道："父啊，时候到了，愿你荣耀你的儿子。"㊸所以当他说时候到了，祷告要被荣耀，除了他只是照他取了我们的肉身来说的，还能是什么其他的意思呢？因为在神性没有时间上的确定点，也没有永恒之光有得荣耀的需要。所以靠独一的真神，就是父，我们也靠神性的合一来理解神独一的真儿子。并且倚靠他在为童女所生时接受的名字耶稣基督，我们承认道成肉身的真理。

38. 但是如果他们在读到父是独一真神的时候希望把子分离出去，我就认为，当他们读到"他是你们匠人所弃的石头，已成了房角的头块石头"和接下来的"天下人间没有赐下别的名，我们可以靠着得救"㊹这

㊶ 《约翰福音》5：26。
㊷ 《约翰一书》4：2。
㊸ 《约翰福音》17：1。
㊹ 《使徒行传》4：11、12。

些关于子道成肉身的经文时,就想象父从植入我们的救恩好处中被剪除了。但是没有离开父的救恩,也没有离开子的永生。

第三章

阿里乌派认为两个神由本质的合一引出,对这种看法的回应是神的复数更可能从本质的多样性推论而来。进一步说,他们的指控令他们自己卷入困境。多种多样的差异是为什么两个人不能被称为一个人的理由,尽管所有的人就其本性的合一性而言各自都被称为人,这里指涉的是本性的合一。他们里面只有一个本性,但是神的位格里乃是完全的合一。所以子没有从父分离,尤其在他们不敢否认他配得敬拜上体现。

39. 但是阿里乌派做下述宣告:如果你说,因为父是独一真神,子也是,并且承认父与子同一本质,你引出的不是一位神,而是两位,因为有同一本质的看起来不是一位神而是两位神。就像讲到两个人、两只羊或别的什么,一个人与一只羊不能说成两个人或两只羊,而就是说一个人与一只羊。

40. 这是阿里乌派所说的,并且借这个巧妙的论证他们试图俘获头脑比较简单的人。然而,如果我们阅读神的圣经,我们将发现复数发生在本质上有差异或不同的事物中,即 $\dot{\varepsilon}\tau\varepsilon\rho o\dot{\upsilon}\sigma\iota\alpha$。我们看到这点在所罗门的书中陈明,他在一段经文中说:"我所测不透的奇妙有三样,连我所不知道的共有四样:就是鹰在空中飞的道、蛇在磐石上爬的道、船在海中行的道、男子在他青年时代的道。"㊺鹰、船与蛇不是同一种类、同一本性,而具有可区别的不同本质,而它们是三。所以鉴于圣经的见证他们知道他们的论证反对他们自己。

㊺ 《箴言》30:18、19,最后一句七十士译本译为阴性名词"青年时代",而不是"女子"。——译者注

41. 所以当说到父与子的本质有差异和他们的神性可分，他们自己宣称有两位神。但是在承认父与子宣告他们仍旧属一个神性时，我们说没有两位神，而是一位神。这点可以从主的话中得到支持。因为哪里有几样东西，哪里就有本性或意志与工作上的不同。最后，他们可以从他们自己提到两个人的见证被驳斥：尽管两个人从出生就有同一本性，但是在时间、思想、工作与场所上他们是分离的，所以论及一个人不能照两个人的意义与数目来进行，因为哪里有多样性，哪里就没有合一性。但是神被称为一，父、子、圣灵的荣耀与完全因此得以表达。

42. 这点其实就是合一性的真理：当单独陈述人出生或人肉身的本性时，一人被用作代表许多人的名词，如经上所记："有耶和华帮助我，我必不惧怕，人能把我怎么样呢？"[46]这不是说一个具体之人意义上的人，而是一样的肉身、人由出生而来一样的软弱性。它还加上："投靠耶和华，强似倚赖人。"[47]这里也不是代表一个特定的人，而是一个普遍的情况。然后在论到许多时刻加上："投靠耶和华强似倚赖王子。"[48]如我们已经说过的，在谈到一个人的地方讲的是本性的共同合一性，陈述所有人中都存在的；但是在提到王子们的地方讲的是他们不同权势中的某种区别。

43. 在人群中或在人里面，某些方面存在某种合一性，比如爱、渴望、肉身、虔诚或信心，但是在它自身中包容万有、与神荣耀相合的全局合一性乃是父、子、圣灵独有的属性。

44. 从而尽管人中间没有趋向不可分本质的合一性，主在指出人中间的多样性时还说："你们的律法上也记着说：'两个人的见证是真

---

[46] 《诗篇》118：6。
[47] 《诗篇》118：8。
[48] 《诗篇》118：9，"王子"在原文中为复数。——译者注

的。'"㊾但是尽管他说"两个人的见证是真的",当他提及他自己与父的见证时,他没有说:"我们的见证是真的,因为它是两位神的,"而是:"我是为自己作见证,还有差我来的父也是为我作见证。"㊿更早一些他也说:"就是判断人,我的判断也是真的,因为不是我独自在这里,还有差我来的父与我同在。"㊼所以在两个地方他都陈述了父与子,但是没有一处意味着复数,也没有神性本质合一性的分割。

45. 这样本质为一无论如何都不能被分就很明显了,甚至不是单数而是一。我所指的单数是希腊文称为 $\mu o \nu o \tau \acute{\eta} s$ 的。单数有关一个人,合一有关一种本性。那些具有不同本质的事物往往不被命名为单独一个,而是许多。尽管这已由先知的见证证明,使徒自己还用许多话来说:"虽有称为神的,或在天,或在地。"㊷这样你看到不同本质、同一本性下不为真的那些被称为"神"的吗?但是父与子为同一本质,不是两位神,而是"一位神,就是父,万物都本于他;一位主,就是耶稣基督,万物都是藉着他有的"。㊸他说"一位神与一位耶稣基督",再上面是"一位神不是两位神",然后"一位主不是两位主"。

46. 所以复数被排除,但是合一性没有受损。然而正如一方面我们读到关于主耶稣时没有分离父,如我已经说过的,从统治的特权看他与子相同,所以从另一方面当我们读到关于独一真神,就是父,我们也不把子从独一真神那里分离,因为他与父在这点相同。

47. 当我们读到:"当拜主你的神,单要侍奉他"㊹,就让他们说他们所感受或思考的。他们认为基督不应该受敬拜,还是不应该被侍奉呢?但是如果敬拜他的那位迦南妇人配得她所求的,在他信的一开始就承认

㊾ 《约翰福音》8:17。
㊿ 《约翰福音》8:18。
㊼ 《约翰福音》8:16。
㊷ 《哥林多前书》8:5,"神"原文为复数。——译者注
㊸ 《哥林多前书》8:6。
㊹ 《马太福音》4:10。

自己为基督仆人的使徒保罗，配为使徒，“不是由于人，也不是藉着人，乃是藉着耶稣基督”(55)，就让他们说他们接下来应该思考什么。他们应该偏爱加入阿里乌的邪恶同盟，如此借否认基督为独一真神来表明他们认为他既不应该受敬拜也不应该被侍奉吗？还是他们要更快地加入保罗的行列呢？后者在侍奉敬拜基督中无论话语上还是心灵里都没有拒绝承认独一真神，而以忠心的服侍来承认他。

第四章

异端提出反对说基督将敬拜献给他的父，而这点被证明一定是针对他的人性而言，通过检验经文可以清晰看见。然而，这也给出了他神性的新鲜见证，如我们在基督所行的其他事中经常见到的。

48. 但是如果任何人因为经上记着“你们所拜的，你们不知道；我们所拜的，我们知道”(56)，而要说子敬拜父神，就让他思考此话何时说出，说给谁，回应谁的愿望。

49. 本章较早的一些经节并非没有理由地记载了耶稣因走路困乏坐下，向一位撒玛利亚妇人要水喝。他以人的身份说话，因为作为神他既不会困乏，也不会口渴。

50. 所以当这位妇人把他当作犹太人跟他说话，并认为他是一位先知时，他作为属灵上教导律法奥秘的犹太人回答她说：“你们所拜的，你们不知道；我们所拜的，我们知道。”他说“我们”，因为他把自己算在人中间。但是除了按照肉身之外他怎么在人中间呢？为了表明他作为成了肉身的那位而回答，他加上：“因为救恩是从犹太人出来的。”(57)

---

(55) 《加拉太书》1：1。
(56) 《约翰福音》4：22。
(57) 《约翰福音》4：22。

51. 但是此后他立刻就将他作为人的感觉搁置一边，说道："但是时候将到，如今就是了，那真正拜父的……"(58)他没有说："我们要敬拜。"而如果他的顺服跟我们的一样，他肯定会这么说的。

52. 当我们读到马利亚敬拜他，我们应该学习到他不可能在同一本性下既作为仆人敬拜，又作为主受敬拜，而是作为人他被提及在与人一起敬拜，作为主他受他仆人们的敬拜。

53. 所以我们读到并相信的许多事情是出于道成肉身的角度。但是甚至在我们人性的感受本身，我们也可以看到神性的尊贵。耶稣走路困乏，是要使困乏者更新；他想要喝水，乃是在他要赐口渴者属灵水喝的时候；他饥饿，是在他要提供给饥饿者救恩粮食的时候；他死，是要再活；他被埋葬，是要再起来；他挂在令人畏惧的木头上，使他可以帮助那些畏惧的人；他以厚厚的黑暗遮盖天，使他可以赐下光明；他使大地颤抖，使他可以令其坚固；他搅动大海，使他可以令其平静；他打开死人的坟墓，使他可以显示它们是活人的家；他从童女成形，使人们可以相信他从神而生；他假装不知道，使他可以让无知者知道；作为犹太人他说要敬拜，使子可以作为真神受敬拜。

第五章

安波罗修回答那些死抠主向西庇太孩子母亲之话的人，讲到这些话是出于恩慈而说的，因为基督不愿意令她悲伤。如此恩慈的丰富理由得以陈明。主宁可将这个请求留待父来解决，而不是宣告其不可能。然而基督的回答并不令他受损，正如由他真实的话语本身以及与其他经文的比较所共同证明的。

54. 他们说："当神的儿子自己向西庇太的儿子们说：'我所喝的杯，

(58) 《约翰福音》4：23。

你们必要喝,只是坐在我的左右,不是我的可以赐给你们,乃是我父为谁预备的,就赐给谁。'⑤他怎么可能像父那样是独一真神呢?"如此这点就如你所愿成为你神性不等的证明,尽管在此你应该尊重主的恩慈,仰慕他的恩典,如果你可以想象神美德与智慧的深层奥秘的话。

55. 请思考跟她的儿子们在一起发此请求的这位。这是一位母亲,渴望她的儿子们的荣耀,尽管她所想要的有些过分,总是可以得到宽恕。这是一位母亲,年迈苍苍,热诚真切,缺乏安慰;在可以被她身强力壮的后代帮助供养的时候,她的孩子们却离开了她,她想要照她自己所喜悦的让她的儿子们得到跟从耶稣的奖赏。因为如我们所读,当他们为主所呼召的时候,他们一听到话立刻就舍弃了他们的网和父亲,跟从了他。

56. 这样她某种程度上屈服于一位母亲热诚的驱使,真诚恳求救主说:"愿你叫我这两个儿子在你的国里,一个坐在你右边,一个坐在你左边。"⑥尽管这是个错误,但这是个母亲爱心的错误,因为一位母亲的心总是急切的。尽管她太过渴望她愿望的目标,然而她的渴望却是可原谅的,因为她不是为钱贪婪,而是为了恩典。她的请求并不寡廉鲜耻,因为她不是想到她自己,而是想到她的孩子们。母亲的想法体现在她的身上。

57. 但是你们这些认为全能父对他独生子的爱乃是微不足道的人,如果父母为他们的孩子的感觉对你们无足轻重,这些就算不得什么了。天地的主蒙羞(照我们所有的肉身与拥有的灵魂而言)——我说他蒙羞,用他自己的话说乃是被困扰,为要拒绝一位母亲为她的儿子们所发让他们在他自己的位上有分的请求。你们有时宣称永恒神真的儿子为了服侍而站立,另外一些时候你们让他作为助手同在,不是因为尊贵性的一致,而是因为这是父的命令。你们否认神的儿子,他是真神,这点是

---

⑤ 《马太福音》20:23,根据英译本引文直译,下同。——译者注
⑥ 《马太福音》20:21。

他明确不愿拒绝人的。

58. 因为他考虑到母亲的爱，母亲在她年迈时以思考她儿子们的奖赏为安慰，并且尽管为母亲的渴望所扰，还是愿意承受她至爱的人离开她。

59. 再想这位妇人，就是性别上较软弱的，主还没有借他自己的受难使之强壮。我说，思考夏娃——第一位妇人——的后代，陷在所传下来未受限制的情感中，传给了所有人，这一位也还没有为主自己的血所赎，他还没有用他自己的血洗净植于所有人心中对甚至超过正确程度未加限制之荣耀的渴望。所以该妇人的冒犯包含天生犯错误的倾向。

60. 如我们所读，即便是使徒们自己都要在他们中间争竞来拥有优势，那如果一位母亲要为她的孩子争取赢得优势（比她为自己所做要强得多了）有什么奇怪呢？

61. 所以医生不应该用令人蒙羞的责备来伤害一位已经被夺去一切的母亲或一颗受伤害的心，免得当她发出请求而被傲慢地拒绝时，她就会为她的请求受责难好像不合理而悲伤。

62. 最后，知道母亲的爱心是要被尊重的主，没有回答妇人，而是回答她的儿子们说："我将要喝的杯你们能喝吗？"当他们说"我们能"时，耶稣对他们说："我所喝的杯你们必要喝，只是坐在我的左右不是我的可以赐给你们，乃是我父为谁预备的就赐给谁。"㉑

63. 主是何等地有耐心与恩慈啊！他的智慧何等深，他的爱何等善！为了表明门徒所求不是小事，而是一件他们不能得到的事，他为他父的荣耀保留了他自己特别的权利，不害怕他自己的权利被夺去，"他不以自己与神同等为强夺的"㉒；也爱他的门徒（因为"他既然爱他们"，如经上所记，"就爱他们到底"㉓），看起来不愿意拒绝那些他所爱之人的渴

㉑ 《马太福音》20：22 以下。
㉒ 《腓立比书》2：6。
㉓ 《约翰福音》13：1。

望。我说,他是良善圣洁的主,宁可保留一些他自己特有的秘密,也不把他的爱搁置一边。"爱是恒久忍耐又有恩慈,爱是不嫉妒……不求自己的益处。"㉔

64. 最后,他说"不是我的可以赐给你们",你可以学习到这不是软弱的记号,而是温柔的记号。注意当西庇太的儿子们自己而不是他们的母亲发出请求时,主完全没有提到父,因经上如此记道:"只是坐在我的左右不是我的可以赐给你们,乃是为谁预备的就赐给谁。"《马可福音》作者是这么说的。但是当母亲为他的儿子发此请求时,如我们在《马太福音》中看见的,他说:"只是坐在我的左右不是我的可以赐给你们,乃是我父为谁预备就赐给谁。"这里他加上"我父",因为一位母亲的感受要求更大的温柔。

65. 但是如果他们认为通过说"我父为谁预备"他把更大的权柄给了他的父,或者减少了他自己的权柄,就让他们说他们是否认为父的权柄有减少,因为子在福音书中论到父说:"父不审判什么人。"㉕

66. 但是如果我们认为相信父以他不是自己拥有审判的权柄这样的智慧把所有的审判都交给子——因为他有,且不能失去神性尊贵因其本性所拥有的——是不敬虔的,我们应该想到认为子不能给人可以承受的或任何造物可以接受的,也是同样地不敬虔,特别当他自己说"我往父那里去。你们奉我的名无论求什么,我必成就"㉖。因为如果子不能赐下父所赐的,真理就说了谎,不能行父为他的名要他所行的。所以他没有说"我父所预备的"使得请求只是出于父,因为父所要求的一切事情他已经宣告他要赐下。最后,他没有说:"你们无论求我什么,我必成就。"而是说:"你们奉我的名无论求什么,我必成就。"

㉔ 《哥林多前书》13:4、5。
㉕ 《约翰福音》5:22。
㉖ 《约翰福音》14:12、13。

第六章

他希望某种程度上更全面地回应上述反对，声称这个请求如果并非本身就不可能的话，是可以由基督许可的，特别是当父赐他审判所有人，这个恩赐我们必须理解是毫无瑕疵地被施与的。然而，他证明这个请求一定要被认为是不可能的。为了使它的确可能，他教导基督的回答必须照他的人性来接受，接下来借解释这段经文表明这点。最后他再一次确认他所作的关于基督之不可能性的回应。

67. 我现在问他们认为西庇太的妻子与儿子们所发的请求在人的环境下或对于任何受造物是可能还是不可能。如果可能，从什么都没有来创造万物的那位怎么会没有权柄赐给他的使徒们坐在他左右的位子呢？还是父赐他审判所有人的那位不能判断人的品德呢？

68. 我们清楚地知道他赐予的方法，因为从无创造万有的子怎么会像有所缺乏那样来接受呢？他没有审判那些本性为他所造之人吗？父将一切审判都赐给了子，"叫人都尊敬子如同尊敬父一样。"[67]所以加增的不是子的权柄，乃是我们对子权柄的认识，我们所学的也不能为他的存有加添什么，而只是为了我们的好处，使得借认识神的儿子我们可以得永生。

69. 这样在我们认识神儿子荣耀的过程中关涉到的是我们的益处，而不是他的。如果任何人认为神的权能借那样的荣耀增添，他也一定相信父神能接受增添，因为他为我们认识他的知识而得荣耀，跟子一样，如子的话语所记："我在地上已经荣耀你。"[68]所以如果那所求的还是可能的话，它当然是由子的权能赐予的。

---

[67] 《约翰福音》5：23。
[68] 《约翰福音》17：4。

70. 如果他们认为它可能，就让他们表明人或其他受造物中谁坐在神的左边或右边，因为父对子说："你坐在我的右边。"⁶⁹所以如果任何人坐在子的右边，子就被发现坐在（以人的智慧而言）他自己与父之间。

71. 这样这就是一件所求于他而不可能的事情。但是既然他希望他神性的荣耀被遮盖，在他复活之前不要显出，他就不愿意说人不能与他同坐。因为在此之前，当他以荣耀显现在他的侍者摩西与以利亚之间的时候，他警告他的门徒们不要将他们所看见的告诉任何人。

72. 所以如果人或其他受造物不配得这个，子就不应该因为他没有给他门徒父不曾给人或其他受造物的东西而显得权能较小。否则就让他们说他将其给过谁。肯定不是众天使，圣经论到他们说众天使都站在宝座的周围。所以加百列讲到他站着，说："我是站在神面前的加百列。"⁷⁰

73. 这样他没有将其赐给众天使，也没有赐给敬拜坐着的那位的众长老，因为他们没有坐在尊贵的位上，而是如圣经所说，环绕宝座，因为有二十四个其他座位，如我们在约翰的《启示录》中看到的："座位上坐着二十四位长老。"⁷¹在福音书中主自己也说："人子坐在他荣耀的宝座上，你们也要坐在十二个宝座上，审判以色列十二个支派。"⁷²他没有说他自己的宝座可以分一份给使徒们，而是有另外十二个宝座。然而我们不应该认为他们真的是用来坐的，而是用以表明属灵恩赐的快乐之处。

74. 最后在《列王纪》中，先知米该雅说："我看见耶和华坐在宝座上，天上的万军侍立在他左右。"⁷³这样，当众天使站在耶和华神左右的时候，当天上万军站立的时候，人怎么会坐在神的左右呢？对于他们所给的应许是像天使一样的奖赏，如主所说："你们要像天上的使者一

---

⁶⁹《诗篇》110：1。
⁷⁰《约翰福音》1：19。
⁷¹《启示录》4：4。
⁷²《马太福音》19：28。
⁷³《列王纪上》22：19。

样。"⑭"像天使,"他说,不是"超过天使"。

75. 这样,如果父所赐的不比子更多,子所赐的当然不比父更少。所以无论怎么思考子都不比父小。

76. 然而,假定人们可能获得所渴求的,当他说"只是坐我的左右不是我可以赐的……"⑮意味着什么呢？什么是"我的"？上文中他说:"我所喝的杯,你们必要喝。"后面又加上:"不是我的可以赐给你们。"上文他说"我的",下面他再说"我的"。他没有做任何变化。所以前面的经文告诉我们为什么他说"我的"。

77. 当被一位妇人当作人请求允许她的儿子们坐在他的左右,因为她把他作为人来请求,主也仅作为人来答复,是关于他的受难:"我将要喝的杯,你们能喝吗？"

78. 所以因为他照着他肉体受难的身体说话,他希望表明照着肉身给我们留下忍受苦难的例子与表率,但是照着他作为人的地位他不能赐给他们在天上宝座的份。这就是为什么他说:"不是我的。"在另一处他也如此说:"我的教训不是我自己的。"⑯他这话不是照他肉体说的,因为神的话语不属乎肉体。

79. 但是他多么清楚地向他所爱的众门徒显出他的温柔啊:"我的杯你们能喝吗？"⑰因为他不能赐下他们所求的,他给他们另外的东西,使他可以在拒绝他们任何事情之前提出他将要派给他们什么,好叫他们明白,与其说他们的主不愿向他们表现善意,不如说他们向他提出的请求不公平。

80. "我所喝的杯,你们必要喝。"他说,就是说:"我不会拒绝你们受我肉体将要受的苦。完全为了这个缘故我穿戴为人,使你们可以模

---

⑭ 《马太福音》22:30。
⑮ 《马太福音》20:23。
⑯ 《约翰福音》7:16。
⑰ 《马太福音》20:22。

仿。我已经赐给你们胜过苦难这十字架的产业。'只是坐在我的左右不是我的可以赐给你们。'"他没有说"不是我的可以赐",而说"不是我的可以赐给你们",这不是表明他缺少权能,而是他的受造物缺少德行。

81. 或者照另一种方式来解释这些话:"不是我的可以赐给你们。"就是说:"不是我的,因为我来是教导谦卑;不是我的,因为我来不是被服侍的,而是服侍人的;不是我的,因为我显明公平,不是偏好。"

82. 然后,他论到父又加上"为谁预备的"来表明父也不惯于只注重请求,而是注重美德,因为神不偏待人。对此使徒也说:"他预先所知道的人就预先定下。"⑱他没有在知道他们之前定下,而是预先定下奖赏那些他预先知道美德的人。

83. 如此就正确检视了那妇人,她要求不可能的事,作为从主那里来的特殊种类的特权,这权柄作为主自己白白的恩典不只赐给两个使徒,而是赐给所有使徒,定意要给所有圣徒的,也不需要来自任何一个人的祈求,如经上所记:"你们要坐在十二个宝座上,审判以色列十二个支派。"⑲

84. 所以虽然我们可以认为这个要求是可能的,但还是没有容让错谬攻击的空间。然而当我读到撒拉弗侍立,我怎么能够认为人可以坐在神儿子的左右呢?主坐在基路伯上,如经上说:"坐在二基路伯上的啊,显明我自己。"⑳使徒们怎么会坐在基路伯上呢?

85. 我不是用自己的思维得出这个结论的,而是因为主自己口中的话语。因为主自己后来在交托众使徒给父的过程中说:"父啊,我在哪里,愿你所赐给我的人也同我在那里。"㉑但是如果他认为父将要把神的宝座赐给人,他会说:"我坐在哪里,他们也可以与我同坐。"但是他说"我愿他们与我同在",不是"他们可以与我同坐";是"我所在的地

---

⑱ 《罗马书》8:29。
⑲ 《马太福音》19:28。
⑳ 《诗篇》80:1,安波罗修自己不严格的引用。——译者注
㉑ 《约翰福音》17:24。

方",不是"照我的样式"。

86. 接下来的话是:"叫他们看见我的荣耀。"㉘这里他也没有说"叫他们有我的荣耀",而是"他们看见"它。因为仆人看见,主人拥有,如大卫也教导我们说:"使我可以瞻仰主的荣美。"㉝主自己在福音书中启示道:"清心的人有福了,因为他们必得见神。"㉞"他们必得见。"他说,不是"他们必与神同坐在基路伯上"。

87. 所以就照着神儿子的神性让他们停止藐视他,免得他们也藐视父。因为谬信子的不能正确思考父,谬想圣灵的不能正确思考子。因为那里的庄严、荣耀、慈爱、尊贵皆为一,无论你认为哪样从三个位格中的任何一个被抽离,它也就同样从所有的位格被抽离,因为你可以分离切割为许多部分的从不会有完整性。

第七章

有取自下述经文的反对:"你爱他们如同爱我一样。"为排除这个反对,他先证明阿里乌派解释的不敬虔,再将这些话与其他经文相比较,最后考虑整个上下文。由此他得出基督的使命尽管照着肉身而受对他却无减损。当这点得以证明,他显明神的使命如何进行。

88. 皇帝奥古斯都,有些人因他们对否认神性本质合一的渴望力图淡化父与子之爱,因为经上记着:"你爱他们如同爱我一样。"㉟但当他们说这话时,除去采用神的儿子与人的相似性做比较之外还有什么呢?

89. 人真能像父所喜悦的子那样为神所爱吗?他自身就令父喜爱,我们令父喜爱要借着他。对那些神在他儿子里面照他自己的样式所看的

㉘ 《约翰福音》17:24。
㉝ 《诗篇》27:4,根据英译本引文直译。——译者注
㉞ 《马太福音》5:8。
㉟ 《约翰福音》17:23。

人，他借他的儿子允许他们蒙众子的恩。我们因此经由样式进到样式，也借子的受生我们得称为子嗣。神性永恒的爱是一回事，由恩典而来的爱是另一回事。

90. 如果他们开始辩论经上所记的话"你爱他们如同爱我一样"，并且认为这话意在比较，他们一定认为下面的话也是以比较的方式而说的，"你们要慈悲，像你们的父慈悲一样"⑧，和另一处："你们要完全，像你们的天父完全一样。"⑧但是如果他是在他荣耀丰满中的完全，我们却是根据我们里面成长的德行而完全。子也被父根据内在爱的丰满而爱，但在我们里面与神的爱相称的是恩典的成长。

91. 这样你就看见神如何将恩典赐给众人，难道你盼望割裂父与子间自然不可分的爱吗？还是你既的确注意到有话提到尊贵的合一性，却仍旧力求忽略它们呢？

92. 思考整个这段经文，看看他站在什么立场说话，因你听见他说："父啊，现在求你使我同你享荣耀，就是未有世界以先我同你所有的荣耀。"⑧要看到他如何站在第一人的立场说话的。因为他在那个请求中为我们祈求他作为人记得在堕落之前在乐园里所赐予的，正如他在受难时对强盗所说："我实在告诉你，今日你要同我在乐园里了。"⑧这是在未有世界以先的荣耀。但是他使用了"世界"这个词而非"人们"，如同你所看到的："看哪，世界都随从他去了"⑩，和另一处："叫世人可以信你差了我来。"⑪

93. 但是为了使你可以认识伟大的神与赐生命的全能神子，他加了一句证明他尊贵的话："凡是我的都是你的，你的也是我的。"⑫他拥有万物，你却要颠倒他受差遣的事实来歪曲他吗？

---

⑧ 《路加福音》6：36。
⑧ 《马太福音》5：48。
⑧ 《约翰福音》17：5。
⑧ 《路加福音》23：43。
⑩ 《约翰福音》12：19。
⑪ 《约翰福音》17：25。
⑫ 《约翰福音》17：10。

94. 但是如果你不接受这个真理,就是如使徒所言他照肉身所有的使命,并且从仅仅一个词中提出反对它的决定,使你能够说次等的总是为高等的所差,那你将如何回答子被差往人那里这个事实呢?因为如果你的确认为被差的比差他的那位次等,你一定也知道次等的差过高等的以及高等的被差往次等的。因为托比亚斯(Tobias)差遣了天使长拉斐尔[93],天使被差往巴兰那里,神的儿子被差往犹太人那里。

95. 还是神的儿子比他所差往的犹太人次等呢?因为经上记载他说:"后来打发他的儿子到他们那里去,意思说:'他们必尊敬我的儿子。'"[94]注意到他先提到了仆人们,然后才是儿子;使你可以知道神,就是根据他神性能力的独生子,无论在名分还是地位上与仆人们都不相同。他被差是要受尊敬的,不是跟家人来做比较。

96. 而且他正确地加上了"我的"一词,使我们可以相信他来不是作为许多人中的一个,也不是作为低等本性或某种次等能力中的一员,而是从真理而出的真理、父本体的形象。

97. 然而,假定被差的比差他的那位次等,那么基督就比彼拉多次等,因为彼拉多差他到希律那里去。但是不能因为一个词而对他的权能的认识有失公允。圣经既说到他从父那里被差,也说到他从一统治者那里被差。

98. 所以,如果我们敏感地认识到这些与神的儿子相称的事情,我们就应该理解他是如此被差:就是神的道,出于他尊贵深奥之难于理解不可言表的奥秘,为了我们思想上能理解赐下他自己,完全为了我们可以了解他,不仅当他"倒空"自己的时候,也如经上所记"我要在他们中间居住"[95],在他住在我们中间的时候。在别处神的话也说:"我们下

---

[93] 《托比亚斯书》9章3节。
[94] 《马太福音》21:37。
[95] 《哥林多后书》6:16。

去，在那里变乱他们的口音。"⑯事实上神从来没有从任何地方降下，因为他说："我充满天地。"⑰但是如先知所言："预备耶和华的路，修平神的道。"⑱当神的道进入我们心的时候他看起来好像降下。我们如此行，为的是如他自己所应许的，他可以与父同来，使他与我们同住。这样他如何来就清楚了。

第八章

基督就他为神真正的儿子而言没有主，只有他作为人才有，这由他的话在一时称其为父，在另一时称其为主而证明。有多少异端在一节圣经经文面前无言以对！我们必须区分属乎神子基督与属乎大卫的子孙基督之间的事，因为在后者的称号下我们只能称他为仆人。最后，他指出许多经文只能当作论述道成肉身来接受。

99. 所以，很明显他也称他知为父的那位为主，因为他说："父啊，天地的主，我承认你。"⑲首先智慧论到他自己的父，然后宣告他为创造的主。为这个缘故主在他的福音书中显明在提到真后代的地方没有主身份的施行："'论到基督，你们的意见如何？他是谁的子孙呢？'他们回答说：'是大卫的子孙。'耶稣说：'这样，大卫被圣灵感动，怎么还称他为主，说，主对我主说，你坐在我的右边？'"他又加上："大卫既然称他为主，他怎么又是大卫的子孙呢？他们没有人能回答一言。"⑳

100. 主因为阿里乌派在这段见证中给予了信心何等样的关注啊！因为他没有说："圣灵称他为主"，而是说："大卫被圣灵感动说。"为了使人可以相信按肉体他是他的——就是大卫的——子孙，按他的神性他也是

---

⑯ 《创世记》11：7。
⑰ 《耶利米书》23：24。
⑱ 《以赛亚书》40：3。
⑲ 《马太福音》11：25，根据英译本引文直译。——译者注
⑳ 《马太福音》22：42 以下。

大卫的主与神。这样你就看到用于关系和用于主身份的称号有区别。

101. 主正确地论述他自己的父，称之为天地的主，使你在读到父与主时可以理解这是子的父与创造的主。在一个称号里是本性的宣告，在另一个里是统管的权柄。借给自己穿戴仆人的样式，他称其为主，因为他顺服来服侍；在神的样式与其相等，在他肉身的样式作为仆人：因为服侍是肉体应做的，主权是神性应得的。所以使徒也说："我们主耶稣基督的神，荣耀的父"[101]，就是称其为人性后嗣的神而又是荣耀的父。神有两个儿子基督与荣耀吗？断乎不是！所以如果有一个是神的儿子，就是基督，那么基督就是荣耀。为什么你极力要藐视作为父荣耀的那位呢？

102. 如果子是荣耀，并且父是荣耀（因为荣耀的父除了荣耀之外不可能是别的什么），荣耀就没有分裂，而是为一。这样荣耀指其自己的本性，而主权是指所取肉身的服侍。因为如果肉身服从于一个正直人的灵魂，如经上所记："我是攻克己身，叫身服我"[102]，那么它又该如何服从于神性呢？对后者经上说道："万物都是你的仆役。"[103]

103. 用一个问题主就把撒伯里乌派、富提纳斯派和阿里乌派关在门外。因为当他论到主对主说时，将父与子当作同一位格的撒伯里乌被排除。认为子只不过是人的富提纳斯也被排除，因为除了神之外没有人可以是大卫王的主，经上记着："当拜主你的神，单要侍奉他。"[104]靠律法统管的先知会行事违背律法吗？听到子坐在父右边的阿里乌被排除，从而如果他从人的角度来争论，他就驳斥自己，令他亵渎的论证之毒回流到他自己身上。因为借着以人类习惯的类比来解释父与子的不平等（任一情况都离开了真理），他高举他藐视的那位，承认他听见在右边的这一位

---

[101] 《哥林多后书》1：3，根据英译本引文直译。——译者注
[102] 《哥林多前书》9：27。
[103] 《诗篇》119：91。
[104] 《申命记》6：13。

为首。摩尼也被排除。他不否认按肉体他是大卫的子孙。瞎眼的人对他喊着说:"大卫的子孙耶稣,可怜我们吧!"[105]他喜悦他们的信心,站住,治好了他们。但是他却否认这是对他永恒性而言的,如果他被那些说假话的单单称为大卫的子孙。

104. 因为"神的儿子"反对伊便尼(Ebion),"大卫的子孙"反对摩尼;"神的儿子"反对富提纳斯,"大卫的子孙"反对马西昂;"神的儿子"反对撒摩撒他(Samosata)的保罗,"大卫的子孙"反对瓦伦廷;"神的儿子"反对阿里乌与撒伯里乌——异教错谬的继承者。"大卫的主"反对犹太人,他们看到神的儿子在肉身显现,却以不敬虔的疯狂相信他只是人。

105. 但是在教会的信仰中父神的儿子与大卫的子孙是同一位。因为根据经上所记:"没有神,他为人人尝了死味"[106],神道成肉身的奥秘是整个创造界的救赎,就是说每一个受造物都可以因主神之血的赎价毫无痛苦地被赎回,如在另外的经文写道:"受造之物脱离败坏的辖制。"[107]

106. 根据神的本质被称为子是一回事,因对人之肉身的认领而被如此称呼是另一回事。因为根据神的受生子与父神同等,而根据对人之肉身的认领,他是父神的仆人,经上说:"他取了奴仆的形像。"[108]然而子是同一位。另一方面,根据他的荣耀他是圣先祖大卫的主,但却是他实际后裔家谱中的子孙,不是丢弃了他自己应有的,而是为自己获取了进入我们族类嗣子的权利。

107. 他经历了有人特征的服侍不仅因为出自大卫后裔,也因为他的名,如经上所记:"我寻得我的仆人大卫"[109];又在另一处:"我必差给你我的仆人,他名为东方。"[110]子自己说:"从我出胎造就我作他仆人的耶

---

[105]《马太福音》20:29。
[106]《希伯来书》8:9,根据英译本引文直译。——译者注
[107]《罗马书》8:21。
[108]《腓立比书》2:7。
[109]《诗篇》89:20。
[110]《撒迦利亚书》3:8,根据七十士译本直译。——译者注

和华对我如此说：'你被称为我的仆人是件大事。看哪，我已设立你为我民的见证，我还要使你作外邦人的光，叫你施行我的救恩直到地极。'"⑪如果不是对基督，这话又是对谁说的呢？谁本有神的形像，却倒空自己取了奴仆的形像呢？但是除了存于神性丰满中的又有什么能有神的形象呢？

108. 这样你要了解这句经文是什么意思："他取了奴仆的形像。"这意味着他取了一切人性最完全的完美与最完全的顺服。《诗篇》30 篇如此说："你使我的脚站在宽阔之处；我因一切敌人成了羞辱；求你使你的脸光照仆人。"⑫"仆人"意味着被分别为圣的人，意味着被膏的人，意味着生于律法之下且生于童女的人，简言之就是在位格中有母亲的人，如经上所记："耶和华啊，我真是你的仆人。我是你的仆人，是你婢女的儿子。"⑬另有："我被压伤，身体疲倦。"⑭

109. 除了借着他的顺服来释放所有人的基督，谁又被压伤，身体疲倦了呢？因一人的悖逆众人成为罪人，照样因一人的顺从众人也成为义了。谁接受了救恩之杯呢？是大祭司基督，还是从没做过祭司又没受过苦的大卫呢？谁以感谢为祭献上呢？

110. 但这还不够，再看这里："求你保存我的性命，因我是虔诚人。"⑮大卫是为他自己说这话吗？不，说这话的还说："你必不将我的灵魂撇在阴间，也不叫你的圣者见朽坏。"⑯同一位说了这两处经文。

111. 他再加上："拯救你的仆人"⑰；还有："将你的力量赐给仆人，救你婢女的儿子"⑱；另在《以西结书》中说："我必立一牧人照管他

---

⑪ 《以赛亚书》49：5、6，根据英译本引文直译。——译者注
⑫ 《诗篇》31：3、11、16，七十士译本编号为 30 篇。——译者注
⑬ 《诗篇》116：16。
⑭ 《诗篇》38：8。
⑮ 《诗篇》86：2。
⑯ 《诗篇》16：10。
⑰ 《诗篇》86：2。
⑱ 《诗篇》86：2。

们，牧养他们，就是我的仆人大卫。他必牧养他们，作他们的牧人。我耶和华必作他们的神，我的仆人大卫必在他们中间作王。"[119]而耶西的儿子大卫已经死了，所以他是在说基督，为我们的缘故以人形成为婢女的儿子，因为照他的神圣受生他没有母亲，只有父亲，他也不是属地情欲的果子，而是神永恒的权能。

112. 所以当我们又读到主说"我的时候还没有满"[120]，"我还有不多的时候和你们同在"，"我回到差我来的那里去"[121]，"如今人子得了荣耀"[122]，我们应该认为所有这些都指道成肉身。但当我们读到："神在他身上得了荣耀，神也荣耀了他"[123]，这里对子被父荣耀，父被子荣耀还有什么疑问呢？

113. 然后为了澄清合一的信心与三位一体的联合，他也说他要为圣灵所荣耀，如经上记着："他要接受我，且要荣耀我。"[124]所以圣灵也荣耀神的儿子。这样他怎么说："我若荣耀自己，我的荣耀就算不得什么"[125]呢？子的荣耀算不得什么吗？如此说是亵渎，除非我们将这些话运用在他的肉身上，因为子在以人的身份说话，与神性相比，肉身没有荣耀。

114. 就让他们停止他们邪恶的对抗吧，那只会将他们掷回自己的错谬中。因为他们说经上记着："人子得了荣耀。"我不否认经上说："人子得了荣耀。"但是让他们看看接下来的："神在他身上得了荣耀。"我可以为人子找些借口，可是他对他的父毫无借口；因为父没有自己披戴肉身。我可以找个借口，但不用它。他没找借口，又受到错误的攻击。我可以照其明显的意思理解，或者我可以将关乎肉身的运用到肉身。敬虔的思维区分论述肉身或论述神性的话，不敬虔的思维，是出自小心眼，

---

[119] 《以西结书》34：23、24。
[120] 《约翰福音》7：8。
[121] 《约翰福音》7：33。
[122] 《约翰福音》13：31。
[123] 《约翰福音》13：31。
[124] 《约翰福音》16：14，根据英译本引文直译。——译者注
[125] 《约翰福音》8：54。

颠转来污辱神。

第九章

这位圣徒直面那些倚靠犹太人智慧、因这句话中的次序而反对的人:"奉父、子、圣灵的名。"他驳斥说子也经常被置于父的前面,尽管他先指出他已经给过了对这个反对的一种回应。

115. 为什么阿里乌派的人跟从犹太人的传统如此错误无耻地解释神的话呢?他们竟然说父一个权能,子另一个权能,圣灵还有一个权能,因为经上记着:"你们要去,使万民作我的门徒,奉父、子、圣灵的名给他们施洗。"⑫为什么他们单凭词语的顺序就区分了神的权能呢?

116. 尽管我已经在我前面的书卷中给出了在这点上尊贵与名号合一性的见证,然而如果他们以此为争辩的依据,我还能够靠圣经的见证宣称在很多地方子被首先提到,而父在他之后被论及。所以这就如阿里乌派想要的,因为子的名仅由于词句的巧合被放在前面,父就位居子之后吗?神不许,我说,神不许。信心丝毫不在意这一类的次序,与分裂父与子的荣耀无干。我从来没有看到过,也没有听说过,更没有发现神里面一丝一毫的程度不同。我从没看到过其次的或第三的神。我看到过首先的神,我听说过首先的也是唯一的神。

117. 如果我们如此过头地关注次序,那么子不应该坐在父的右边,也不应该称他自己为首先的和起初的。福音书作者以道而不是神开头就错了,他说:"太初有道,道与神同在。"⑫因为根据人用法的次序,他应该先提父之名。使徒也对他们的次序无知,他说:"耶稣基督的仆人保罗,奉召为使徒,特派传神的福音。"⑫在别处又说:"主耶稣基督的恩

---

⑫ 《马太福音》28:19。
⑫ 《约翰福音》1:1。
⑫ 《罗马书》1:1。

惠、神的慈爱、圣灵的感动。"[129]如果我们遵循词语的次序，他最先说了子，其次才是父。但是词语的次序经常变化，所以你不应该在父神跟他儿子的问题上质疑次序或程度，因为神性中的合一不可分割。

第十章

阿里乌派公开站在异教一边攻击这话："信我的不是信我"，还有别的一些话。经文的真正含义得以解开，为了防止我们相信主禁止我们对他有信心，文中显明他如何一时作为神讲话，另一时作为人讲话。在带出这样信心不同结果的例子之后，他表明一些其他经文也必须用同样的方式接受。

118. 最后为了证明他们不是基督徒，他们否认我们要信靠基督，说经上记着："信我的，不是信我，乃是信那差我来的。"[130]我正等着这一坦白，你们为什么用诡辩哄骗我呢？我知道我必须与异教徒相争。不，他们倒真是转化了，你们却没有。如果他们相信，洗礼就没有问题；你们接受了却毁了它，或者可能从来就没有接受，从一开始就不是真的。

119. 他们说，经上记着："信我的不是信我，乃是信那差我来的。"但是要看下文，要看神的儿子希望如何被看见，因为接下来是："人看见我，就是看见那差我来的。"[131]因为父通过子被见到。因此他解释了他先前讲过的，就是承认父的信靠子，因为不认子的也不认父，凡不认子的就没有父，认子的父和子都有了。

120. 这样"不是信我"是什么意思呢？它的意思是，不是信你可以通过肉体形状认识的，也不只是信你看到的那个人。因为他表明的是，我们不要单单只信一个人，而是应该相信耶稣基督自己既是神又

---

[129]《哥林多后书》13：14。
[130]《约翰福音》12：44。
[131]《约翰福音》12：45。

是人。因此同时出于这两个原因他说:"我来并不是由于自己"[132];还说:"我就是起初,如我所告诉你们的。"[133]作为人他来不是由于自己,作为神的儿子他不从人那里得到起头,而是"我是",他说:"我自己,是'起初,如我所告诉你们的。'我说的话也不是出于人的,乃是出于神的。"

121. 相信他拒绝我们去信靠他也不对,因为他自己说:"凡信我的,不住在黑暗里。"[134]在另一处也说:"因为我父的意思是叫一切见子而信的人得永生。"[135]他还说:"你们信神,也当信我。"[136]

122. 所以人不能接受没有父的子,因为我们读到了子的话语。子有父,不是在时间意义上,不是因为他受难,不是出自他被怀胎,也不是来自于恩典。我看到他的受生,我没有看到他被怀胎。并且父说:"我生。"[137]他没有说:"我造。"子在他神性受生的永恒中不称神为他的创造者,而称为父。

123. 他既在人性特征中表现自己,又在神性尊贵中表现自己;既宣告自己与父神性为一,又穿戴上人肉身的所有软弱;既指出他的见证不真,又指出他的见证为真,因为他自己曾说:"我若为自己做见证,我的见证就不真"[138];后来又说:"我虽然为自己做见证,我的见证还是真的。"[139]

124. 主耶稣,你的见证怎么会不真?难道相信的那位尽管挂在十字架上受他所犯之罪当得的惩罚,没有抛开强盗应得的而获得了无罪的奖赏吗?

125. 保罗因为信恢复了他的视力,这视力是他在信之前失去的,难

---

[132] 《约翰福音》7:28。
[133] 《约翰福音》8:25,根据英译本引文直译。——译者注
[134] 《约翰福音》12:46。
[135] 《约翰福音》6:40。
[136] 《约翰福音》14:1。
[137] 《诗篇》2:7。
[138] 《约翰福音》5:31。
[139] 《约翰福音》8:14。

道他被骗了吗？

126. 嫩的儿子约书亚认错了天军的元帅吗？但在他相信之后，他进一步征服，配得信心争战的胜利。另外，他没有带领他的武装部队进入战斗，也没有用撞锤或其他战争的武器推翻敌人城墙的防御工事，而是以祭司的七号之声来推翻的。结果号角的鸣起与祭司所佩之牌结束了残酷的战争。

127. 一个妓女看到了这点；沦陷之城中失去了所有保平安希望的她，因为她的信心已经得胜，在她窗口系了一根朱红线绳，以此高举她信心的记号与主受难的旌旗，使将要救赎世人的奥秘之血的外在表现可以被记得。所以从外在来看，约书亚之名是对争战对象的胜利记号；从内在来看，主受难的外在表现是对处于危难中之人的救恩记号。所以因为喇合理解属天的奥秘，主就在《诗篇》中说："我要提起喇合和巴比伦人是在认识我之中的。"[140]

128. 哦主，这样除了根据人的软弱而给，你的见证怎么会不真呢？因为"人都是说谎的"[141]。

129. 最后，为了证明他以人的身份说话，他说："差我来的父也是为我作见证。"[142]但是他作为神的见证是真的，因为他自己说："我的见证还是真的，因为我知道我从哪里来，往哪里去，你们却不知道我从哪里来，往哪里去。你们是凭肉身判断人。"[143]这样他们不是照神性而是照人性来判断，认为基督没有作见证的能力。

130. 所以当你听到："信我的不是信我"或"差我来的父已经给我命令"[144]，你现在就知道这些话指什么。最后他表明命令是什么，说："我

---

[140] 《诗篇》87：4，和合本"喇合"作"拉哈伯"。——译者注
[141] 《诗篇》116：11。
[142] 《约翰福音》8：18。
[143] 《约翰福音》8：14、15。
[144] 《约翰福音》12：49。

将命舍去,好再取回来。没有人夺我的命去,是我自己舍的。"⑭⑤这样你就看到所说的话是用来表明他有完全的能力舍去或取回他的生命,因为他也说:"我有权柄舍了,也有权柄取回来。这是我从父所受的命令。"⑭⑥

131. 无论是给了个命令,还是如一些拉丁抄本所言给了个指示,肯定不是把他当作神而给的,而是当作成了肉身的人,指向他经过受难将要获得的胜利。

第十一章

我们必须把基督不凭着自己讲归到他的人性。在解释了怎样才算正确说明他作为神听见和看见父,他通过大量证据,结论性地表明神的儿子不是受造物。

132. 因为经上记着:"我没有凭着自己讲",还有"我所讲的话正是照着父对我所说的"⑭⑦,我们就真要把神的儿子贬低到如此地步,以至于他除了照他所听见的便不知道如何行为或说话,我们就要认为行为或言语加给他是有限量的吗?但是这些话是针对肉身的顺服或合一性里的信心而言的。因为许多有学问的人同意子听见,且父借着他们本性的合一对子说话;因为子通过他们意志的合一知道父所愿的,他就显得听见了。

133. 由此表明的不是个人的职分,而是不可分割的合作判定。因为这不代表任何实际听见的话语,而是意志与权能的合一,既存在于父中,也存在于子中。他在另一处又说到这也存在于圣灵中:"因为他不是凭自己说的,乃是把他所听见的都说出来,"⑭⑧使我们可以知道无论圣灵说什么,子也说,无论子说什么,父也说,因为三位一体中思想为一,

---

⑭⑤ 《约翰福音》10:17、18。
⑭⑥ 《约翰福音》10:18。
⑭⑦ 《约翰福音》12:49、50。
⑭⑧ 《约翰福音》16:13。

工作模式为一。因为正如父借着子被看见不是真的在肉身显现,而是在神性的合一中显现,同样父靠着子说不是用地上的声音,不是用人的声音,而是凭借他们工作的合一性。所以当他说:"住在我里面的父他在说话,我所作的工他在作"[149];又加上:"你们当信我,我在父里面,父在我里面;即或不信,也当因我所作的事信我。"[150]

134. 这是我们根据整段圣经所理解的,但是不愿认为神的事情正确的阿里乌派可以被一个刚好合乎他们的表现的例子而堵上嘴。既然他们自己通过肉眼看不见他们的父魔鬼的工作,他们便不信肉身的一切事情,所以主对他们的同伙犹太人宣告:"你们所行的是在你们的父那里看见的"[151],尽管他们受谴责不是因为他们看见了魔鬼的工,而是因为他们行了他的旨意,因为不可见的魔鬼根据他们自身的邪恶在他们中间做罪的工作。我们这样写,如使徒所行,乃是因为这些背叛者的错误。

135. 但是我们在圣经中有充足的例子来证明,父应该住在子中,子应该显出从父听见他所说的那些事,这是神性尊贵合一的特性。除了遵照同样听从父与子来了解的方式外,我们还能用别的什么方式来理解尊贵的合一性呢?因为除了使徒所说荣耀的主被钉十字架外还有什么更好的说法呢?

136. 这样子就是荣耀的神与荣耀的主,但是荣耀不从属于受造物,所以子不是受造物。

137. 子是父本体的真相,但是每个受造物都不像神的本体,但是父的子没有不像神,所以子不是受造物。

138. 子不以与神同等为强夺的,但是没有受造物与神同等,然而子却同等,所以子不是受造物。

139. 每个受造物都是可变的,但是神的儿子是不可变的,所以神的

---

[149] 《约翰福音》14:10,根据英译本引文直译。——译者注
[150] 《约翰福音》14:11。
[151] 《约翰福音》8:38,和合本中"看见"为"听见"。——译者注

儿子不是受造物。

140. 每个受造物照其本性的能力都有行善或行恶的可能，也感受到它们的失去；但是神子在他神性中没有可以取消或加添给他的，所以神的儿子不是受造物。

141. 他的神的每件工作都要受审判，但是神的儿子不受审判，因为他自己就是审判官，所以神的儿子不是受造物。

142. 最后，为使你可以理解合一性，救主论到他的群羊时说："谁也不能从我手里把他们夺去。我父把羊赐给我，他比万有都大，谁也不能从我父手里把他们夺去。我与父原为一。"⑫

143. 因此子像父那样赐生命。"父怎样叫死人起来，使他们活着，子也照样随自己的意思使人活着。"⑬因此子像父那样叫人起来，也像父一样保守生命。在恩典上没有不同的那位怎么会在权能上不等呢？因此子也不毁坏，就像父不毁坏那样。所以为了防止任何人相信有两位神，或者想象权能多样化，他说他与父原为一。一个受造物怎能如此说？所以神的儿子不是受造物。

144. 统管与服侍不是一回事，但是基督既是王也是王的儿子。所以神的儿子不是仆人。然而每个受造物都服侍。但是神的儿子，使仆人成为神的众子的那一位，他不服侍。所以神的儿子不是仆人。

第十二章

他通过贵胄到远方得国的比喻来肯定已经说过的话，表明当子把国交给父的时候我们一定不能看轻了父被提到将万有放在他的脚下。在此我们是基督的国且在基督的国中，此后我们要在神的国中，三位一体的神将一起做王。

---

⑫ 《约翰福音》10：28—30。
⑬ 《约翰福音》5：21。

145. 他以神的方式陈述了一个比喻,有一个贵胄去到远方为要得国回来,以此介绍他自己既有神性的本体又有人性。因为他在神性的丰盛中富有,为我们成了贫穷,尽管他富有,既是永远的王又是永远的王的儿子。照我说,他通过为自己穿戴一个身体去到别国,因为他借人的道路进入,好像经过陌生人的行程,来到这个世界在我们中间为他自己预备国度。

146. 所以耶稣来到地上为要从我们中间得国,他对我们说:"神的国就在你们中间。"⑮这是基督得到的国,这是他交给父的国。因为永远的王怎样为自己得国呢?"所以人子来为要得国回来。"犹太人不愿承认他,他对他们说:"那些不要我作他们王的,把他们拉来杀了吧。"

147. 让我们遵从圣经的记述。来的那位要把国交给父神,当他交出国的时候,他服于父,父也将万有都放在他的脚下,叫神在万物之上,为万物之主。如果神的儿子作为人子得国,当然人子也将交出他所得的。如果他以人子的身份交出,便以人子的身份承认他的顺服实在是在肉身的条件下,而非在他神性的尊贵中。

148. 当你读到人子把国交给神,又如我们在较早的书卷中读到:"若不是差我来的父吸引人,就没有能到我这里来的,在末日我要叫他复活"⑮,就因为父将万有放在他的脚下而反对轻视他吗?如果我们照字面理解,要看清楚相互给对方的荣耀的合一性:父将万有放在子的脚下,子将国交于父。你现在来说哪个更大,是交出的还是使生命复活的?但是既有子交给父的,也有父给子的。子使生命复活,父也使生命复活。就让他们在权能合一之处创造亵渎性分裂的幻影吧。

149. 这样让子将他的国交给父。他交出的国对基督而言非但没有失去,反倒更加增长。我们就是国度,因为经上对我们说:"神的国就

---

⑮ 《路加福音》17:21。
⑮ 《约翰福音》6:44。

在你们中间。"我们就是国度，先是基督的，再是父的，如经上所记："若不藉着我，没有人能到父那里去。"⁽¹⁵⁶⁾当我在路上，我就是属基督的；当我通过了，我就是父的；但是无论何处都借着基督，无论何处都在他之下。

150. 在基督的国中是件好事，基督可以与我们同在，如他自己所说："我就常与你们同在，直到世界的末了。"⁽¹⁵⁷⁾但是与基督同在更好："离世与基督同在，因为这是好得无比的。"⁽¹⁵⁸⁾尽管在这个世界里我们在罪之下，基督与我们同在，使得"因一人的顺从，众人也成为义了"⁽¹⁵⁹⁾。如果我逃脱这个世界的罪，我就开始与基督同在。所以他说："我必再来接你们到我那里去"⁽¹⁶⁰⁾；再加上："我在那里，叫你们也在那里。"⁽¹⁶¹⁾

151. 所以我们现在在基督的管辖之下，同时我们也在肉身中，尚未脱离奴仆的形象，就是他在"倒空自己"的时候为他自己所穿上的。但是当我们看见他的荣耀，就是他在世界之先所有的，我们就在神的国中了，那里有列祖与众先知，对此经上记着："你们要看见亚伯拉罕、以撒、雅各和众先知都在神的国里。"⁽¹⁶²⁾我们将因此获得更深的关于神的知识。

152. 但是子的国度父也做王，父的国度子也做王，因为父在子里面，子在父里面；无论子住在谁里面，父也住在他里面；无论父住在谁里面，子也住在他里面，如经上所记："父与我都要到他那里去与他同住。"⁽¹⁶³⁾这样正如居住为一，国度也为一。是的，论到父的国与子的国只能为一，就是父接受了子交出的，子却没有损失掉父所接受的。

⁽¹⁵⁶⁾ 《约翰福音》14：6。
⁽¹⁵⁷⁾ 《马太福音》28：20。
⁽¹⁵⁸⁾ 《腓立比书》1：23。
⁽¹⁵⁹⁾ 《罗马书》5：19。
⁽¹⁶⁰⁾ 《约翰福音》14：3。
⁽¹⁶¹⁾ 《约翰福音》14：3。
⁽¹⁶²⁾ 《路加福音》13：28。
⁽¹⁶³⁾ 《约翰福音》14：23，根据英译本引文直译。——译者注这样在同一国度中权能合一。所以不要让任何人在父与子之间制造神性的分裂。

第十三章

在陈明并反驳了各样的服从概念之后,为了想要了解服从对基督而言是什么意思,他过了一遍使徒的话语,以此终结了异端关于这个问题亵渎的意见。这种服从被证明发生在将来,不可能关乎神性,因为父与子间一直存有着最和谐的意志。对同一位子在他的神性中万物实际也要服从于他,但是它们还没有在这个意义上被称为服从于他,因为还不是所有人都遵从他的命令。然而,在他们服从之后,基督也在他们中服从,父的工就完全了。

153. 但是,如果因为神的儿子也是真神、永恒的君王,所以神的同一个名与权力既属于父又属于子,那么神的儿子就不在神性中服从。奥古斯都皇帝,这样就让我们来思考我们应该怎样看待他的服从。

154. 神的儿子怎么服从呢?像归于虚空的受造物吗?但是对于神性的本体有任何这样的想法都是亵渎。

155. 还是像每个受造物对神的儿子那样?因为经上正确地记着:"你使万物都服在他的脚下。"[164]但是基督不服于他自己。

156. 或是像女人对男人那样?如我们所读:"你们作妻子的,当顺服自己的丈夫。"[165]还有:"女人要沉静学道,一味地顺服。"[166]但是将一个男人比作父或将女人比作神的儿子乃是不敬虔的。

---

[164] 《诗篇》8:6—8。
[165] 《以弗所书》5:22。
[166] 《提摩太前书》2:11。

157. 或者如彼得所说："你们要顺服一切人所造的"[167]那样？但是基督肯定不是如此服从。

158. 或如保罗所写，"当存敬畏基督的心，彼此顺服"[168]那样？但是基督不是存敬畏他自己的心，也不是存敬畏另一位基督的心而顺服，因为基督只有一位。但是注意到这些话的着力点，就是我们要顺服于父，同时也要敬畏基督。

159. 那么我们应该怎样理解他的顺服呢？我们是否应该回顾使徒所写的整章，从而不要有错解任何事情的表现，或以欺骗的意愿来削弱它的力度呢？他说："我们若靠基督只在今生有指望，就算比众人更可怜。但基督已经从死里复活，成为睡了之人初熟的果子。"[169]你就看到他如何讨论基督复活的问题。

160. 他说："死既是因一人而来，死人复活也是因一人而来。在亚当里众人都死了，照样，在基督里众人也都要复活。但各人是按着自己的次序复活，初熟的果子是基督，以后在他来的时候，是那些属基督的。再后，末期到了，那时基督既将一切执政的、掌权的、有能的都毁灭了，就把国交于父神。因为基督必要作王，等神把一切仇敌都放在他的脚下。尽末了所毁灭的仇敌就是死，因为经上说：'神叫万物都服在他的脚下。'既说万物都服了他，明显那叫万物服他的，不在其内了。万物既服了他，那时，子也要自己服那叫万物服他的，叫神在万物之上，为万物之主。"[170]同一位使徒对希伯来人也如此说："只是如今我们还不见万物都服他。"[171]我们就听到了使徒完整的讲述。

161. 这样我们如何讲论他的顺服呢？撒伯里乌派与马西昂派说基督对父神的这种顺服要理解为子将要被重吸入父中。这样，如果道的顺服

---

[167] 《彼得前书》2：13，根据英译本引文直译，不同于和合本。——译者注
[168] 《以弗所书》5：21。
[169] 《哥林多前书》15：19、20。
[170] 《哥林多前书》15：21—28。
[171] 《希伯来书》2：8。

意味着作为神的道被吸入父中，那么无论什么服于父与子的都将要被吸入父与子之中，叫神在万物之上，为万物之主。但是这么说是愚蠢的，所以没有借重新吸收的顺服。因为有其他事物顺服，就是那些被造的，另外还有一位，是这类顺服的对象。还是请粗糙的重新吸收论的解释者们闭嘴吧。

162. 他们既无法证明神的道与神的智慧能被重新吸收，却将顺服的软弱归到他的神性上，说经上记着："万物既服了他，那时子也要自己服那叫万物服他的。"他们就不能安静一会儿吗？

163. 这样我们就看到圣经说他还没有顺服，这是将要来的事。所以如今子还没有服于父神。这样你要说子成了顺服的吗？如果在他神性中他不顺服，因为他不与父相左，他也不是被造而顺服，因为他不是仆人，而是他自己真正父亲的唯一儿子。最后，当他创造天地的时候，他施行了能力与爱。所以在基督的神性中没有作为仆人的顺服，但是如果没有顺从，意志就是自由的。

164. 但是，如果他们认为这是子的顺服，即父使万物与他的意志联合，就请他们了解这实际证明了不可分的能力。因为他们意志的合一性不在时间里开始，而是永存的。但是哪里有意志的恒常合一，哪里就没有时间上顺服的软弱性。因为如果他借他本性被造顺服，他就永远保持在服从状态。但既然他被论到在时间中成为顺服，该顺服必然是所负职分的部分而非永存的软弱，特别是神永恒的能力一刻也不能改变他的状态，统管的权柄也不能在时间中落在父的身上。因为如果子以这样方式的改变来在他的神性中顺服，那么父神也必如此——如果他还要获得更多能力，使子在神性中顺服他自己，与此同时照你的解释就被认为是次等的。

165. 但是子对什么错有罪疚使我们要相信他可以此后在他神性中成为顺服呢？是他作为人为自己强夺坐在他父边上的权利，还是他违背父的旨意自我宣告有坐父宝座的特权呢？但是他自己说："因为我常作他所喜悦的事。"⁽¹⁷²⁾所以如果子在万事上使父喜欢，为什么他以前没有被迫顺服而现在要被迫顺服呢？

166. 就让我们再来看，没有神性的服从，而只有我们因敬畏基督而来的顺服，这是何等充满恩典、充满奥秘的真理啊！所以，让我们再一次掂量使徒的话："万物既服了他，那时子也要自己服那叫万物服他的，叫神在万物之上，为万物之主。"你要说什么呢？难道现在不是万物都服于他了吗？难道圣徒的赞美队没有顺服吗？难道在地上服侍他的众天使没有顺服吗？难道被差到马利亚那里去预告主降临的天使长没有顺服吗？难道众天军没有顺服吗？难道基路伯与撒拉弗没有顺服吗？难道敬拜赞美他的君王与执政掌权的没有顺服吗？

167. 那他们将如何被带入顺服中呢？方式为主自己所说的："你们当负我的轭。"⁽¹⁷³⁾负此轭不是猛烈的，而是谦卑柔和的。这对人而言明显不是卑贱低下的服从，而是充满荣耀的顺服："叫一切在天上的、地上的和地底下的，因耶稣的名无不屈膝，无不口称耶稣基督为主，使荣耀归于父神。"⁽¹⁷⁴⁾但是为了这个缘故万物在原先没有都顺服，因为他们还没有收到神的智慧，照他们脑中所想还没有将道轻省的轭戴在颈上。但是"凡接待他的人，"经上记着，"他就赐他们权柄作神的儿女。"⁽¹⁷⁵⁾

168. 会有人因为许多人已经相信而说基督现在顺服了吗？断然没有！因为基督的顺服不在于一些人而是在于全部人。因为就像我，尽管部分已经顺服，但是若我里面的肉体仍旧情欲与圣灵相争，圣灵和情欲相争，我就还没有进入顺服。这样，因为整个教会是基督的身体，只要人类有分歧我们就分裂了基督。所以基督还没有顺服，因为他的众肢体还没有被带进顺服。但是当我们成为一个灵而非许多肢体，那他也要变

⁽¹⁷²⁾《约翰福音》8：29。
⁽¹⁷³⁾《马太福音》11：29。
⁽¹⁷⁴⁾《腓立比书》2：10、11。
⁽¹⁷⁵⁾《约翰福音》1：12。

成顺服,从而借着他的顺服"叫神在万物之上,为万物之主"。

169. 但是既然基督还没有顺服,所以父的工作还没有完全,因为神的儿子说:"我的食物就是遵行差我来者的旨意,作成他的工。"[176]因为我自己尚未完全,子在我里面而有的顺服还有待将来,借着他而有的父的工还未完成,这有什么值得怀疑的呢?我尚未完成神的工,反倒使神的儿子顺服了吗?但是这不关乎对错,这关乎恩典。因为就我们顺服而言,这是为了我们的益处,不是为了神性的益处,使我们顺服律法,使我们顺服恩典。因为如使徒自己所言,以前肉身的智慧与神为敌,因为"不服神的律法"[177],但是现在借着基督的受难而顺服了。

第十四章

他继续进行着他已经开始的困难的讨论,教导基督不是服于而是根据肉体。然而基督尽管在肉身中顺服,仍旧被证明有神性。他攻击基督被造成并因此而顺服的观点。他所取的人性现如今实实在在地在我们里面成为顺服,正如我们的人性已经靠着他真实的人性而得以复活。最后我们在基督相同的顺服发生之时被教导。

170. 然而为了避免任何人贸然反对,请看圣经在神的默示下注意到了些什么。因为它既向我们显明基督向神顺服,也教导我们他令宇宙向他自己顺服。经上如此说:"只是如今我们还不见万物都服他。"[178]因为我们看到比天使小一点的耶稣受死的苦,所以这表明他因取了我们的肉身就变小了。在他自己借着取得我们的肉身向父神顺服的同时——借这肉身他令万有向他顺服,又有什么阻止他公开表明他因这肉身而有的顺服呢?

---

[176] 《约翰福音》4:34。
[177] 《罗马书》8:7。
[178] 《希伯来书》2:8。

171. 这样让我们来思考他的顺从。"父啊,"他说,"你若愿意,就把这杯撤去。然而不要成就我的意思,只要成就你的意思。"⁽¹⁷⁹⁾所以顺从是依照所取人性而来的,如我们读到:"既有人的样子,就自己卑微,存心顺服,以至于死。"所以顺从是这类顺服,顺服是顺服至死,死是所取人性的死,所以顺从是所取人性的顺从。这样,神性中绝没有软弱,是出于敬虔职责的履行才如此。

172. 你要看我如何不惧怕他们的企图。他们宣称他一定服于父神,我说他服于他的母亲马利亚。因为经上关于约瑟与马利亚记道:"他顺从他们。"⁽¹⁸⁰⁾但是如果他们如此以为,就让他们说明神如何顺服于人。

173. 他被称为仆人,被记载钉十字架,被论及死了,这些于他无损,请不要因为他被称为顺服而反对他。因为当他死之时便活了,当他顺服之时他做王,当他被埋葬之时他又复活了。他将自己交在人的权柄下,却又在另一时宣告是永恒荣耀的主。他在审判官面前,却宣告他自己坐在神右边的宝座上做永远的审判官。因经上如此记着:"后来你们要看见人子坐在那权能者的右边,驾着天上的云降临。"⁽¹⁸¹⁾他为犹太人责罚,却又命令众天使;他在律法之下为马利亚所生,又在亚伯拉罕之前超乎律法。在十字架上他为自然界尊崇,太阳无光,大地颤抖,众天使静默。这些害怕看到他受难的,它们能看到他的受生吗?若它们不能容忍身体的顺服,它们能赞成在他里面可敬本性的顺服吗?

174. 但既然父、子、圣灵同一本性,父肯定不会服从他自己,所以子也因为他与父为一而不会服从,以免显得借着神性的合一父也服从于子。所以,正如在十字架上的不是神性的完全,而是我们被带入顺服的软弱,子也将如此借着分有我们的本性而顺服于父,使得当肉身的欲望顺服时,心不再关注财富、野心或欢娱。而我们若可以在一

⁽¹⁷⁹⁾ 《路加福音》22:42。
⁽¹⁸⁰⁾ 《路加福音》2:51。
⁽¹⁸¹⁾ 《马太福音》26:64。

切事上照神的形象和样式而活——只要我们能达到，神便可以成为我们的一切。

175. 这样，益处从个体传到了团体，因为借着他的肉身他驯服了一切人肉身的本性。所以使徒说："我们既有属土的形状，将来也必有属天的形状。"[182]这事除了在内心里绝不可能在任何地方发生。所以，"要弃绝这一切的事"，就是我们所读到的这些事："忿怒、恶毒、毁谤，并口中污秽的言语。"[183]他也在下文中说："脱去旧人和旧人的行为，穿上了新人，这新人在知识上渐渐更新，正如造他主的形像。"[184]

176. 为了让你可以知道，当他说"叫神在万物之上，为万物之主"时，他没有将基督与父神分离，他也对歌罗西教会说："在此并不分希腊人、犹太人、化外人、西古提人，为奴的、自主的，惟有基督是包括一切，又住在各人之内。"[185]对哥林多教会也如此说："叫神在万物之上，为万物之主"，他在其中包含有基督与父神合一同等之意。类似地，正如父做一切的工又充满万有，基督也在万有中做一切的工。这样，如果基督也在万有中做一切的工，他就不在神性的荣耀中而在我们中顺服。但他除了以比天使微小的方式之外又怎么在我们中顺服呢？我的意思是在他肉身里面，因为从一开始就服侍他们创造主的万物看来还没有在他肉身中顺服他。

177. 但如果你要问他怎么在我们中顺服，他自己就向我们显明了："我在监里，你们来看我；我病了，你们看顾我；这些事你们既作在我这弟兄中一个最小的身上，就是作在我身上了。"[186]听到他生病软弱，你不为所动；听到他顺服，你便颇为之所动，尽管他[187]生病软弱是在处于屈从

---

[182] 《哥林多前书》15：49。
[183] 《歌罗西书》3：8。
[184] 《歌罗西书》3：9、10。
[185] 《歌罗西书》3：11，句末提到基督的词句与《哥林多前书》15：28 提到神的词句从原文看十分平行，两者在英文中都可译为 all in all。——译者注
[186] 《马太福音》25：36、40。
[187] 指作为神的基督。——译者注

地位的他⁽¹⁸⁸⁾里面，他是为了我们才成为罪身和咒诅。

178. 这样，正如他不是为自己的缘故，而是为了我们成了罪身与咒诅；同样他也不是为了他自己的缘故，而是为了我们在我们中顺服，不是在他永恒的本性中顺服，也不是在他永恒的本性中被咒诅。"凡挂在木头上都是被咒诅的"。⁽¹⁸⁹⁾他被咒诅，因他担当我们的咒诅；同样，他顺服因为他承担了我们的顺服，只是在所取的仆人形状中，并非在神的荣耀里，以至于当他在肉身中使自己与我们软弱有分的同时，让我们靠他的权能在神的本性中有分。但是无论在两者中的哪一样，我们都不在本性上同享基督属天的受生，基督里的神性也没有任何服从。但是正如使徒借着他作为我们得救应许的肉体所论到他的，我们坐在天上，尽管不是我们自己独自坐在那里，同样他也被论到借着取了我们的本性在我们中顺服。

179. 如我们已经说过的，当属天的有同等权柄的座位由生他的父根据肉身赐给基督时，有谁疯狂到认为这父神右边荣耀的位子是欠他的呢？众天使敬拜，你倒要以亵渎的假设来试图颠覆神的宝座吗？

180. 你说，经上记着："当我们死在过犯中的时候，他叫我们与基督一同活过来（你们得救是本乎恩），他又叫我们一同复活，在基督耶稣里一同坐在天上。"⁽¹⁹⁰⁾我承认经上如此写，但是经上没有写神让人坐在他的右边，而只是在基督的位格里坐在那里。因为他是万有的根基，又是教会的头，在他里面我们共有的本性根据肉体得享属天宝座的权利。因为肉身因与作为神的基督有分而被尊重，整个人类的本性因为同在肉体中有分而被尊重。

181. 这样正如我们在他里面借共享肉身本性而坐，同样他借取了我们的肉身为我们成了咒诅（既然咒诅不能落在受祝福的神子身上），所以

⁽¹⁸⁸⁾ 指作为人的基督。——译者注
⁽¹⁸⁹⁾ 《加拉太书》3：13。
⁽¹⁹⁰⁾ 《以弗所书》2：5、6，后半句根据英译本引文直译。——译者注

我说他通过万有的顺服在我们中服从；那时，外邦人相信了，犹太人也承认了他钉十字架的那位；同时，不信他以肉身而来的摩尼派敬拜他，否认他的阿里乌派承认他全能；最后，神的智慧，他的公义、和平、慈爱、复活充满万有。借着他自己的工作并借着能力的多重样式，基督在我们中服于父。当众人心中的一灵随着恶毒的消退与罪行的终结在万事上都开始与神相合时，神就在万物之上，为万物之主了。

第十五章

他再次简要地回应了相同的争论要点，从父与子里神权能的合一性聪明地得出结论，关于子的顺服无论说什么都是指对他人性而言的。他进一步通过证明同样存于两者中的爱来肯定这点。

182. 就让我们简短地总结我们关于整个问题的结论。权能的合一性排除了所有关乎降级服从的观念。他权能的放弃，他作为战胜死亡的征服者而有的胜利，没有减弱他的权能。顺服带出服从，基督在自己身上取了顺服，顺服以至于自己取了我们的肉身，为获取我们的救恩而上了十字架。因此哪里有所做的工，那里就也有做工者。所以当万有借基督的顺服而服于基督，从而万民也都因他的名屈膝之时，他自己就在万物之上为万物之主。而现在因为并不是所有人都信，万有也没有都顺服。但是当万民都信且行使神的旨意的时候，基督就在万物之上为万物之主。而当基督在万物之上为万物之主之时，神就在万物之上，为万物之主，因为父永远住在子内。这样救赎软弱者的怎会自己显得软弱呢？

183. 为了免得你可能将软弱归给子，经上记到神使万有服在他的脚下。要知道是他自己使万有服于他，因经上记着："我们却是天上的国民，并且等候救主，就是主耶稣，他要按着那能叫万有归服自己的大能，将我们这卑贱的身体改变形状，和他自己荣耀的身体相似。"⑲¹所以你就了解到他能按着他神性的工作，叫万有归服自己。

184. 你现在要知道他如何按肉身在顺服中接受万有，如经上所记："就是照他在基督身上所运行的大能大力，使他从死里复活，叫他在天上坐在自己的右边，远超过一切执政的、掌权的、有能的、主治的和一切有名的，不但是今世的，连来世的也都超过了。又将万有服在他的脚下。"⑲²这样按着肉身万有在顺服中赐给他，按着肉身他也从死里复活，既照着他人性的灵魂，也照着他理性的顺服。

185. 许多人很好地解释经上的这句话："我的灵魂的确要服于神。"⑲³他说灵魂而非神性，灵魂而非荣耀。为了使我们可以知道主借着先知论到采用我们人的本性，他又加上："你们自己攻击一个人要到几时呢？"⑲⁴他也在福音书中说："为什么你们要寻求杀我这个人呢？"⑲⁵再加上："然而他们拒绝我的价钱，饥渴奔跑，口虽祝福，心却咒诅。"⑲⁶因为犹太人当犹大带回价银时不愿接受它，在他们疯狂的饥渴中奔跑，因为他们拒绝属灵水源的恩典。

186. 这是对顺服有敬意的解释，因为既然这是主受难的职分，他将在我们中以受苦来顺服。我们问为什么吗？"是天使，是掌权的，是高处的，是低处的，是现在的事，是将来的事，是别的受造之物，都不能叫我们与神的爱隔绝，这爱是在基督耶稣里的。"⑲⁷这样我们从所说的话里看到没有受造物除外，每一个——无论是何种类——都列在上面所提到的里头了。

187. 同时我们必须也思考这话。他先说："谁能使我们与基督的爱隔绝呢？"再写："无论是死，是生，或别的受造之物，都不能叫我们与神的

---

⑲¹ 《腓立比书》3：20、21。
⑲² 《以弗所书》1：20—22。
⑲³ 《诗篇》62：1，根据英译本引文直译。——译者注
⑲⁴ 《诗篇》62：3，根据英译本引文直译。——译者注
⑲⁵ 《约翰福音》8：40，根据英译本引文直译。——译者注
⑲⁶ 《诗篇》62：4，根据英译本引文直译。——译者注
⑲⁷ 《罗马书》8：38、39。

爱隔绝，这爱是在基督耶稣里的。"这样我们就看见神的爱与基督的爱相同。因此他写到神的爱"是在基督耶稣里的"并非没有原因，免得你可能想象神的爱与基督的爱是分离的。但是哪里爱不分离，永恒的神性也绝不能分离，真理无所不知，没有能欺骗公义或逃脱智慧所注意的。

第十六章

阿里乌派借大卫的口为圣灵所责备，因为他们胆敢限制基督的知识。他们所引用来证明这点的经文绝对难逃文本损坏的怀疑。但是为了正确认识这点，我们必须注意"子"这个字。因为他既为智慧，知识绝不会认为基督不够格做神的儿子，也不是只承认部分，因为他创造万有。他既创造世代，就不可能不了解未来，对审判之日无知。这样的知识无论巨细子都不可能不知，圣灵也不会不知。最后从我们所能收集到的证据给出各样证明来表明基督里有这样的知识。

188. 由此我们应该知道如此说话的人为圣灵所咒诅与责备。因为除了主要针对阿里乌派先知还能责备谁呢？他们说神的儿子既不知道时间，也不知道年月。而神无所不知，基督——就是至高的基督——是神，因为他是"万有之上的神"⑱。

189. 请看圣大卫面对这些限制神儿子知识的人如何恐惧。因经上如此记着："他们不像别人受苦，也不像别人遭灾。所以，骄傲如链子戴在他们的项上，强暴像衣裳遮住他们的身体。他们的眼睛因体胖而凸出，他们所得的过于心里所想的。"⑲他的确在责备那些认为神的事情可以照人心的想法来看待的人。因为既然连那些在人中间很普遍、经常发生于

---

⑱《罗马书》9：5。
⑲《诗篇》73：5—7。

人类历史中的事，我们都不认为它们总是遵循某些固定规律的安排，而是经常以某种秘密或神秘的方式突然发生，那神当然也不服从于安排或次序。

190. "他们思考，"他说，"并口出邪恶。他们口出邪恶对抗至高者，他们的口攻击上天。"[200]这样我们看到他责备那些认为自己有权照我们人本性的样子安排属天奥秘的人有邪恶的亵渎之罪。

191. 他们说："神怎能晓得，至高者岂有知识呢？"[201]阿里乌派说基督里不可能有所有的知识，难道他们不是每天在响应这句经文吗？因为他们说他不知道日子或时间。当他们宣称他除了所听见和看到的什么都不知道，将关于神本性的合一作亵渎的解释来削弱他的权能，难道他们不是在说他怎能晓得吗？

192. 他们说，经上记着："但那日子、那时辰没有人知道，连天上的使者也不知道，子也不知道，惟有父知道。"[202]首先古代希腊文抄本没有"子也不知道"这些话。但是如果损坏圣经的人也伪造了这段经文却不足为奇，他们插入这句话的原因完全清楚，为要用来展开这类亵渎。

193. 然而还是假设福音书作者写了这话。"子"的名包含了两种本性，因为他也被称为人子，所以出于有了跟我们本性相联系的无知，他看起来不知道要来的审判之日。因为既然神所积蓄的智慧知识都在他里面藏着，神的儿子如何不知道这日？

194. 这样我问，他有这知识是因为他的本质还是凭借机会？因为所有的知识或者借着本性，或者借着学习为我们所有。本性所提供的有马能跑或鱼能游这样的例子，因为它们不用学就能这样行。另一方面，人通过学习才能游泳，因为除非他学了，否则他便不能如此行。所以既然

---

[200]《诗篇》73：8—9，根据英译本引文直译。——译者注
[201]《诗篇》73：11。
[202]《马可福音》13：32。

本性使得蠢笨的动物都能行或知道它们没有学过的,那为什么你对神的儿子的知识是出自后天教导还是先天具有,也要加上你的意见呢?如果通过教导,那么他就不是受生为智慧,而是逐渐开始变得完全,但并非一直如此。但是如果他借本性就有知识,那么他就从起初便完全了,从父而来便完全了,所以不需要对未来的预知。

195. 所以他对这日子并非无知,因为部分知道而部分不知算不到神智慧的范畴内。既然知道一件事物不如创造它,那创造万有的如何不知道其中的一部分呢?我们知道许多我们没有创造的事物,也不是以同样的方式知道所有的,而是知道其部分。一个乡村里的人以一种方式了解风的力量与众星的轨道,一个城里的居民以另一种方式来了解它们,而掌舵的用第三种方式。但是尽管不是所有人都知道万事,他们被称为了解它们,可只有创造万有的完全知晓万事。掌舵的知道大角星有多少观测点在继续,他可以发现猎户座如何升起,但是他不知道阿特拉斯七女之星[203]或其他星体的联系,或它们的数目或名字,而他却"数点星宿的数目,一一称它的名",他工作的权能实在无法逃脱。

196. 这样你希望神的儿子如何创造这些事物呢?像一个印章感觉不到其印的印象吗?但是父借智慧创造万物,就是借子创造万物,他是神的美德与智慧。而这样的智慧知道他自己工作所具备的能力与原因。这样万有的创造者不可能对他所做的无知,或者不知道他自己所赐下的。所以他知道他所定的日子。

197. 但是你说他知道现在却不知道将来。尽管这是个愚蠢的建议,但我仍要立足圣经来满足你。要知道他不仅创造了过去,也创造了将来,如经上所记:"那创造将要来之事的。"[204]在别处圣经也说:"藉着他

---

[203] Vergiliæ,希腊名 Pleiadej 的拉丁译名。——译者注
[204] 《以赛亚书》45:11,根据英译本引文直译。——译者注

创造诸世代，他是神荣耀所发的光辉，是神本体的真像。"诸世代是过去、现在和将来。这样除非他主动的权能与知识自我包含所有时代的数目，那些将来的还能怎样被造呢？因为正如他召唤尚未有的事物好像它们已经在那里，同样他创造将来的事物好像它们已经有了。它们不会不发生。他所指令要发生的事必然要发生。所以创造将要发生之事的那位照它们所要发生的方式知道它们。

198. 如果我们如此相信诸世代，我们必须更加相信审判日，理由是神的儿子有关于它的知识，好像这日子已经为他所定。因经上记着："照你的安排这日子将要继续。"[205]他不只是说"这日子继续"，而是"将要继续"，使得将要来的事可以照他的安排受管制。难道他不知道他所命定的吗？造耳朵的难道自己听不见吗？造眼睛的难道自己看不见吗？

199. 然而让我们看看是否可能碰巧有什么大事会超过它创造者所知范围的，或者至少让他们选择他们是否认为有些事比其他事更大，更高超，或有些事很小，很平常。如果很小很平常，那照我们的方式来说不知道琐碎细小之事毫无损失。因为正如知道最伟大的事情是能力的记号，看起来定睛于小事的乃是下等工作的记号。这样他既不锱铢必较，权能又没有被夺走。

200. 但是，如果他们认为知道审判之日是件大而重要的事：让他们说什么比父神更大更好。他知道父神，如他自己所说："除了子和子所愿意指示的，没有人知道父。"[206]我问，他知道父却不知道那日子吗？这样，你相信他揭示父却不能揭示那日子吗？

201. 下一步，因为你定了某种等级将父置于子之前，将子置于圣灵之前，告诉我圣灵是否知道那审判的日子。因为这里一点都没有写到他，你完全拒绝承认这点。但是如果我向你显明他知道呢？因为经上记

---

[205] 《诗篇》119：91，根据英译本引文直译。——译者注
[206] 《马太福音》11：27。

着:"神藉着圣灵向我们显明了,因为圣灵参透万事,就是神深奥的事也参透了。"[207]所以因为他参透了神深奥的事,既然神知道审判日,那圣灵也知道它。因为他知道一切神所知的,如使徒同样说道:"除了在人里头的灵,谁知道人的事?像这样,除了神的灵,也没有人知道神的事。"[208]所以你要注意,以免要么通过否认圣灵知道你会否认父知道(因为神的事情神的灵也知道,而神的灵所不知道的事情不是神的事情),要么借承认神的灵知道你所否认神儿子知道的事情,你应该将圣灵置于子前,跟你自己的宣告相反。但是在这点上犹疑不定,非但亵渎,而且愚蠢。

202. 现在来考虑知识是如何获得的,让我们来显明子自己证明他知道那日。因为我们表明我们所知的或者通过提出时间、地点、记号、人物,或者给出它们的次序。这样,既描述审判的时间与地点又描述记号与情形的那位,怎么会不知道审判之日呢?

203. 你有这样的经文:"当那日,人在房上,器具在屋里,不要下来拿;人在田里,也不要回家。"[209]他对将来的了解甚至到了一个地步——知道危险的情况,更向那些在危险中的人表明寻求安全的方式。

204. 自称是安息日之主的人子,这位主会不知道一个日子吗?

205. 他也在别处表明地点,那时他对指给他看圣殿建筑的众门徒说:"你们不是看见这殿宇吗?我实在告诉你们,将来在这里,没有一块石头留在石头上不被拆毁了。"[210]

206. 当他的门徒求一个记号时,他回答:"你们要谨慎,不要受迷惑,因为将来有好些人冒我的名来说:'我是基督。'"[211]后来又说:"地要大大震动,多处必有饥荒、瘟疫,又有可怕的异象和大神迹从天上显

---

[207] 《哥林多前书》2:10。
[208] 《哥林多前书》2:11。
[209] 《路加福音》17:31。
[210] 《马太福音》24:2。
[211] 《路加福音》21:8。

现。"㉒这样他描述了人物与记号。

207. 他告知军队将要以何种方式、何种次序包围耶路撒冷,外邦人的时间将要满足——这一切都由福音书话语的见证向我们揭示。所以他知道万事。

第十七章

  基督为了我们的益处才不愿意揭示审判日。这点由我们主其他的话语和保罗所写的一段类似的经文显明。别的经文里同样的无知看起来归到了父那里,这些经文被提出来回应那些人,他们渴望知道为什么基督回答他的门徒好像他并不知道。由此安波罗修反驳他们,如果他们承认父无所不能,他们必须承认子有跟父相同的本质,除非他们愿意指责子造假,因为所引经文指出的不是子或父欺骗,而是两者的合一性。

208. 但我们要问他出于什么原因不愿意说明时间。如果我们提这个问题,我们发现这不是出于无知,而是出于智慧。因为知道对我们没有益处,我们不知道要来审判的具体时刻,使我们可以一直处于戒备状态,守望我们的德行,避免罪恶的习惯,免得主的日子在我们处于邪恶中临到我们。因为知道不是对我们有益,而是对未来恐惧,因经上记着:"你不可自高,反要惧怕。"㉓

209. 因为他若明确指出那日,看起来他就单为临近审判的那一个时代定下了生活的律,较早时期的平常人会更漫不经心,罪人更肆无忌惮。因为除非每天都害怕惩罚,淫乱者不会停止行淫乱的欲望;除非每天都知道惩罚悬在他头上,强盗也不会放弃他们所躲藏的树丛。因为一

㉒ 《路加福音》21:11。
㉓ 《罗马书》11:20。

般说来，污秽刺激他们行恶，而恐惧则令人厌烦到末了。

210. 所以我说知道对我们没有益处，是的，不知道是为了我们的益处，借着无知我们可以恐惧，借着警醒可以改正，如他自己所说："你们要预备，因为你们想不到的时候，人子就来了。"[214]因为除非士兵知道战争近了，他就不知道该如何守望营地。

211. 所以当另一时间主自己被他的使徒所问（是的，因为他们不像阿里乌那样理解，而相信神的儿子知道将来，因为除非他们如此信，他们绝不会问这个问题）——我说，当被问到他何时将要复兴以色列国时，主没有说他不知道，而说："父凭着自己的权柄所定的时候、日期，不是你们可以知道的。"[215]注意他所说的：不是你们可以知道的！再读一次："不是你们。""你们"，他说，不是"我"，因为现在他不是按他自己的完全说话，而是为了对人身体与我们灵魂的好处而说。所以他说"你们"，而非"我"。

212. 这个榜样使徒也效法。"弟兄们，论到时候、日期，"他说，"不用写信给你们。"[216]这样甚至使徒自己——基督的仆人——都不说他不知道日期，而是没有教导众人的需要，因为他们应该一直用属灵的军装来装备，使基督的美德可以在每个人身上确立。但是当主说"父凭着自己的权柄所定的时候"之时，他当然不可能在父的知识中无分，靠他的权能他不可能无分。因为权能长自智慧与美德，而基督两样都是。

213. 但是你问，为什么他不作为一个知道但不愿说的人来拒绝他的众门徒，反而说天使或人子都不知道呢？我也问你为什么神在《创世记》中说："我现在要下去，察看他们所行的，果然尽像那达到我耳中的

---

[214] 《马太福音》24：44。
[215] 《使徒行传》1：7。
[216] 《帖撒罗尼迦前书》5：1。

声音一样吗？若是不然，我也必知道。"㉑⁷为什么圣经论到神也说："耶和华降临，要看看世人所建造的城和塔。"㉑⁸为什么先知在《诗篇》中也说："耶和华垂看世人，要看有明白的没有，有寻求他的没有。"㉑⁹就好像在一处如果神没有降下，在另一处如果他没有垂看，他就不知道人所做的事情或他们的德行了。

214. 但是在《路加福音》中你也看到同样的经文，因为父说："我怎么办呢？我要打发我的爱子去，或者他们尊敬他。"㉒⁰《马太福音》与《马可福音》的经文是："但他打发他惟一的儿子去，说他们必尊敬我的儿子。"㉒¹一本书里他说："或者他们尊敬他。"这里是怀疑，好像他并不知道。而在另外两本书里他说："我们必尊敬我的儿子。"他宣告尊敬必然显出。

215. 但是神既不怀疑也不能被骗。因为只有不知道将来的才怀疑；有人预言一事，结果发生另外一事，这样的人才被骗。然而，圣经说明父关于子有一种说法，同一本圣经又证明另一种想法发生，还有比这更清楚的吗？子被鞭打，嘲弄，钉十字架，最后死去。他比以前派去的那些仆人们在肉身受的痛苦多得多。是父被骗了，对此无知，还是不能提供帮助？但是作为真理的那位不可能犯错，因为经上记着："无谎言的神。"㉒²知道万事的那位怎么会无知？能行万事的又怎么会有不能做的？

216. 然而，如果他无知或没有权能（因为你很快就要同意说父所知的不比子所知的多），你就从这个事实看到子与父同一本质，因为（照你愚蠢的想法来说）子像父并不知道万事，也不能行万事。我却不那么急切匆忙到要靠敢说子能比父做更多的事来颂赞子，因为我不认为父与子

㉑⁷ 《创世记》18：21。
㉑⁸ 《创世记》11：5。
㉑⁹ 《诗篇》53：2。
㉒⁰ 《路加福音》20：13。
㉒¹ 《马太福音》21：37。
㉒² 《提多书》1：2。

间的权柄有分别。

217. 但是可能你说父没有这么说，而是子错论了父。所以现在你确信子不仅软弱，而且还亵渎说谎。然而如果你不信子论到父，那你也不可以相信子论那点。因为如果他希望骗我们说父怀疑，好像他不知道将要发生什么，那关于自己他也可以希望骗我们说他不知道将来。与看起来他被预先论到他所宣告关于父的事情相反的结果所迷惑相比，他照自己的标准在所行之事前面拉起无知的幔子是牢靠得多了。

218. 但是父既没有被骗，子也不骗人。如我已经给出的例子所示，这是圣经如此说话，许多其他人见证的惯用方式，从而神装作他不知道他所知的。这样，既然父神隐藏他所知的，在这点上作为神形象的子也隐藏他所知的，那么因此就证明了在父里面与子里面有神性的合一性与性格的合一性。

第十八章

他希望给出主如此回答使徒们的理由，将所得到的那个回答归其原因为基督的温柔。然后当别人提供了另一个理由时，他承认其为真，因为主根据其人的感受说话。因此他总结父与子的知识相等，而且子不比父次等。在举出子被称为次等的一段经文之后，在另一处子被称为同等。他指责阿里乌派对子的判断轻率，表明尽管他们邪恶地使他次等，他凭自己正确地被称为石头。

219. 所以我们已被教导神的儿子并非不知道将来。如果他们承认这点，那么我现在可以回答为什么他宣告天使不知道，子也不知道，只有父知道。请注意这段经文中也有他对众门徒惯常的爱，以及他按其频率应该为所有人都知晓的恩典。因为主充满了对他门徒的深爱，当他们问及他以为他们知道了无益的东西的时候，他宁愿显得对他所知的无知，也不要拒绝回答。他想要提供与我们有用的过于显示他自己的权能。

220. 然而，有些人不像我这样内心柔软，因为我宁可畏惧神深奥的事情也不要成为有智慧。然而有些人倚靠这话："耶稣的年纪和智慧并神和人喜爱他的心都一齐增长"[223]，大胆地说，根据他的神性他的确不可能对未来无知，但是在他所取我们人的状态中，他说他作为人子在他被钉十字架前是有所不知的。因为当他论到子时，他不是作为另一位在讲话，因为他自己是我们的主神子并且是童女之子。但是通过包含两者的词语，他引导我们的思维，使他作为人子按着他所取我们的无知与知识增长可以被相信还没有完全知道万事，因为我们不知道未来。这样他在取得进步的状态中显出有不知道的。因为他里面所住的神性完美，照神性他如何取得进步呢？还是他既说："你为什么心里怀着恶念呢？"[224]那神的儿子又怎会不知道？关于他，圣经说："耶稣却知道他们的意念"[225]，他又怎会不知道呢？

221. 这是其他人说的，但我回到我先前的要点，我说经上记载父说："或者他们尊敬我的子"，我认为这里所记的确表明了父当他论到人时显出他以人的感受在说话。但是我仍旧倾向于认为子与人同行，活出人的生活，为自己穿上了我们的肉身，也取得了我们的感受，从而照我们的无知他可以说他不知道，尽管没有他不知道的。因为尽管他在他肉身的实体中显得是个人，他还是生命，光与美德从他而出，借他尊贵的能力为受伤者疗伤。

222. 这样你看到这个问题为你解开了，因为子的话是针对他完全取了我们的状态而说的，圣经也如此记载父，使你可以停止藐视子。

223. 这样就没有神的儿子不知道的了，因为没有父不知道的。但是如果子没有不知道的，如我们现在所下的结论，就让他们说在哪方面他们希望他显得低等。如果神生了比他低等的子，他赐给子的就少了。但

---

[223]《路加福音》2：52。
[224]《马太福音》9：4。
[225]《路加福音》6：8。

是父既不软弱也不嫉妒，因为在子面前既没有旨意也没有权能。因为如同父那样拥有万物的那位哪里低等呢？他凭借他受生的权柄从父那里受了万有，借着他尊贵的荣耀完全显明了父。

224. 他们说，经上记着："因为父是比我大的。"㉖经上也记着："他不以自己与神同等为强夺的。"㉗还记着犹太人希望杀他，因为他说他是神的儿子，将自己和神当作平等。经上说："我与父原为一。"㉘他们读到"一"，没有读到"许多"。这样他在同一本性上既低等又同等吗？不，一个指他的神性，另一个指他的肉身。

225. 他们说他低等，我问谁度量的？谁的心如此自负，以至于将父与子置于他的审判座前来决定谁更大呢？"我的心不狂傲，我的眼不高大，"㉙大卫如是说。大卫王在人的事上都不敢洋洋得意，而我们却趾高气扬地对抗神的奥秘。谁来决定神儿子的事？坐宝座的，执政的，天使，还是掌权的？但是天使长侍立服侍他，基路伯与撒拉弗服侍他，赞美他。既看到父自己知道子却不审判他，那谁又来决定神儿子的事呢？"除了父，没有人知道子。"㉚经上说"知道"，不是"审判"。知道是一回事，审判是另一回事。父在他自己有知识，子没有超过他自己的权能。还有："除了子没有人知道父。"他自己知道父，如同父知道他。

226. 但你却说说他低等，他也说他是石头。你说得多并亵渎地攻击他。我说得少并以敬畏之心增加他的荣耀。你说他低等又承认他高过众天使，我说他比天使小却不夺他的荣耀。因为我不是否认他的神性，而是宣告他的怜悯。

㉖ 《约翰福音》14：28。
㉗ 《腓立比书》2：6。
㉘ 《约翰福音》10：30。
㉙ 《诗篇》131：1。
㉚ 《马太福音》11：27。

第十九章

圣徒转向父神，解释他为什么不嘲笑子次于父，然后他宣告他不够格去度量神的儿子，所赐给天使的——而且甚至赐给作为人的基督的——不过是度量耶路撒冷。他说，阿里乌表明自己是撒旦的模仿者。讨论神的受生是件莽撞的事。既然由以赛亚给出的人出生都是一个重要的记号，我们不应该对神的事情做比较。最后他借向我们展示许多圣经中的例子来表明我们应该多么谨慎地避免阿里乌的骄傲。

227. 全能的父，现在我以泪眼向你进言。我的确随时都称你难以靠近、难以理解、难以估量，但是我不敢说你的儿子次于你。因为当我看到你荣耀的光辉、你本体的真像就畏惧，免得我因着说你本体的真像次等便好像显得我说你的本体——就是子为之成了真像的——次等，因为你神性的完全都在子里面。我经常看到，我自愿相信，你、你的子与圣灵不受捆绑、不可测度、难以估量、不可言传。所以我不能通过评价你来衡量你的重要性。

228. 但若如此，我还渴望以大胆匆忙之心来度量你吗？由此我问，我应该度量你吗？先知看见天使度量耶路撒冷的麻绳。天使在度量，不是阿里乌。而他在度量耶路撒冷，不是神。可能连天使都不能度量耶路撒冷，因为他是个人。经上如此说："我见有一人，手拿麻绳。"[231] 他是个人，因为所取的身体的预表如此显明。他是个人，关于他经上说："那在我以后来的，我给他解鞋带也不配。"[232] 所以基督以预表之形度量耶路撒冷，而阿里乌度量神。

---

[231]《以西结书》40：3。
[232]《约翰福音》1：27。

229. 连撒旦也装作光明的天使，那阿里乌若模仿他的唆使者，给自己穿戴所禁止的又有什么奇怪呢？尽管他的父魔鬼没有自己去做，那人却以不可容忍的亵渎来为自己获取关于神秘密与属天受生之奥秘的知识。因为魔鬼承认神的真儿子，而阿里乌否认他。

230. 如此，我若不能度量你，父神，我能不亵渎地讨论你生子的秘密吗？当从你而生的子自己说，"凡父所有的，都是我的"[223]，我能说你和他之间多少有点什么吗？谁立我做审判官，给你们分家业呢？这是子说的，我们还宣称在父与子间分配判断吗？正确的职责感避免做甚至分配财产的裁定者，那我们应该做分配你和你子间非受造本质荣耀的裁定者吗？

231. "这世代，"经上说，"是一个邪恶的世代。他们求看记号，除了先知约拿的记号以外，再没有记号给他们看。"[224]这样不给关于神性的记号，而只有关于道成肉身的记号。因此当要论述道成肉身时，先知说："求一个兆头。"当王说："我不求，我不试探耶和华。"回答为："必有童女怀孕生子。"[225]所以我们不能看到神性的记号，我们倒寻找其量度吗？有祸了！我有祸了！我们不敬虔地胆敢讨论他，向他我们连祷告都不配！

232. 让阿里乌派看看他们所做的。哦父，我不合法地将你与你所做的工相比，说你比万有都大。如果你大过你的子，如阿里乌所宣称那样，我的判断就是邪恶的。这个判断首先关乎你，因为除了通过比较别无选择，也没有任何人能不判定自己的情况而被置于另一人之前。

233. 我们指着天发誓是不合法的，但是判断关乎神的事情是合法的。然而你把审判万有的权柄单单给了你的儿子。

234. 约翰不敢为主的肉身施洗，约翰禁止他，说："我当受你的洗，

---

[223]《约翰福音》16：15。
[224]《路加福音》11：29，和合本中"记号"为"神迹"。——译者注
[225]《以赛亚书》7：11以下。

你反倒上我这里来吗?"㉝我应该置基督于我的判断之下吗?

235. 摩西将自己从祭司职分中免除,彼得倾向于回避事工中要求的顺服,阿里乌倒来检查神的深奥事吗? 但是阿里乌不是圣灵。而且,这话是对阿里乌及所有人说的:"不要寻求对你而言太深奥的事。"㉞

236. 摩西被禁止看神的面,阿里乌倒配看神的秘密。摩西和亚伦位列神的祭司。摩西与荣耀中的耶和华同现,而摩西只看到神显现的背影。阿里乌倒完全面对面地看了神! 但是经上说:"人见我的面不能存活。"㉟

237. 保罗也论到次等存在:"我们现在所知道的有限,先知所讲的也有限。"㊱阿里乌说:"我完全知道神,没有限制。"所以保罗比阿里乌低下,被拣选的器皿所知有限,要灭亡的器皿倒完全知道。保罗说:"我认得一个人,或在身内,或在身外,我都不知道,只有神知道。他被提到乐园里,听见隐秘的言语,是人不可说的。"㊵保罗被提到第三层天都不知道自己,阿里乌在污秽中打滚倒知道神。保罗论及自己说:"神知道";阿里乌论及神说:"我知道。"

238. 但是阿里乌没有被提到天上,尽管他随从那位以被咒诅的自夸而认为拥有神才有的,说:"我要升到高云之上,我要与至上者同等。"㊶因正如他说:"我要与至上者同等",阿里乌也希望神至高的儿子跟他自己相像,他不照神性的永恒荣耀敬拜神的儿子,而是以肉身的软弱来度量他。

㉝ 《马太福音》3:14。
㉞ 《便西拉智训》3章22节。
㉟ 《出埃及记》33:20。
㊱ 《哥林多前书》13:9。
㊵ 《哥林多后书》12:2—4。
㊶ 《以赛亚书》14:14。

论 奥 秘

第一章

圣安波罗修说明，在他已经给出了圣洁生活的解释后，他现在开始解释奥秘。在给出早先没有如此行的理由之后，他解释了打开耳朵的奥秘，表明这在古时如何由基督自己执行。

1. 当读到先祖的事迹或《箴言》的选段时，我们已经每天都在谈论关于道德的主题，为要通过这些的教导指引使你可以养成步入古人的道路、走他们路的习惯，遵守神的命令；为要借着洗礼的更新使你可以持守与受洗之人相称的生活方式。

2. 现在是论述奥秘，阐明圣礼要旨的时节。我们若思量妥帖，在施洗之前向那些尚未入教之人教导圣礼，那我们就应被认为是泄露而非描述了奥秘。另一个原因是奥秘之光本身向那些认为自己什么都不知道的人显明自己，这比事先的任何讲论来得更为有效。

3. 因此打开你的耳朵，吸进借圣礼的恩典业已吹在你身上的永恒生命的好气息。这点由我们向你表明，在我们庆祝打开的奥秘时说："以法大，就是说，开了吧"①，使得无论谁来追寻和平都可以知道向他所求的是什么，也一定会记得他回答的是什么。

4. 如我们所读，基督在福音书中医治又聋又哑之人时使用了这个奥秘。但他触摸了口，因为被医治的人哑了并且是个男人。一方面，基督可以借赐给他话语的声音打开他的口；另一方面，因为触摸对男人合宜，但对女人就不合宜了。

第二章

那些将要入教的人在关于进入教会的事上立什么誓，如何见证

---

① 《马可福音》7：34。

这些誓言,因此他们就将自己转向东方。

5. 此后至圣所向你打开,你进入重生的圣处;回忆你被问了什么,记住你回答了什么。你拒绝了魔鬼与他的工作、世界及其上的奢华与欢乐。你的这些话不是记在死人的坟墓中,而是记在活人的书卷里。

6. 你在那里看见辅祭,你看见祭司,你看见大祭司(就是主教)。不要思想肉身的形式,倒要思想奥秘的恩典。如经上所记,你在众使者面前说:"祭司的嘴里当存知识,人也当由他口中寻求律法,因为他是万军之耶和华的使者。"②那里没有欺骗或否认的余地。他是宣告基督国度与永恒生命的使者。他为你所尊敬不是照他的外表,而是照他的职分。思想他所传递的,反思他给你的生命之律,承认他的地位。

7. 这样你就进到可以辨别你敌人的地步,你好像直接面对他而拒绝他,然后你就转向东方,因为拒绝魔鬼的人转向基督,面对面地看见他。

第三章

圣安波罗修指出我们必须思考在水与圣礼中神的同在与工作,然后带出许多旧约中洗礼的预表。

8. 你看见了什么?水——当然,但不只是水;你看到了那里服侍的辅祭与提问并使人圣化的主教。首先,使徒教导你这些事情不应被认为"所见的,乃是所不见的,因为所见的是暂时的,所不见的是永远的"③。你在别处读到:"自从造天地以来,神的永能和神性是明明可知的,虽是眼不能见,但藉着所造之物就可以晓得。"④因此主自己也说:

---

② 《玛拉基书》2:7。
③ 《哥林多后书》4:18。
④ 《罗马书》1:20。

"你们纵然不信我,也当信这些事。"⑤这样你就要相信神性的存在。你相信工作,不相信存在吗?除非存在行在前面,否则工作将从何而出呢?

9. 然而你还要思考奥秘如何在古时甚至在世界的起头就已经被预表了。在最初,当神造天地时,经上记着说:"神的灵运行在水面上。"⑥在水面上运行的那位难道没有在水上工作吗?但为什么我说"工作"呢?就他的存在而言,他是在运行。难道在运行的那位没有在工作吗?当先知说:"诸天藉耶和华的命而造,万象藉他口中的气而成。"⑦每一句话都有先知见证为基础,就是他既在运行又在工作。摩西说他在运行,大卫见证他在工作。

10. 再看另一个见证。凡属血气的都因其过犯败坏。神说:"人既属乎血气,我的灵就不永远住在他里面。"⑧因此神显明灵的恩典因肉身的不纯与重罪的污染而转离。在此基础之上,神既定意恢复所缺乏的,就发出洪水,只呼召了挪亚进入方舟。在洪水退去之后,挪亚先派出一只乌鸦,它没有回来,又派出一只鸽子,经上说它衔了一根橄榄枝回来。你看见水,你看见(方舟的)木头,你看见鸽子,关于奥秘难道你还犹豫不定吗?

11. 水乃是肉身所浸之处,一切属肉体的罪都得以洗去,一切邪恶都在那里被埋葬。木头是主耶稣为我们受苦时被捆绑的所在。鸽子是圣灵下降的形式,如你在新约中所读,他在你里面激发灵魂的平安与思想的安静。乌鸦是罪的表征,去了之后再不回来,你内在与外在的义也得以保存。

12. 还有第三个见证,使徒教导我们:"我们的祖宗从前都在云下,都从海中经过,都在云里、海里受洗归了摩西。"⑨而且摩西自己在他的歌中说:"你差遣你的灵,海就把他们淹没。"⑩你看到甚至圣洗礼都在希

---

⑤ 《约翰福音》10:38。
⑥ 《创世记》1:2。
⑦ 《诗篇》33:6。
⑧ 《创世记》6:3。
⑨ 《哥林多前书》10:1、2。
⑩ 《出埃及记》15:10,前半句根据英译本引文直译,和合本中为"你叫风一吹"。——译者注

伯来人所经过的场所得到预表，其中埃及人灭亡，而希伯来人逃脱了。因为除了罪被吞灭，错谬被解决，美德与清洁完好无损之外，每天我们在这圣礼中还受别的什么教导呢？

13. 你听见我们的祖宗在云下，那是祥云，疏解肉身欲望的燥热。那祥云荫庇那些圣灵造访的人。最终它临到童女马利亚，至高者的能力荫庇她，她便怀了要救赎人类的那位，这神迹借摩西在预表中成就。这样，如果圣灵在预表中，难道他不存在于现实中吗？因为圣经告诉我们："律法本是藉着摩西传的，恩典和真理都是由耶稣基督来的。"⑪

14. 玛拉有一泉最苦的水，摩西将木头丢在其中，它就变甜了。因为离了传讲主的十字架，水对将来的救恩毫无用处，但是在其受了拯救十架之奥秘的圣化后，用作属灵水盆与救恩之杯就很合宜了。这样，正如先知摩西将木头丢进水泉，祭司也在这水盆之上扬声宣告主的十字架，水就因恩典之目的变甜了。

15. 这样，你就一定不能完全相信你的肉眼；眼不能见的更真实地被见到，因为看得见的东西是暂时的，看不见的才是永恒的，虽不为眼睛所知，却为思想与灵魂辨明。

16. 最后，且让最近从《列王纪》而出的教训来教导你。乃缦是亚兰人，得了大麻风，不能从任何人那里得到洁净。这时被掳的人中有一个小女子说以色列有一位先知，能洁净他，去掉大麻风的污秽。经上说他带上金银去到以色列王那里，当王听说他来的缘由，就撕裂衣服说这是寻隙攻击他，因为所求于他之事不属乎王的权柄。然而以利沙传话给王，要将亚兰人送到他那里，可以令其知道神在以色列。当他到了之后，以利亚要求他七次浸在约旦河中。

17. 于是他开始自己盘算，在他本国之中有更好的水，他常在其中沐浴但大麻风却从未被洁净。想到此处，他就不遵从先知的命令，但在他

---

⑪ 《约翰福音》1：17。

仆人的建议与劝说之下还是让步，将自己浸入水中。既得以洁净，他便认识到不是借着水而是借着恩典人才得洁净。

18. 你现在理解了那被掳之人中的小女子是谁了。她是出离外邦人而聚集的会众，就是古时为罪所掳而被压制的神的教会。当外邦的愚人们尚未拥有恩典的自由时，借她的劝导听到了先前曾经存疑的预言。然而后来当他们相信应该要遵守时，他们的每一样罪污都得以洗净。在他被医治前他真的怀疑；你已经被医治，所以不应该怀疑。

第四章

> 离开圣灵水不能洁净，这由约翰的见证与施行圣礼的形式本身表明，也由福音书中的池子与在那里得到医治的人所象征的意义得以宣告。同样的经文里也表明圣灵在基督的洗礼中真实地降到他身上，这个奥秘的意义得到解释。

19. 你前面被告知不要只相信你之所见的理由在于恐怕你不会说，这大奥秘是"眼睛未曾看见，耳朵未曾听见，人心也未曾想到的"[12]。我看见的水就是我每天习惯看到的水。现在要洁净我的水就是我每天用来洗澡却从未得到洁净的水吗？由此你就可以知道水离了圣灵不能洁净。

20. 所以你读到洗礼中的三个见证，水、血与圣灵，乃是一，因为你拿走了其中的一样，圣洗礼就不存在了。因为没了基督的十字架，水又算什么呢？乃是一件寻常之物，没有任何圣洁的效果。同样离了水也没有重生的圣礼："人若不是从水和圣灵生的，就不能进神的国。"[13]即或初信者都信主耶稣的十字架，借着十字架他也受了印记；但是除非他奉父、子、圣灵的名受洗，他不能罪得赦免或得到属灵恩典的

---

[12]《哥林多前书》2：9。
[13]《约翰福音》3：5。

恩赐。

21. 因此，那亚兰人照着律法将自己浸入河中七次，但你乃是奉三一神的名受洗——你认了父；记住你所行的——你认了子；你认了圣灵。好好标识这信心中事物的次序——你向世界死了，向神复活了。尽管在水那种物质中向罪死，向世界被埋葬，但是你复活得了永生。所以要相信水不是毫无功用的。

22. 所以经上说："有天使按时下池子搅动那水，水动之后，谁先下去，无论害什么病就痊愈了。"[14]这池子在耶路撒冷，其中每年有一人痊愈，但是在天使降下之前没有人痊愈，因为那些人不信水被搅动乃是天使降下的记号。他们有记号，你有信心；为他们有一位天使降下，为你有圣灵降下；为他们受造物被搅动，为你基督自己——受造物的主——来做工。

23. 那时有一人得痊愈，现在所有人得完全，或更准确地说只有基督徒，因为对某些人而言甚至连水都诡诈。不信者受洗非但不得医治，反而被污染。犹太人洗盘与杯，好像没有感觉的东西能感受罪疚或恩典。但是你既洗了你那活着的杯，借着它你的好行为便可以闪耀，你恩典的荣耀发出光芒。因为那池子是个预表，使你可以相信神的能力降至洗礼盘。

24. 最后，那瘫子在等候一人。除了主耶稣，童女所生，来了之后不再有阴影，还有什么人能一个一个地医治众人呢？但真理能治所有的。这样将要下来的这位就是被等候的那位，父论到他对施洗约翰说："你看见圣灵降下来，住在谁的身上，谁就是用圣灵施洗的。"[15]约翰见证他说："我曾看见圣灵仿佛鸽子从天降下，住在他的身上。"[16]除了让你可以看见、承认挪亚从方舟里放出去的鸽子就是这只鸽子的形象，从而你可

---

[14]《约翰福音》5：4。
[15]《约翰福音》1：33。
[16]《约翰福音》1：32。

以认出圣礼的预表之外,圣灵又为什么像鸽子一样降下呢?

25. 或许你会反对:既然放出去的是只真鸽子,圣灵降下像鸽子,怎么我们说前者是形象,后者是实体,而圣经用希腊文记载圣灵以鸽子的形象降下呢?但是有什么像永在的神性那样真实呢?受造物不可能是实体,只能是形象,容易被毁坏改变。因此,因为受洗者的驯良不应是外在的,而应是实质的,主就说:"你们要灵巧像蛇,驯良像鸽子。"[17]这样他正确地如鸽子降下,为要告诫我们应该驯良像鸽子。另外,我们还读到有形象代表实体的地方,既有论基督的:"既有人的样子"[18],也有论父神的:"你们也没有看见他的形像。"[19]

第五章

基督自己存在于洗礼中,我们无需考虑服侍他之人的位格。简短解释通常即将受洗的人对三一神的认信。

26. 当父在福音书的记述中从天上清楚宣告说,"这是我的爱子,我所喜悦的"[20];当子也在圣灵以鸽子的形象显在他身上的时候说话;当圣灵以鸽子的形象降下时也说话;当大卫也说:"耶和华的声音发在水上,荣耀的神打雷,耶和华打雷在大水之上"[21];当圣经见证因耶路巴力的祷告火从天上降下,还有当以利亚祷告时,有火发出烧了祭物,还有任何空间为怀疑所留吗?

27. 不要思想个人的美德,而要思想祭司的职分。或者如果你要看美德,就思想祭司如以利亚。也仰望彼得或保罗的美德,他们将他们从主耶稣那里领受的这个奥秘传给我们。对古人发出可见的火使他们可以相

---

[17] 《马太福音》10:16。
[18] 《腓立比书》2:8。
[19] 《约翰福音》5:37。
[20] 《马太福音》3:17。
[21] 《诗篇》29:3。

信；对我们相信的人，主以不可见的方式工作。对他们那以预表的形式发生，对我们则是警告。且相信主耶稣存在于祭司的祷告中，他说："无论在哪里，有两三个人奉我的名聚会，那里就有我在他们中间。"[22]在教会所在之处，他的奥秘所在之处，他允诺给予的同在又将几何呢？

28. 你下来，然后（进入水中），记得你如何回答问题，就是你信父，信子，信圣灵。这声明不是：我信一个更大、更小或最低的人，而是你为你自己声音同样的保证所限，要以你信父同样的方式信子，以你信子同样的方式信圣灵，只有这一个例外，就是你承认你一定唯独相信主耶稣的十字架。

第六章

为什么那些从洗礼的水盆中出来的人在头上受膏；为什么在洗礼之后他们的脚也被洗，每一样中什么罪得赦。

29. 此后你上到祭司那里，考虑接下来的是什么。难道不是大卫所说："好比那贵重的油，浇在亚伦的头上，流到胡须"[23]吗？关于这膏油，所罗门也说："你的名如同倒出来的香膏，所以众童女都爱你。"[24]主耶稣，有多少今日重生的灵魂爱你，他们说："愿你吸引我，我们就快跑跟随你衣服的气息。"[25]从而他们可以在你复活的气息中痛饮。

30. 现在思考为什么如此行，因为"智慧人的眼目在他头上"[26]，所以膏油流到胡须就是说流到年轻之美。所以亚伦的胡须——就是我们——可以成为被拣选的族类，被分别为圣，无比珍贵，因为我们都为属灵的恩典所膏，在神的国与祭司的职分上有分。

---

[22]《马太福音》18：20。
[23]《诗篇》133：2。
[24]《雅歌》1：2。
[25]《雅歌》1：3，和合本中无"衣服的气息"。——译者注
[26]《传道书》2：14。

31. 你从洗礼圣水器中上来，要记住福音书的教训，因为我们的主耶稣基督在福音书中洗了他门徒的脚。当他就近西门彼得，彼得说："你永不可洗我的脚。"㉗他没有看出奥秘，所以他拒绝被服侍，因为他认为，如果他耐心地让主服侍他，那么仆人的卑微将受损害。而主回答他："我若不洗你的脚，你就与我无分了。"听到这话，彼得回答："主啊，不但我的脚，连手和头也要洗。"主回答："凡洗过澡的人，只要把脚一洗，全身就干净了。"㉘

32. 彼得是干净的，但他必须洗他的脚，因为他有从第一个人那里继承而来的罪，那时蛇战胜了这初人，说服他犯罪。所以他的脚被洗，使遗留的罪被对付，因为我们自己的罪借着洗礼得赦免。

33. 与此同时要注意奥秘含有谦卑这一职分，因为基督说："我是你们的主，你们的夫子，尚且洗你们的脚，你们也当彼此洗脚。"㉙救恩的作者自己既借着他的顺服赎了我们，我们作为他的仆人更应当如何献上我们谦卑且顺服的服侍呢？

第七章

罪之洗净由初信者的白色袍子表明，因而教会称她自己黑而秀美。天使诧异于她的亮丽如同诧异于主之肉身的亮丽，而且基督自己用许多的比喻向他的配偶称赞他的美。两者间的相互爱慕得到表述。

34. 此后有白袍给你们来记念你们脱去罪恶外套，披上无罪的纯洁面纱，对此先知说道："求你用牛膝草洁净我，我就干净；求你洗涤我，我就比雪更白。"㉚因为受洗之人根据律法或根据福音书都被视为得了洁

㉗ 《约翰福音》13：8。
㉘ 《约翰福音》13：9、10。
㉙ 《约翰福音》13：14。
㉚ 《诗篇》51：7。

净:根据律法是因为摩西拿一把牛膝草蘸羔羊的血,根据福音书是因为当基督在福音书中显示他复活荣耀的时候,他的袍子如雪一样白。这样,罪得赦免者就变得比雪更白。所以神借以赛亚说:"你们的罪虽像朱红,必变成雪白。"㉛

35. 教会借重生的水盘穿上了这些袍子,在《雅歌》中说:"耶路撒冷的众女子啊,我虽然黑,却是秀美。"㉜黑是因为她人性条件的软弱,秀美是因为她信心的圣礼。耶路撒冷的众女子看见这些袍子,惊讶地说:"那上来变白的是谁呢?"㉝她本是黑的,怎么现在突然变白了呢?

36. 当基督复活时,众天使也怀疑不定;当他们看见其肉身升入空中时,天上的掌权者也在怀疑中。他们说:"荣耀的王是谁呢?"此时有人说:"众城门哪,你们要抬起头来;永久的门户,你们要把头抬起。那荣耀的王将要进来。"㉞在《以赛亚书》中我们也发现天上的掌权者怀疑说:"这从以东上来的是谁呢?他穿的红衣服来自波斯拉,他的白衣荣耀华美。"㉟

37. 但是基督看着他的教会,为了教会他自己如你在先知撒迦利亚的书中看到的,曾经穿过污秽肮脏的外袍,现在穿上了白色的衣服,因为这是在重生的水盆中纯化洗净的灵魂,他说"我的佳偶,你甚美丽!你甚美丽!你的眼好像鸽子眼"㊱,就是圣灵从天降下的形象。眼睛美丽如同鸽子眼,因为圣灵乃是照着鸽子的形象从天降下。

38. 他继续说:"你的牙齿如新剪毛的一群母羊,洗净上来,个个都有双生,没有一只丧掉子的;你的唇好像一条朱红线。"㊲这不是轻微的

㉛ 《以赛亚书》1:18。
㉜ 《雅歌》1:5。
㉝ 《雅歌》8:5,根据七十士译本直译。——译者注
㉞ 《诗篇》24:8、9。
㉟ 《以赛亚书》63:1,基本根据七十士译本直译。——译者注
㊱ 《雅歌》4:1。
㊲ 《雅歌》4:2、3。

赞美。首先是欢快地跟那些新剪毛的相比，因为我们知道羊既在高处毫无危险地进食，又在崎岖之处安全地觅食，当剪毛之时，它们就免除了多余的东西。教会被比作这样的羊群，自身有这些灵魂的许多美德，借着水盆丢弃了罪的多余物，将奥秘的信心与好生命的恩典献给基督，诉说主耶稣的十字架。

39. 教会因他们而美丽。因此神之道对她说："我的佳偶，你全然美丽，毫无瑕疵"，因为罪已经被洗净了。"你从黎巴嫩上来，我的新妇，你从黎巴嫩上来。从信心之始，你穿越并前进。"㊳因为借着放弃世界，她穿越了暂时的东西，向基督前进。还有，神之道对她说："我所爱的，你何其美好，何其可悦，使人欢畅喜乐。你的身量好像棕树，你的两乳如同其上的果子。"㊴

40. 教会回答他："谁把你交给我，我的兄弟，就是吮吸我母亲奶的？我在外头遇见你就与你亲嘴，谁也不轻看我。我必引导你，领你进我母亲的家，进她怀我的隐秘内室。你就可以教训我。"㊵你看到她以恩典所赐为乐，如何渴望获得最深的奥秘，献上她对基督的一切爱慕。她仍在寻找，她还在激发他的爱，并请求耶路撒冷的众女子为她激发它，切望借她们的美丽——就是忠信灵魂的美丽，她的配偶可以受激动而爱她更丰富。

41. 所以主耶稣自己受如此渴慕之爱与秀美恩赐的美丽所邀（因为现在再没有过犯污秽受洗之人），对教会说："求你将我放在心上如印记，带在你臂上如戳记。"㊶这就是在说，我的爱人，你是秀美的，你全然美丽，你一无所缺。将我放在心上如印记，使你的信心可以靠圣礼的丰富而闪耀。也让你的工作闪耀；你既靠神的形象被造，就表现出神的

㊳ 《雅歌》4：7、8、8节根据英译本引文直译。——译者注
㊴ 《雅歌》7：6、7。
㊵ 《雅歌》8：1、2，根据英译本引文直译。——译者注
㊶ 《雅歌》8：6。

形象来。不要让逼迫减弱你的爱情,众水不能熄灭,大水也不能淹没。

42. 要记得你接受了圣灵的印记,就是智慧与理解之灵、劝诫与力量之灵、知识与敬虔之灵、圣洁敬畏之灵,你就要持守你所接受的。照你从使徒那里领受的教训,父神给你印记,主基督令你刚强有力,赐你心中有圣灵的凭证。

第八章

关于主祭坛奥秘的圣餐。为了免得任何人轻看它,圣安波罗修显明它与犹太人的神圣礼节相比是更古老的传统,因为它在麦基洗德的献祭中得到预表,并且作为基督的身体远胜吗哪。

43. 被洁净的人富有这些饰物,迅速就近基督的祭坛,说:"我就走到神的祭坛,到令我幼年喜乐的神那里。"㊷因为既蜕去了过去错误的老皮,如鹰返老还童般得了更新,就快速趋近那属天的筵席。看见圣坛已经安排妥帖,便大声呼叫:"你为我摆设筵席。"大卫向人们诉说介绍,他说:"耶和华是我的牧者,我必不至缺乏。他使我躺卧在青草地上,领我在可安歇的水边。"稍后:"我虽然行过死荫的幽谷,也不怕遭害,因为你与我同在。你的杖、你的竿都安慰我。在我敌人面前,你为我摆设筵席。你用油膏了我的头,使我的福杯满溢。"㊸

44. 我们必须注意,以免任何人看见可见之物(因为不可见之物不能被人眼睛看见或感知)就说:"神为犹太人降下了吗哪与鹌鹑之雨。"㊹但对他所爱的教会预备的东西,经上说:"神为爱他的人所预备的,是眼睛未曾看见,耳朵未曾听见,人心也未曾想到的。"㊺因此,为

㊷ 《诗篇》43:4,根据七十士译本42:4直译。——译者注
㊸ 《诗篇》23:1—5。
㊹ 参见《出埃及记》16:13、14。
㊺ 《哥林多前书》2:9。

了避免有任何人说这话，我们要花大力气证明教会的圣礼比会堂的那些更久远，比吗哪更完美。

45. 刚刚读过的《创世记》的教导表明它们更古老，因为会堂从摩西律法取得其源头，但亚伯拉罕要早得多。他击败敌人并救回他自己的侄子之后，在欢庆他胜利的时候遇到了麦基洗德，他带来了亚伯拉罕虔诚接受的东西。不是亚伯拉罕带来的，而是麦基洗德，他被介绍说无父、无母、无生之始、无命之终，乃是与神的儿子相似。关于他，保罗对希伯来人说："他本是长远为祭司的。"㊻用拉丁文他被称为公义王与平安王。

46. 你认出他是谁了吗？人自己都难公义，能做公义王吗？人自己都难平安，能做平安王吗？照他的神性他没有母亲，因为他由父神所生，与父同质；照他的道成肉身他没有父亲，因为他由童女所生；他无始无终，因为他是万有的起始与终点，最初的与末后的。这样，你所接受的圣礼不是人的恩赐，而是神的，由祝福信心之父、其恩典与行为被我们崇敬之亚伯拉罕的那位带来。

47. 我们已经证明教会的圣礼更古老，现在要来认识它们更超越。神为列祖降吗哪之雨，用天上来的食物每天喂养他们，这诚然是一件让人惊奇的事，因此经上说："各人吃大能者的食物。"㊼但是吃那食物的还是都死在旷野中了，而你所接受的食物，那从天降下的灵粮提供了永恒生命的实质；凡吃了这粮的永远不死，这就是基督的身体。

49. 现在来考虑大能者的食物还是基督的肉身——实际就是生命之体——更加优越。那吗哪从天降下，而这粮高过诸天；那是属乎天的，而这是属乎诸天之主的；那留到第二天是会朽坏的，而这完全不朽坏，因为凡怀圣洁的心尝了他的就不会经受朽坏。为了他们，水从

㊻ 《希伯来书》7：1。
㊼ 《诗篇》78：25。

磐石流出，为了你，血从基督流出；水满足他们一时，血满足你永恒。犹太人喝了会再渴，你喝了之后便不受渴的权柄限制；那是影子，这是实体。

49. 如果你如此惊奇之物不过是影子，那么对造成影子的那位你的惊奇又该怎样大呢？现在看清了在先祖身上所发生的是影子："他们所喝的是出于随着他们的灵磐石，那磐石就是基督。但他们中间，多半是神不喜欢的人，所以在旷野倒毙。这些事都是我们的鉴戒。"[48]现在你认出哪个更超越了，因为亮光好过影子，实体好过鉴戒，赐吗哪者的身体好过天上来的吗哪。

第九章

为了不让人看到外表便动摇了信心，给出了许多例子，例子中外在的性质发生变化，因此证明了饼真的是由基督的身体而成的。然后文章以圣礼的效果、接受者的性情以及类似的话题结束。

50. 可能你会说："我看见的是别的事情，你怎么声称我接受了基督的身体呢？"这一点还有待我们来证明。我们该使用什么证据呢？让我们证明这不是由本性而成，而是由祝福圣化而来，而且祝福的力量大过本性的，因为借着祝福本性自身改变了。

51. 摩西握着杖，他将其掷下就变成了蛇。他再次抓起蛇的尾巴，它又变回了杖的本性。你看到借着先知职分的效力发生了两次变化，既有蛇的也有杖的本质上的变化。埃及的河流中流淌的纯粹是水，忽然间从水源的各管道血开始迸发出来，没有人能够喝河里的水了。在先知再次的祷告下，血水停止，水的本性恢复。希伯来百姓腹背受敌，夹在中间，一边是埃及人，另一边是大海。摩西举起他的杖，水便分开，坚立

---

[48] 《哥林多前书》10：4、5。

如墙,可以下脚的道路出现在波涛之间。约旦河转向,逆着本性转回到它水流的源头去了。难道大海波涛与河流的本性被改变还不够清楚吗?先祖们渴了,摩西击打磐石,水就从磐石中流出。难道恩典没有逆原来的属性造成结果吗?它使磐石流水,而磐石照其本性是不含水的。玛拉有最苦的泉源,口渴的百姓不能喝。摩西将树丢在水里,水就失去了苦味,恩典令其即刻转好。在以利沙的时代,先知的一位后人丢失了斧头,沉到水里去了。丢斧头的人便求以利沙,后者将一块木头丢进去,斧头就浮了上来。我们也清楚认识到这事与本性相悖,因为斧头本性上要比水重。

52. 这样我们观察到恩典比本性有更大的能力,而迄今我们只论及了先知祝福的恩典。但如果一个人的祝福就有改变本性的能力,那对于神的圣化能力我们又该如何论说呢?这里面是主救主自己的话语在工作。因为你所接受的圣礼是靠基督的话所设定的。但如果以利亚有能力从天上降下火来,难道基督的话不该有改变事物本性的能力吗?关于整个世界的构成,你读到:"他说有,就有;命立,就立。"[49]基督的话既能够从无造出有来,难道会不能将已有的事物变成它们本来不是的?因为给予事物一个新的本性不亚于改变它们。

53. 但为何要争辩呢?让我们用他所赐的例证,借着道成肉身的例子来证明奥秘的实在。当主耶稣从马利亚而生,本性的过程照常进行吗?如果我们看寻常的过程,女人一般都是在和男人交合之后才怀孕。可是我们现在所成的这个身体是生于童女的。既然主耶稣自己为童女所生,并不照着自然本性,你为什么在基督的身体里寻觅本性的次序呢?既然基督的真实身体被钉被埋葬,那么这便真是出于他身体的圣礼了。

54. 主耶稣自己宣告:"这是我的身体。"[50]在属天话语的祝福之前,

---

[49] 《诗篇》33:9。
[50] 《马太福音》26:26。

另一种本性被论及,在圣化之后,身体受了印记。他自己论到他的血。你说,是的,这是真的。那就让内心承认口里发出的,让灵魂感受声音诉说的。

55. 这样基督便以这些圣礼喂养他的教会,借这方法灵魂的实质得到强化。既看见她恩典的持续进步,他就正确地对她说:"我妹子,我新妇,你的双乳何其美,它们为酒所造,何其美!你衣服的香气胜过一切香品。我新妇,你的嘴唇滴蜜,好像蜂房滴蜜。你的舌下有蜜,有奶。你衣服的香气如黎巴嫩的香气。我妹子,我新妇,乃是关锁的园,禁闭的井。"[51]借此他表明奥秘应该在你里面保持被关锁,使之不被罪恶生命之行为与贞洁受污所侵犯,使之不为你所知,因为你配不上它,也不会因喋喋不休、七嘴八舌而传到不信的人中间。所以你守护信心应该是好的,使得生命的整全与静默可以保持毫无瑕疵。

56. 为这个缘故,教会也守护属天奥秘的深幽,抵挡暴风骤雨,为她召唤恩典之泉的甜美。既知道她的园子不能令基督不悦,就邀请新郎说:"北风啊,兴起;南风啊,吹来。吹在我的园内,使其中的香气发出来。愿我的良人进入自己的园里,吃他佳美的果子。"[52]因为它有好树,硕果累累。它们的根蘸入圣洁泉源的水中,全新地成长,结出好果子来,使其现在不会为先知的斧子所砍,而是与福音的果实相连。

57. 最后,主也因它们的丰饶肥沃喜悦,回答道:"我妹子,我新妇,我进了我的园中,采了我的没药和香料,吃了我的肉和蜂蜜,喝了我的酒和奶。"[53]你这忠信的人,要理解为什么他说肉和酒。毫无疑问他自己在我们中间吃喝,就好像你读到他说他在我们身中坐监。

58. 因此教会既看到如此之大的恩典,也劝勉她的众子与朋友到圣

---

[51] 《雅歌》4:10—12,根据七十士译本直译。——译者注
[52] 《雅歌》4:16。
[53] 《雅歌》5:1,和合本中"肉"为"蜜房"。——译者注

礼前面聚集，说："我的朋友们，请吃；我所亲爱的，请多多地喝。"(54)我们所吃喝的，圣灵在别处借先知说得明白："你们要尝尝主恩的滋味，便知道他是美善；盼望他的人有福了。"(55)在那圣礼中有基督，因为它是基督的身体，所以它不是物质食物，而是灵性食物。因此使徒论到它所代表的："我们的祖宗吃了灵食，喝了灵水。"(56)因为神的身体就是灵性身体，基督的身体就是神之灵的身体，因为那灵就是基督，如我们所读："我们面前的圣灵是主基督。"(57)而且在彼得书信中我们读到："基督为我们死了。"(58)最后，如先知所记，这食物坚固了我们的心灵，这酒"能悦人心"(59)。

59. 因此，既然已经获得了一切，就让我们知道我们已经重生，但不要让我们说我们如何重生。我们是第二次进入母腹再被生出来吗？我不承认这里是指自然过程。这里没有自然的次序，而是恩典的超越性。而且并不总是自然的过程带来受孕，因为我们承认主基督为童女所怀，拒绝本性的次序。因为马利亚不是从男人怀孕，而是从圣灵怀了孕，如《马太福音》所言："马利亚就从圣灵怀了孕。"(60)这样，如果降在童女身上的圣灵使她受了孕，成就了生产之工，当然我们不能怀疑借着降在水盆或那些接受洗礼的人身上，他使新生成为现实。

---

(54) 《雅歌》5：1。
(55) 《诗篇》34：8，根据七十士译本33：9直译。——译者注
(56) 《哥林多前书》10：3、4。
(57) 《耶利米哀歌》4：20，根据七十士译本直译，原文中"灵"与"气"同字，"基督"与"受膏者"同字。——译者注
(58) 《彼得前书》2：21，根据英译本引文直译。——译者注
(59) 《诗篇》104：15。
(60) 《马太福音》1：18。

论 悔 改

卷 一

第一章

圣安波罗修赞美温柔,指出教会的治理者是何等需要这一恩赐,借基督的温柔将其推荐给他们。诺瓦替安派(Novatian)既在这点上失落,他们就不能被认为是基督的门徒。他们的自高与严厉遭到痛斥。

1. 如果美德的最高目标在于最大限度地提升别人,温柔是所有美德中最可爱的。它甚至不伤害它所责备的人,常使它所责备的人配得赦免。而且这是令主用他自己宝血重价寻来的教会得以增长的唯一美德,它效法天上的慈爱,要救赎所有人,以柔和来达成这个目标,这柔和人们的耳朵可以接受,他们的心不会消沉,他们的灵魂也不会战兢。

2. 因为努力弥补人软弱所带来错误的人应该将这软弱扛在他自己的肩头,他自己担当,而不是丢弃它。因为我们看到福音书中的牧人扛起倦乏的羊,并没有丢弃它。所罗门说:"不要行义过分。"①限制可以诱发

---

① 《传道书》17:16。

义行。因为他若认为他是他医生轻视的对象，而不是怜悯的对象，又怎么会把你所藐视的他自己交托给你来医治呢？

3. 所以主耶稣怜悯我们以召我们归向他自己，而不是把我们吓跑。他温柔谦卑地来临，如是说："凡劳苦担重担的人，可以到我这里来，我就使你们得安息。"② 主耶稣就如此使人得安息，不拒人于千里之外，也不丢弃他们，而是合理地选择了这样的门徒，使其成为主旨意的诠释者，召聚而非驱散神的百姓。从而很清楚，那些认为应该遵从严厉自高而不是温柔慈爱意见的人不算在基督的门徒之列，这些人自己寻求神的怜悯，却不将其给别人，比如称自己纯净的诺瓦替安派教师们。

4. 还有什么比这更显自高的，既然圣经说："谁也不能从罪中免除，甚至连只有一天之大的婴儿也不能"③，大卫也呼求："洁除我的罪。"④ 他们比大卫还圣洁吗？基督应许借道成肉身的奥秘自大卫家而生，大卫的后裔是接受借童女之腹而出的世人救主的属天大厅。让人承受连苦修都卸不掉的罪，通过断绝赦免而带走赎罪与悔改之动力，还有什么比这更严厉的呢？除非希望得到怜悯，没有人能够出于好的目的而悔改。

第二章

诺瓦替安派宣称他们对叛教的只有拒绝来往，这既不合乎圣经的教导，也不符合他们自己的教训。与他们作为借口宣告尊重神的主权相反，他们实际在藐视它，因为不使用被托付给一个人的全部能力是轻视的记号。但是教会正确地宣称拥有捆绑与释放的权柄，异端却没有，因为教会从圣灵取得权柄，而他们却自以为是地对抗他。

---

② 《马太福音》11：28。
③ 《约伯记》14：4，不严格的引用。——译者注
④ 《诗篇》51：2。

5. 但是他们说那些陷入否认信仰境地的人不应该恢复跟他们的交往。如果他们将亵渎之罪列为唯一不得赦免的罪，他们行事真是严厉得过分了，看起来只和神所说的话相悖，而与他们自己的宣称一致。因为当主赦免所有罪的时候，他没有去掉任何一样不赦免的。但是既然他们好像照斯多葛派的习惯而行，认为所有的罪程度都相同，如他所说，宣称偷了一只寻常家禽的不比掐死父亲的少犯多少罪，也应该永远从神的奥秘中被剔除。既然连他们自己都不能否认将一个人的惩罚延伸到许多人身上是不公平的，他们怎么能选择那些对某一特定的过犯有罪疚的人呢？

6. 他们肯定他们向神大发热心，他们认为只有神才有赦罪的权柄。但是事实上没有比像他们选择删减他的诫命，拒绝托付给他们的职分那样更伤害神的了。因为正如主耶稣自己在福音书中说："你们受圣灵。你们赦免谁的罪，谁的罪就赦了；你们留下谁的罪，谁的罪就留下了。"⑤谁才是最荣耀他的，是遵守他命令的还是拒绝它的呢？

7. 教会借着留下与赦免罪在任一方面都持守顺服，异端在一方面残忍而在另一方面不顺服，希望捆绑它不愿释放的，不愿意释放它已经捆绑的，由此因自己的宣判定了自己的罪。因为主愿意叫捆绑的和释放的权柄相同，他以相类似的条件允准二者。所以没有释放权柄的也没有捆绑的权柄。因为根据主的话，有权柄捆绑的也有权柄释放，他们的教导就毁灭了自己，因为他们既否认他们有释放的权柄，也应该否认有捆绑的权柄。因为怎么可能一个被允许而另一个不被允许呢？清楚显明的是，在权柄被赐给了谁的情况下，要么两者都被允许，要么两者都被否决。每一个都允许给了教会，没有一个给了异端，因为这个权柄只托付给祭司。所以教会拥有它是正确的，因其中有真祭司；而异端没有神的祭司，不能拥有。异端因不宣称有这权柄便判了自己的罪，不拥有祭司

---

⑤ 《约翰福音》20：22、23。

的不能宣告有祭司权柄。因此他们无耻的顽梗令我们羞于认同。

8. 再考虑这点，接受圣灵的也接受了赦免与留下罪的权柄。因经上如此说："你们受圣灵。你们赦免谁的罪，谁的罪就赦了；你们留下谁的罪，谁的罪就留下了。"因此没有接受赦罪权柄的就没有接受圣灵。祭司的职分是圣灵的恩赐，他的权柄特别是赦免与留下罪。这样他们既不信任他的能力与权柄怎能宣称拥有他的恩赐呢？

9. 对他们过分的傲慢有什么可说的呢？因为尽管神的灵倾向于怜悯过于严惩，他们的意愿与他所愿的对立，他们行他所不愿的。不同于审判官的职分是惩罚，怜悯者的职分是赦免。诺瓦替安，你若赦免过于捆绑便更能让人容忍。在一种情况下你好像一个很少犯规的人掌握权力，在另一种情况下你好像一个同感罪之悲惨状况的人来赦免。

第三章

对诺瓦替安派辩称他们只拒绝赦免大罪，圣安波罗修回答这也冒犯神，神赐下权柄赦免一切的罪，但当然，如果是比较严重的罪，之后必须有更严肃的忏悔。他也类似地指出罪的严重程度不同对神的冒犯不同，他道成肉身中的怜悯被诺瓦替安派忽视了。

10. 但他们说除了更重的罪，他们赦免较轻的罪。这不是你父的教导，诺瓦替安，他认为没有人应被允许忏悔，因为他不会捆绑他不能释放的，免得他借捆绑激发了他想要释放的盼望。因此你父被你自己的宣判定罪，你区分了罪，认为一些你可能释放，而另一些无法弥补。但是神不做这样的区分，他对所有人应许他的怜悯，无一例外地赐下释放的祭司权柄。但是恶贯满盈的也必须加增他的悔过。因为更大的罪为更大的哀痛所洗净。所以既然基督的怜悯教导我们更大的罪必须借更大的努力变为善，那诺瓦替安将所有的人都排除在赦免之外，他就没有道理；你模仿他又同时定他的罪，也没有道理，因为你在悔改热情应该增加的地方削弱了它。

11. 你自己宣称什么能被赦免，什么——如你所言——为神保留不能被赦免，这是多么乖僻的话！这就是将需怜悯的情况都留给自己，而将需严惩的都留给了神。又怎么说："神是真实的，人都是虚谎的。如经上所记：'你责备人的时候，显为公义；被人议论的时候，可以得胜。'"⑥这样为了使我们可以认识有怜悯的神宁可赦免也不严罚，经上说："我喜爱怜恤，不喜爱祭祀。"⑦这样既然他说他不愿罪人死，而要他回头，你这拒绝怜悯的人，你的献祭又怎能为神所接受呢？

12. 使徒在解释这个真理时说："神就差遣自己的儿子成为罪身的形状，作了赎罪祭，在肉体中定了罪案，使律法的义成就在我们身上。"⑧他没有说"取了肉身的形状"，因为基督为自己所取的实体不是肉身的形状；他也没说取了罪的形状，因为他不犯罪，而是为我们成了罪。然而他"成为罪身的形状"而来，就是取了罪身的形状，是**形状**，因为经上记着："他是个人，谁认识他呢？"⑨他照其人性是肉身中的人，使他可以被认出，但是因权能他超乎人，无法认出，所以他有我们的肉身，但没有这肉身的败坏。

13. 因为他不像每个人那样由男女交合而生，而是生于圣灵与童女。他接受了无瑕疵的身体，不仅没有罪的污染，而且也没有在生产或怀孕中为任何污秽的混合物玷污。因为我们人都生在罪下，我们的源头是恶，如我们读到大卫的话："我是在罪孽里生的，在我母亲怀胎的时候就有了罪。"⑩所以保罗的肉身是要死的身体，如他自己所说："谁能救我脱离这取死的身体呢？"⑪但是基督的肉身定了罪的罪，这罪他出生的时候

---

⑥ 《罗马书》3：4。
⑦ 《何西阿书》6：6。
⑧ 《罗马书》8：3、4。
⑨ 七十士译本《耶利米书》17：9。
⑩ 《诗篇》51：5。
⑪ 《罗马书》7：24。

并无感受,这罪被他的死钉在十字架上,使在我们的肉身可以有借着恩典而来的义,那肉身之前曾被罪疚污染。

14. 使徒说:"神若帮助我们,谁能抵挡我们呢?神既不爱惜自己的儿子为我们众人舍了,岂不也把万物和他一同白白地赐给我们吗?谁能控告神所拣选的人呢?是称他们为义的神吗?谁能定他们的罪呢?有基督耶稣已经死了,而且从死里复活,现今在神的右边,也替我们祈求。"⑫诺瓦替安是在指控那些基督为之代求的。那些人基督已赎回,诺瓦替安却定他们死罪。对那些人基督说:"我心里柔和谦卑,你们当负我的轭,学我的样式。"⑬诺瓦替安说:"我不柔和。"关于那些人耶稣说:"你们心里就必得享安息,因为我的轭是容易的,我的担子是轻省的。"⑭诺瓦替安加了一副重担,一副难以忍受的轭。

第四章

圣安波罗修继续证明神的怜悯,借福音书的见证表明怜悯胜过刑罚。他又举出运动员的例子来证明关于那些在人面前否认基督的人,他们不是都会受到相同的对待。

15. 尽管已经说过的话充分表明了主耶稣是多么愿意怜悯,就让他在装备我们对抗逼迫的攻击时用自己的话进一步教导我们。他说:"那杀身体不能杀灵魂的,不要怕他们,惟有能把身体和灵魂都灭在地狱里的,正要怕他。"⑮他继续说:"每个在人面前认我的人,我在我天上的父面前也必认他,而在人面前不认我的人,我在我天上的父面前也必不认他。"⑯

---

⑫ 《罗马书》8:31—34。
⑬ 《马太福音》11:29。
⑭ 《马太福音》11:29、30。
⑮ 《马太福音》10:28。
⑯ 《马太福音》10:32、33,与和合本译法略有不同。——译者注

16. 在他说他要认的地方，他要认"每个人"。在他说到不认的地方，他没有说不认"每个人"。因为在前一个句子里他说："每个认我的人"，我们期待在下一句里他也会说："每个不认我的人。"但是他为了不表现出他不认每个人，他下结论："在人面前不认我的人，我也必不认他。"他应许恩惠给每个人，但他没有用刑罚威胁每个人。他加增怜悯，减少刑罚。

17. 在主耶稣的福音书中，这不仅记在那本马太写的书里，也可以在那本路加所写的书中看到，使我们可以知道两本书不是碰巧如此联系耶稣的话的。

18. 我们已经说过经上是如此写的，让我们现在考虑其意义。他说"每个认我的人"，就是说不论他的年龄，不论他出于什么条件，只要认我，他就有我做他认信的奖赏者。根据这句"每个人"的表述，没有一个承认的人会被排除在奖赏之外。但是说下文就不用类似的方式："每个不认我的人也不被认。"因为可能一个无法忍受折磨的人在言语上不认神，而心里仍在敬拜他。

19. 一个是自愿不认，另一个是面临折磨，不是出于他自己的意愿而不认，他们的情况相同吗？这样讲多么地不合适！对人来讲，奖赏给忍受煎熬的，而有人竟宣称对神来说这没有价值！在这个世界的运动比赛中，公开的冠冕以及胜利者甚至连被击败的，他们的行为都被肯定，特别在他们可能看到他们被阴谋诡计夺走了胜利的时候。那基督会使他的众选手受苦而不赦免吗？他理解他们只是面对严厉摧残退缩了片刻。

20. 难道他不会考虑他们的痛苦吗？他甚至不会永远丢弃那些他丢弃的，因大卫说："神不会永远丢弃。"[17]难道我们要听与此相反的异端宣称"他必永远丢弃"吗？大卫说："神的慈爱永无穷尽，不会世世废弃；他也不会忘记开恩。"[18]这是先知的宣告，却有人坚称神忘了他的怜悯。

---

[17]《诗篇》77：7，根据英译本引文直译。——译者注
[18]《诗篇》77：8、9，安波罗修有改动。——译者注

第五章

安波罗修通过几段圣经回应了由神的不可变性而来的反对,在那些经文里神向罪人应许悔改时就给他们赦免。圣安波罗修也表明怜悯更容易被赐予那些可以说是违背自己意愿去犯罪的人,他用战争中被俘的犯人为例来说明,也借魔鬼的口吻说话来表明。

21. 但他们说他们如此断言是为了不让神显得容易改变,好像他宽恕了他曾经发过怒的人就真的如此了。这便怎样?我们要拒绝神的话而跟随他们的意见吗?但神不被别人的言论判断,只在乎他自己的话。除了他自己借先知何西阿曾经怜悯那些他在怒中警告过的人,跟他们和好之外,我们手边还有他怜悯更充分的记号吗?因他说,"以法莲哪,我可向你怎样行呢?犹大啊,我可向你怎样作呢?你们的良善"[19],等等。后来又说:"我要如何建立你?我要使你如押玛如洗扁。"[20]在他的愤怒中他好像犹豫,以父亲的爱犹疑他怎样才能使徘徊者免于刑罚。因为尽管犹太人罪有应得,神还是与自己商量,因为在说了"我要使你如押玛如洗扁(这两个城市因为像所多玛都毁灭殆尽)"之后马上又加上:"我回心转意,我的怜爱大大发动,我必不发猛烈的怒气。"[21]

22. 主耶稣在我们犯罪时对我们发怒是为了要借害怕他的愤怒而改变我们,这还不明显吗?这样,他的愤怒不是进行报复,而是给予赦免,因为他的话如此:"你们若回转哀哭便能得救。"[22]他在这里等待我们哀哭,使得在时间里他可以给我们永恒。他等待我们的泪水,使得他可以浇灌他的良善。所以在福音书中他因怜悯寡妇的泪水使她的儿子复

---

[19] 《何西阿书》6:4。
[20] 《何西阿书》11:8,根据英译本引文直译。——译者注
[21] 《何西阿书》11:8,9。
[22] 《诗篇》30:15(七十士译本)。

活。他等待我们的转变,使他自己为我们恢复恩典,就是如果堕落没有俘获我们应一直与我们同在的恩典。但因为我们经由我们的罪积累过犯,他才发怒,为要使我们可以谦卑。我们谦卑使我们可以被看为配得怜恤而非惩罚。

23. 耶利米也肯定如此教导,他说:"因为主必不永远丢弃人。主虽使人忧愁,还要照他诸般的慈爱发怜悯。因他并不甘心使人受苦,使人忧愁。"[23]这段经文我们很肯定地在《耶利米哀歌》里找到,从它及其下文中我们注意到主将世上被囚的踹在脚下,为要使我们可以逃脱他的审判。但是甚至从尘土中高抬贫穷人,从粪堆中高抬穷乏人的那位并非乐意将罪人击倒在地。因为意在赦免的那位乐意不击倒他们。

24. 但是如果他乐意不击倒每个罪人,那他更不可能乐意击倒那些并非乐意犯罪的人!因为正如他论到犹太人:"这百姓亲近我,用嘴唇尊敬我,心却远离我"[24],可能他论到某些失落者会说:"他们嘴唇不认我,心却跟随我。胜过他们的是痛苦,不是不信令他们转向。"但是有些人没有缘由地拒绝宽恕那些连逼迫者自己都承认他们的信心努力坚持直到被无法忍受折磨的人。他们一次不认主,但每天都承认他;他们言辞中不认他,但是以哀鸣、哭号、泪水承认他;他们用自愿而非被迫的言辞承认他。是的,他们面对魔鬼的诱惑有一刻退缩了,但是甚至魔鬼后来都离开了那些他不能称其属于他的人。他在他们的哭泣前退缩,他在他们的悔改前退缩。他所攻击的人成了他自己的损失,他们属于另一位。

25. 难道人们不掳走沦陷城池的百姓吗?被掳的被带走,但这违背他的意愿。他迫不得已去往陌生的土地,不是自愿上路。他将他的出生地存在心中,寻找回归的机会。然后怎样呢?当他们中的任意一位回来,有人力阻他们被接纳吗?他们的荣誉的确受损,但意志上却有更充

---

[23] 《耶利米哀歌》3:32、33。
[24] 《以赛亚书》29:13。

分的准备，使得敌人无法再羞辱他们。如果你原谅一位能战斗有装备的人，难道不原谅只凭信心迎战的人吗？

26. 如果我们询问魔鬼关于那些如此失落之人的意见，难道他不可能作如下回答吗？"这些人用嘴唇亲近我，心却远离我。不离开基督的怎能与我同在呢？保守耶稣教训的人没有任何理由表现出尊敬我，我还认为他们会教导我的教训。当他们在试炼后丢弃了我，他们就更定了我的罪。事实上，当耶稣在他们回归他之后接纳了他们，他便因这些事得了更大的荣耀。所有的天使都欢乐，因为若有一个罪人悔改，在天上喜乐会大过有九十九个不用悔改的义人。我在天上和地上都被胜过了。当那些以泪水来到我面前的人又以渴慕之心回到教会的时候，基督一无所失。我甚至在自己的地盘都身处危险，我了解到事实上人们为今世奖赏所引导的这里空无一物，但喜爱哀鸣、泪水、禁食过于喜爱我筵席的那里必会极为丰富。"

第六章

诺瓦替安派将这些人排除在基督筵席之外，他们没有效法好撒玛利亚人，而是效法了自大的律法师、祭司与利未人，他们在福音书中被责备，而诺瓦替安派甚至比这些人还恶。

27. 诺瓦替安派的人哪，你们把这些人关在门外吗？因为在你们拒绝赦免的希望的时候，除了将他们关在门外还能是什么呢？但是撒玛利亚人没有弃被强盗打得半死的人而不顾，他用油和酒倒在他的伤处包裹好，先倒的是油为了安抚伤口；他将这受伤的人置于自己的牲畜上，承担了他所有的罪，大牧人也不轻视他迷失的群羊。

28. 但你们说："不要碰我。"你们希望为自己辩护说："他不是我们的邻舍，"比试探基督的律法师还自大，因为他还说："谁是我的邻舍呢？"他询问，你们否认，行为就像那位祭司和那位利未人，弃你们应该接纳照顾的人而不顾,不接他们进入那小店,基督已经为他付了二钱银子,令你们为他的邻舍,使你们可以向他显示怜悯。因为他是我们的邻舍,不仅相似的景况将他加入我们,而且恩典将他与我们系在一起。你们借着骄傲视他为陌路,随着自己的欲心无故地自高自大,不持定元首。因为你们若持定元首,就会考虑一定不要丢弃基督为之而死的。你们若持定元首,就会考虑整个肢体,借着联络起来而不是分开,通过恩慈的连结与拯救罪人而因神大得长进。

29. 这样当你们拿走悔改的一切果子时,除了下面这些话,你们说的还能是什么:不要让任何受伤的进入我们的店,不要让人在我们的教会被医治。有病的与我们在一起不被看顾,我们没有病,我们不需要医生,因为他自己说:"康健的人用不着医生,有病的人才用得着。"㉕

第七章

圣安波罗修对基督说话,抱怨诺瓦替安派,表明他们与盼望人人得救的基督无分。

30. 这样,既然诺瓦替安找借口,主耶稣,就请你完全降临你的教会。诺瓦替安说:"我带来了牛负的轭,"他没有负基督轻省的轭,而是在肩上扛了他不能负的重担。诺瓦替安阻挡你的仆人——他倒是被他们所邀请的,轻蔑地对待他们,残杀他们,用重复洗礼的污秽污染他们。所以请派人去往大街小巷,无论好坏地召集人,将软弱的、瞎眼的、瘸腿的带进你的教会来。下命令使你的屋满座,带所有的人入你的席,因为你呼召的人若跟从你,你便使他配得。不穿婚礼袍子的——就是仁慈的外衣、恩典的面纱——的确被拒。我祷告你差人到万民中去。

31. 你的教会没有为自己找借口不赴席,诺瓦替安才找了借口。你的

㉕ 《马太福音》9:12。

家不说："我没有病，我不需要医生"，而是说："耶和华啊，求你医治我，我便痊愈；拯救我，我便得救。"㉖你的教会像那妇人，她行在你的身后，触摸你衣裳的繸子，心里说："我只摸他的衣裳就必痊愈。"㉗所以教会承认有伤，渴望被医治。

32. 哦，主啊，你的确渴望所有人都被医治，但并不是所有人都希望被医治。诺瓦替安不希望，他认为他没有病。哦，主啊，你说你病了，从我们中最小的身上感受我们的软弱："我病了，你们看顾我。"㉘诺瓦替安没有看顾你想要看顾的最小者。当彼得不想让你洗他的脚时，你对他说："我若不洗你，你就与我无份了。"㉙这样，那些没有接受天国的钥匙，声称他们不需要罪得赦免的人，他们与你能有什么相交呢？

33. 这一声明由他们作出无疑是恰当的，因为他们不是彼得的继承者，不坐彼得的位，反倒借着邪恶的分裂将其撕裂。他们也邪恶地否认这点，就是罪能在教会得赦，对此有话对彼得说："我要把天国的钥匙给你，凡你在地上所捆绑的，在天上也要捆绑；凡你在地上所释放的，在天上也要释放。"㉚神拣选的器皿自己说："你们赦免谁，我也赦免谁。我若有所赦免的，是在基督面前为你们赦免的。"㉛如果他们认为保罗犯了如此恶毒的错，宣告自己有他主的权利，那他们为何还读他的作品呢？但是他宣告所有的乃是他所领受的，他没有篡夺他不当得的。

第八章

给予门徒大恩赐乃是主的旨意。另外，罪既然通过悔改与洗礼以同样的能力被赦，诺瓦替安派就通过施行按手礼与洗礼驳斥他们

㉖《耶利米书》17：14。
㉗《马太福音》9：21。
㉘《马太福音》25：36。
㉙《约翰福音》13：8。
㉚《马太福音》16：19。
㉛《哥林多后书》2：10。

自己。然后他们的行为与我们主的相对比。

34. 门徒应该拥有大能力乃是主的旨意，他在地上所做的事同样要由他的门徒靠他的名而行乃是他的旨意。因为他说："你们要作比这更大的事。"㉜他赐他们能力使死人复活。尽管他可以自己使扫罗瞎眼复明，他却差扫罗到他的门徒亚拿尼亚那里，为要借后者的祝福使扫罗失明的眼睛复明。彼得也受吩咐与他在海上同走，并且因为他的迟疑，主为他因信心的软弱而减少了所赐给他的恩典而责备他。他自己就是世上的光，通过恩典赐他门徒成为世上的光。因为他出于自己的目的从天而降并再升上去，他带以利亚上天为要在他喜悦的时间再在地上令他复原。借着受圣灵与火的洗，他靠约翰的手预表了圣洗礼。

35. 总而言之，他给予门徒所有的恩赐，关于他们，他说："他们必奉我的名赶鬼，说新方言，手能拿蛇，若喝了什么毒物也必不受害，手按病人，病人就必好了。"㉝这样他赐给他们万事，但在这些凭属灵恩赐的恩典运行的事中没有人的能力。

36. 这样，如果某些病人可能康复，为什么你按手并相信祝福的效果呢？为什么你假定能借着你洁净任何受魔鬼污染之物呢？如果罪不能通过人得赦，为什么你施洗呢？如果洗礼必定赦免众罪，那祭司宣告这权柄是通过悔改赐给他们或通过洗礼盘赐给他们又有什么分别呢？通过任意一种奥秘都是一样的。

37. 但是你说奥秘的恩典通过洗礼盘工作。那么什么通过悔改工作呢？难道不是神的名在做工吗？这便怎样呢？当你选择的时候，你为自己求神的恩典，还是当你选择的时候拒绝它呢？但当那些愿意苦修悔改的人被你藐视，这是傲慢放肆的记号，不是神圣敬畏的记号。你实在是

㉜ 《约翰福音》14：12。
㉝ 《马可福音》16：17、18。

不能容忍哀哭者的眼泪，你的眼睛不能忍受服饰的粗糙、不洁者的污秽，借着高傲的眼与自大的心，你们这些养尊处优的用愤怒的口吻说："不要摸我，因为我是洁净的。"

38. 主的确对抹大拉的马利亚说："不要摸我，"㉞但洁净的这位却没有说："因为我是洁净的。"而你诺瓦替安胆敢称自己洁净？即便照你的行为你真的洁净，单这么说就使你不洁了。以赛亚说："祸哉！我灭亡了！因为我是嘴唇不洁的人，又住在嘴唇不洁的民中。"㉟经上记着甚至只有一天大的婴孩都不洁，难道你还说"我是洁净的"？大卫说："洁除我的罪"㊱，神的恩典时常洁净他柔和的心；你如此不义，毫不柔和，只见你弟兄眼中的刺，不顾你自己眼中的梁木，你倒洁净了？因为对神而言，没有不义之人是洁净的。还有比你渴望自己罪得赦免，别人求你却不得赦免更不义的吗？还有比你在定他人罪的地方自我称义，而你自己却犯更重的罪更不义的吗？

39. 主耶稣将要奉献赦免我们罪的时候，约翰说："我当受你的洗，你反倒上我这里来吗？"他回答说："你暂且许我，因为我们理当这样尽诸般的义。"㊲尽管自己完全无罪，主的确就近罪人；虽没有洁净的需要，还希望受洗。这样谁能容让你？你认为没有必要借悔改得洁净，因为你说你借恩典得洁净，好像现在你不可能犯罪了。

第九章

通过与《撒母耳记上》3：25类似的经文对照㊳，圣安波罗修表明其意思不是没有人应该代求，而是代求的人必须像摩西与耶利米一样配为代求者，我们看到借他们的祷告神赦免了以色列。

㉞ 《约翰福音》20：17。
㉟ 《以赛亚书》6：5。
㊱ 《诗篇》51：2。
㊲ 《马太福音》3：14、15。
㊳ 显然是2：25，英文译者的总结出了小小的纰漏。——译者注

40. 但你说经上记着:"人若得罪耶和华,谁能为他祈求呢?"㊋首先,如我先前已经说过,如果你只向那些否认信仰的人拒绝悔改,我许可你的反对。但是这个问题产生什么难处了呢?因为经上没有写:"没有人能为他祈求,"而是:"谁能祈求呢?"就是说这个问题在于如此情况下谁能祈求,祈求并没有被排除。

41. 你有《诗篇》15篇:"耶和华啊,谁能寄居你的帐幕,谁能住在你的圣山?"㊵不是没有人,而是被允许的可以寄居在那里,也没有说没有人能住,而是被拣选的能住。为使你知道这是真的,不是很远的下文在《诗篇》24篇中说:"谁能登耶和华的山,谁能站在他的圣所?"㊶作者的意思是并非任何普通人或常人,而是只有生命卓越品格非凡的人才能。在说了"谁能登耶和华的山"之后,为使我们可以理解当问到谁时不是说没有人,而是在说某些特殊的人,诗人加上:"就是手洁心清,不向虚妄的人。"㊷在别的地方说:"谁是智慧人,可以明白这些事?"㊸在福音书中说:"谁是那忠心有见识的管家,主人派他管理家里的人,按时分粮给他们呢?"㊹并且为使我们可以理解他在说实际存在的人,主加上:"主人来到,看见仆人这样行,那仆人就有福了。"㊺我的意见是当说到:"主啊,谁能像你?"意思不是没有像的,因为子是父的像。

42. 这样,我们必须以同样的方式来理解"谁能为他祈求",意思是为向主犯罪的人祈求的一定要生命卓越。罪越大,要找的祷告者也一定要更够格。因为当犹太百姓忘了他们的约,敬拜牛犊时,为他们祷告的不是随便哪个普通人,而是摩西。摩西错了吗?当然他祷告没有错,他既配求,也得到了他所求的。因为他为百姓献上自己说:"倘

㊉ 《撒母耳记上》2:25。
㊵ 《诗篇》15:1。
㊶ 《诗篇》24:3。
㊷ 《诗篇》24:4。
㊸ 《何西阿书》14:9。
㊹ 《路加福音》12:42。
㊺ 《路加福音》12:43。

若你肯赦免他们的罪，——不然，求你从你所写的册上涂抹我的名"⁴⁶，对于这样的爱有什么不应该作为他当有的而得到呢？我们看到他不是满脑子胡思乱想、顾虑重重，考虑他自己会不会惹人讨厌，就像诺瓦替安说他可能害怕的那样，而是考虑大家忘了自己。他并不害怕惹人讨厌，为了拯救人们脱离犯罪的危险。

43. 这样，说"谁能为他祈求"正确吗？此话的意思是这样的人必须要像摩西为犯罪的人献上自己，或者像耶利米，尽管耶和华对他说："你不要为这百姓祷告"⁴⁷，他还是祷告为他们求赦免。面对先知的求情，如此伟大先见的祈求，耶和华被感动，对同时为自己的罪悔改的耶路撒冷说话，后者曾说："万军之耶和华，以色列的神啊，万分痛苦的魂、饱受侵扰的灵向你呼求。听啊，耶和华，向我们施怜悯。"⁴⁸主告诉他们丢弃哀伤的外衣，停止悔改的呻吟，他说："耶路撒冷啊，脱下你哀伤苦恼的外衣，为自己穿上华美的衣服，神赐你的荣耀将存到永远。"⁴⁹

第十章

圣约翰没有绝对禁止为那些"有至于死的罪"的人祷告，因为他知道摩西、耶利米与司提反如此祷告。他自己的意思是赦罪没有对他们杜绝。

44. 在犯了十分重大的罪后，必须寻求这样的代求者，因为任何常人若祷告则不被垂听。

45. 所以你们取自约翰书信中的观点毫无分量。经文里他说："人若看见弟兄犯了不至于死的罪，就当为他祈求，神必将生命赐给他，因为

---

⁴⁶ 《出埃及记》32：32。
⁴⁷ 《耶利米书》7：16。
⁴⁸ 《巴录书》3章1、2节。
⁴⁹ 《巴录书》5章1节。

他犯了不至于死的罪。有至于死的罪，我说的不关乎它，让他祈求。"㊾他不是在对摩西与耶利米说话，而是对众人，他们必须为他们的罪寻找另一位代求者。对众人而言，他们足够为他们较轻的过错向神求，而认为赦免较重的罪则必须留给义人祷告。因为约翰既读过摩西在人们有意丢弃信仰的情况下祷告并成就了他的要求，知道耶利米也求过，他怎能说不应为较重的罪祷告呢？

46. 约翰自己既然在《启示录》中给别迦摩教会的使者写信说："在你那里有人服从了巴兰的教训，这巴兰曾教导巴勒将绊脚石放在以色列人面前，叫他们吃祭偶像之物，行奸淫的事。你那里也有人照样服从了尼哥拉一党人的教训。所以你当悔改，若不悔改，我就快临到你那里。"㊿你看到同一位神要求悔改应许赦免了吗？然后他说："圣灵向众教会所说的话，凡有耳的就应当听。得胜的，我必将那隐藏的吗哪赐给他吃。"㊼

47. 难道约翰自己不知道司提反为逼迫他的人祷告吗？当他提到这些用石头打他的人说："主啊，不要将这罪归于他们"㊽——他们甚至不能听到基督的名字。我们在使徒身上看到这个祷告的结果，因为保罗——他看守过用石头打司提反之人的衣服——虽先前是逼迫者，不久后借神的恩典却成了使徒。

第十一章

从圣约翰书信中所引的经文被另一处经文所肯定，在那里救恩被应许给那些信基督的人，这驳斥了诺瓦替安派，他们尽管向跌倒的人否认赦罪，却试图引诱他们相信。另外，许多跌倒的人已经接

㊾ 《约翰一书》5：16，最后一句根据希腊文直译，不同于和合本。——译者注
㊿ 《启示录》2：14—16。
㊼ 《启示录》2：17。
㊽ 《使徒行传》7：60。

受了殉道的恩典，同时好撒玛利亚人的例子表明我们一定不要放弃那些人，他们里面甚至最软弱的信心仍旧是活的。

48. 既然我们已经说到了圣约翰的普通书信，就让我们来查看约翰在福音书所写的是否与你的解释相合。因他写到主说："神爱世人，甚至将他的独生子赐给他们，叫一切信他的，不致灭亡，反得永生。"[54]这样你若希望夺回任何一个跌倒的，你是劝他信还是不信呢？毫无疑问你劝他信。但是根据主的话，相信的就有永生。那么既然信心是神的恩典，如使徒教导中说到不同恩赐的地方："又有一人蒙这位圣灵赐他信心。"[55]，你要怎样禁止为这位有对永生要求权的人祷告呢？众门徒对主说："加增我们的信心。"这样有信心的有生命，有生命的当然没有被关在赦免之外。经上说："叫一切信他的不致灭亡。"既然经上说"一切"，就没有人被关在门外，没有人例外，因为他没有将跌倒的排除在外，只要后来他实际上相信了。

49. 我们发现许多人在堕落后最终恢复过来，并为神的名受苦。难道我们能拒绝给予这些基督都没有否认的人与殉道者的联合吗？我们敢说生命没有在那些基督赐给他们冠冕的人里面恢复吗？这样，正如许多人跌倒之后冠冕还赐给他们，同样如果他们相信，他们的信心也得以恢复，这信心是神的恩赐，如你所读："因为你们蒙恩，不但得以信服基督，并要为他受苦。"[56]有神恩赐的人会没有他的赦免，这可能吗？

50. 现在，每个信的人也要为主耶稣受苦，这不是单个而是双重恩典。这样信的人就得到他的恩典，但如果他的信心借受苦戴上冠冕，他又收到第二重恩典。因为彼得在受苦之前也并非没有恩典，而当他受苦

---

[54] 《约翰福音》3：16。
[55] 《哥林多前书》12：9。
[56] 《腓立比书》1：29。

时他收到第二个恩赐。许多没有为基督受苦之恩的人却有信他之恩。

51. 所以经上说："叫一切信他的不致灭亡。"这就是说，不让一个人，无论出于什么条件，经过什么样的堕落，害怕会灭亡，因为可能会有福音书里的好撒玛利亚人看到从耶路撒冷下耶利哥的人，就是在殉道者的争战中面对今生的快乐与世界的舒适而跌倒的人；为强盗所伤就是为逼迫者所伤，被打个半死；照我说，好撒玛利亚人是我们灵魂的守护者（因为撒玛利亚人这个词就是守护者的意思），不会绕开他而是看顾医治他。

52. 所以他绝无可能绕开，因为他看见那人里面还有一些生命的记号，有可以恢复的希望。如果信心还维持一丝生命的气息，难道你看不到跌倒的人尚有半条命吗？因为完全从心中抛弃神的乃是死的。这样没有完全抛弃，而在折磨的压力下暂时否认他的是半死。否则他若已死，看到他现在不能被医治，为什么你还叫他悔改呢？如果他半死，就倒上油与酒，不是有酒没油，使其可以成为安抚也可成为刺痛。把他放在你的牲畜上，交给店主，拿出二钱银子为他疗伤，做他的邻舍。但是除非你对他有爱心，你就不能做他的邻舍，因为除非救人而不是杀人，没有人能被称为邻舍。但是如果你愿意被称为邻舍，基督对你说："你去照样行吧。"㊄

第十二章

圣约翰的另一段经文被考虑。大卫的例子表明，那些堕落又悔改的人和没有堕落的人都有必要遵守神的诫命。

53. 让我们考虑另一段类似的经文："信子的人有永生，不信子的人不得见永生，神的震怒常在他身上。"㊅常在身上的一定有个开始，来自

㊄《路加福音》10：37。

㊅《约翰福音》3：36。

某种冒犯，就是一开始他不信。然后当任何人信了，神的震怒就离开，生命来到。这样信基督就是获得生命，因为"信他的人不被定罪"。[59]

54. 但是，他们参考这段经文宣称信基督的人应该要守住他的话，说在主自己的话中记着："我到世上来，乃是光，叫凡信我的，不住在黑暗里。若有人听见我的话不遵守，我不审判他。"[60]他不审判，你倒要审判？他说："凡信我的不住在黑暗里"，就是如果他在黑暗中，他也不留在里面，而是弥补他的错误，改正他的过失，守我的诫命，因为我说过："我断不喜悦恶人死亡，而是回转。"[61]我在上面说过信我的不受审判，我还保守这点："因为我来本不是要定世人的罪，乃是要叫世人因我得救。"[62]我有意赦免，迅速宽恕，"我喜爱怜恤，不喜爱祭祀"[63]，因为借着祭祀，义变得更可接受，借着怜恤罪人得赎。"我来本不是召义人，乃是召罪人。"[64]祭祀在律法之下，福音里有的是怜恤。"律法本是藉着摩西传的，恩典是由我来的。"[65]

55. 他还进一步说："弃绝我、不领受我话的人，有审判他的。"[66]没有改正自己的人看起来接受了基督的道吗？毫无疑问没有。这样改正自己的接受了他的道，因为这是他的话，即每个人应该转离罪。这样或者你必须拒绝他说的这话，或者你若不能否认就必须接受。

56. 离开罪的人必须守神的诫命，放弃他的罪，这也很有必要。我们不应该将这句话解释为他一直守住诫命，因为这要是他的意思，他会加上"一直"这个词，但既然没加，他表明他在说要守住所听到的，所听到的引导改正错误，这就守住了所听到的。

---

[59]《约翰福音》3：18。
[60]《约翰福音》12：46、47。
[61]《以西结书》33：11，后半句根据英译本引文直译。——译者注
[62]《约翰福音》3：17，与和合本译文略有不同。——译者注
[63]《何西阿书》6：6。
[64]《马太福音》9：13。
[65] 参见《约翰福音》1：17。
[66]《约翰福音》12：48。

57. 但是要定悔改得生命之人的罪多么困难啊，即使在后来他还是守了主的诫命！让他教导我们他自己不拒绝赦罪。如你在《诗篇》中所念到的，甚至对那些不守他诫命的，“倘若他们背弃我的律例，不遵守我的诫命，我就要用杖责罚他们的过犯，用鞭责罚他们的罪孽。只是我必不将我的慈爱全然收回。”(67)他就这样向万人应许宽容。

58. 然而，我们不可认为这宽容没有审判，在一贯顺服神诫命的人与有时或因错误或因被逼跌倒的人中间还是有区别的。你不要以为这只是我们用来压制你的论证，请思考基督的决定，他说：“仆人知道主人的意思却不行，那仆人必多受责打。惟有那不知道的，必少受责打。”(68)这样每一个信的都被接受，因为神“鞭打凡所收纳的儿子”(69)，他所鞭打的不交给死亡，因经上记着：“耶和华虽严严地惩治我，却未曾将我交于死亡。”(70)

第十三章

根据圣保罗，犯了“至于死的罪”之人没有被丢弃，而是受命悔改，对“交给撒旦”这句话的解释。撒旦能折磨肉体，但是这些折磨带来属灵好处，表明神的权柄，如此他将撒旦的工具转而攻击撒旦自己。

59. 最后，保罗教导我们，我们决不能丢弃犯了致死之罪的，而一定要拿泪水当食物和水将他们强挽回来，使他们的悲伤得到缓和。因为经文的意思如此，经文说：“你又多量出给他们喝。”(71)使得他们的悲伤本身有其量度，免得正在悔改的人有可能被过分的悲伤所吞噬，如对哥林多

---

(67) 《诗篇》89：30—33。
(68) 《路加福音》12：47、48。
(69) 《希伯来书》12：6。
(70) 《诗篇》118：18。
(71) 《诗篇》80：5。

教会说的话："你们愿意怎么样呢？是愿意我带着刑杖到你们那里去呢，还是要我存慈爱温柔的心呢？"(72)但即便是刑杖都不过分，因为他读过："你要用杖打他，就可以救他的灵魂免下阴间。"(73)

60. 使徒借刑杖所表达的意思被他对淫乱的严责，对乱伦的谴责，对自大的非难所证，因为他们该悲伤的却自高，最后被他对罪人的宣判——他应该被逐出教会交给仇敌，免得他灵魂毁灭而只有肉体毁灭——所证。因为正如主没有将圣约伯的灵魂交给撒旦却允许撒旦折磨他的身体，这里罪人也被交给撒旦来败坏肉身，使蛇可以舔他肉身之土，却不伤害他的灵魂。

61. 这样就让我们的肉身向情欲死，让它被夺回，受克制，不要与我们思想的律法交战，而要学保罗向有益的服侍顺服而死，保罗刻苦己身使他可以令之服从，为要使他的讲道可以更被接受，如果他肉身的律法与肉身的律法相合协调。因为当智慧转入灵里的时候肉体就死了，使其不再尝肉身之物的味道，而是属灵事物的味道。愿我可以看见我的肉身变弱，愿我不被罪的律所夺去，愿我不要靠肉身而活却靠信基督而活！所以在肉身的软弱中比在肉身良好的状态下有更大的恩典。

62. 解释了保罗的意思之后，让我们现在来思考这些话本身，在什么意义上他说他已经把人交给撒旦败坏肉体，因为魔鬼是试探我们的那位。因为他给我们的每个肢体带来病痛，给我们全身带来疾病。然后他也击打圣约伯，使之从脚到头生毒疮，因为在神说："他在你手中，只要存留他的性命"(74)时，他收到了毁灭肉身的权柄。这点使徒用同样的话语提出来，将这个人交给撒旦为要败坏肉体，使他的灵魂可以在我们主耶稣基督的日子得救。

63. 命令魔鬼毁灭他自己，这权能浩大，这恩赐浩大。因为当他令他

(72) 《哥林多前书》4：21。
(73) 《箴言》23：14。
(74) 《约伯记》2：6。

要借诱惑推翻的人更强而不是变弱时,他败坏了自己,因为他使肉身软弱的同时加强了灵魂。因为肉身的疾病束缚了罪,但奢侈点燃了肉身罪恶之火。

64. 魔鬼就这样被骗,以自己的噬咬来伤害自己,装备他想要削弱之人与自己为敌。所以他装备圣约伯过于伤害他,约伯虽全身被疮覆盖,还是忍住了魔鬼的噬咬而没有中他的毒。关于他经上说得好:"你要用鱼钩吊上鳄鱼,你要拿他当鸟玩耍,你要像男童对付麻雀一样将它拴住,你要按手在他身上。"[75]

65. 你看到他如何被保罗嘲笑,就像预言中的孩子,按手在毒蛇的洞上,蛇却不伤他;他将其拖出隐藏之处,使其毒液变为灵魂解毒剂,从而毒液成为良药,毒液是用来毁灭肉体的,它成了医治灵魂的良药,因为于肉体有害的于灵魂有益。

66. 这样就让蛇来咬我属地的部分,让它用牙齿入侵我的肉身,使我的身体受伤,愿主论到我说:"他在你手中,只要存留他的性命。"基督的权能何其大!对人的护卫令甚至下给魔鬼自己,后者总是希望伤害人。就让我们使主耶稣站在我们这边。在基督的命令之下,魔鬼自己成了他猎物的守护者。他非常不情愿地执行属天的命令,尽管残酷,却要遵守恩慈的命令。

67. 但为什么我要推荐他的顺服?就让他永远为恶,而神可以永远为善,神将其恶念转为对我们的恩典。他想要伤我们,但是如果基督反对他就不能。他伤了肉身但不伤性命。经上记着:"豺狼必与绵羊羔同居,狮子必吃草与牛一样,在我圣山的遍处,这一切都不伤人。"[76]这是对蛇定罪的宣判:"你必终生吃土。"[77]什么土?当然是经上记着的:"你本是尘土,仍要归于尘土。"[78]

---

[75] 《约伯记》41:1、5、8,根据七十士译本40:25、29、32翻译。——译者注
[76] 《以赛亚书》11:6、8、9。
[77] 《创世记》3:14。
[78] 《创世记》3:19。

第十四章

圣安波罗修解释，被交给撒旦败坏的肉体乃是当灵魂从肉体情欲中得释放时被蛇吃掉。所以他给出各样保守感官的规则，指出网罗借愉悦的方式设在我们前面，劝勉他的听众不要害怕肉身被蛇败坏。

68. 蛇吃这土，如果主耶稣在我们这边，那我们的灵魂就不与肉身的软弱同感，也不会被肉身所散之气与肢体所发之热点燃。"与其欲火攻心，倒不如嫁娶为妙"[79]，因为在里面有燃烧的火焰。就让我们不要允许这火靠近我们思想的中心与我们心灵的深处，免得我们烧尽了盖在我们心中最深处的外壳，免得情欲的吞噬之火耗尽了灵魂的外衣与其肉身的遮盖，而要让我们从火中行过。若有任何人堕入爱的火中，让他跳出通过，让他不要用思绪的带子将自己捆在淫欲之上，不要用持续的思想来缠绕自己，也不要将注意力转向妓女，不要让少女抬眼看少年的面容。如果她偶然看见便被俘，那么她若好奇地盯着看更将被纠缠到什么地步呢？

69. 让习俗自己来教导我们。女人用面纱遮脸是为这个缘故，就是在公众场合她的端庄可以得到维护。为了她的脸不会轻易被少年人注视，让她以婚纱遮掩，使得甚至偶然相遇她都不会暴露于别人或自己的伤害，尽管两者任何之一的伤害实际上都是她的。但是如果她蒙头便使她不会偶然看见或被见（因为当头被蒙时脸就藏起来了），那么她以端庄之面纱遮盖自己，使她在公众场合都有自己的隐秘所在更是多么应该呢？

70. 但就算眼睛落在别人身上，至少也不要让内心的感受跟从。因为

---

[79] 《哥林多前书》7：9。

看见不犯罪,但必须要当心不要使之成为罪的源头。肉体的眼睛看见,却要让心灵的眼睛关闭,要保持内心的节制。先知的确说过:"不要观看妓女的美貌。"[80]而主说:"凡看见妇女就动淫念的,这人心里已经与她犯奸淫了。"[81]他没有说"凡看见就行奸淫的",而是"凡看见她就动淫念的"。他没有定看的罪,而定了寻求内心感受的罪。但这节制是值得赞许的,它使自己如此习惯合上肉体的眼睛,常不看我们实际看见的。因为我们看上去是用肉体的视线看见我们所遇到的,但若没有与心结连,根据身体的常态,看见的东西会渐渐退去,从而在实际中我们乃是用心看,并非用身体看。

71. 如果肉身看到火焰,让我们不要在我们怀中,就是在心的深处与思想的内在部分爱慕火焰。让我们不要将这火注入我们骨中,让我们不要捆绑自己,让我们不要与可能在我们身上引燃不圣之火的交流。少女的话语是少年人的网罗,少年人的言辞是爱的捆索。

72. 当那渴望行淫的妇人对他说话时约瑟见到了火。她希望用她的言语俘获他,以她的唇设下网罗,却不能抓住那纯洁的男子。因为克制之声音、稳重之声音、谨慎之缰绳、正派之当心、纯洁之规则松开了那妇人的锁链,使不纯洁之人不能用她的圈套缠住他。她将手放在他身上,抓住他的外衣,使她可以收紧环绕他的绳索。好色女人的话是情欲的网罗,她的手是爱的捆索,但是纯洁的思想不会被网罗或捆索擒获。外衣被丢,捆索松开,因为他没有让火进入他心怀,他的身体没有被烧。

73. 这样你就看见我们的心是我们罪疚的起因。所以肉身是无辜的,却常是罪的执行者。不要让对美貌的欲望胜过你。许多网罗陷阱由魔鬼铺开。观看妓女是爱她之人的网罗。我们自己的眼睛是我们的网,因此

---

[80] 参见《箴言》5。
[81] 《马太福音》5:28。

经上记着:"不要因你的眼目被俘。"⑧²这样我们为自己展开网罗,我们在其中被纠缠,受牵制。我们将自己锁住,正如我们读到的:"因为每个人被他自己的罪恶之链锁住。"⑧³

74. 就让我们从少年人之火与年轻人之热中行过;让我们从水中经过,不要留在那里,免得深水淹没了我们。我们要经过,使我们也可以说:"我们的灵魂经过了河水。"⑧⁴因为经过的人就安全了。最后主如此说:"你从水中经过,我必与你同在,江河必不漫过你。"⑧⁵先知说:"我看见恶人升高过于黎巴嫩的香柏树,我经过而他没有。"⑧⁶经过这世界的事物,你会看见恶人从高处跌落。摩西也经过这个世界的事物,看见大异象说:"我要过去看这大异象。"⑧⁷因为他若为这个世界稍纵即逝的愉悦所掳,他就不会看见这么大的奥秘。

75. 也让我们经过情欲之火,畏惧保罗对我们所说的:"要逃避淫行。"⑧⁸只是畏惧是对我们而言的,因为通过他身体的搏斗,他不再因自己畏惧。就让我们远避它好像它跟在我们后面,尽管实际上它并非跟在我们后面,而在我们自己里面。就让我们努力警醒,免得当我们在远避它的同时在我们自己里面带着它走。因为我们在绝大多数情况下希望远避,但是如果我们没有将其从我们的思想中完全摒弃,我们实际是带着它而不是丢弃它。就让我们浇灭它,免得有话对我们说:"凡你们点火,用火把围绕自己的,可以行在你们的火焰里。"⑧⁹因为正如"怀里搋火烧着衣服"⑨⁰之人,走在火炭上的人一定会烧伤他的脚,如经上所记:"人

---

⑧² 《箴言》6:25,根据英译本引文直译。——译者注
⑧³ 对《箴言》6:2 很不严格的引用。——译者注
⑧⁴ 《诗篇》124:4,根据七十士译本 123:4 直译。——译者注
⑧⁵ 《以赛亚书》43:2。
⑧⁶ 可能出自《以西结书》31 章。——译者注
⑧⁷ 《出埃及记》3:3。
⑧⁸ 《哥林多前书》6:18。
⑧⁹ 《以赛亚书》50:11。
⑨⁰ 《箴言》6:27。

若在火炭上走，脚岂能不烫呢？"⑨

76. 这火是危险的，就让我们不要用奢侈为油来浇它。贪欲由筵席哺育，由细脍滋养，由美酒点燃，由醉酒燃烧。然而比这些更危险的是话语的刺激，它如同所多玛之藤而成的一种酒那样毒化人的心。我们要当心这酒之丰富，因为当肉身中毒时，思想蹒跚，心灵动荡，心来回摇摆。所以针对这每种情况，如下看法大有裨益，提摩太被告诫说："因你屡次患病，可以稍微用点酒。"⑨当肉体发热，它就刺激心发热；当肉身因疾病之冷发颤，灵魂也发颤；当肉体有痛苦，思想便哀伤，但是哀伤要变为喜乐。

77. 这样，你的肉身若被吃，而灵魂没有耗尽，就不要惧怕。所以大卫说他不怕，因为敌人吃了他的肉身而不是他的灵魂，如我们所读："那作恶的，就是我的仇敌，前来吃我肉的时候，就绊跌仆倒。"⑨如此蛇的工作只灭了他自己，所以为蛇所伤的被交给蛇，使后者可以再次兴起它所击倒的，蛇的被灭可以成为人的再次兴起。圣经见证撒旦是肉体痛苦与软弱的始作俑者，保罗说："有一根刺加在我肉体上，就是撒旦的差役要攻击我，免得我过于自高。"⑨所以保罗就照他自己好像已经变得完全一样来学习医治。

第十五章

圣安波罗修从岔出去的地方回来，解释圣保罗所说"带着刑杖还是慈爱温柔的心"来是什么意思。痛苦堕落之人被隔离，但是当他充分悔改时宗教权利就被重新恢复。当字句的坚硬以温和的解释为食被软化时，旧酵就除净了。所有人都要分到教会之餐，得恩慈食物的喂

---

⑨ 《箴言》6：28。
⑨ 《提摩太前书》5：23。
⑨ 《诗篇》27：2。
⑨ 《哥林多后书》12：7。

养,免得他们变得像嫉妒的哥哥,他是诺瓦替安派跟从的榜样。

78. 这位忠信的教师应许了两件事中的一件,却两件都给了。他带着刑杖来,因为他将有罪之人从圣洁的团契中分别出去。恰到好处地,那与基督身体隔绝的人说是要被交与撒旦。但是他也带着爱与温柔的心来,要么因为他如此交出那人是要救他的灵魂,要么因为他后来要让那先前被隔离的恢复圣礼。

79. 因为有必要将痛苦堕落之人隔离,免得一点酵坏了全团。旧酵必须被除净,或者说每个人中的旧人必须被除净,就是外在的人和他的事情,人群中的他在罪上老练,在恶行上顽固。他说得好,是洁净而非丢弃,因为被洁净的不被认为完全没有价值,只是出于这个目的才被洁净,即有价值的从无价值的那里分离出来,而被丢弃的则被认为在它自己里面毫无价值。

80. 然后使徒断定罪人若自己希望被洁净就应该立刻被恢复属天的圣礼。"洁净"说得好,因为他好像借某些所有人所做的事物被洁净,被众人的眼泪清洗,借众人的哀哭从罪中得赎,内在的人得洁净。因为基督吩咐他的教会,一个人应靠众人得赎,如同教会自己那样与主耶稣的来临相配,使得借他一个人所有人都可以得赎。

81. 这是保罗的意思,字句使它变得有些模糊。让我们来思考使徒的确切话语。他说:"你们既是无酵的面,应当把旧酵除净,好使你们成为新团。"⑤或者整个教会担负罪人的担子,必须与他一起在哀哭、祷告与痛苦中受难,好似以他的酵覆盖自己,为要借着众人,那当从悔罪之人里面清除掉的东西,得以通过众人果敢做出的贡献并同情加怜悯而被除去。或者可以理解为福音书中的妇人所教导我们的,她是教会的预表,当她在她的食物中藏酵,直到全团发起来为止,整团可以当作洁净的被

---

⑤ 《哥林多前书》5:7。

使用。

82. 主在福音书中教导我们酵是什么，他说："'要防备法利赛人和撒都该人的酵'，这话不是指着饼说的，你们怎么不明白呢？"[96]这就是说他们理解他不是指着饼说，而是他们应该防备法利赛人与撒都该人的教训。这样，这酵就是法利赛人的教训、撒都该人的争论，教会将其藏在她的食物中，乃是借着属灵的解释软化律法坚硬的字句，好像用它的解释为磨来研磨，又好比从字句的外壳带出内在奥秘的秘密，并陈明复活的信仰，其中宣告了神的怜悯，相信死人的生命被恢复。

83. 现在这个比较放在这个地方看起来并非不适当——既然天国乃是从罪中得救赎，所以我们无论善恶都混在教会的食物中，使我们都可以成为新团。但是没有人会害怕恶酵混进来会伤害全团，使徒说："你们既是无酵的面，好使你们成为新团。"这乃是说这个混合物会使你们再次成为你们无瑕纯洁时的整全状态。我们若这样有怜悯之心，就不会被别人的罪玷污，而是获得别人的恢复来增加我们自己的恩惠，使我们的完全一如既往。所以他加上："因为我们逾越节的羔羊基督已经被杀献祭了。"[97]这是说主的受难使众人得益，赐救赎给悔改他们所犯之罪的罪人。

84. 就让我们为好的食物保守筵席，悔改中仍为我们的救赎而欢乐，因为没有食物比仁慈与温柔更甜美。不要让对得救罪人的嫉妒混入我们的筵席和喜乐，免得那嫉妒的哥哥，如福音书中所说，将自己从他父的家中开除，因为他为接纳他的兄弟哀伤，而喜悦他永远被放逐。

85. 你们诺瓦替安派不能否认你们像他，如你们所说，他没有一起来教会，因为借着悔改，回转的希望给了那些跌倒的。但这仅是伪装，因为诺瓦替安通过为他失去主教职位而哀伤来阴谋分裂。

---

[96] 《马太福音》16：11。
[97] 《哥林多前书》5：7。

86. 但是难道你们没有理解使徒也对你们预言,向你们说话吗?"你们还是自高自大,并不哀痛,把行这事的人从你们中间赶出去。"⑱这样他在犯罪之时就被完全赶出去,但是使徒没有说罪人要被关在忠告他洁净的教会之外。

第十六章

在众使徒与诺瓦替安派间作比较。"你们的心如何你们并不知道",这话运用在他们身上十分合宜。当他们拿走悔改的果子时,悔改的愿望被他们浇灭了。因此罪人所领受的基督的应许被夺走了,尽管他们的确不应该太快被接纳进入奥秘中。一些悔改的例子。

87. 既然使徒赦罪,你又凭什么权柄说他们不能被赦免?谁对基督最尊敬,保罗还是诺瓦替安?但保罗知道主是大有怜悯的。他知道主耶稣被众门徒的严酷冒犯过于被他们的怜悯心冒犯。

88. 而且耶稣当雅各与约翰说要从天上降火烧灭那些拒绝接受主的人时责备了他们,对他们说:"你们并不知道自己属于谁的灵;人子来不是要灭人的性命,是要救人的性命。"⑲他的确对他们这些属于他的灵的人说:"你们不知道自己属于谁的灵。"而对你们他却说:"你们不属于我的灵,没有坚持我的宽厚,拒绝我的仁慈,拒绝我定意要让使徒奉我的名所宣讲的悔改。"

89. 因为你们这些拿走悔改果实的人说你们宣讲悔改是徒劳的。因为人被引导追求任何事物,或者出于奖赏,或者出于结果,而每个人的追求因耽延而松懈。为这个缘故,主为了他门徒的敬虔可以加增说到,每个丢下一切所有的来跟从神的人可以在现在与后来得到七倍更多。首

---

⑱ 《哥林多前书》5:2。
⑲ 《路加福音》9:55、56,和合本中前半句译为"你们的心如何你们并不知道"。——译者注

先他应许**现在**的奖赏，免除了因延迟而有的单调乏味，然后是**后来**的，使我们可以学会相信奖赏也要在以后赐给我们。现在的奖赏是以后奖赏的预示。

90. 这样如果任何人犯了隐藏的罪但努力悔改，他若没有恢复圣餐礼又如何接受这些奖赏呢？我真愿意罪人会希望得到赦免，以眼泪与哀鸣寻求它，靠所有人眼泪的帮助来寻求它，恳求赦免。如果圣餐礼被推迟了两三次，他要相信他的请求还不够迫切，他必须要增加他的眼泪，必须要以更大的努力再来，张开双臂拥抱信徒的脚，亲吻并用眼泪洗它们，不要放开，使主耶稣也可以对他说："他许多的罪都赦免了，因为他的爱多。"[100]

91. 我知道悔罪之人的面容因泪水划出沟痕，他们的面颊因恒久的哭泣而衰老，献出身体供众人之脚踩踏，脸庞因禁食一直苍白衰老，以死的形状承担尚活的身体。

第十七章

温柔必须要加上严厉，如同保罗在哥林多所表明的。尽管诺瓦替安派反对，这人还是受过洗。"败坏"这个字不是消灭而是严厉惩戒的意思。

92. 对那些已经刻苦己身，在活着的时候就治死自己的人，我们为什么推迟他们得赦的时间呢？圣保罗说："这样的人，受了众人的责罚也就够了；倒不如赦免他，安慰他，免得他忧愁太过，甚至沉沦了。"[101]如果众人的责罚足够定罪，那么众人的代求也足够赦罪。既知道我们的软弱，也是神旨意诠释者的道德之主定意赐下安慰，免得忧愁因长久耽搁

---

[100] 参见《路加福音》7:47。
[101] 《哥林多后书》2:6。

所带来的疲乏使悔改者沉沦。

93. 这样使徒赦免了他，不仅赦免了他，而且还渴望对他的爱再次增强。蒙爱者没有遭到严酷对待而是受到怜悯。他不仅自己赦免，而且还愿意众人都赦免，说他为众人的缘故赦免，免得许多人为一人更长久地哀伤。他说："你们赦免谁，我也赦免谁。我若有所赦免的，是在基督里面为你们赦免的……因我们并非不晓得它的诡计。"[102]并非不晓得蛇诡计的人能够正确地防备蛇，这蛇对我们有许多的害处。它总是渴望毁坏，总是渴望陷害我们，使它可以引起死亡。但是我们应该警惕，免得我们的补救成了他取胜的机会，因为若有人本可以借怜恤得自由，却因过度忧愁而灭亡，我们就被他陷害了。

94. 为了使我们可以知道这人受了洗，他加上："我先前写信给你们说，不可与淫乱的人相交，此话不是指这世上一概行淫乱的。"[103]后来再加上："但如今我写信给你们说，若有称为弟兄是行淫乱的、或贪婪的、或拜偶像的，这样的人不可与他相交。"[104]这些他置于同一判罚下的人，他愿意他们一起获得赦免。他说："这样的人就是与他吃饭都不可。"[105]他对顽梗之人何等严厉，对寻求之人何等宽容！那些敌对的只能使基督受损，可呼求基督却对寻道者有益。

95. 但是要避免有人困惑，因为经上说："我要把这样的人交给撒旦，败坏他的肉体。"[106]人会说："既然人在身体与灵魂上都得赎，在两者都得救，既非灵魂没有身体，亦非身体没有灵魂，因为两者借共同做出的行为而联合，那怎么可能得到赦免却肉身毁灭呢？是否在惩罚或奖赏中它们就不在一起了呢？"下文足以回答他：那"败坏"并不意味着肉身的完全消灭，而是惩戒。因为正如向罪死的向神活，肉身的诱惑也毁

---

[102] 《哥林多后书》2：10、11。
[103] 《哥林多前书》5：9、10。
[104] 《哥林多前书》5：11。
[105] 《哥林多前书》5：11。
[106] 《哥林多前书》5：5。

灭，肉身向情欲死，使它可以再向纯洁与其他善功而活。

96. 我们还能取得什么比来自我们共同母亲更合适的例子呢？我们取自大地，其本身在没有劳作耕种之时看起来是荒芜的，田地向所种的枝条或橄榄树是死的，然而它并没有失去自己的滋养能力，就是其生命。这样，后来当耕种再度开始，土地看起来合适撒种之时，它再度比以前爆发出更丰盛的物产。这样我们的肉体被说成死却被理解为受辖制而非消灭并不是什么奇怪的事。

卷 二

第一章

圣安波罗修给出关于悔改更多的规则，表明悔改不该被耽延。

1. 尽管在前一卷中我们已经写下许多可以引向更完美的悔改实践的事情，然而因为还有更多的可以被加添，我们便继续进行，以免我们的教导看起来半途而废。

2. 不仅要渴望悔改，更要迅速悔改，免得有可能福音书中屋子的主人在他葡萄园中栽了一棵无花果树，来树前找果子却找不着，就对管园的说："把它砍了吧，何必白占地土呢！"①除非管园的求情说："主啊，今年且留着，等我周围掘开土，加上粪，以后若结果子便罢，不然，再把它砍了。"②

3. 就让我们给我们拥有的这块土地施肥，效法那些勤劳的农人，他们施肥于土地，在地上撒上火灰，从而庄稼可以更加丰收。

---

① 《路加福音》13：7。
② 《路加福音》13：8、9。

4. 使徒教导我们如何给地施肥,他说:"我已经将万事看作粪土,为要得着基督。"③他不计褒贬毁誉只求取悦基督。因为他读过亚伯拉罕当承认自己只是尘土时,因他深深的谦卑在神眼前蒙恩。他读过约伯如何坐在灰中重获了一切他曾经失去的。他听过大卫讲说神如何"从灰尘里抬举贫寒人,从粪堆中提拔穷乏人"④。

5. 就让我们不以向神认我们的罪为耻。羞耻在个人使罪显露时才有,但那羞耻犹如犁地,去除生生不息的荆棘,修剪杂枝,赐被认为已死之果子生命。跟从那殷勤犁地寻求永恒果子的人:"被人咒骂,我们就祝福;被人逼迫,我们就忍受;被人毁谤,我们就善劝。人还把我们看作世界上的污秽。"⑤如果你照此犁地,你就撒下了属灵的种子。犁地使你可以去除罪收获果子。他犁地为要摧毁自己里面最后迫害别人的可能。在引导我们追求完美上,基督转变那人,给我们一位曾做过逼迫者的教师,之外还能给我们什么呢?

第二章

用两种方法解释了一段异端用来反对悔改的经文:第一,《希伯来书》6:4所指乃是不可能再次受洗;第二,在人不能的,在神凡事都能。

6. 虽为使徒清楚的例子和他所写的驳斥,异端还极力进一步抵挡,说他们的观点有受使徒的权威支持,拿出《希伯来书》的经文:"论到那些已经蒙了光照、尝过天恩的滋味,又于圣灵有份,并尝过神善道的滋味,觉悟来世权能的人,若是离弃道理,就不能叫他们从新懊悔了,因

---

③《腓立比书》3:8。
④《诗篇》113:7。
⑤《哥林多前书》4:12、13。

为他们把神的儿子重钉十字架，明明地羞辱他。"⑥

7. 保罗会教导与他自己所行相抵触的吗？他在哥林多通过悔改赦罪，怎么能说反对自己决定的话呢？这样他既不能拆毁他所建立的，我们必须假设他所说的与先前已有的乃是不同，而非相反。因为相反的是与自己相抵触，而不同的通常是有另一个意思。相反的事物一个不能支持另一个。这样因为使徒论到赦罪，他不能像那些认为洗礼要被重复的人那样保持沉默。首先，去除我们的焦虑，让我们知道，即便在洗礼之后，若有人犯罪，他们的罪也能得赦，这是正确的，免得错信重复受洗让那些失却一切赦罪希望的人误入歧途。其次，陈明洗礼不该被重复的合理解释也很要紧。

8. 从他所说的话中清晰可辨作者在谈洗礼，他说那些失落的人不可能懊悔得更新，因为我们通过洗礼的遮盖被更新，借此我们重生，如保罗自己所说："我们藉着洗礼归入死，和他一同埋葬，原是叫我们一举一动有新生的样式，像基督藉着父的荣耀从死里复活一样。"⑦在另一处："要将你们的心志改换一新，并且穿上新人，这新人是照着神的形像造的。"⑧别处还有："以致你如鹰返老还童"⑨，因为鹰死后从它的灰中重生，就像我们既死在罪中便借洗礼向神再生，被造更新。所以这里如同别处，他教导一个洗礼，说："一信，一洗。"⑩

9. 神子乃是在受洗之人里面被钉十字架，这也很明显，因为我们的肉身若非在耶稣基督里被钉十字架便不能带走罪。经上记着："我们这受洗归入耶稣基督的人，是受洗归入他的死。"⑪再进一步："我们若在他死的形状上与他联合，也要在他复活的形状上与他联合，因为知道我们的

---

⑥ 《希伯来书》6：4—6。
⑦ 《罗马书》6：4。
⑧ 《以弗所书》4：23、24。
⑨ 《诗篇》103：5。
⑩ 《以弗所书》4：5。
⑪ 《罗马书》6：3。

旧人和他同钉十字架。"⑫对歌罗西教会他说："你们既受洗与他一同埋葬，也就在此与他一同复活。"⑬这么写的目的在于我们应该相信他在我们里面被钉十字架，使我们的罪可以借他被除去，只有他自己能赦罪，可以将所写有碍于我们的字句钉在十字架上。在我们里面他胜过执政的掌权的，如经上所记说："既将一切执政的掌权的掳来，明显给众人看，就仗着十字架夸胜。"⑭

10. 这样，他在《希伯来书》中所说的不可能指那些失落的人"从新懊悔了，他们把神的儿子重钉十字架，明明地羞辱他"⑮。而必须要照所指为洗礼来考虑，借洗礼我们在自己里面钉神儿子十字架，使得当我们自己取了他死的形状时，世界可以借他向我们钉死，而我们便得胜，因他在十字架上明明羞辱执政的掌权的，胜过他们，令我们在他死的形状上也可以胜过执政的，丢掉他们的轭。但是基督只一次被钉，只一次向罪死，所以只有一次而不是多次洗礼。

11. 但这段有关洗礼教训的经文讲了什么呢？因为在律法下有许多洗濯或清洗，他正确反驳了那些丢弃完全的而再次寻求早先字句的原则。他教导我们整个在律法下的清洗已经完结了，现在只有教会圣礼中的一个洗礼。但他也劝勉我们，既已离开早先字句的原则，我们就要迈向完全。他说："神若许我们，我们必如此行。"⑯因为没有人离开神的恩典能够完全。

12. 实际上我也可以对任何认为这段经文在讲悔改的人说，在人不能的在神凡事都能，神能在他愿意的任何时候赦免我们的罪，即使那些我们认为不可能得赦的。所以可能神赐给我们在我们看来不可能得到的。因为水看起来不可能洗去罪，而且叙利亚的乃缦认为他的大麻风不

---

⑫ 《罗马书》6：5、6。
⑬ 《歌罗西书》2：12。
⑭ 《歌罗西书》2：15。
⑮ 《希伯来书》6：6。
⑯ 《希伯来书》6：3。

可能被水洁净。但是不可能的神让它可能，他赐给我们莫大的恩典。类似地，罪看起来不可能借着悔改得赦，但是基督赐这权柄给他的众使徒，这权柄转到了祭司的职分。这样不可能的成了可能。但是通过正确的推理，他说服我们洗礼的任何重复都是不许可的。

第三章

圣安波罗修解释浪子的比喻，运用它来反驳诺瓦替安派的教导，证明在有悔改的合适证据情况下，甚至不应该向最大的冒犯者拒绝和好。

13. 使徒与基督直白的教导没有矛盾，基督为了比喻一个悔改的罪人，陈述了一个人从父亲那里收到了他一切的产业后去了国外，生活挥霍放荡，后来当他吃豆荚果腹时渴想父亲的食物，最后得到了袍子、戒指、鞋子与宰杀的牛犊。这被宰的牛犊是基督受难的形象，我们靠着基督受难接受赦免。

14. 经上说得清楚，他去了国外，从圣坛被切断，因为这是与天上的耶路撒冷分开，与众圣徒的国度与家园分开。为这个缘故使徒说："这样，你们不再作外人和客旅，是与圣徒同国，是神家里的人了。"[17]

15. 经上又说："既耗尽了一切所有的。"[18]正确，因为信心停止带出好行为的人就是耗尽了信心。因为"信就是所望之事的实底，是未见之事的确据"[19]。信心是好的财产，是我们盼望的基业。

16. 难怪当他缺乏从神来的滋养而饿得要死时，受需要所迫，说："我要起来，到我父亲那里去，向他说：父亲，我得罪了天，又得罪了

---

[17] 《以弗所书》2：19。
[18] 《路加福音》15：14。
[19] 《希伯来书》11：1。

你。"⑳难道你没有看见这明显向我们宣告,为了获取圣礼的缘故我们已被强烈要求祷告吗?为了悔改发生的缘故,难道你希望将其夺走吗?进港的希望之舵被夺走,人就在浪上到处游荡不定。运动选手的冠冕被拿走,他就失败,躺倒在赛场。渔夫捕鱼的能力被拿走,他就停止撒网。这样在灵里受饥饿之苦的人如果没有对天粮的盼望,他怎能更热切地向神祷告呢?

17. 他说:"我得罪了天,又得罪了你。"他坦白那显然是至于死的罪,使你不会认为任何忏悔的人理应被关在赦免之门外。因为得罪天的人或是得罪了天国,或是得罪了他自己的灵魂(是至于死的罪)和神,只有对神才说:"我惟独得罪了你,在你眼前行了这恶。"㉑

18. 转瞬之际他就获得了宽恕,还在他回来的路上离得很远的地方,他的父亲就迎接他,与他亲嘴,这是神圣平安的记号;下令拿出袍子给他,这是婚礼的外袍,若有人没有便被关在婚宴之外;把戒指戴在他手上,这是信心的应许、圣灵的印记;下令给他穿上鞋,因为他将要庆祝主的逾越节,就要赴羔羊的筵席,应该保护他的脚免受一切属灵野兽的攻击与蛇的侵咬;叫人宰杀牛犊,"因为我们逾越节的羔羊基督,已经被杀献祭了"㉒。因为我们每逢接受主的血,就在宣告主的死。这样因他一次为众人被杀,就在任何时候都赐下罪得赦免。我们接受他身体的圣礼,可以借着他的血赦罪。

19. 所以即便是那些犯有最重罪过的人,如果他们公开声明为他们的罪行忏悔,十分明显,主的教导要求我们再次给予他们属天圣礼的恩典。

第四章

圣安波罗修转而对付诺瓦替安派自己的另一个关于亵渎圣灵的反对,他表明其中牵涉一种错误的信念(这点由圣彼得反对术士西

---

⑳ 《路加福音》15:18。
㉑ 《诗篇》51:4。
㉒ 《哥林多前书》5:7。

门的话证明)与其他经文,劝勉诺瓦替安派回到教会,断言主的怜悯就是如此:即便是犹大,倘若他悔改,都能得到赦免。

20. 但是我们听说你们惯于提出一个反对意见,这意见来自经上所写的话:"人一切的罪和亵渎的话都可得赦免,惟独亵渎圣灵,总不得赦免。凡说话干犯人子的,还可得赦免,惟独说话干犯圣灵的,今世、来世总不得赦免。"㉓根据引文,你们的整个论断被攻破,分崩离析,因为经上记着:"人一切的罪和亵渎的话都可得赦免。"这样,你们为什么不宽恕他们呢?为什么你们捆上锁链而不松开呢?为什么你们系上扣子而不解开呢?宽恕别人,对付那些你们借福音书的权威认为因干犯圣灵永远被捆绑的人吧。

21. 但是让我们来思考那些主如此捆绑的人,回到所引经文前面的话,我们可以对其理解得更清楚。犹太人说:"这人赶鬼,无非是靠着鬼王别西卜啊。"耶稣回答说:"凡一国自相纷争,就成为荒场;一城一家自相纷争,必站立不住;若撒旦赶逐撒旦,就是自相纷争,他的国怎能站得住呢?我若靠着别西卜赶鬼,你们的子弟赶鬼又靠着谁呢?"㉔

22. 我们在这里清楚地看到这些话明确被用于那些说主耶稣靠别西卜赶鬼的人,对他们主作了上述回答,因为他们是撒旦的后代,将众人的救主与撒旦比较,将基督的恩典归于撒旦的国。为了使我们可以知道他说的是这种亵渎,他又加上:"毒蛇的种类!你们既是恶人,怎能说出好话来呢?"㉕这样他说那些如此讲话的人不得赦免。

23. 然后,当惯行邪术的西门认为他可以用钱买到给人基督恩典与注入圣灵的能力时,彼得说:"你在这道上无份无关,因为在神面前,你

㉓ 《马太福音》12:31、32。
㉔ 《马太福音》12:24 及以下。
㉕ 《马太福音》12:34。

的心不正。你当懊悔你这罪恶，祈求主，或者你心里的意念可得赦免。我看出你正在苦胆之中，被罪恶捆绑。"㉖我们看到彼得靠他使徒的权柄责备这个在邪术上无益而又亵渎圣灵的人，更多的是因为这人在信上没有清洁的良心。然而彼得没有将这人从得赦免的盼望中排除，因为他叫这人悔改。

24. 主回应法利赛人的亵渎，拒绝给他们他权能的恩典，其中有赦罪，因为他们称他属天的权能有赖于魔鬼的帮助。他断言他们靠撒旦分裂神教会之灵行事，如此他就包括了所有时代的异端与分裂者，对他们他拒绝赦免，因为其他每种罪关乎单个的人，而这是干犯众人的罪。因为唯有他们企图摧毁基督的恩典，撕裂教会的肢体，而因着教会，主耶稣受苦，圣灵赐给我们。

25. 最后我们可以知道他在说破坏教会合一的人，我们发现经上记着："不与我相合的就是敌我的，不同我收聚的就是分散的。"为了使我们可以知道他在说这些人，他紧接着说："所以我告诉你们，人一切的罪和亵渎的话都可得赦免，惟独亵渎圣灵，总不得赦免。"㉗当他说"所以我告诉你们"时，他希望接下来的话印在别人之外的我们心中还不明显吗？他正确地加上："凡好树都结好果子，惟独坏树结坏果子"㉘，因为与恶相连不能结出好果子。这样树是连结，好树的果子就是教会的儿女。

26. 回到教会吧，你们这些已经邪恶地将自己分出去的人。因为既然经上记道："凡求告耶和华名的就必得救"㉙，他就应许赦免所有回转的人。最后，那些说主耶稣"他被鬼附"和"他靠着鬼王别西卜赶鬼"，钉主耶稣十字架的犹太人，通过彼得的讲道被召受洗，使他们可以去除如

㉖ 《使徒行传》8：21—23。
㉗ 《马太福音》12：31。
㉘ 《马太福音》7：17。
㉙ 《约珥书》2：32。

此大罪恶的罪疚。

27. 但是尽管从你们这里寻求赦免的人没有什么可失去的，可你们既拒绝自己的救恩，若也否认他们的救恩又有什么奇怪的呢？因为我假设甚至犹大如果不是在犹太人面前而是在基督面前表达他的哀伤，他也可以借神极其丰盛的怜悯不被关在赦免之外。他说："我卖了无辜之人的血是有罪了。"他们回答："那与我们有什么相干？你自己承当吧！"[30]当一个犯了较小罪过的人向你承认他的行为时，你又回答别的什么话呢？除了这句"那与我们有什么相干，你自己承当吧"之外，你回答什么呢？这些话之后跟着的是上吊，但这样，罪越小刑罚就越重。

28. 然而他们若没有回转，你虽多次滑脚，从无罪与信心崇高的顶点跌落，却至少可以悔改。我们有一位良善的主，他的旨意要赦免所有人，他借先知呼召你说："我，就是我，涂抹你的过犯，也不记念。但你要记念，我们可以一同辩论。"[31]

第五章

关于圣彼得对术士西门说的话，诺瓦替安派从中推论对后者没有赦免。对此作者指出圣彼得知道他的邪恶之心，很可以用不确定的词语，然后借一些旧约的例子指出"或者"并不排除赦免。使徒们将那悔改，就是在大卫的例子中显明的果子传给我们。然后圣安波罗修推导以法莲的例子，必须要跟从他们的悔改来得着神的怜恤与圣礼。

29. 诺瓦替安派从使徒彼得的话里挑出一个问题。因为他说"或者"，他们就认为他的意思并不是赦免会因悔改而赐下。但让他们思考这

---

[30] 《马太福音》27：4。
[31] 《以赛亚书》43：25，根据七十士译本直译。——译者注

些话是对谁说的,乃是对西门,他没有借着信心相信,而是在图谋不轨。有人说:"主,你无论往哪里去,我要跟从你。"主也对这人回答说:"狐狸有洞。"㉜因为他知道这人的诚意并非完全没有瑕疵。这样主既因为看到其不诚心便拒绝许可那还没有受洗的人跟从他,那使徒未赦免受洗后犯欺骗之罪的,宣告他还受过犯的捆绑,又有什么令人吃惊的呢?

30. 但让我这样回答他们。就我个人而言,我说彼得没有怀疑,我不认为这么大的问题能被对单个词语有疑问的解释抹杀。因为如果他们认为彼得怀疑,那神也怀疑,他对先知耶利米说:"你站在耶和华殿的院内,对犹大众城邑的人,就是到耶和华殿来礼拜的,说我所吩咐你的一切话,一字不可删减。或者他们肯听从,各人回头离开恶道。"㉝就让他们说神也不知道要发生什么事情吧。

31. 但是这话里的意思并非不知道,而是圣经里观察到的惯例,为了表述简单。因为主也对以西结说:"人子啊,我差你往悖逆的国民以色列人那里去,他们是悖逆我的,他们和他们的列祖违背我直到今日。你要对他们说,这是主耶和华说的,或许他们会听了害怕。"㉞难道他不知道他们能否回转吗?因此这种表述并不总是怀疑的证据。

32. 最后,把自己全部声誉都押在表述与词句上的这世上的智慧人,并不是在任何地方都用拉丁文中的 *forte*,"或者",或其希腊文同义词 τάχα 来表达怀疑。因此他们说他们最早的诗人用这样的词汇:

...ἤ˙ τάχα χήρη

...ἔσομαι

意思是"我可能很快要成寡妇了"。诗歌继续下去:

...τάχα γάρ σε κατακνέουσιν Ἀχατοὶ πάντες εφορμηθέντες.㉟

㉜ 《马太福音》8:19、20。
㉝ 《耶利米书》26:2、3。
㉞ 《以西结书》2:3—5,照七十士译本的译法。——译者注
㉟ 荷马,《伊利亚特》Ⅲ.408。——译者注

但他对所有人参加战斗时有人会被别人放倒确信无疑。

33. 但让我们用我们自己的例子而非外来的。你们发现福音书中子自己说到父（当他差他的众仆人到葡萄园，他们被杀戮），父说："我要差我的爱子，或许他们会尊敬他。"㊱在另一处子说到自己："你们不认识我，也不认识我的父；若是认识我，也就认识我的父。"㊲

34. 这样如果彼得使用的这些词句为神所用且不损害神的知识，为什么我们不假设彼得也使用它们而对他所信的毫无损害呢？因为他对于基督的恩赐不可能怀疑，基督赐他赦罪的权柄；特别是因为他注定不给异端的狡诈留任何余地，这些异端想要夺去人的盼望，为要更容易地令绝望巧妙地渗入他们的思想，想要重复受洗。

35. 但是根据基督的指示认识这洗礼的众使徒教导悔改，应许赦免，宽恕罪愆，如大卫所教导的，他说："得赦免其过、遮盖其罪的，这人是有福的。凡心里没有诡诈，耶和华不算为有罪的，这人是有福的。"㊳他称每一种人有福，既有罪经洁净被赦免的，也有罪借善工被遮盖的。因为悔改者不仅应该用眼泪洗去他的罪，而且也应该以修正的行为遮盖藏住先前的过犯，使罪不再算在他身上。

36. 就让我们用我们的后续行为遮盖我们的堕落，让我们用眼泪洗净我们自己，使我们哀叹的时候，主我们的神可以垂听我们，如他垂听以法莲的悲叹，如经上所记："我听见以法莲悲叹。"他明确地重复了以法莲自己的话："你责罚我，我便受责罚，像不惯负轭的牛犊一样。"因为牛犊自己玩耍，离开它的厩，以法莲也是如此像远离厩的牛犊那样不服管，因为他离弃了主人设的位子，跟从耶罗波安，敬拜牛犊，这是借着亚伦预先表明的未来事件，就是犹太人将照这种方式跌倒。以法莲如此悔改，说："求你使我回转，我便回转，因为你是耶和华我的神。诚然

㊱ 参见《马太福音》21：37。
㊲ 《约翰福音》8：19。
㊳ 《诗篇》32：1、2。

在我被俘结束之际我悔改，我了解之后为混乱的日子哀哭，将自己降伏于你，因为受到责备，对你显明。"㊴

37. 我们看到如何悔改，用什么话语，以什么行动，使得有罪的日子被称为"混乱的日子"，因为当基督被否认时就有混乱。

38. 就让我们将自己交于神，不要服在罪以下，当我们思想我们记忆中的诸多冒犯，让我们面对耻辱羞愧脸红，不当作我们的荣耀来谈论它们，不要像某些人那样过分谦虚而自夸，或者放弃公平感。让我们如此转变，使过去不认识神的我们现在可以自己向别人宣告他，让主因为我们这样的转变而感动，可以对我们说："以法莲从幼年就是我的爱子、可喜悦的孩子，既然我的话关乎他，我就一定记念他，所以我要赶紧到他那里，我一定要向他施怜悯——耶和华说。"㊵

39. 他所应许我们的怜悯主也显明，他继续说："我满足每个干渴的灵，满足每个饥饿的灵，所以我起来看见，我的羊以我为乐。"㊶我们看到主向那些犯罪的人应许他的圣礼，就让我们都转向主吧。

第六章

圣安波罗修借先知以赛亚的话教导跌倒的人必须做什么。然后他提到我们主关于吹笛跳舞的谚语性表述，责备了跳舞。接下来借耶利米的例子陈明悔改必然有的伴随物。最后为了表明这悔改之药的疗效，他列举了许多已经为自己或他人使用过该药者的名字。

40. 但是如果他们没有回转，你虽多次滑脚，从无罪与信心崇高的顶点跌落，却至少可以悔改。我们有一位良善的主，他的旨意要赦免所有人，他借先知呼召你说："我，就是我，涂抹你的过犯，也不记念。但你

㊴ 《耶利米书》31：18、19，译自七十士译本38章，尤其19节是很不严格的翻译。——译者注
㊵ 《耶利米书》31：20，译自七十士译本38：20。——译者注
㊶ 《耶利米书》31：25、26，译自七十士译本38：25、26。——译者注

要记念，我们可以一同辩论。"①他说："我不记念，但你要记念。"这就是说："我不再数算我已经赦免你的那些过犯，它们好像已被遗忘覆盖，但你要记得它们。我因为我的恩典不再记念它们，你为了改正要记念它们。要记念，使你可以知道罪得赦，不要像无罪之人那样自夸，使你不致加重罪，但你将要称义，认你的罪。"因为羞愧认罪就松开了过犯的捆绑。

41. 你看到神要求你什么，要你记得你所领受的恩典，不要像你没有领受到那样自夸。你看到他借着一个何等完全的赦罪应许引你去忏悔。要谨慎，免得借着抵挡神的诫命你落入犹太人的冒犯之中，主耶稣对他们说："我们向你们吹笛，你们不跳舞；我们向你们举哀，你们不啼哭。"②

42. 话是寻常的话，奥秘却不寻常。所以人必须要注意，免得被任何对这话的平常解释所骗，认为这里是在推荐嬉戏舞蹈的动作与台上的疯狂，因为这些是幼年充满恶的事。但是大卫在神的约柜前跳的舞被赞许，因为每一件为信仰而做的事都是合宜的，使我们需要为没有敬拜荣耀基督的服侍而羞愧。

43. 这样，这里所讲的并不是伴随娱乐与奢侈而来的舞蹈，而是属灵上有人升高他渴慕的身体，不受地上四体不勤之苦，也不在他们习惯的道路上继续顽梗。当保罗为了我们的缘故向前进，忘记背后，努力面前，向着标竿直跑，为要得着基督的奖赏时，他就是在灵里舞蹈。当你们前来受洗时也被警告要举起手，使你们的脚在你们升向永恒的过程中受到捆索。这样的舞蹈与信心相伴，与恩典同在。

44. 这就是奥秘。"我们向你们吹笛"，以真理唱着新约之歌，"你们不跳舞"，就是没有向着属灵的恩典高举你们的灵魂。"我们向你们举

---

① 英译本未注明出处，可能出自《以赛亚书》43：25、26，根据英译本引文直译。——译者注
② 《路加福音》7：32。

哀，你们不啼哭"，就是你们不悔改。所以犹太人被丢弃，因为他们不悔改，拒绝恩典。悔改借着约翰而来，恩典借着基督而来。他作为主赐下一样，而另一样如同过去被仆人宣告。这样，教会持守两样，使其可以既获得恩典也不丢掉悔改，因为恩典是施与者的恩赐，悔改是罪人的良药。

45. 耶利米知道悔改是一剂良药，在《耶利米哀歌》中他为耶路撒冷悔改，令耶路撒冷自己悔改，他说："她夜间痛哭，泪流满腮，在一切所亲爱的中间没有一个安慰她的。锡安的路径悲伤。"③他进一步说："我因这些事哭泣，我眼泪汪汪，因为那当安慰我的离我甚远。"④我们注意到他认为给他的祸患雪上加霜的，就是安慰哀哭者的离他甚远。这样你如何可以借着拒绝悔改得赦免的希望拿走这安慰本身呢？

46. 但要让悔改者学会他们应该以怎样的热情，怎样的感受，怎样的意愿，怎样扰乱的心肠，怎样的心灵对话来行悔改。他说："耶和华啊，求你观看，因为我在急难中，我心肠扰乱，我心在我里面翻转。"⑤

47. 这里你认出灵魂的意愿、思想的信实与身体的性情。他说："锡安城的长老坐在地上，他们扬起尘土落在头上，腰束麻布。众王子垂头至地，耶路撒冷的处女因哭泣发昏。我的眼睛失明，我的心肠扰乱，我的荣耀被倒在地上。"⑥

48. 同样尼尼微的百姓也哀哭，避免了他们城市的毁灭。这便是悔改的医治力量，神看起来因此改变了他的旨意。这样，逃脱在乎你自己的能力，主愿意被求，他愿意人在他里面有盼望，他愿意人向他恳求。你是人，尚且想要被恳求后才赦免，难道你认为神愿意你不求他就赦免你吗？

49. 因为耶路撒冷不为自己哭泣，主自己便为它哭泣，使它可以借主

---

③《耶利米哀歌》1：2、4。
④《耶利米哀歌》1：16。
⑤《耶利米哀歌》1：20。
⑥《耶利米哀歌》2：10、11，基本根据英译本引文直译。——译者注

的眼泪得到赦免。他愿意我们哭泣使我们可以逃脱，如你在福音书中看到的："耶路撒冷的女子，不要为我哭，当为自己哭。"⑦

50. 当三件事被提出来让大卫选择，而他选择了最可以经历神怜悯的那件事之时，大卫哭泣了，从而得到了神的怜悯，除去了将亡百姓之死。若是神甚至命令众先知为百姓哭泣，你为什么羞于为你的罪哭泣呢？

51. 最后，以西结被要求为耶路撒冷哭泣，他接过一卷书，书的起头写着："哀号、歌唱、悲痛"⑧，两件悲哀的，一件快乐的，因为在这个世代哭泣最多的要在将来得拯救。"智慧人的心在遭丧之家，愚昧人的心在快乐之家。"主自己说："你们哀哭的人有福了，因为你们将要喜笑。"

第七章

劝勉要哀哭认罪，因为基督为这些与教会的泪水所动。在表明诺瓦替安派是那些计划杀害拉撒路之人的继承者后，圣安波罗修论到对每样罪最完全的宽恕由马利亚倒在基督脚上之膏的香气所表明，并且诺瓦替安异端发现他们像犹大，他在别人喜乐的时候怀恨嫉妒。

52. 就让我们哀哭一时，使我们可以永远喜乐。让我们惧怕主，让我们以认我们的罪来等候他，让我们纠正我们的倒退，修补我们的错误，免得经上论到我们也说："我的灵魂有祸了，因为地上虔诚人灭尽，世间没有人纠正他们。"⑨

53. 为什么你们害怕向我们良善的主认你们的罪呢？他说："要凭你的话定你为义。"⑩称义的奖赏在人还犯罪时就设定了，因为主动认自己

---

⑦《路加福音》23：28。
⑧《以西结书》2：10，根据七十士译本翻译，和合本中"歌唱"为"叹息"。——译者注
⑨《弥迦书》7：1、2，根据七十士译本直译。——译者注
⑩《马太福音》12：37。

罪的就被称义。最后,"义人在他说话伊始便为控诉自己的人。"⑪主知道万事,但他等候你说话,不是为了他可以惩罚,而是为了他可以赦免。在你隐藏你罪的时候,魔鬼会胜过你指控你,这不是主的旨意。要在你的控诉者之前;如果你指控自己,你就不怕任何指控者;如果你举报自己,尽管你死了,还要活过来。

54. 基督要来到你的坟墓,如果他发现殷勤服侍的马大和认真听神道的马利亚在为你哭泣,就像选择了上好部分的圣教会,他将为怜悯所动。对于你的死,他看到许多人流泪就问,说:"你们把他安放在哪里?"⑫这乃是说他犯罪到什么程度,悔改到什么境地了。我要见你们为之哭泣的那位,他自己可以用他的泪水感动我。我可以看到他是否已经对那恳求赦免的罪死了。

55. 人们会对他说:"请来看。"⑬"来"是什么意思?意思是让对罪的赦免来临,让死者的生命来临,就是让死人复活,让你的国度也临到这罪人。

56. 他会来,并吩咐挪开石头,就是落在罪人肩膀上的。他能用命令的话语挪开石头,因为就连没有生命的自然都服从基督的命令。他能用他作为的无声权能挪开坟墓的石头,在他受难之际石头突然被移开,许多死人的坟墓都被打开,但是他叫人挪开石头,实实在在地要让不信的可以相信他们所见的,看见死人再次起来,只是以一种他可以给我们减轻罪恶重担——就是罪疚的重压——之能力的形式。我们要做的在于挪开重担,他要做的在于复活,他要将那些人从坟墓带出,把他们从裹尸布里释放出来。

57. 所以主耶稣既看见罪人的重担就哭了,因为他只为教会受苦才

---

⑪ 《箴言》18:17,根据七十士译本直译。——译者注
⑫ 《约翰福音》11:34。
⑬ 《约翰福音》11:34。

不哭。他深爱他所爱的那位，对这位已死的说："出来"⑭，就是你这卧在感觉之黑暗中的，在你罪恶之肮脏中的，好像在罪的囚牢中的，你出来，认你的罪使你可以称义。"因为口里承认就可以得救。"⑮

58. 如果你面对基督的呼召认罪，栅栏就被毁，每条链都松开，即使身体腐败的恶臭都令人作呕。因为他已经死了四天，他的肉身在坟墓中腐臭，但是肉身不见朽坏的那位在坟墓中三天，因为他的肉体没有罪恶，这肉体由四种元素的本质所构成。这样无论死尸会有多么臭，它会在圣洁香膏散发气息的即刻就烟消云散；而且死人复活，他又下令松开至今仍在罪中这位的手；遮盖他所受恩典之真理的帕子从他脸上被取走。因为既然他接受了赦免，就有命令使他的脸露出，让他的特征显露出来。因为罪得赦免的人没有羞愧的事情。

59. 但是面对由主赐下的如此恩典，面对神如此宏大的神迹，在所有的人都欢乐之时，恶人们发怒，聚集商量要害基督，甚至还想要杀拉撒路。难道你没有认出你是这些人的后继者，继承了他们的刚硬吗？因为你也发怒，聚集商量要害教会，因为你看见死人在教会中再得生命，借着接受他们的罪得赦免而复活。因此就你里面而言，你因嫉妒想要再次杀死那些复活得生命的。

60. 但是耶稣没有废止他的好处，不，他反而借他慷慨的加增扩大好处。他渴望再次探望复活的那位，他因重获生命的恩赐而欢乐，来赴他的教会为他预备的筵席，在这宴席上那已死的被发现是坐在基督身边的一员。

61. 这样所有的人都诧异，他们用心之纯洁目光注视着他，他们不嫉妒，因为这样的儿女是教会所有的。他们诧异——如我所说——昨天前天还躺在墓中的那位怎么是与主耶稣同坐的人中的一个呢？

---

⑭ 《约翰福音》11：43。
⑮ 《罗马书》10：10。

62. 马利亚自己将香膏倒在主耶稣的脚上。倒在他脚上可能是因这个缘故：因为最小中的一位从死亡那里被夺回，因我们都是基督的身体，而别人可能是更荣耀的肢体。使徒是基督的口，因为他说："你们寻求基督在我里面说话的凭据。"⑯他借众先知讲说要来的事情，他们是他的口，我会被认为配作他的脚，从而马利亚将她贵重的香膏倒在我身上，膏我，擦去了我的罪。

63. 这样我们所读到关于拉撒路的我们应该相信是关乎每个回转过来的罪人，尽管拉撒路曾经臭过，然而他被信心这贵重的香膏洁净了。因为信心有这样的恩惠，使前一天还有死人发臭的地方，现在就满屋充满了芬芳。

64. 哥林多这间屋子很臭，经上记道："风闻在你们中间有淫乱的事。这样的淫乱连外邦人中也没有。"⑰这里有臭气，因为一小团面酵能使全团都发起来。但当经上说："你们赦免谁，我也赦免谁。我若有所赦免的，是在基督面前为你们赦免的"⑱，香气开始散发。这样罪人得释放，在那个地方有大喜乐，整个屋子充满了恩典甜美的芬芳。因此使徒既深刻知道他给尽了使徒赦免的香膏，就说："我们在神面前，在得救的人身上……有基督馨香之气。"⑲

65. 这样，在这香膏倒出之际，所有人都欢乐，只有犹大说反对的话。作为罪人他说反对的话，作为叛徒他责备，但是他自己被基督责备，因他不知道基督之死的良药，不理解如此伟大之埋葬的奥秘。因为主既受苦也死去，使他可以从死里赎回我们。这从他的死中体现出的最完美的价值，足够赦免罪人，令他重获全新的恩惠，使得所有的人可以前来并诧异他与基督同桌而坐，可以赞美神说："我们可以吃喝快乐，因

---

⑯ 《哥林多后书》13：3。
⑰ 《哥林多前书》5：1。
⑱ 《哥林多后书》2：10。
⑲ 《哥林多后书》2：15。

为他是死而复活,失而又得的。"⑳但是任何没有信心的人就反对:"他为何与税吏并罪人同吃呢?"这是他的回答:"康健的人用不着医生,有病的人才用得着。"㉑

第八章

在力挺悔改的过程中圣安波罗修回到他自己的情况,表达了这样的愿望:他能像福音书中的女人那样洗我们主的脚,这是悔改的杰出典范,尽管如此行并不能被接纳。他为自己祷告,他特别为罪人悲伤,他们比他自己要强。基督为之死的那些人不被轻看。

66. 这样你要将你的伤给医生看,使他可以医治。尽管你不给他看,他也知道,只是等着听你的声音。用眼泪去掉你的伤疤。福音书中的女人如此行,除去了她罪的臭气,因此她在用眼泪洗耶稣脚的时候是洗去了她的过犯。

67. 主耶稣,既然你在我里面行走,可否允许我洗去你脚上沾有的污迹?哦,你可否赐我机会洁净我用我的行为弄脏的你的脚?但是从何处我能够获得活水,我可以用什么来洗你的脚呢?如果我没有水,我有眼泪,当我用眼泪洗你的脚时,我确信洁净了自己。你何以会对我说:"他许多的罪都赦免了,因为他的爱多"㉒呢?我承认我欠得多,使得我被赦免更多,从法庭的骚动争执与管理公众的恐慌中被呼召作祭司。所以如果我对那些被赦免多的人爱得少,我害怕我会被认为不感恩。

68. 但不是所有人都和那女人相同,她配受到超过西门的偏爱,后者请主赴宴。这女人给所有盼望得到赦免的人上了一课,她亲了基督的脚,用眼泪清洗,用头发擦干,把香膏抹上。

---

⑳ 《路加福音》15:23、24。
㉑ 《马太福音》9:11、12。
㉒ 《路加福音》7:47。

69. 亲吻是爱的记号，所以主耶稣说："愿他用口与我亲嘴。"㉓除了你可以学到你必须将属世陷阱的一切荣华富贵置于一边，恳求宽恕，流泪俯身就地，伏在地上求怜悯之外，头发还能是什么意思呢？借着香膏也表明了良好交流的味道。大卫是王，仍旧说："我每夜流泪，把床榻漂起，把褥子湿透。"㉔所以他蒙了这样的恩典，从他的家中选择了童女，由她的生产为我们带来了基督。所以这女人也在福音书中得到称赞。

70. 然而如果我们不能和她等同，主耶稣在没人能够预备筵席，带来香膏，或随身带活水之泉时，也知道如何帮助软弱的。他自己来到坟墓前。

71. 哦，主耶稣，既然在我刚硬的眼中没有能够洗去我过犯的泪水，你会临到我的坟墓，用你的眼泪清洗我吗？如果你为我哭泣，我便得救了；如果我配得你的眼泪，我就洗净了我一切过犯的恶臭；如果我只是配得你的一点点哭泣，你就叫我出此身的坟墓说："出来，"使得我的默想不会一直关闭在这个身体的狭窄限度中，而是走向基督，在光中行动，使我可以不再思考黑暗的工作，而思考光明的工作。因为思考罪的人就努力将自己关闭在他自己的意识中。

72. 这样请呼唤你的仆人。尽管因我罪的锁链捆绑，我的脚被锁，我的手被缚，被埋葬在死亡的思绪与工作中，然而你一呼唤我就无拘束地出来，被人看见是坐你席的人中的一位，你的屋子要充满珍贵的香膏。如果你愿意救赎任何人，你一定保守他。因为有人要说："看哪，他没有在教会的怀中被养育，也没有从孩提时代受训练，而是从审判座前快跑而来，被带离这个世界的虚空，逐渐习惯于赞美队的歌声而不是大叫者的喊声，但他不是凭自己的力量继续作祭司，而是凭基督的恩典，并坐在属天筵席的客人中间。"

㉓ 《雅歌》1：2。
㉔ 《诗篇》6：6。

73. 哦主，保守你的工作，护卫你曾赐给甚至那从中退缩者的恩赐。我知道我不配被称为主教，因为我让自己投入到这个世界中，但是借你的恩典我可以担当我所担当的。我实在是众主教中最小的，德行上最低的，然而既然我也在你的圣教会中些微做些工，就请看护这果实，不要让你在他失落时呼召出来做祭司的在他当祭司时又失落了。首先使我可以知道如何用最深沉的情感与犯罪的同悲伤，因为这真是极大的美德，经上记着："犹大人被灭的日子，你不应当因此欢乐。他们遭难的日子，你不当说狂傲的话。"㉕使我常常如此，以便任何跌倒之人的罪为我所知时，我可以与他一同受苦，而不是自大地斥责他，而是哀伤哭泣，使得通过为别人哭泣我可以为自己哀伤，说："他玛比我更有义。"㉖

74. 可能一个少女会跌倒，被种种罪源所骗，匆匆离开。那么我们这些年老的也一样犯罪。在我们里面这肉身的律也与我们思想的律为敌，令我们为罪俘获，使我们做我们不愿意做的。她的年轻是她的借口，而我现在没有借口，因为她应该学习，而我们应该教导。从而"他玛比我更有义"了。

75. 我们痛骂某些人贪婪，让我们思考我们自己是否从未贪婪地行过任何事。如果我们行过，因为贪婪是所有罪恶之根，在我们身体里像蛇秘密地在地下工作，就让我们每个人说："他玛比我更有义。"

76. 如果连我们对人都会产生极度的反感，想想，比起主教，一般人对小事会有更仓促的反应。让我们自己推敲来说那位责备快快发怒的是否比我更有义。因为如果我们如此说，我们就保护自己不犯这错，使得主耶稣或他的一位门徒可以对我们说："你看见你弟兄眼中有刺，却不想自己眼中有梁木。你这假冒为善的人，先去掉自己眼中的梁木，然后才能看得清楚，去掉你弟兄眼中的刺。"㉗

㉕ 《俄巴底亚书》12。
㉖ 《创世记》38：26。
㉗ 《马太福音》7：3—5。

77. 就让我们不要以说我们的错比我们认为我们必须斥责的人更严重为耻,因为这是谴责他玛的犹大所做的,他记起他自己的错说:"他玛比我更有义。"这话中有很深的奥秘与道德上的反省,因为他在被别人指控之前自我指控。

78. 就让我们不要为任何人的罪欢乐,而让我们哀伤,因为经上记着:"我的仇敌啊,不要向我夸耀。我虽跌倒,却要起来;我虽坐在黑暗里,耶和华却作我的光。我要忍受耶和华的恼怒,因我得罪了他,只等他为我辩屈,为我伸冤。他必领我到光明中,我必得见他的公义。那时我的仇敌,就是曾对我说耶和华你神在哪里的,他一看见这事,就被羞愧遮盖。我必亲眼见她遭报,她必被践踏,如同街上的泥土。"㉘这并不坦率,因为因别人的跌倒而欢乐的人是为魔鬼的胜利而欢乐。就让我们在听到有基督为之而死的人灭亡时哀伤,基督甚至不轻视收割时的一根稻草。

79. 他不会在他收割时丢掉这根稻草,就是我所产的空秆秸,而是将其收集,如有人所说:"哀哉,我成了在收割时采稻草的,又成了收葡萄时摘葡萄的。"㉙他可以至少吃他在我里面的恩典所结的初熟果子,尽管他不赞许以后的果子。

第九章

信心以何种方式为悔改所必需的呢?作为偿债的方式,在这中间工作、祷告、眼泪与禁食比钱财更有价值。举出一些例子。圣安波罗修宣告慷慨是有益处的,但只在与信心联合的时候,并且会导致某些缺陷。他继续论述某些悔改中的缺陷,诸如在寻求和好的过程中太匆忙,盘算从所有必需的圣礼中免掉一些,盼望以后悔改而现在犯罪。

㉘ 《弥迦书》7:8—10。
㉙ 《弥迦书》7:1,根据七十士译本直译。——译者注

80. 这样，对我们而言，既相信罪人必须悔改，又相信赦免因悔改而赐下，是合宜的。然而盼望得赦免仍旧是信心之上的赐予，而不是所欠的债，因为赚取是一回事，放肆地宣告有权利是另一回事。信心通过圣约求赦免，但是放肆更像要求而非请求。先付清你所欠的，你才可以有权要求你所愿的。要照一个诚实的借债人那样行事，使你不欠新的债，而可以靠你信心所有的偿清现在所欠的。

81. 欠神债的人比欠人债的在偿付上有更多的帮助。人要求以钱换钱，这不总是欠债者可以自由支配的。神要求心灵的感情，这在我们自己的能力中。没有一个欠神债的人是贫穷的，除非他令自己贫穷。甚至他没有可卖的，他还有可偿还的。祷告、禁食、眼泪是真诚欠债者的资源，比有人从他的资财中偿付金钱却没有信心更为丰富。

82. 亚拿尼亚在他卖了田产之后将钱拿给使徒时是贫穷的，他不能用这钱来还他的债，反倒令自己所欠更多。向库中捐两个小钱的寡妇是富有的，基督论到她说："这穷寡妇所投的比众人还多。"[30]因为神所要的不是金钱而是信心。

83. 我不否认罪可以借自愿发给穷人的礼物而减少，但这只在信心赞许所花销的情况下。因为人若给了全部财产却没有恩慈，这有什么益处呢？

84. 有人只把慷慨的荣誉用来自夸，因为他们希望借不给自己留下什么获得众人的好印象，但是在他们寻找今生奖赏的时候，他们没有为来生积攒任何东西，他们在获取了这里的奖赏后不能盼望那里的奖赏。

85. 也有人一时过于兴奋，没有深思熟虑就将他们所有的给了教会，认为他们还可以要回来。这些人第一、第二种奖赏都没有得到，因为不假思索就奉献，收回来更是冒渎。

86. 有人后悔将他们的财产分给穷人，但那些悔改的人一定不能为

---

[30] 《路加福音》21：3。

此后悔，免得他们后悔自己的悔改。因为许多人因害怕将来的惩罚寻求悔改，知道他们的罪，因惧怕当众恳求而在接受悔改的事上止步。这些人看起来在为他们罪恶的行径寻求悔改，但其实在为他们的好行为实行悔改。

87. 有的人寻求悔改因为他们希望立刻恢复领主餐。比起为自己松绑，这些人更希望捆绑祭司，因为他们没有放下他们自己良心中的罪疚，而将其置于祭司身上，可有命令给祭司："不要把圣物给狗，也不要把你们的珍珠丢在猪前。"㉛这就是说领主餐对于那些被不洁所污染的人是不被许可的。

88. 所以可以看到那些应该哭泣呻吟的人——因为他们玷污了成圣与恩典的袍子——穿着别的盛装。女人们耳上戴珍珠，颈上配重饰，而她们却最好应向基督弯腰而不是向金子，她们应该为自己哭泣，因为丢失了从天而来的珍珠。

89. 还有一些人认为悔改会禁绝属天的众圣礼。这是对自己太过残酷的审判，他们给自己划定了罪，却拒绝弥补，他们应该为他们自己加上的刑罚哀伤，因为它夺走了他们属天的恩典。

90. 另外的人认为给他们发了犯罪许可证，因为悔改的盼望在他们面前，然而悔改是弥补措施，不是对犯罪的刺激。因为拯救对受伤是必需的，受伤对拯救不是必需的，因为人因受伤寻求拯救，而拯救却不是盼望受伤的原因。将来脱罪的盼望十分渺茫，因为每个时节都不确定，盼望并不是随时都在的。

第十章

为了去除向公众悔罪的羞耻感，圣安波罗修指出整个教会献上祷告的好处，并举了曾经伤痛的使徒为例。在责备了那些想象悔改可以经常重复的人之后，他指出悔改的困难性与如何实行悔改。

㉛ 《马太福音》7：6。

91. 你求人不脸红，求神倒脸红，有人能忍受你这样吗？你向不认识你的人认你的罪不感到羞愧，难道应该为求完全知道你的那位而羞愧吗？如果为了满足一个人，你必须多次拜访，求他们足够仁慈来干预；当你跪在人的膝前，亲吻他的脚，带着你的孩子，他们还不懂罪疚感，也来为他们的父亲求赦免；难道你要在你祷告中从见证人与同情者那里退缩吗？你不屑于在教会中如此行来求神，来为你自己获取圣会众的支持；而那里除了实在不认罪却没有羞愧的缘由，因为我们都是罪人，其中最谦卑的最值得称赞，感觉自己最低微的最公义。

92. 让教会——我们的母亲——为你哭泣，用她的眼泪洗去你的罪愆；让基督看见你哀伤就说："你们哀哭的人有福了，因为你们将要喜笑。"㉜许多人为一人求令他喜悦。在福音书里他也为寡妇的眼泪所动，因为许多人为她哭泣，他使她儿子复活。当他令多加复活时，他更快地垂听彼得，因为穷人为这位妇女的死哀哭。他也毫不迟疑地宽恕彼得，因为他哭得最痛。如果你痛哭，基督就看顾你，你的罪就离开你。因为有痛苦就废除了恶的欢悦与罪的乐趣。因此在为我们过往的罪哀哭时，我们就把新罪关在门外，有如从责备我们的罪中有对无罪之训练的升起。

93. 不要让任何事叫你离开悔改，因为在这点上你与众圣徒相同，愿为罪如此地哀痛，如同你仿效众圣徒的样式。好比大卫，"吃过炉灰，如同吃饭，所喝的与眼泪搀杂"㉝，所以现在欢乐更甚，因为他哭泣更甚，他说："我的眼泪下流成河。"㉞

94. 约翰大哭，如他告诉我们，基督的奥秘向他启示。但那女人，当她在罪中应该哭泣时却欢乐，给自己穿上紫色和朱红色的袍子，用金子和宝石为装饰，现在就为永远哭泣的悲惨境地而哀痛。

㉜ 《路加福音》6：21。
㉝ 《诗篇》102：9。
㉞ 《诗篇》119：136。

95. 认为他们经常悔改的人当受责备，因为他们对基督十分不贞。如果他们真经历了悔改，他们不会认为悔改可以再次重复，因为就外在实践而言，正如只有一次洗礼，悔改也只有一次，因为我们必须为我们每日的过犯悔改，但这后者与较轻的过犯有关，而且前者关乎较重的罪。

96. 但相较发现合理悔改的人，我更容易发现维护自己清白的人。在发生属地荣耀（其中有酒涌流）甚至婚姻联合之后，悔改还要努力奋斗，有人这样以为吗？这个世界一定要被放弃，必须接受少于自然要求的睡眠，这睡眠必须被呻吟击碎，被叹息打断，因祷告而被放弃。让人弃绝自己，完全转变，如同在寓言中的那位年轻人。他因为爱妓女离开家，制服他的爱后回来。有一天遇见他的老情人时没有与她说话。她吃了一惊，以为他没有认出她来，当他们再见面的时候，她说："是我。""但是，"他回答，"我不是从前的我了。"

97. 这样，主说得好："若有人要跟从我，就当舍己，背起他的十字架来跟从我。"㉟因为在基督里死了并埋葬的人不应该再好像活在这个世界里那样下结论。经上说："不可摸，也不要服从那些正用的时候就败坏的事情，因为今生的规条败坏正直。"㊱

第十一章

悔改的可能性是洗礼不应被推迟到老年的理由，如此行有违圣经中神的旨意。但是还在服侍情欲的时候行悔改是没有用的。这些必须首先被制服。

98. 这样，悔改是好的，如果没有悔改的地方，每个人都要将从洗礼而来的洁净恩典推迟到老年。有要修补的袍子好过什么都没得穿，这是个

㉟《马太福音》16：24。
㊱《歌罗西书》2：21、22，根据英译本引文直译。——译者注

充分的理由,但是正如修过一次之物可以复原,经常修理之物便毁坏了。

99. 主给了那些推诿不悔改的人一个充分的警告,他说:"天国近了,你们应当悔改。"㊲我们不知道贼来的时间,我们不知道我们的灵魂是否今夜就要被拿去。神在亚当犯错之后立刻将其逐出乐园,没有耽延。堕落者立刻与他们所享有之物切断,使他们可以悔改;神立刻用皮子给他们做衣服,而不是丝线。

100. 推诿有什么理由呢?使得你可以再犯罪吗?因为神是慈爱的,你是恶的,"藐视他丰富的恩慈、忍耐。"㊳但是主的慈爱应该引你悔改。因此圣大卫对所有人说:"来啊,我们要屈身敬拜,在造我们的耶和华面前跪下哀痛。"㊴但对于没有悔改而死的罪人而言,因为除了痛苦地哀伤哭泣没有别的,你看到他痛苦地说:"我儿押沙龙啊,我儿押沙龙。"㊵对于完全死透之人,哀痛没有缓解。

101. 但对于那些被掳,从他们祖先由摩西的圣律法所得的家园被驱逐的人,他们将与这个世界的错谬纠缠不清,你听见他说:"我们曾在巴比伦的河边坐下,一追想锡安就哭了。"㊶他陈明那些堕落之人的哀哭,表明活在这种时势变迁条件下的人应该悔改,其例子是那些得罪奖赏的人,他们被带入悲惨的被掳境地。

102. 但是再没有像任何人为罪俘获,回想他从何处跌倒这样能引起如此强烈痛苦的事情了,因为他转向肉体、属地之事,而不是让他的想法指向神知识的美妙道路。

103. 所以你发现亚当在知道神来临的时候隐藏他自己,当被神用令躲藏者灵魂受伤的声音呼唤:"亚当,你在哪里"㊷之时,希望藏起来。

㊲《马太福音》4:17。
㊳《罗马书》2:4。
㊴《诗篇》95:6,和合本此节末尾无"哀痛"。——译者注
㊵《撒母耳记下》18:33。
㊶《诗篇》137:1。
㊷《创世记》3:9。

神其实在说：为什么隐藏你自己？为什么你要隐藏？为什么你躲避他——你曾渴望见到的那位？罪疚感如此沉重，使人没有法官都得到惩罚，希望被遮盖，然而在神面前却赤露敞开。

104. 因此没有一个在罪中的人应该宣称有权拥有或使用圣礼，因经上记着："你犯了罪，要安静。"㊳如大卫的话被后来的《诗篇》所引用的："我们把琴挂在那里的柳树上"；还有："我们怎能在外邦唱耶和华的歌呢？"㊴因为如果肉身与心为敌，不受圣灵的引导，那就是不服栽培者劳力的外邦土地，结不出恩慈、忍耐与和平的果子。这样当你不能行悔改之工时，还是保持沉默比较好，免得如此场合下的悔改行为本身以后需要额外的悔改。因为如果一旦进入而没有正确执行，就不仅得不到第一次悔改的结果，还减少了后一次的效用。

105. 这样当肉身抵挡时，灵魂必须渴慕神，即使没有结果，也不要让信心失败。如果肉身的引诱临到我们，或者敌人的能力攻击我们，要让灵魂保持顺服神。因为我们在肉身屈服的时候特别受压制。有人严重侵扰将要被灭的灵魂，企图夺走其一切的保护，有话指出这种情况："拆毁，拆毁，直拆到根基。"㊵

106. 大卫怜悯她，说："将要被灭的巴比伦女子啊。"㊶作为巴比伦的女子，当她停止为耶路撒冷的女子时，就真要被灭了。然而他为她求一个医治者，说："拿你的婴孩摔在磐石上的，那人便为有福。"㊷这就是说要摔碎一切对抗基督的败坏而肮脏的思想，基督将凭他的敬畏与责备打碎所有抵挡理性的行为，若有人为淫乱之爱所俘，就可以浇灭那火，使他可以凭他的热情放弃对妓女的爱，放下自己来得到基督。

107. 这样我们就学习到我们必须悔改，在奢侈与罪之火势减弱时如

㊳《创世记》4：7，七十士译本。
㊴《诗篇》137：2，4。
㊵《诗篇》137：7。
㊶《诗篇》137：8。
㊷《诗篇》137：9。

此行。我们学到当我们在罪的辖制之下,必须借克制表明我们自己敬畏神,而不是允许我们自己行恶。因为如果有话对想要靠近的摩西说:"当把你脚上的鞋脱下来"[48],那我们必须将我们灵魂的脚从身体的捆绑中释放,并从与这个世界的一切联系中洁净我们的脚步,更要到什么地步呢?

---

[48] 《出埃及记》3:5。

译 后 记

本书选编的安波罗修文集翻译自英译本 Some of the Principal Works of St. Ambrose, translated by Rev. H. De Romestin et al, Ambrose: Select Works and Letters, Select Library of the Nicene and Post-Nicene Fathers of the Christian Church, Second Series, Volume X, T&T Clark, Edinburgh。以下中译者就英文译本的特点做三点说明:

1. 书中的个别段落编号混乱,我们做了调整。

2. 英文译本翻译自原作拉丁文,而原作中使用的希腊文则没有翻译。中文译本正文保留了这些希腊文,并以注释的方式将希腊文译成中文供参考。

3. 英文译本力求字字对应翻译拉丁文原作,因此在圣经经文引用上并没有遵从通行的英文圣经译本,而是基本照原作直接译出。中文译本则尽量使用和合本经文,但是由于安波罗修的引用风格非常灵活多变,完全照搬和合本是不可能的。因此在不少与和合本差异较大的地方,中文译本也照英文译本上下文的要求直接翻译,并以注释方式标出所引经文在和合本的位置以供参考。

此外,在经文引用方面,安波罗修时代受希腊文七十士译本的影响甚深。七十士译本不仅在字句上与中文和合本有相当程度的差异,而且还包括了若干日后没有收录在新教正典中的所谓"次经"与"伪经",因此在缺乏和合本对应的情况下,中文译本根据英译本的上下文直接译出这些经文,并同样以注释的方式标出所引经文的出处,而经节标示所遵照的七十士译本版本则是收录在 BibleWorks® 6 中的 Rahlfs' Septuagint。

罗宇芳女士不仅提供了翻译此书的宝贵机会,而且还花费了大量的时间精力校对润色。没有她的大力协助,完成本书的翻译是不可想象的,在此致以最诚挚的谢意。同时也感谢刘峣的付出与游冠辉博士的帮助。

由于译者的文字与学识水平有限,翻译这样一部经典选集一定难以完全避免谬误。在此恳请读者在阅读使用过程中提出批评指正意见,使将来再版的质量可以更上一层楼。